KB067572

국제관계학:

인간과 세계
그리고 정치

한국정치학회 편
김영재 외

박영사

이 책은 정치에 대한 저널리즘적인 이해를 넘어서 정치현상에 대해 보다 깊이 있고 체계적인 이해를 원하는 일반 시민들이나 학생들을 위해 기획되었다. 이를 위해 전국의 대학에서 정치학과 국제관계학을 가르치는 30여 명의 교수들이 공동으로 국내정치와 국제관계의 주요한 현상과 핵심적인 내용들을 각각 15개의 주제로 나누어 집필했다.

두 책의 출판을 구상하게 된 계기는 기존 정치학 입문서의 한계에 대한 문제의식에서 비롯되었다. 무엇보다도 많은 교수들이 강의실에서 대학 1, 2학년 대상으로 정치학과 국제관계학을 가르치기에 적합한 책이 마땅치 않다는 토로를 하고 있다. 필자 역시 25년여 동안 대학에서 저학년 학생들에게 정치학과 국제관계학을 가르치면서 교재에 대한 아쉬움을 많이 느껴왔다. 물론 정치학의 입문서로 훌륭한 책들이 많이 있지만, 그 내용이 너무 난해하고 포괄적이어서 학부 고학년생이나 대학원 수준에 적합한 경우가 적지 않다. 또한 한국의 정치학이 수입학문이라는 태생적 한계로 인해 한국적 맥락과 괴리된 서구적인 경험과 이론에 치우쳐 있다는 인상을 지울 수 없다. 특히 외국 저서를 번역한 개론서의 경우에는 문장 자체가 의미전달이 모호하여 가독성을 떨어뜨리는 경우도 있다.

물론 이 책이 이 모든 한계를 극복했다고 자신하는 것은 무리이며 우리가 세상에 내놓는 정치학 입문서 두 권이 다른 훌륭한 책들보다 우월하다고 주장하지는 않을 것이다. 다만, 우리의 공동 저작은 각각 15명의 교수·학자들의 집단지성이 만든 산물로서 기존 입문서의 한계를 극복하는 데 최대한 노력했으며, 일반 시민들이나 저학년 학생들이 국내외 정치현상을 체계적으로 이해하고 보다 심층적인 학문적인 사고의 발전으로 안내할 수 있기를 간절히 바랄 뿐이다.

이 책은 한국정치학회의 훌륭하신 선배 교수들이 오랫동안 제기해온 과제에 대해 본인이 적극적으로 화답한 결과물이기도 하다. 2014년 필자가 한국정치학회장으로 취임하기 전 학회의 원로 선배님들께서는 "정치학 입문서로 '기본'에 충실한 정치학 교재를 만들어 보라"는 제안을 해주셨다. 2014년 한국정치학회장에 취임하면서 '한국 정치학 교재 발간위원회'를 구성하여 이 과제를 실행에 옮기려 했지만 다양한 학술사업을 추진하다보니 2014년 하반기에 들어서야 정치학·국제관계학 입문서를 본격적으로 추진하게 되었다. 이후 제반 사항을 검토하고 교재 발간을 책임·관리할 간사진을 구성했고 수차례의 회의를 통해 필진들을 선정하고 섭외에 들어갔다. 발간위원회에서 합의한 필진 선정의 원칙은 기본서 출판의 취지에 진정으로 공감하고 그 주제에 대해 오랫동안 강의한 교수 및 박사들로 구성하며 특히 패기와 열정을 갖춘 학자들을 우선하여 선정하는 것이었다. 그리고 마침내 전체 필진이 모인 워크숍에서 교재 출판의 의의 및 문제의식을 공유하는 동시에 집필원칙과 방향을 수립할 수 있었다.

　30여 명의 필진 전원이 모인 전체회의에서는 다음과 같은 출판 목적 및 집필 원칙을 공유하고 합의했다. 첫째, 정치학의 이해에 충실한 입문서를 만들되 지나치게 방대하거나 백과사전식의 설명을 탈피하여 현대 정치를 이해하는 데 핵심적인 개념과 이론들을 집중적으로 소개한다. 둘째, 서구 중심의 정치학에서 벗어나 정치학의 한국화를 시도해야 한다. 한국적 상황과 맥락에서 정치학 및 국제관계학의 의미를 부각시키도록 한다. 셋째, 대학 1, 2학년 학생들이나 시민들이 쉽게 이해할 수 있는 내용들을 선별하고 평이한 어휘를 사용하여 핵심을 명료하게 제시하고 가급적 풍부한 사례들을 제시한다. 넷째, 대중적인 정치학 입문서 출판을 통해 정치학에 대한 관심을 제고하고 궁극적으로 정치학의 위기를 극복하는 데 기여하며 공동체의 민주적 성숙에 일조한다.

　전체 필진 워크숍 이후에도 정기적인 간사회의를 통해 원고집필 상황을 수시로 점검했으며 필진들 간에 온라인상 아이디어와 정보 교환, 의견 수렴 등을 통해 완성도 높은 책을 만드는 데 최선을 다했다. 그리고 마침내 이제 우리는 '2014 한국정치학회'의 이름으로 두 권의 정치학 입문서를 출판하게 되었다.

　정치학 및 국제관계학 두 책 모두 각각 15명 저자들의 아이디어와 열정과 땀방울로 만든 공동저작이지만, 여전히 부족하고 미비한 점이 없을 수는 없을 것이다.

그러므로 우리는 독자들의 제안과 대학 강의실 현장에서 이 책으로 가르치면서 발견되는 한계와 제안을 모아 지속적으로 내용을 발전시켜 나갈 것이다. 더구나 정치가 '살아 움직이는 생물'이라면 정치학과 국제관계학 입문서 역시 새로운 이슈와 쟁점의 출현에 따라 그 내용과 접근방식도 보완되어야 할 것이다. 이런 노력을 통해 보다 완성도 높은 정치학 이론서를 만들어 나갈 것을 독자들에게 약속드린다.

이 책의 출판에도 많은 분들의 관심과 열정, 참여가 함께했다. 무엇보다도 정치학 및 국제관계학 입문서 출판의 의의에 공감하고 선뜻 집필에 응해주신 저자분들에게 감사드린다. 정치학과 국제관계학의 기획, 집필 조율, 편집 등을 책임 있게 이끌어준 정치학 분야의 홍원표 교수(한국외국어대), 정상호 교수(서원대), 심승우 박사(성균관대)와 국제관계학 분야의 정한범 교수(국방대), 김태형 교수(숭실대), 김태완 교수(동의대)에게 감사드린다. 회의 준비와 회의록 작성, 필진 연락 등을 맡아준 이충희(청주대) 박사에게도 고마움을 전한다. 이 밖에도 정한범 교수의 제자들인 국방대학교 석사과정의 나정흠 소령, 남기호 대위, 김중완 대위, 한근덕 대위, 장찬규 대위, 마지희 대위, 임지혜 대위, 이한영 대위, 전준 대위, 정의승 대위, 홍수영 사무관 등이 원고의 검토과정에서 기여한 공로를 밝혀두고자 한다. 마지막으로, 사회과학서적 출판 현실이 무척이나 어려운 상황임에도 이 책의 출판을 선뜻 맡아주신 박영사의 안종만 회장님, 안상준 상무님, 임재무 이사님, 우인도 부장님께 감사드리

며, 정치학과 국제관계학의 각 편집을 맡아준 김선민 부장님과 문선미 대리님에게
도 감사드린다. 앞으로도 박영사가 출판시장에서 대한민국의 학문적 지성을 선도해
나가길 기원한다.

2015년 8월
글쓴이의 뜻을 담아
2014 한국정치학회 회장 김영재 씀

차례

국제관계학: 인간과 세계 그리고 정치

국제관계학: 인간과 세계 그리고 정치

국제관계학: 인간과 세계 그리고 정치

총론

'인간은 사회적 동물'이라는 명제는 정치현상의 전제 조건이다. 정치는 인간의 집합체 속에서 발현되는 것이다. 인간의 집합은 가족, 사회, 국가 그리고 국제사회 등으로 그 단위들이 확장되어 왔다. 그런데 국가를 경계로 하여 안과 바깥에서 벌어지는 정치현상에는 유사성과 상이성이 혼재한다. 국가 밖의 정치는 국가 안의 정치와 마찬가지로 '권력관계를 매개로 하는 사회적 가치의 배분을 둘러싼 결정과 시행의 과정'으로 볼 수 있다. 즉 국제적 가치배분과정에 참여하는 행위자 간의 상호 갈등과 협조의 상호작용으로 이해할 수 있다. 한편, 국가 안에서의 정치는 사회적 통합을 이룰 수 있는 민주적 정당성을 기반으로 한 권력 메커니즘이 작동한다.

국가 밖의 정치는 가치의 배분을 권위적으로 할 수 있는 중앙집권적 권력체가 존재하지 않는다. 따라서 다수의 주권국가가 병존하고 있는 국제관계의 장에서 각 국가는 자신의 국가 이익을 위해서는 물리적 강제력을 포함한 행동의 자유를 가진다. 일원적 지배질서나 권력 혹은 권위가 부재한 국제관계의 무대는 민족국가를 포함한 각 행위자들의 갈등과 협력 등 합종연횡과 이합집산의 상호작용 속에서 새로운 질서가 형성되기도 하고, 또 다른 질서로 변환되기도 한다.

인류의 근현대사만 보더라도 민족국가의 등장, 세력균형에 기반을 둔 동맹체제의 형성과 붕괴, 한 사회뿐만 아니라 전 세계적인 반향을 일으켰던 일련의 사회혁명들, 정치적·경제적 이득 확대를 위한 지리적 팽창, 급기야는 양차대전, 냉전, 탈냉전 등의 엄청난 변화를 겪으면서 우리가 살고 있는 21세기 국제관계의 질서는 보다 복잡해지고, 그 행위자들도 다양해졌으며, 여러 국제현상들에 대한 설명과 예측은 더더욱 힘들어지고 있다. 많은 사람들이 민주적 질서와 규범의 확산과 함께 경제발전과 지역통합, 갈등의 중재와 해소를 위한 각종 국제기구, 제도의 성장과 발전 등으로 세계화되고 있는 국제질서가 더욱 평화롭고 풍요로우며 안정적일 것이라고 낙관한다. 그러나 핵확산, 글로벌 테러리즘의 확대, 기후변화로 인한 도전 등 인류의 안전과 안보를 위협하는 새로운 위협과 더불어 기존의 국제무역, 국제통화 질서와 세계화의 확대가 성장과 발전이 아니라 불평등의 심화와 인권, 환경 상황을 악화시켜 인류의 미래가 더욱 암울해지고 있다는 비관적인 시각도 만만치 않게 존재하는 실정이다.

이처럼 국제관계의 연구 대상과 그 내용은 현실 국제관계의 변화를 반영하여 '갈등과 분쟁'이 한 축이 될 수 있고 '협력과 평화'가 또 다른 축이 될 수 있다. 또한 이와 관련된 각 행위자들의 행태와 국제체제의 현상유지와 현상타파의 문제 등이 다양한 형태로 표출되면서 이를 이해하고 설명하기 위한 국제관계 이론들도 치열한 논쟁과 고민을 거치며 변화, 발전해가고 있다.

이 책은 이러한 시대적 변화에 주목하면서 국가 밖 정치의 특징적 현상을 분석적으로 이해하고, 한국적 함의를 도출하려고 하였다. 이를 위하여 각 분야 전문 학자들이 공동 작업을 통해 최적의 성과물을 생산하고자 노력하였다. 즉, 이 책은 국제관계에 고유한 특성에 대한 체계적 이해를 도모하고 더불어서 현상으로 나타나는 다양한 이슈와 쟁점들을 심층적으로 탐색한 결과물이다.

이 책은 크게 4부로 구성되어 있으며 각각의 부에는 3편에서 5편씩 전체적으로 15편의 글이 수록되어 있다. 제1부 '국제관계의 이론적 접근'에서는 국제관계의 개념과 정의, 세계질서의 역사와 변화, 현실주의와 자유주의, 최근의 대안적인 이론을 정리했다. 제2부 '갈등과 평화의 국제관계'에서는 국제안보, 핵 문제, 외교 정책, 국제기구와 국제통합 이슈를 다룬다. 제3부 '경제적 상호작용과 국제관계'에서는 국제무역질서, 국제금융통화체제, 세계화와 신자유주의에 대하여 다룬다. 제4부 '현대국제관계의 쟁점'에서는 테러리즘과 사이버안보, 에너지·환경·바이오, 한국의 외교안보 이슈를 다루고 있다.

제1부 '국제관계의 이론적 접근'에서는 국제정치를 공부하는 데에 바탕이 되는 이론과 관련된 내용을 다룬다. 제1장에서 김영재는 국제관계학의 개괄적인 소개 및 일반적인 쟁점을 설명하고 있다. 국제관계란 무엇이며 연구분야로서의 국제관계란 무엇인가, 이론과 방법들은 어떤 것들이 있는지 살펴본다. 아울러, 국제관계의 연구를 시작하기 전에 알아두어야 할 내용으로서 국제관계의 다양한 분석수준들과 국제관계의 다양한 행위자들에 대해서 논의한다. 사실, 국제관계의 행위자는 국가일 수도 있고, 비국가적인 국제기구나 개인 또는 비공식적인 단체일 수도 있다. 이러한 다양한 행위자들 간의 관계를 이해하기 위해서 연구자는 개인적 수준에서 분석을 할 수도 있고, 국가 또는 국제체제적 차원에서 분석을 할 수도 있다.

제2장에서 김태형은 현재까지 숨 가쁘게 달려온 세계질서의 변화와 발전의 역사를 대륙별, 시기별로 간략히 살펴본다. 우리가 살고 있는 21세기의 세계질서를 한마디로 정의하기는 쉽지 않다. 과학기술과 경제발전 등에도 불구하고 항구적인 안정과 평화에 대한 희망을 기대하기에는 수많은 불안요소가 상존하고 있기 때문이다. 앞으로 세계질서는 어떻게 진화하고 발전할지, 더 나은 세계를 건설하려면 어떠한 노력을 기울여야 하는지에 대한 해답을 찾기 위해서는 과거 어떠한 과정과 발전을 통해서 현재 우리가 살고 있는 세계의 구조와 질서가 구축되었는지 고찰해보는 것이 우선일 것이다.

제3장에서 유호근은 현실주의의 주요 내용을 살펴본다. 국제관계 연구에서 전통적으로 주류적 흐름(main stream)을 이어온 하나의 이론적 틀을 꼽으라면 단연 현실주의 패러다임이라고 할 수 있다. 이 접근법은 일단의 학자들에 의해 옹호되기도 하고 또 다른 학자들에 의해 비판되고, 또 다른 대안이 제시되기도 하였지만, 국제관계를 설명하는 핵심적 사고(思考)로서 위상을 유지하고 있다. 국가, 힘(power)의 요소, 무정부성 등의 키워드로 특징지어지는 현실주의의 다양한 측면을 조망한다.

또한 힘의 정치로 대변되는 현실주의의 지적 전통의 맥락을 살펴본다. 이어 국제적 상황변화에 따른 현실주의적 관점의 변천의 양태를 추적하고, 구체적인 국제관계의 쟁점과 이슈에 대한 현실주의적 해석에 주목해본다.

제4장에서 남정휴는 국제화되어가는 20세기의 세계를 자유주의적 시각으로 설명하고 있다. 우선 자유주의에 대한 고전적 배경과 개념에 대해서 설명하고, 자유주의적 시각으로 세계를 설명하는 몇 개의 주요 이론들을 전개한다. 자유주의 이론의 출발인 통합이론을 통해서 자유주의 이론가들의 이상과 현실을 이해해보고, 이어서 자유주의 이론의 핵심인 상호의존론에 대해서 살펴본다. 마지막으로 이상적인 면이 없지는 않지만 세계사회 전체를 아우를 수 있는 세계사회 혹은 국제사회 이론들을 조망해본다.

제5장에서 김태완은 주류이론으로서의 (신)현실주의와 (신)자유주의를 비판 및 보완하면서 발전되어온 다양한 대안이론들을 소개하고 있다. 사회적 구성주의와 여성주의 및 탈근대주의, 그리고 마르크스주의와 평화연구에 대하여 요약하여 소개한다. 사회적 구성주의는 날로 중층적이고 복잡해지는 국제관계현상을 기존의 주류이론들이 충분히 설명하지 못하는 부분들에 관심을 갖고, 더욱 풍부하게 설명하고 분석하는 데 기여하고 있다. 그 밖의 여성주의와 탈근대주의 및 마르크스주의와 평화연구는 주류이론들이 전제하는 명제와 믿음들에 근본적인 비판을 가함으로써, 국제관계 연구에서 상대적으로 소외되어온 다양한 부분에 관심을 환기시키고 있다.

제2부 '갈등과 평화의 국제관계'에서는 전통적 국제관계의 핵심이라고 할 수 있는 전쟁과 평화와 관련된 국제정치의 연구영역을 다룬다. 제6장에서 김형민은 국제정치학 세부 분야의 하나인 국제안보에 관한 기본적 사항들에 대해서 설명한다. 안보란 무엇인가에 대한 논의를 시작으로, 안보개념의 다양한 변화에 관한 논의와 함께 안보 혹은 평화를 위한 국제정치학 주요 시각의 이론적 논의에 대한 소개가 이어진다.

제7장에서 박봉규는 가공할 파괴력을 지닌 핵무기가 개발된 이후 국제정치에 미친 영향에 대한 내용을 다룬다. 핵무기의 등장과 발전, 핵무기가 국제적으로 확산

되는 과정과 핵무기의 위력이 비약적으로 발전되었던 냉전시대 핵억지에 의한 공포의 균형과 핵확산 방지 노력을 설명한다. 또한 탈냉전 이후 지속적으로 문제가 되고 있는 이란, 북한의 핵개발 문제를 다루고 9·11 테러 이후 부각된 테러 집단과 소위, 불량국가들의 연계 가능성 차단이라는 국제 안보 현안 속에서 북한 핵문제에 대한 이해를 도모한다.

제8장에서 김일수는 외교 이슈를 다룬다. 국제정치학에서 중요한 역할을 수행해온 외교와 외교정책의 이해를 높이기 위해 외교방식 수단으로 경제, 문화, 군사, 소셜 미디어의 역할을 살펴보고자 한다. 또한 외교정책결정에 영향을 주는 국가속성, 체제, 문화, 여론 등 다양한 분석수준과 외교정책결정모형, 게임이론을 통해 외교정책을 이해하고자 한다. 21세기의 지구화, 민주화, 정보화에 따른 국제정치 환경 변화 속에서 다양한 행위자 및 소프트파워를 통한 외교 수단의 중요성도 설명하고 있다.

제9장에서 이소영은 국제통합의 문제를 다룬다. 국제기구와 국제통합은 국제사회가 직면한 다양한 위협과 도전에 대한 해결을 모색하는 과정에서 나타나는 초국가적 협력과 통합의 양상에 대해서 설명한다. 국가 간 상호의존이 심화되고 다양한 영역에서 공동 대응의 필요성이 대두되는 상황에서 정부 간 국제기구 및 국제비정부기구의 중요성에 대해서 설명한다. 또한, 이익과 정체성을 공유하는 지역 국가 간 협력 및 통합에 대한 관심이 커지고 있는 상황에서 국제연합과 다양한 지역협력체에 대해서 논하고, 유럽연합을 통해 이러한 초국가적 협력과 통합의 현황 및 그 역할과 문제점에 대해 알아본다.

제3부 '경제와 국제관계'에서는 국제관계와 관련되는 경제적 이슈들을 다룬다. 제10장에서 김관옥은 국제무역질서를 다룬다. 국제무역질서는 국가들의 갈등 또는 협력 더 나아가 전쟁을 발생시키기도 하는 국제정치의 중요한 사안이다. 이에 우선 국가들이 국제무역을 전개하는 배경과 이를 위해 채택하는 무역정책들에 대해 소개한다. 이런 무역정책적 이해를 바탕으로 2차 대전 이전의 국제무역질서와 전후 GATT체제 및 WTO체제하에서의 무역질서에 대해 살펴본다. 특히 이 장은 최근 국제무역질서의 이해를 위해 WTO도하개발어젠다(DDA) 협상의 부진과 이에 반해 활

발하게 전개되고 있는 FTA 및 자유무역지대 확산의 원인 등에 대해 설명한다.

제11장에서 정한범은 국제금융통화질서에 대해서 다룬다. 국제금융통화체제는 국제경제활동의 근간이 되는 제도적 바탕으로, 본래 국제무역체제를 뒷받침하기 위해서 고안되었으나, 20세기 후반 들어 실물경제를 뛰어넘는 규모와 영향력을 가지게 되었다. 여기서는 국제통화와 기축통화의 발달과정, 브레턴우즈 체제를 비롯한 국제금융통화체제의 발전과 변화, 그리고 이로 인한 세계적 경제위기의 발생과 극복 등 국제정치적 함의를 논한다. 아울러, 이를 이해하기 위한 다양한 이론들과 국제금융통화기구들에 대해서도 알아본다.

제12장에서 허태회는 세계화와 신자유주의에 대하여 다룬다. 21세기 세계정세의 변화를 이해하는 데 가장 중요한 현상인 세계화와 관련하여 세계화를 촉진시킨 신자유주의와 신자유주의 확산에 따른 여러 가지 문제점들을 살펴본다. 아울러 다양한 세계화의 모습과 이론적 쟁점들 그리고 국제정치적 의미에 대해 살펴본다. 특히 정보통신 기술의 획기적인 발달로 인하여 가속화되고 있는 세계화 현상이 경제적·사회적 쟁점을 넘어 어떤 국제정치적 의미를 가지며 어떤 어젠다를 제기하는지 살펴본다.

제4부 '현대 국제관계의 쟁점'에서는 현대 국제관계에서 특별히 부각되고 있는 이슈들에 대하여 논의해본다. 제13장에서 윤태영은 테러리즘과 사이버안보의 주요 내용을 이해하기 위해 테러리즘의 정의, 뉴테러리즘의 등장과 특징 및 테러리즘의 발생 원인을 살펴본다. 아울러, 테러리스트의 활동과 관련하여 테러조직의 네트워크화, 주요 테러조직 및 테러리즘의 유형·전술·수단을 알아본다. 또한, 테러리즘에 대한 대응측면에서 대테러리즘의 정의와 정책수단을 고찰하며, 마지막으로 사이버안보와 위협의 특징, 사이버 테러리즘의 정의·유형·특징 및 주요국의 대응체계와 전략을 설명한다.

제14장에서 이상환은 최근 많은 조명을 받고 있는 인간안보를 다루고 있다. 에너지·환경·바이오의 국제정치는 오늘날 국제사회에서 가장 주목받는 관심사로 부각되고 있는 에너지의 안정적 확보, 대체에너지 개발, 환경 보전, 식량 확보, 질병 관리 및 신약개발 등 삶의 질과 관련된 인간안보 이슈들이다. 이 문제는 21세기 국

제 분쟁의 주요한 원인으로 부각되고 있는 지속가능성과 연관된다. 이들을 확보하기 위해 세계 각국은 무한경쟁 시대에 돌입하였고, 특히 패권을 추구하는 강대국의 경우 이들 자원을 둘러싼 경쟁이 그 성패를 좌우하게 될 것이다. 이 장에서는 에너지, 환경, 전염병 문제를 안보의 측면에서 이해하고자 한다.

제15장에서 박인휘는 한국의 핵심 외교안보목표를 제시하고 이를 실천하기 위해서 어떠한 전략적 방향성을 수립해야 할 것인가에 대해서 설명하고 있다. 우선 국가이익과 관련하여 한반도적 국가이익, 동북아 지역적 국가이익 그리고 글로벌 차원의 국가이익을 고려해볼 수 있다. 한편, 우리가 처한 외교안보환경의 경우 우선 동북아적 관점에서 경제사회 영역에서는 보이지 않는 통합이 상당히 진척되었음에도 불구하고, 정치 안보적로는 갈등과 반목이 지속되고 있는 '부조화'의 역내질서를 보이고 있다. 한편 글로벌 차원의 외교안보환경은 과거 근대국제질서하에서 수백년 동안 지속되던 강대국정치(power politics)의 전통이 사라지면서, 소위 네트워크적 특징의 외교환경이 자리잡고 있다. 이러한 외교안보환경을 바탕으로 대한민국이 취해야 할 외교안보의 목표와 전략에 대해서 논한다.

이 책에서 우리는 국제관계학의 이론과 현실, 과거와 현재 그리고 미래, 갈등과 협력, 세계질서의 변화와 한국 외교의 방향까지 다양한 이슈와 그 이슈를 이해하는 다양한 접근 방식을 포괄적이고 균형 있게 공부할 수 있을 것이다. 다양한 시각에서 국제관계 이론이나 쟁점을 살펴본다는 것은 국제관계의 과거를 분석하고 현재를 진단하며 미래를 예측하기 위한 이론적·실천적 노력을 의미할 것이다. 달리 말해, 국가가 어떻게 행동했고 국가 간 관계는 어떻게 변화되어 왔는지 이해하는 다양한 패러다임, 외교사적 지식, 역사적 지식에 대한 고찰은 궁극적으로 향후 국제관계의 변화를 전망하고 국제정세 속에서 대한민국 나아가 한반도 통일과 통일한국의 미래를 만들어가기 위함일 것이다. 특히, 한반도를 둘러싼 강대국의 갈등과 대립이라는 한 축과, 공존과 통합이라는 한 축 사이에서 국제관계의 현실을 냉정하게 분석하는 동시에 협력의 국제관계를 만들어가려는 규범적인 노력이 한국 외교정책의 가장 중요한 과제이자 전략이 될 것이다. 아무리 무정부성을 본질로 하는 국제정치이고 또

철저하게 힘과 권력, 세력의 논리가 지배하는 냉혹한 국제현실일지라도 지역적·세계적 차원에서 모두가 안정과 번영을 일구어낼 수 있는 국제관계 이론과 현실을 만들어가는 노력은 한국과 한반도를 넘어서 인류의 영원한 숙제이자 과업이 될 것이다.

국제관계의 이론적 접근

국제관계란 무엇인가?

세계를 어디까지로 볼 것인가? 사람들의 인식의 확장과 함께 세계는 넓어져 왔다. 걸어서 혹은 말을 타고 갈 수 있는 곳까지를 세계로 이해했던 시대에서 이제는 비행기를 타고 혹은 우주선을 타고 가서 볼 수 있는 곳까지 세계로 인식하게 되었다. 과학 기술의 발전과 함께 이루어진 교통 통신의 발달은 이제 우리가 이해하는 세계를 지구촌을 넘어 태양계까지로 확장시키고 있다.

"세계는 넓고 할 일은 많다"는 어떤 경영인의 글귀가 떠오른다. '할 일 많은 세계'를 알고자 한다면 국가 바깥에서 펼쳐지는 여러 문제들을 잘 이해해야 한다. 즉 국제관계는 세계 각지의 사람, 정치, 사회, 문화와 관련된 것이라는 점에서 흥미로운 연구영역이다. 사람과 사람, 문화와 문화, 경제와 경제 그리고 정치와 정치 사이의 상호작용은 매우 복잡다단하고, 또 그 범위가 중첩되어 있고 넓기 때문에 국제관계를 제대로 이해하기 위해서는 더욱 넓어진 세계에서 펼쳐지는 새로운 현상에 익숙해져야 할 것이다.

'국제관계'라는 말 그대로 개념을 규정한다면, 국제관계라는 분야는 세계 각국 정부들 간의 관계에 관한 것이다. 그러나 이와 같은 정부 대 정부 차원의 정치적 관계에 국한시켜서 다른 부문들과의 상호관계를 생각하지 않고 그 자체만 독립적으로 분리해서 이해하기는 어렵다. 이를 테면 국제관계는 정부뿐만 아니라 유엔과 같은 국제기구, 초국적 기업, 국제 NGO, 개인들과 같은 다양한 행위자들이 참여하고, 정치의 영역뿐만 아니라 경제, 사회, 문화 등의 여러 분야를 비롯해서 지리적, 역사적 영향과 밀접하게 관련되어 있다.

이 장의 주된 목적은 국제관계라는 분야를 소개하고, 이 영역에서 지금까지 알려진 지식과 이론화된 것들의 기초적 이해를 도모하며, 정치학자들이 국가 간의 관계에 대하여 논할 때 사용하는 주요 개념들을 소개하는 데 있다. 이 장에서는 먼저 국제관계를 개념화하고, 연구 분야로서 국제관계를 설정하며, 국가를 비롯한 국제관계의 주요 행위자들을 살펴본다. 그리고 국제관계의 여러 이슈들을 분석하고 다루는 데 활용할 수 있는 분석의 차원들을 살펴보고자 한다.

II. 국제관계에 관한 연구

1. 국제관계란 무엇인가?

국제관계를 가장 쉽게 이해할 수 있도록 하기 위하여서는 국가의 안과 바깥에서 펼쳐지는 정치의 속성에 대한 인식이 선행되어야 할 것이다. 우선 국내정치와 국제정치의 내재적 속성에 따른 차이점을 보면 다음과 같다. 국제정치는 국가의 영토적 한계를 넘어서서 벌어지는 국가들끼리의 정치를 말한다. 이러한 국제정치는 국가의 내부에서 벌어지는 정치현상과는 서로 다른 특징을 가지고 있다. 첫째, 국제정치는 국내정치와는 달리 정부와 같이 권위적이고 구속력 있는 원칙을 만들고 집행하는 중심적인 권위체가 존재하지 않는다. 말하자면 세계정책을 수립하고 실시하는 통일된 중앙정부가 없다는 것은 세계의 모든 국가들을 통제하고 일률적으로 규제할 수 있는 중앙의 권위체가 존재하지 않는다는 의미이다.

둘째, 국가들이 지켜야 할 법을 제정하는 입법기관이 존재하지 않는다. 따라서 국제사회에서의 법은 국가들 스스로 만들고, 국가들의 자발적인 의사에 따라 준수되고 있다. 이를테면 국제법은 국가들이 필요에 따라서 스스로 만든 것이며, 국제법의 준수도 국가들의 의사에 따라 좌우되고 있다. 나아가서 국제법을 위반하는 국가 및 행위자를 자신의 의사와 상관없이 처벌할 수 있는 사법부도 없다고 할 수 있다. 만약 모든 인간과 국가를 구속할 수 있는 정책을 수립하고 시행할 힘을 가진 존재가 있다고 가정한다면, 그것은 세계정부(world government)라 할 수 있을 것이다.

셋째, 국제정치와 국내정치에서 서로 경쟁하는 단위들은 어떤 경우에는 자신들의 목적을 달성하기 위하여 물리적인 힘을 동원한다. 국제적인 차원에서 물리력에의 의존은 바로 전쟁으로 이어진다. 인류에게 미증유의 피해를 안겨준 두 번의 세계대전을 비롯하여 한국전쟁, 베트남전쟁 등 우리가 잘 알고 있는 이런 전쟁들은 엄청난 인적·물적 피해를 가져왔다. 그리고 만약, 3차 세계대전이 발생한다면 대규모의 핵전쟁을 피하기가 어려울 것이고, 그렇게 되면 인류의 공멸을 초래할 것이다. 그러나 국내적인 차원에서는 물리적인 힘에 의존한다 할지라도 상호공멸을 전제로 한다든지, 대규모의 전쟁 상황 등을 가정할 수는 없을 것이다. 물론 국내정치의 갈등도 많은 비용이 소요되고, 과격한 양상으로 나타날 수도 있다. 간혹, 갈등이 확대되어 폭력적 양상으로 발전될 수 있을 것이다. 그러나 상대편을 파멸로 이끌어야 문제가 해결되는 것은 아니다. 또 그렇게 할 수도 없다.

한편, 국내정치와 국제정치의 동질적인 측면도 다음과 같이 살펴볼 수 있다. 첫째는, 국가의 안과 바깥에서 벌어지는 정치영역에서 추구하는 목적의 하나가 공히 권력의 획득·유지·강화와 연관된 활동이다. 또한 정치적 목적을 위한 수단으로서 물리적 수단이 동원될 수 있다. 국제정치 영역에서 물리적 힘의 사용은 전쟁으로 귀결될 수 있고, 국내 정치 차원에서는 무력에 의한 쿠데타나 혁명도 흔히 발생한다. 둘째는, 정치 주체로서 국가의 역할이다. 국제정치이든 국내정치이든 국가는 적극적·항구적·직접적인 주체이고, 개인과 다른 정치적 결사체나 집단 등은 부분적·일시적·간접적인 주체라고 볼 수 있다.

'정치는 사회를 위한 가치의 권위적인 분배'(Easton 1965)라고 정치를 개념화한 이스턴(David Easton)의 언명을 국제정치의 차원에 적용해 보면, 국제정치란 '국가들이 중요하게 여기는 가치를 권위 있게 분배'하는 행위를 뜻한다. 국제정치에서 국가들이 중요하게 여기는 가치는 자유와 안전이다. 국제정치에 있어서 자유와 안전은 국제정치 주체의 독립적 생존권에 관한 문제이다. 이 문제는 통상적으로 '자기보전'(self-preservation), '국가안보'(national security), '사활적 이익'(vital interest) 등의 개념으로 표현된다. 이러한 가치의 분배는 공정성보다는 힘의 논리에 따른 임의성이 더 중요하게 작용한다. 국제정치의 실제에 있어서는 국내의 정치사회와는 달리 희소한 가치를 권위적으로 분배할 수 있는 제도와 기구가 사실상 없다고 해도 과언이 아니고, 있다고 해도 국내정치에서처럼 '사회를 위한 권위적 배분'의 기능과 역할을 제대로 수행하지 못하고 있다. 어떻게 보면 국제정치는 국제사회에 있어서 희소자원이 힘의 격차에 따라 차등적으로 분배되는 것이라고 볼 수 있을 것이다.

이처럼 국가를 경계로 하여 그 안과 바깥에서 벌어지는 정치현상에는 많은 차이가 존재한다. 국가영역의 바깥으로 지칭되는 세계에서 벌어지는 일련의 정치현상들을 여러 가지 용어로 설명하는데, 주로 행위자와 대상 분야의 차이에 따라 흔히 국제정치(international politics), 국제관계(international relations), 세계정치(world politics), 그리고 지구정치(global politics) 등으로 일컫는다.

'국제정치'는 민족국가를 상정하고 국가 간의 관계에 주목한 용어이고, '국제관계'는 국제적인 차원의 정치현상뿐만 아니라 경제, 사회, 문화 등 대상을 확장하여 설명하는 개념이다. 또한 '세계정치'는 국가를 포함한 다양한 행위자를 상정하고 국가를 넘어선 또 다른 장(field)으로서 세계를 전제로 한 개념이다. 그리고 '지구정치'는, 이른바 세계화 시대를 맞이하여 지구가 하나의 큰 틀로 자리매김되면서 질적 변화의 모습을 보이고 있는 세계적 차원에서 벌어지는 정치현상의 의미를 담고 있다.

이처럼 각각의 용어가 함축하고 있는 의미상, 약간의 차이가 존재하지만 국제관계와 국제정치라는 용어는 많은 경우, 혼용하여 사용한다. 또한 국가 영역의 안과 바깥은 상호작용하면서 긴밀하게 서로 연계되어 있음도 간과해서는 안 될 것이다.

2. 연구 분야로서 국제관계

학문의 영역을 명확히 구분하는 것은 손쉬운 것은 아니다. 학문은 현실세계와 상호작용하므로 그 영역을 고정 불변의 것으로 분류해놓을 수는 없을 것이다. 오히려 현실영역과 학문영역은 부단히 영향을 주고받음으로써 학문영역은 또 다른 자기 변신이 이루어지기도 하고, 현실영역은 변화의 모멘텀(momentum)을 얻기도 한다. 연구 영역으로서 국제관계론의 경계를 분명하게 나누는 것도 쉬운 작업이 아니다. 정치학의 한 하위분야(sub-field)로서 국제관계론은 다음과 같은 학문적 변화의 과정을 겪었다. 우선 외교정책(foreign policy) 분야의 정립이다. 즉 외교정책은 한 국가가 자국의 이익을 위하여 국제사회를 향하여 취하는 모든 행동을 의미한다. 둘째로는, 국제정치(international politics) 분야의 자리매김이다. 이는, 둘 이상의 국가들이 자국의 외교정책목표를 달성하기 위하여 정치·군사 분야에서 상호작용하는 정치현상으로 국가와 국가들 사이나, 국가와 다른 단체 — 국제기구, 다국적 기업, 국제 NGO 등 — 사이에서 일어나는 정치를 의미한다. 셋째로는, 국제관계(international relations) 분야의 정립이다. 즉, 둘 이상의 국가들이 자국의 외교정책목표를 달성하기 위하여 국가와 국가 간의 정치뿐만 아니라, 군사부문과 민간부문 그리고 민간 부문사이의 경제, 사회분야에서 발생하는 상호작용까지를 모두 포함한다. 넷째로는, 세계정치(world politics) 분야의 등장이다. 즉, 국제사회가 점차 상호의존되고 통합되는 추세에 따라 단순히 특정한 국가 간 현상이라는 의미보다, 국제체제의 모든 체제발생적 현상을 포함하는 정치를 뜻한다. 다섯째로는 지구촌 정치(global politics) 분야의 부상이다. 교통, 통신발달로 거리의 단축(shirinking distance)에 따른 글로벌화가 일상적으로 나타나면서 국제사회의 상호의존과 통합현상이 심화되어 세계가 하나의 지구촌을 형성함으로써 발생하는 정치현상을 의미한다.

이러한 맥락을 이해하면 국제관계와 인접 학문 분야에 대한 이해가 훨씬 쉬워질 수 있다. 국제관계 분야는 국제정치를 바탕으로 경제학, 역사학, 사회학, 기타 분과학문들과 연계되는 학제적(interdisciplinary) 성격을 띠고 있다. 그러므로 국제관계는 국가의 경계를 초월해서 행해지는 인간의 모든 상호작용과 이에 영향을 미치는 여러 요소들에 대한 연구라고 규정해 볼 수 있다. 그러나 국제관계학이 이러한 다양한 분야를 모두 포괄할 수는 없다. 따라서 국제관계학은 정부와 정부 사이의 관계를 중심으로 다루며, 다른 민간 부문의 상호작용은 정부 사이의 상호작용과 관계설정에 영향을 주는 한에서 관심을 갖는다(Morgan 1981)는 것이다. 따라서 대학에서도 국제관계론을 별도의 학위를 수여하는 전공과정으로 인정하거나, 혹은 국제관계 학과를 설치해서 운영하고 있다. 그러나 아직 많은 대학에서는 정치학 전공학과에서 국제관계론을 커리큘럼에 포함시켜 가르친다.

오늘날 국제적 상호작용(international interaction)은 정부에 의해 행해지는 외교정책의 상호작용뿐만 아니라 다양한 비국가 행위자에 의해서도 이루어지고 있고 나름대로의 정치적 역할과 영향력을 갖고 있다. 따라서 국제적 상호작용은 국가-국가, 국가-비국가, 비국가-비국가 행위자 상호간에 발생하는 것으로 개념화할 수 있다. 그렇지만 모든 비국가행위자를 국제관계의 대상 영역으로 하는 것은 아니며 그것이 정부 간의 관계에 영향을 미치는 경우에 한에서 관심을 갖는다. 국제정치영역은 국가와 국가 그리고 국제기구들과의 관계를 다루지만, 국제관계 영역은 사회(민간)관계까지도 폭넓게 다룬다. 그러나 국제관계의 가장 핵심적인 영역은 국가-국제기구-국가 상호간의 관계라 할 수 있으므로 국제 정치가 국제관계의 대표적 영역이라 할 수 있다. 그렇기 때문에 국제관계학(international relations)과 국제정치학(international politics)이라는 용어는 서로 같은 의미로 교환해서 사용되기도 한다.

국제관계론의 범위는 그것을 구성하는 하위분야들로 설정될 수도 있다. 전통적으로 국제관계론은 전쟁과 평화와 관련된 문제라고 볼 수 있는 국제안보 연구 분야에 초점을 맞추어 왔다. 군사적 문제와 공식적 외교관계, 조약과 동맹의 체결, 군사력의 증감과 배치 등과 같은 이슈들이 1950년대와 1960년대 국제관계 연구를 지배했던 주제들이었고, 이 주제들은 아직도 국제관계론의 중심부를 차지하고 있다. 그러나 냉전이 끝난 1990년대 초에 이르러 안보 분야는 군사력과 초강대국간 군비경쟁에 초점을 두었던 전통적 연구 범위를 넘어서며 확장되었다. 소련의 해체는 미국과 소련이라는 초강대국 간의 경쟁의 문제를 관심의 영역에서 배제시켰고, 지역분쟁, 인종분쟁 등이 새로운 주목을 받게 되었다. 점차 외교정책 과정에 대한 연구도 이렇게 확대된 안보연구 안에 포함되기에 이르렀다.

또한 1970년대 석유위기를 거치고 1980년대에 들어서면서 경제가 국제관계에서 차지하는 비중이 커짐에 따라 국제정치경제라고 하는 하위 분야가 성장하였다. 이것이 국제관계론의 두 번째 하위 분야로서 국제안보 연구와 함께 중요한 연구 분야로 부상하였다. 국제정치경제 분야에서는 국가 간의 무역관계와 금융관계를 다루고, 국가들이 국제경제 및 금융 문제를 관할하는 국제제도의 창설과 유지에 작용하는 정치적 변수 등에 대하여 분석하였다. 특히 1990년대 들어서면서 그전까지 주로 부유한 국가들 간의 관계에 주목하였던 것에서 벗어나 경제적 의존, 외채, 외국 원조, 기술이전 등과 같은 부국과 빈국사이의 전 지구적 남북관계 문제들이 주목받게 되었다. 이념적 갈등에 기초한 동서대결의 냉전체제가 종식되면서 남북문제가 더 중요한 문제로 부상하게 되었다. 국제 환경관리 문제와 세계적 통신문제 역시 중요한 문제로 되고 있다. 이에 따라 국제정치경제라는 하위 분야의 범위가 확대되고 있다.

국제관계론의 연구 분야에 이와 같은 국제정치경제와 안보 사이의 밀접한 관계를 인식하고, 국제정치경제를 포괄하여 범주화하였다. 국제안보를 이해하는 데 도움이 되는 원칙이나 이론들은 동시에 국제정치경제를 이해하는 데도 필요한 부분이 된다. 국제안보에서 경제가 중요해졌고 또 경제에서도 안보문제가 중요해졌다.

3. 국제관계의 이론과 방법

'미국이 이른바 아시아로의 회귀(pivot to Asia) 정책을 선언하고 일본과의 동맹 강화를 외치고 있다.' '중국의 부상에 따른 동아시아의 세력 관계가 바뀌고 있다.' '한국과 중국이 FTA에 대하여 합의하였다.' 이러한 사례에서 보듯이 국제관계 차원에서 여러 가지 문제들이 발생하고, 새로운 현상들이 나타난다. 국제관계를 다루는 학자들은 국제적인 사건, 문제 등에 대하여 왜 그런 일이 발생하는지, 어떻게 진행될 것인지를 이해하고 싶어 한다. 국가 간의 갈등이 왜 불거졌을까? 무역협정의 체결이 어떤 효과를 발휘할까? 이러한 국제관계에서 벌어지는 다양한 문제들의 원인을 찾아볼 수 있을 것이다.

우선 첫째는, 어떠한 결과를 낳게 한 사건이나 결정의 직접적인 요인들을 탐구하는 것이다. 이라크 전쟁의 발발은 특정 지도자가 내린 결정에서 비롯된 것일 수 있다. 이렇게 원인을 찾아서 답을 구하는 것은 기술적(descriptive)이라고 볼 수 있다. 이러한 방식은 어떤 행위자가 혹은 또 다른 힘의 요소가 작용하여 특정의 결과를 파생시켰는지를 서술하는 것이다. 둘째는, 어떤 국제적 사건이나 문제에 대한 기술만으로는 그 일을 이해하기 어려운 경우, 기술된 사실의 인과관계(casual relations)를 설명(explanation)하며, 장기적인 전망을 가지고 일반적인 설명을 밝혀내는 것이다. 예를 들어 '전쟁은 세력균형이 이루어지지 않음으로써 전쟁으로 이어진다'고 하는 일반화된 설명이 가능하게 설명하거나 또는 그러한 가설을 설정할 수 있다. 이러한 방식의 설명은 여러 가지의 실제 사례에 적용할 수 있는 일반화할 수 있는 설명 유형이라고 볼 수 있다. 이러한 일반화된 맥락 속에 특정의 국제 문제나 사건을 위치시킨다는 의미에서 이론적이라고 부를 수 있다.

국제관계를 올바로 이해하기 위해서는 서술적 지식과 이론적 지식 모두가 필요하다. 한 사건이나 문제에 대해서 단지 서술만 하는 것은 별 의미가 없고, 그 사건을 일반화하거나 그 속에서 어떤 교훈을 얻어내어야 한다. 마찬가지로 순전히 추상적인 이론을 만들어내는 데 그쳐서는 안 되고, 그 이론을 우리가 살고 있는 구체적이고 복잡한 현실세계에 적용함으로써 그 의미를 찾을 수 있을 것이다(김연각, 2002).

한국의 외교정책이 어떻고, 미국의 대외정책이 어떻다는 것은 알고 있는 것 같지만, 실제로 현실의 국제관계의 변화 속에서 어떤 정책이 적합한지에 대한 답을 구하기는 매우 어렵다. 국제관계론은 이러한 문제에 대한 답을 찾으려 하는 실천학문 혹은 정책 지향적인 정책과학(policy science)의 속성을 가지고 있다. 이러한 특징 때문에 국제관계를 이론적으로 다루는 대학과 연구소 등의 전문가들과 정부 내의 정책결정자 집단들은 긴밀하게 연관되어 있다. 미국의 경우는 이러한 경향이 강하다. 예를 들어, 부시 행정부와 오바마 행정부하에 미국 국가안전보장회의(National Security Council)에서 아시아 담당 국장을 각각 역임한 빅터 차(Victor Cha)와 제프리 베이더(Jeffrey Bader)는 각각 국제전략연구소(CSIS: Center for Strategic & International Studies)와 브루킹스 연구소(Brookings Institute) 출신이었다. 오바마 대통령의 당선자 시절 한반도 정책을 담당하던 프랑크 자누치(Frank Jannuzi)는 대외관계협의회(CFR: Council on Foreign Relations)의 연구원이었다가 오바마 캠프에 합류하였다. 오바마 1기 행정부의 미 국무부에서 동아시아태평양 담당 차관보로 있는 커트 캠벨(Kurt Campbell)은 국제전략연구소 출신이다. 이들 학자나 전문가들은 자신들의 이론적 견해를 현실의 국제관계 상황에서 적용해보는 것이다. 자연과학자들이 실험실에서 실험을 통해 이론을 검증하는 것과 같은 셈이 된다. 정치인, 관료, 외교관들은 국제관계 학자들이 만들어낸 서술적 지식과 이론적 지식을 바탕으로 실제의 정책을 산출하는 데 도움을 받을 수 있다.

이론을 만들어 내고 검증하는 데 사용하는 연구방법은 전통적 방법론과 과학적 접근방법이라고 불리어지는 경험적 방법론으로 나누어 볼 수 있다. 우선 첫째, 국제관계에 관한 지식을 얻기 위해서 많은 학자들이 국제 문제와 관련된 다양한 사람들을 면접하고 또 직접 연관된 인물들의 회고록이나 기록된 문서 등과 같은 것들을 종합하는 방법으로 국제관계에 관한 지식을 얻을 수 있다. 이는 흔히 전통적 방법으로 불리어진다. 이런 방법은 서술적 설명이나 여러 사례들로부터 이론을 추출하는 귀납적 설명이다. 즉 전통주의자들은 국제관계에 대한 지식을 얻기 위해서 참여자의 관찰과 실제적 경험에 의존한다. 또한 여기서는 연구자의 직관과 해석이 중요한 수단이 될 수 있고, 역사적 자료나 외교사의 다양한 자료, 정치가들의 회고록 등을 분석함으로써 국제관계의 유용한 지식을 획득할 수 있다고 보았다(Bull, 1970).

둘째, 과학적 방법론이라고 지칭되는 행태주의자들의 접근법이 국제관계 연구에도 활용되었다. 이러한 연구자들의 입장에서는 과학적 방법론을 강조하면서 직관적 해석 대신에 논리와 수학을 동원하는 경향이 있다. 이를테면 설문조사(surveys), 내용분석, 변수 설정을 통한 통계적 상관관계 측정, 가설의 설정과 검증, 모델 구축 그리고 측정의 정확성을 기하기 위한 계량화된 분석을 이용한다. 한편, 또 다른 국제관계 전문가들은 국제분쟁, 경제교류 등과 같은 현상들을 수치로 측정하고, 여러 변수(독립변수, 종속변수 등)들 사이의 상호관계를 추론하기 위해 통계 방법을 원용하기도 하면서 수리에 기초한 국제관계 모델을 구축하기도 한다.

이러한 과학적 연구방법이 국제정치학 발전에 기여했다고 평가할 수 있다. 첫째, 소위 '일반이론'(general theory)이라고 부를 수 있는 것으로 발전하지는 못했지만 국제관계에 대한 서술이 기존의 것보다는 깊이를 더하고 다양한 측면에서 분석되고 있는 점을 지적할 수 있다. 둘째, 행태 과학적 방법론을 통해 논리적 엄밀성과 정확성을 바탕으로 하는 방법론적 사고방식을 강화시켰다. 자연과학적 방법론을 사회현상분석에 사용하거나 계량적 기법을 동원한 연구방법론의 활용 등 소위 과학적 방법론자들의 주장이 국제관계 연구에 제안되면서 이후 많은 국제관계연구자들이 자신의 방법론의 과학성에 대한 믿음을 보다 강하게 갖게 되었다는 것이다(Bull, 1975).

그런데 행태주의자들의 소위 과학적 연구방법이 전쟁과 평화의 문제, 외교정책의 결정요소, 국제사회에서의 상호의존성 등과 같은 국제관계의 주된 연구 주제에 대해 심화된 연구를 강조하지만, 전통주의자들이 볼 때는 국제관계의 복잡성과 불예측성, 그리고 이들 문제에 대한 계량화의 한계로 인하여 결론적으로는 경험과 판단에 입각한 합리적 추측에 지나지 않을 뿐이며 일반 법칙과 같은 이론을 도출하기는 불가능할 것이라고 평가한다. 그러나 행태과학자들은 과학적 방법론이 국제정치 현상이나 사건을 자연과학의 예측처럼 정확성을 기할 수는 없지만 계량적 방법을 통하여 확률적 경향 등을 좀 더 구체화시켜 설명할 수 있다고 한다. 따라서 이러한 과학적 양적 연구는 전통적 질적 연구를 심화시킬 수 있다는 사실도 강조되고 있다(박경서, 2006: 17-18).

정리해 보면, 국제관계이론가들이 자신들의 주장과 명제를 제시하고 그것을 검증하는 방법론은 흔히 전통주의 입장과 경험론적 과학주의 입장으로 구분된다. 전통주의자들은 정치학을 과학(science)으로서보다는 역사적·철학적 성찰과 직관에 바탕한 '지혜(wisdom)'의 문제로 보는 반면에 과학주의자들은 발현된 현상을 가능하면 계량화하여 정치학을 정치과학으로 만드는 것이 가능하다고 말한다. 이러한 두 입장의 차이가 제3의 수렴을 통한 정치학 발전의 가능성을 담고 있다. 말하자면 이와 같은 전통주의의 질적 연구와 과학주의의 양적 연구가 대립적 관점보다는 상호보완적일 수 있고, 두 방법론 사의의 수렴 혹은 종합의 가능성은 항상 열려 있다고 볼 수 있다.

Ⅲ. 국제관계의 분석 수준

1. 개인의 차원

인간의 역사는 분쟁의 역사라고 지칭할 수 있을 만큼 인류의 삶의 전개과정에서 분쟁 혹은 전쟁은 되풀이하여 발생하였다. 분쟁이 왜 발생하는가 하는 문제에 관해서 정식화된 답을 구하기는 어렵다. 역사학자들은 전쟁 발발의 구체적이고 직접적인 원인에만 초점을 맞추는 경향이 있다. 이렇게 하면 전쟁의 구체적이고 직접적인 원인은 개별전쟁마다 상이하다. 반면에 사회과학자들은 이러한 개별현상에 대한 서술보다는 일반적이고 이론적인 분쟁의 원인을 규명하여 다른 사례에도 적용할 수 있는 이론적인 설명에 주목한다고 볼 수 있다.

특히 국제관계연구에 있어서 관련 학자나 전문가들이 오래전부터 가지고 있는 핵심적인 문제의식 중의 하나는 전쟁과 평화에 관한 것이다. 왜 전쟁이 발생하고 어떻게 하면 평화를 이뤄나갈 수 있는가에 관한 것이다. 특히 두 차례 세계대전을 겪고 난 후 전쟁의 방지와 평화의 추구는 인류의 공통적 관심사로서 대두하게 되었다. 따라서 전쟁의 원인을 규명하기 위한 다양한 노력들이 나타났다. 월츠(K. Waltz)는 인간, 사회, 국가라는 다 차원의 공간에서 전쟁의 원인을 찾아보았다(Waltz, 1964). 인간의 부분적 집합이 사회로 연결이 되고 그 사회집단을 아우르는 국가의 맥락에서 인간, 사회, 국가의 갈등이 발생할 수 있는 각 차원의 개념 공간을 설정하여 각 부분의 '장'이 어떻게 형성되고 작동되는지를 조망해보았다.

이러한 월츠의 문제의식이 국제관계의 분석에서도 차용된다. 또한 국제관계에서는 동시에 참가하는 행위자의 수가 많기 때문에 이에 대한 설명과 이론들도 그만큼 복잡해진다. 복잡다단한 영향력, 행위자, 과정을 간명하게 정리하기 위하여 학자들이 사용하는 한 가지 방법은 그런 것들을 몇 개의 분석수준으로 묶는 것이다. 각각의 분석수준은 국제관계를 전체적으로 조망할 수 있고, 유사한 행위자나 과정의 집합을 통해 분석의 체계화를 이룰 수 있다. 이러한 맥락에서 인간의 수준, 국가의 수준, 국제체제의 수준과 같은 서로 다른 세 가지 분석 수준에 따라 국제관계의 문제들을 탐색해볼 수 있다.

첫째, 인간 개인의 차원에서 분쟁의 원인을 규명해보면, 인간 간의 갈등이란 본질적으로 사람들의 마음 간의 갈등이며, 인간들의 인식, 욕구, 기대, 윤리 도덕관 등의 격차에서 발생하는 갈등이므로 모든 갈등은 인간의 마음속에서 형성되며 또한 진행되고 끝난다는 것이다(Rummel, 1984: 9-10). 심리학자인 로렌쯔(Konrad Z. Lorenz)는 인간의 공격본능은 계통 발생학적으로 미리 입력된 프로그램과 같다고 주장한다(이상우, 2002). 인간 속성에는 공격적 본능이 내재되어 있고 이러한 성향이 어떤 계기를 통해 집단적으로 표출되면 분쟁이 발생한다고 보는 것이다. 물론 다른 한편으로 인간의 속성에 내재된 공격본성이 분쟁을 일으킨다고 보는 입장에 반하는 입장도 있다. 이를 테면 인간의 공격성향은 타고난 것이 아니라 인간을 공격적으로 만드는 환경 때문이라는 입장도 있다.

이러한 인간의 장에서 발생한다는 분쟁의 원인론에 입각해서 분쟁을 억제하기 위한 방안으로는 인간의 공격성향을 순치할 수 있는 교육, 계몽 등을 통하여 전쟁을 예방할 수 있는 길이 열릴 수 있다. 물론 내재된 공격 본능의 발현이라면 공격성향을 가진 인간들을 제어할 수 있는 제도적 장치나 체제를 만듦으로써 힘으로 인간의 공격성을 억지할 수 있는 방안도 강구할 수 있을 것이다(이상우, 2005: 196-200).

인간의 본성과 관련된 인간 차원의 장에서 분쟁원인을 탐구하는 논의에서 좀 더 범위를 구체화하여 정책결정자들을 중심으로 분쟁의 원인을 찾기도 한다. 예를 들면 국제분쟁에서 전쟁이나 기타 폭력적인 수단을 사용하는 것은 국가의 정책결정자들의 합리적인 결정을 반영한 것이라는 입장이다. 즉 분쟁은 전쟁의 당사자가 되는 양측 지도자들이 평화보다 전쟁을 치름으로써 더 많은 것을 획득할 수 있다는 생각에 기초하여 결정하는 의식적이고 합리적인 결정에 따른 것이라는 것이다. 이와는 달리 관료들 간의 상호작용에서 원인을 찾는 견해도 있다. 예를 들면 국가의 정책결정자인 대통령은 정책결정과정에서 외교정책과 관련된 행정부의 다양한 관료기구 및 관료들로부터 조력을 얻는다. 관료기구들은 정책결정과정에 관여하는 주된 행위자이기도 하다(로이드 젠슨·김기정 역, 2006: 147). 또 한편, 정책 결정자가 합리적 판단에서 일탈됨으로써 분쟁이 야기된다는 입장도 있다. 즉 정보판단 오류, 집단사고에의 함몰, 인지적 편견 등이 작용함으로써 정책결정자가 잘못된 결정을 함으로써 분쟁이 일어난다는 것이다.

인간의 장에서 전쟁의 원인을 규명하는 이러한 이론들이 모두 전쟁의 원인에 대한 설명으로서 충분한 것은 아니다. 어떤 분쟁은 지도자들의 합리적 결정에 따른 것일 수도 있지만, 또 어떤 전쟁은 실수나 판단잘못 등 합리적인 것으로 간주될 수 없는 이유로 발발할 수도 있다. 물론 일부 지도자들이 군사력을 사용하여 갈등이나 문제해결을 하고자 하는 개인적 성향이 강할 수도 있다. 그러나 어떤 유형의 인간이 더 호전적인가 혹은 평화지향적인가 하는 것을 미리 인지할 수 있는 척도는 아직 고안되지 않고 있다.

2. 국가의 차원

국가 혹은 사회 수준은 국제무대에서 국가의 행동에 영향을 미치는 국가의 구성원들인 개인들의 집합체에 관한 것이다. 이 집합체에는 이익집단, 정치단체, 정부기구 등이 포함된다. 이들은 각 국가 안에서 각각 다른 행동방식으로 움직인다. 동일한 가치를 지향하는 민주국가라고 할지라도 선거가 있을 때와 선거가 없을 때의 행동 방식에 많은 차이가 있다. 국가 안에서 심화되고 있는 인종분쟁이나 민족주의는 국제관계에서 점차 더 중요한 요인으로 부각되고 있다. 군, 산학복합체 같은 국내의 경제적 분파들도 자국 정부가 국제무대에서 자기네 사업에 유리한 행동을 취하도록 정부에 영향력을 행사할 수 있다. 정부 안에서도 흔히 외교정책 관련 기구들이 정책결정을 놓고 다른 관료기구들과 경합을 벌인다. 국가 간(혹은 국제 혹은 체계) 수준은 국제체계가 결과에 미치는 영향에 관한 것이다. 따라서 이 수준에서는 국내의 사정이나 국내에서 주도적 역할을 하는 개인들과 무관하게 국가들 자체의 상호 관계에 초점을 맞춘다. 또한 국가의 지리적 위치, 국제체계 안에서의 상대적 힘의 지위를 중시한다. 이 수준은 전통적으로 가장 중요한 분석수준이 되어 왔다.

또한 국가적 차원의 장에서 문제의 물리적 해결을 초래하는 국가사회적 특성에 대하여 좀 더 주목해볼 수 있다. 자본주의와 사회주의의 이데올로기적 갈등이 첨예하게 대립되었던 냉전 시기 사회주의 진영에서는 탐욕적이고 공격적인 자본주의 사회가 국제분쟁에서 폭력을 사용하는 성향을 보인다고 주장하였다. 이와는 상반되게 서방 자유진영에서는 공산주의 국가들의 팽창주의적, 전체주의적 경향이 폭력적 분쟁의 원인이 된다고 강조하였다. 물론 이러한 사회적 격차를 실제 분쟁에 적용해보았을 때는 정형화된 결과에 따른 이론적 함의를 찾아내기는 어려울 것이다. 두 사회 모두 분쟁을 일으켰고 폭력을 사용하였다.

따라서 국가적 차원의 장을 염두에 두고 어떤 사회가 전쟁성향을 가지는지를 일반화한다는 것은 매우 곤란한 문제이다. 어떤 종류의 사회라도 상황과 조건에 따라서 분쟁으로 치달을 수 있다. 인류학자들의 연구에 따르면 앙골라(Angola)와 나미비아(Namibia)에 사는 한 종족은 1920년대 살육적인 집단폭력을 행사하는 종족으로 관찰되었지만, 1960년대에는 아주 평화적인 종족으로 변화하였다는 것이다(조슈아 골드스타인·김연각 역, 2002).

나치스(Nazis)당이 일당 지배를 하였던 독일은 국가적 호전성을 드러냈고, 제2차 대전을 일으킨 국가였지만 세계대전 이후 민주화된 독일은 오히려 과거의 침략 전쟁에 대한 철저한 반성에 기초하여 전쟁에 반대하는 국가사회가 되었다. 과거 군국주의화되었던 제국주의 시절의 일본이었지만, 패전 이후 일본은 헌법조항에 '전쟁을 부인하는' 내용을 담고 있다. 그러나 최근 들어 미일동맹의 강화를 통하여 집단 자위권 확장을 도모하면서, 일본 헌법에 규정된 전쟁 부인 조항을 무력화시키려는 시도를 하고 있다. 이렇게 볼 때 한 국가가 어느 시기에 어떤 상황에서 평화 지향적이고 어떤 기간에 어떤 조건에서 분쟁 지향적이었는지를 관찰하고 설명할 수 있는 명확한 이론적 틀이 아직까지는 마련되어 있지 않다.

3. 국제체제의 차원

전쟁은 국가를 단위로 하여 조직화된 대규모 조직에 의한 물리적 충돌이다 (Krieger, 2001: 962). 다시 말하면, 국가단위로 행동하는 인간집단의 집단적 행위이다. 국가의 행위는 이를 구성하는 개개인의 행위의 기계적 연장이 아니라 인간의 집합적 행위로서 독자적 특성을 가진다. 조직 속에서의 개인의 행위는 혼자 있을 때와는 달라지고 또한 국가조직의 특이성에 따라 상이하게 나타나기 때문에 국가행위를 인간 개인의 행위에서 유추할 수는 없다(이상우, 2005: 201-202).

국가 간 수준의 장에서 전쟁을 다루는 많은 이론들은 국제관계 주요 행위자인 국가들의 힘의 관계라는 차원에서 분쟁을 설명한다. 예를 들면 세력균형 이론은 세력균형이 유지되고 있으면 분쟁이 억지될 수 있는데 힘의 균형상태가 깨지게 되면 전쟁이 발생할 수 있다고 주장한다. 한편, 세력전이 이론에서는 세력이 비교적 균등하게 분포되어 있고 떠오르는 강국이 쇠퇴하는 패권국의 지위를 위협하는 시기에 분쟁이 대규모 전쟁으로 비화한다고 주장한다.

국가들 간의 힘의 분포상태가 어떻게 되어 있을 때 전쟁을 초래하는지를 예측할 수 있는 신뢰할 만한 기준이 없는 상황에서 일부 학자들은 특정 유형의 국제관계가 전쟁으로 이어질 확률을 통계학적으로 측정하려고 노력해왔다. 또한 국제분쟁에 대한 다양한 이론들을 검증하기 위하여 정량적 통계방법을 사용하여 전쟁, 군비경쟁 등에 대한 자료를 분석한다. 또한 민주국가들 사이의 갈등이 왜 분쟁으로 전화하지 않는가를 분석하기도 하고 또 민주국가들 간에는 전쟁의 가능성이 적다는 소위 민주평화론(democratic peace)의 주장을 내놓기도 하였다. 그러나 전쟁과 같은 현상을 통계학적으로 분석하는 데는 자료의 정량적 탐색방법보다도 자료의 정성적 측면이 중요한 문제점으로 등장한다.

한편, 국가의 지배이념과 정치체제가 그 국가의 분쟁 가능성과 관계가 있다는 주장도 있다. 우선 첫째로, 자유주의자들은 전체주의 전제정치국가가 전쟁을 국가이익 추구 수단으로 선택하는 경향이 강하고 민주주의 국가는 평화지향적이라고 한다. 전체주의는 독선적이고 비타협적인 데 비하여 자유민주주의는 가치의 상대성을 존중하고 타협적이라는 국가의 성격도 중요하지만 국가의 정책결정과정이 소수 엘리트에 집중된 전체정치체제에 비해 국민들의 여론과 의회의 견제를 받는 민주주의 국가는 쉽게 전쟁을 선택할 수 없다는 것이다. 엄청난 국민적 희생이 따르는 전쟁의 결정을 몇몇 지도자들의 독단으로 결정할 수는 없다는 것이다. 일례로 미국의 대통령이 선전포고를 통해 전쟁을 시작할 수는 있지만 그러한 전쟁을 계속 수행하기 위해서는 의회의 동의가 필수불가결하다. 이와 관련하여 럼멜(Rummel)과 러셋(Russet)은 자유주의 국가 간에서는 폭력적 행위가 일어나지 않고 민주주의 국가는 상대가 도발한 전쟁에 대응은 하지만 전쟁을 먼저 도발하는 예가 드물다는 결론을 도출하고 있다. 19세기 초부터 약 200년간 일어났던 전쟁 중 민주주의 국가들이 먼저 전쟁을 시작한 경우는 손꼽을 정도라는 것이다(이상우, 2002).

국제적 사건들을 설명할 때 글로벌화의 확대와 심화에 따라 전 지구적 차원에서 일어나고 있는 일들이 갈수록 중요해지고 있다. 따라서 세 가지 분석수준에 더하여 세계적 차원의 분석 수준을 추가할 수 있다. 이 수준에서는 국가들 상호간의 관계 범위를 넘어서는 전 지구적 경향과 힘이라는 견지에서 국제적 사건들을 설명하고자 한다. 전 지구적 차원에서 일어나고 있는 일들이 갈수록 중요해지고 있기 때문에 인간과 환경의 문제, 세계적 금융위기의 확산, 민주주의의 세계화 등은 전 지구적 수준에서 전개되고 있는 과정이며, 이것이 하위 수준의 국제관계에 영향을 미칠 수 있다. 개별의 분석 차원은 특정한 국제적 사건에 대하여 다른 시각에서의 설명을 가능케 한다.

국제관계 현상을 다루는 경우에 특정한 분석의 차원에 주목을 하여 분석할 수도 있지만, 다른 분석의 차원도 함께 고려해야 한다. 주어진 질문에 대하여 한 가지 분석수준만이 옳다고 할 수는 없다. 각각의 분석수준은 주어진 사건을 설명하고자 할 때 다양한 설명과 접근을 가능하게 해준다. 즉 각각의 분석수준은 사건의 직접적이고 겉으로 드러나는 원인뿐만 아니라, 좀 더 근원적인 원인을 밝혀줄 수 있게 한다. 국제관계에서 발생하는 문제들은 복합적 요인들이 작용하기 때문에 어떤 결과에 대한 완전한 설명 원인을 명확히 규명할 수는 없을 것이다. 여러 분석의 차원을 함께 고려하게 되면 복잡한 인과관계에 따른 여러 가지 원인을 밝힐 수 있을 것이다. 그런데 이러한 과정에서 발생하는 높은 수준에서의 변화는 낮은 수준에서의 변화보다 느리게 일어난다고 볼 수 있다. 특정한 나라의 정책결정자 개인이 외교정책을 결정함으로써 사태가 발생하겠지만, 그러한 사태 발생이 즉각적으로 국제질서의 변화나 국제체계의 틀을 변화시키기는 쉽지 않다.

이처럼 인간, 국가, 국제체제 그리고 세계체제라고 하는 공간의 차원에서 국제문제의 발생 원인에 대한 다양한 설명을 할 수는 있지만 그러한 설명들 중 일반이론으로서의 가치를 부여할 수 있는 설명은 거의 없다. 각각의 수준에서 추출된 여러 이론 틀들은 문제의 원인에 대한 다양한 설명을 제시하고 있다. 이러한 설명들이 주어진 조건과 기간 안에서 부분적인 타당성만을 가질 수 있을 것이다.

IV. 국제관계의 행위자

1. 국가 행위자

국제관계를 형성시키고 변화시키는 데 참여하는 행위자는 누구인가? 이 질문에 대한 대답은 간단하다. 국제관계의 주된 행위자는 국가이다. 국제관계의 영역에서 어떤 행동을 하는 구체적인 실체는 정부라고 할 수 있다. 즉, 여러 나라의 정부가 다른 나라의 정부들과의 상호 관계 속에서 취하는 결정과 행동이다. 국가란 통상 정부에 의해 통제되고 일정한 영토 안에 거주하는 구성원(국민)들로 이루어진 결집체이다. 정부는 한 국가 내에서 가장 높은 권위를 갖는 실체로서 구성원들의 지지에 따른 정당성(legitimacy)을 기반으로 주권을 행사한다. 즉, 법을 만들고 집행하고, 판단한다. 또 국가를 존속시키기 위해 조세정책을 비롯한 각종 시책을 통해 국민들의 안위를 지켜주고 복리를 증진시키기 위한 노력을 다한다.

즉, 국제정치에서 말하는 국가는 민족(nation), 주권(sovereignty), 영토(territory) 등의 세 가지 요소가 통합되어 있는 민족국가 또는 근대주권국가를 의미한다. 우선 민족이란 종족, 언어, 역사 등의 동일성에 기초하여 역사적으로 발생한 자연적 단위

혹은 공동체적 단위라고 볼 수 있다. 다음으로 주권적 요소는 정치·경제통합을 이루고 있는 사회제도를 말한다. 특히 주권국가라 할 때 주권은 해당국가가 배타적 독립성을 가지고 행사할 수 있는 권한이다. 또 영토적 의미는 국가의 권력이 일정 영역에 확립되어 있는 것을 말한다. 국가의 주권은 통상 타 국가들과의 외교관계를 수립함으로써, 그리고 세계적 차원의 국제기구인 UN의 가입국이 됨으로써 다른 나라들의 인정을 받는다. 이처럼 국제정치의 무대에서 행위의 실체로 기능하는 국가는 실제에 있어서는 정치지도자, 여러 정부기관들과 관료들을 비롯하여 다양한 집단들과 이익단체, 나아가서 각 개인들로 구성되어 있다. 또한 국가의 이름으로 행동하는 행위자로서 국가 지도자, 관료기구의 공무원 등을 지적할 수 있다.

국가들의 규모도 다양하다. 인구가 13억에 이르는 중국이나 인도와 같은 인구 대국이 있는가 하면 10만 명 이내의 미니국가도 있다. 세계에서 약 23개국 정도가 5,000만 명 이상의 인구를 가지고 있고 세계인구의 75% 정도를 점유하고 있다. 경제규모로 보면, 미국이 세계경제의 1/5 정도를 차지하고 있으며, 그 외에, 중국, 일본, 독일, 프랑스 등 세계 15대 경제대국을 합하면 세계경제의 3/4을 차지한다. 이 가운데 몇몇 국가들은 경제력, 군사력 등을 포함한 국력이 다른 나라와는 뚜렷한 차이를 보이고 있다. 이들을 강대국(great powers)이라 부른다. 특히 미국은 냉전시대의 초강대국(super power)으로서 소련과 쌍두마차를 이루었지만, 소련이 붕괴되고 난 후에는 유일한 초강대국으로 자리매김하였다. 강대국들은 국제정치 무대에서 가장 중요한 영향력을 발휘하는 행위자들이다.

2. 비국가 행위자

전통적으로 국민국가의 정부들이 국제관계에서 중요한 행위자이다. 그러나 각 국들은 국제관계의 행위자로 여겨지고 있었던 국가 이외의 다양한 행위 주체인 소위 비국가 행위자(non-state actor)에 의해 영향을 받고, 제약을 받는다. 과거 냉전기 국제관계에서는 국가안보가 최우선적 과제로 설정되어 있었기 때문에 비국가행위자의 역할은 제한적이었다. 또한 이론적인 차원에서도 미국과 소련의 대립이 구조화되었던 냉전기에는 현실주의 패러다임이 지배적 패러다임으로 자리 잡고 있었다. 따라서 국제관계에서 비국가행위자의 영향력이 과소평가되면서 국제정치의 주요 행위자로 자리매김하지 못하였다. 그러나 미소 양극구조가 해체된 탈냉전시대가 도래하면서 국제정치의 구조적 변화와 함께 이슈의 다원화 현상이 나타나게 됨에 따라 국제정치 영역에서 국가의 영향력은 제약되었다. 이러한 상황 변화는 다양한 비국가행위자의 활동 영역을 확장시키는 토대를 제공해 주었다. 물론 비국가행위자의 영향력에 대해서는 여전히 논쟁이 계속되고 있으나, 양적으로 계속해서 증가하고 있을 뿐만 아니라, 그 활동범위도 점차 확대되고 있다.

이와 같은 소위 비국가 행위자들을 다음과 같이 범주화시킬 수 있다. 첫째, 정부 간 기구(IGOs: Inter-Governmental Organizations)를 꼽을 수 있다. 이는 국가들 간의 합의에 따라 설립되는 국가 간의 조직체로서, 설립목적에 따른 역할을 수행하기 위해서는 주권국가들로부터 어느 정도의 독립성을 지닌다. 그러나 현실적으로는 국가들의 이해관계에 따라 제약을 받는다. 대표적인 이들 기구로서는 UN을 비롯한 산하기구들을 꼽을 수 있다. 또한 세계무역기구(WTO: World Trade Organization), 세계은행(WB: World Bank), 국제통화기금(IMF: International Monetary Fund) 등과 같은 경제적 협력기구들을 포함하여 12개 산유국들 간의 석유생산 및 가격정책을 협의하기 위한 석유수출국기구(OPEC: Organization of Petroleum Exporting Countries), 핵기술이전 문제를 통제하기 위한 국제원자력기구(IAEA: International Atomic Energy Agency) 등도 정부간기구이다.

둘째, 비정부기구(NGOs: Non-Governmental Organizations)를 꼽을 수 있다. 수많은 비정부기구들이 국제정치의 현실 속에 참여하고 있다. 또 다양한 영역의 민간기구들이 국가는 물론, 다른 정부 간 기구, 다국적 기업 등과 상호 영향을 교환한다. 그린피스(Green Peace)와 같은 환경단체, 인도주의적 목적을 가진 국제적십자사, 그 외에 국제올림픽 위원회, 가톨릭 교회, 노동단체 등이 이러한 범주에 속할 것이다. 이러한 기구들도 초국가적 연계망을 갖고 자신들과 관련된 이슈의 해결을 위해 공동의 노력을 기울이기도 한다. 예컨대 세계화에 반대하는 비정부기구들이 연합하여 몇 차례에 걸쳐 세계무역기구 각료회담에 대한 반대집회나 시위를 공동으로 수행하여 상당한 반향을 불러일으켰다. 또 이 기구들이 국제사회에서 국가를 비롯한 다른 행위자들과 대등한 위상과 역할을 가진다고 보기는 어렵겠지만 점차 영향력을 확대시키고 있다.

셋째, 초국적 기업(transnational corporation)을 지적할 수 있다. 초국적 기업 혹은 다국적 기업(multinational corporation)은 한 국가에 본사를 두고 여러 나라들에 걸쳐서 현지 회사를 설립하여 활동하는 기업이다. 즉, 복수의 다양한 국가들에 고정시설을 설치하고 현지 사람들을 고용하여 세계를 무대로 기업 활동을 영위한다. 이처럼 국가의 영토적 경계를 넘나들면서 기업 활동을 수행하는 다국적 기업은 주요한 초국적 행위자이다.

전 세계에 걸쳐 기업을 운영하고 있는 이들 기업은 어느 한 국가의 이해관계와 합치되지 않는다. 어떤 경우에는 자신의 모국(home country)의 정책방향과 다른 행위를 할 수도 있다. 물론 다국적 기업에 대한 평가는 논란의 대상이다. 모국 정부의 대리자로서 유치국(host country)의 부를 유출시키는 존재로 부각되기도 하지만 한편, 자본, 기술 등을 이전시켜 줌으로써 경제적 효율성을 증진시키고 성장을 자극하는 역할을 수행한다는 긍정적 평가를 받기도 한다.

1970년대 국제정치의 새로운 행위자로서 등장하여 국가의 자율성을 저해할 수 있을 만큼 다국적 기업의 힘은 증대되고 있다. 또한 대규모 다국적 기업들은 세계적인 상호의존에 기여하고 있다. 이들의 기업 활동은 여러 나라에 걸쳐서 깊이 연관되어 있으므로 무역, 금융관계는 물론 안보문제에 있어서도 국제체제가 안정적으로 운영되는 데 커다란 이해관계를 가지고 있다.

V. 맺음말

지금까지 이 장에서 논의한 국제관계의 시작은 민족국가(nation-state)라는 정치 공동체의 탄생과 맥락을 함께한다. 오늘날의 민족국가가 탄생한 것은 오랜 역사적 연원을 갖는다. 1648년의 베스트팔렌 회의는 근대적 의미의 국가가 등장하게 되는 분기점을 이루게 된다. 불(Hedly Bull)은 국제관계의 출발점은 민족국가라는 독립적 정치공동체의 존재라고 본다. 불의 견해에 따르면 국제관계의 시작은 내적으로는 봉건제도의 분열상을 극복하고 외적으로는 종교적 제국의 통합성을 극복하면서 주권개념에 입각한 민족국가를 탄생시킨 베스트팔렌체제라고 할 수 있다(Bull, 1977). 이후 유럽협조체제로 알려진 비인체제(the Congress of Vienna) 등을 겪으면서 지금의 민족국가체제가 등장하게 되었다.

본 장에서는 이러한 국제관계에 대한 기본적인 이해를 돕기 위해서 국제관계에 대한 개념화, 연구 분야로서 국제관계학에 대한 개략적인 안내를 하였다. 또한 국제관계에 대한 접근법으로서 전통적 방법과 과학적 방법을 쉽게 설명하였다. 국제정세의 변화, 국제적 사건 등을 이해하고 분석하기 위해서는 분석의 차원(level of analysis)의 문제를 다룸으로써 국제문제에 대한 심층 분석의 기준과 지침을 안내하였다. 민족국가의 정부들이 국제관계에서 가장 중요한 행위자일 것이다. 그러나 국가 행위자뿐만 아니라, 다양한 비국가 행위자들도 국제관계의 영역에서 중요한 활동을 수행한다. 본 장의 마지막 부분에서는 이러한 국제관계의 행위자들을 다루고 있다.

국제관계란 종종 대통령이나 외교관 같은 한정된 소수의 사람들에 의해서 수행되고, 우리의 일상과는 분리되어 있으며 그 내용도 잘 알지 못하는 그런 공식 행사나 의식과 같은 것으로 묘사된다. 그러나 오늘날의 국제관계는 이러한 양상에서 벗어나고 있다. 물론 국가를 대표하는 지도자나 관료들이 국제문제에서 주된 참여자로서 그 역할을 수행하는 것은 부인할 수 없는 사실이지만, 이제는 많은 사람들과 민간 부문도 국제문제에 관여한다.

예를 들면 국민들이 한미 FTA에 관해서 찬성 혹은 반대 의사를 표명하는 여론이 형성되고, 이와 관련된 이슈가 선거에 주요한 쟁점으로 부각된다면 이는 이미 국제관계에 참여하고 있는 것이다. 또한 세계시장으로부터 만들어진 재화나 용역을 선택할 때, 그리고 북아프리카에서 벌어지는 민주화 운동과 관련된 뉴스를 시청할 때 이미 국제문제에 관여되고 있는 것이다. 우리가 일상생활에서 행하는 정치적, 경제적 선택이 궁극적으로는 우리가 몸담고 살고 있는 세계에 영향을 미친다. 각자의 선택을 통하여 모든 사람은 사소한 일에 불과한 것일지라도 국제관계의 영역에 특정한 역할을 할 수 있다. 일상생활의 국제화, 글로벌화는 빠른 속도로 진행되고 있다. 과학 기술의 발달과 함께 교통·통신이 비약적으로 향상됨으로써 보통 사람들은 다른 나라와의 인적 교류, 경제 문화 교류, 생각의 교류 등을 더욱 쉽게 행할 수 있게 된다. 기술이 발전함에 따라서 세계는 날이 갈수록 좁아지고, 참여자는 더욱 많아지고 있는 것이다.

질문 및 토론 사항

1. 국제관계와 유사한 용어들의 차이를 어떻게 이해할 수 있을까?

2. 연구 분야로서 국제관계는 어떠한 특징을 가지고 있을까?

3. 특정한 국제적 사건을 선택하여 각 분석 수준에 따라서 설명을 해보자. 서로 다른 분석 차원에서의 설명 논리들이 어떠한 통찰력을 제공하고 있는가?

4. 전통주의적 방법론과 과학주의적 방법론의 논쟁은 국제관계 연구의 발전에 어떻게 기여했는가?

5. 냉전, 탈냉전 등 국제관계의 상황변화는 국제관계 행위자와의 역할 변화에 어떤 영향을 주었는가?

민족국가

　민족이라는 공유된 의식에 바탕을 두고, 오랜 기간 공동의 사회·경제생활을 영위하며 동일한 언어를 사용하고 동일한 문화와 전통적 관념을 바탕으로 하여 형성된 인간 공동체로 국민국가라고도 한다.

　일정한 영토내의 구성원들에 대해 주권이라 지칭되는 최고의 권위를 행사하며 국경선 외부의 다른 어떤 권위체와의 동등성을 바탕으로 하는 주권국가는 17-18세기에 서구에서 절대주의체제가 성립하면서 등장하였다. 이어서 자본주의의 성장과 함께 시민계층이 성장하고 시민혁명을 통하여 근대사회가 성립하여 입헌정치·의회제 등이 실현되었다. 이렇게 국가의 외형적인 틀이 갖추어지고 그 안에서 민족이 형성되었다.

　말하자면 국가라는 중앙집권적인 정치적 권위가 일정한 국경선 안에 거주하고 있는 사람들에게 민족적 일체감을 고양시켰던 것이다. 과거에는 영국인 혹은 프랑스인이라는 의식을 가지지 않았던 사람들이 영국이라는 국가와 프랑스라는 국가가 건립된 후에 점차로 그 속에서 자신들이 영국인 혹은 프랑스인이라는 정체성(identity)을 형성하게 되었다. 한편, 오랜 세월을 선진제국의 압박에 시달리던 식민지·반식민지에서는 민족자본가의 성장과 더불어 민족해방과 독립을 요구하는 민족주의운동이 일어났고, 이들 약소민족들은 새로운 민족국가를 건설하였다.

국제질서의 역사

I. 머리말

우리가 살고 있는 21세기의 세계질서를 한마디로 정의하기는 쉽지 않다. 세계화와 경제적 상호의존의 심화로 국제기구 등 비국가행위자들의 활동과 영향력이 크게 증대되긴 했지만 국가는 여전히 주요 행위자로 존재하고 있고, 냉전이 해체된 후 미국이 유일 강대국으로 정치, 경제, 군사, 문화 모든 분야에서 절대적인 영향력을 행사하는 것처럼 보였으나 아프가니스탄, 이라크에서의 전쟁, 금융위기 등으로 그 기세가 주춤한 틈을 타서 중국을 비롯한 신흥 강국들이 국제사회에서 그 영향력과 결속력을 확대시켜 나가고 있다. 국가 간의 무력분쟁 가능성은 상당히 줄어들고 경제성장 덕분에 많은 사람들이 절대빈곤의 고통에서 벗어나고 있으나 민족, 종교 등 정체성을 둘러싼 분쟁이 증가하고 경제적 불평등의 확대로 인해 상대적 박탈감에 고통받는 사람들도 줄어들지 않고 있으며 대량살상무기 확산, 기후변화 등 환경

파괴로 인한 위협, 전 지구적인 테러리즘의 활동 등 과연 우리가 살고 있는 현재가 과거보다 안정되고 평화로운 세기인지는 의문을 품지 않을 수 없다. 앞으로 세계질서는 어떻게 진화, 발전 혹은 퇴보할 것인가? 더 나은 세계를 건설하려면 어떠한 노력을 기울여야 하는가? 이러한 질문들에 대답하려면 과거 어떠한 과정과 발전을 통해서 현재 우리가 살고 있는 세계의 구조와 질서가 구축되었는지 고찰해 보는 것이 우선일 것이다. 본 장에서는 21세기까지 숨 가쁘게 달려 온 세계질서의 진화, 발전과정을 간략히 살펴보고자 한다.

II. 20세기 이전의 역사

인류의 기원은 7백만년 전 아프리카에서 시작되어 현대의 인류로 서서히 진화하였다고 알려진다. 현대인류와 언어사용 등 행동학적으로 유사한 인류의 한 그룹이 5만년 전쯤 아프리카 대륙에서 출발하여 다른 지역으로 이주하면서 서서히 세계 전역에 정착하였다고 한다. 인류의 속성상 생존과 경제적 필요에 의해, 그리고 추상적·인과적 사고를 가능하게 한 두뇌의 우수성 덕분에 가족 단위의 군집 생활을 점차 넓혀가면서 사회화의 영역을 확장하여 부족 단위로 발전시켜 나아갔다. 이러한 부족 중심의 사회가 인구의 증가와 외부 위협에 대응할 필요성 등으로 인해 공권력을 독점하는 더욱 큰 공동체로 발전하며 국제정치의 기본단위인 국가 형태를 형성시켰다.

1. 유럽의 역사

유럽이 인류 역사에서 중심이었던 것은 최근 4-5백년에 불과하다. 그러나 현재 국제정치에서 사용하는 세력균형, 다극체제, 안보딜레마 등 주요 개념과 현실주의, 자유주의 등의 이론들이 유럽의 근현대사 연구에서 비롯되었고 20세기 중반까지 전 세계를 석권하여 현대 국제질서 발전에 막대한 영향을 끼쳤기에 유럽의 역사를 다른 지역과 구분하여 살펴보기로 한다.

1) 민족국가 수립 이전

지중해를 기반으로 한 해상교역과 문화교류의 확산은 기원전 800년 이후 그리스 도시국가의 등장을 가능하게 하며 현대 유럽문명의 기원이 되었다. 그리스 도시국가들은 자체적인 경쟁과 협력을 통해 발전과 쇠퇴를 거듭하다가 마케도니아 제국을 거쳐 로마제국의 팽창에 흡수되었다. 지중해를 둘러싼 지역에 거대 제국을 건설한 로마제국은 행정, 문화, 군사, 종교 등 모든 분야에서 이후 유럽의 발전에 상당한 영향을 끼쳤다. 그러나 제국의 유지에 어려움을 겪으면서 점차 쇠퇴와 분열을 거쳐 서로마 제국이 5세기에 멸망하면서 거의 천년 동안의 암흑기(Dark Age)에 접어든다. 당시의 정치시스템에서 국가는 응집력이 약했고 그 형태나 구분도 명확하지 않았으며 강력한 기독교회의 영향하에 장원경제에 기반을 둔 봉건체제가 오랫동안 유지되었다. 위계적 신분제에 기초한 이러한 시스템은 발전과 혁신의 동력을 제공하지 못하여 계속 정체되어 이렇다 할 변화·발전이 없었고 외부 유목민족들의 침입에도 극히 취약하였다. 그러나 지중해에서 아시아, 중동지역과 활발하게 교역하던 이탈리아의 도시국가들에서 14세기경 시작된 르네상스가 변화의 동력이 되었다. 과학기술의 점차적인 발전으로 16세기부터 대항해시대에 접어들면서 향신료나 사탕수수, 은 등 경제적 목표를 위한 '신세계'로의 진출을 시작하여 유럽 이외의 지역을 장악하여 나아갔다. 한편 상업과 교역의 발달로 봉건경제도 점차 해체되어 갔고 공고하던 가톨릭교회의 위상도 그 경직성과 부패 때문에 많은 비판과 도전을 받았다. 특히 16세기 초 시작된 종교개혁은 유럽 전역을 휩쓸었고 대부분의 북부 유럽 국가들이 개신교로 개종하였다. 남부 유럽은 대체로 가톨릭을 유지하였으나 중부 유럽은 양대 세력의 이합집산으로 인하여 여러 차례 종교전쟁의 주전장이 되고 만다. 이러한 분쟁이 단지 종교만의 문제는 아니었고 정치적, 경제적 이해관계와 함께 강력한 영향력을 행사하던 합스부르크 왕조(Habsburg: 스페인과 오스트리아 등 통치)에 대한 견제 등이 복합적으로 작용하여 17세기 초 30년 전쟁으로 비화되었다. 현재의 독일 지역 인구의 40% 가까이가 사망하는 등 엄청난 인적·물적 피해를 입힌 전쟁

■ 그림 1 ■ 17세기 초 유럽

(https://search.yahoo.com/search?p = 17th + century + europe + map&ei = UTF − 8&fp = 1)

은 당사국들 간에 1648년 베스트팔렌 조약(Treaty of Westphalia)을 맺으면서 마침내 종결되었고 유럽 대륙은 새로운 시대에 접어들게 된다.

2) 민족국가 수립 이후

마지막 종교전쟁이라 일컬어지는 30년 전쟁이 베스트팔렌 조약으로 종식되면서 회담 참가국들은 자신의 영토 내 종교선택의 자유와 그 선택에 대한 존중을 확약받으면서 점차 국경선의 명확한 구분과 함께 민족국가의 주권(sovereignty) 개념이 유럽의 새로운 정치, 외교의 원칙이 되었다. 종교나 봉건영주의 경제적 이해관계에서 벗어난, 명목상으로 평등한 주권국가들 간의 자유로운 활동이 보장된 것이다. 이후 이러한 질서에 도전하는 국가는 세력균형(balance of power)의 원칙에 의해 다수

국가들의 협력으로 제지당하게 되었다. 한편 교회의 권위와 절대왕정의 억압적 질서에 반기를 들고 인간 이성과 과학의 힘에 기반하여 인간의 자연권적 권리를 강조하는 계몽주의(Enlightenment)가 수많은 저명한 철학자들의 활발한 활동으로 유럽의 지성사에 큰 영향을 끼치며 특히 유럽에서 가장 강대한 국가이자 절대왕정의 압제가 극심하던 프랑스에서 1789년 프랑스혁명이 발생하는 계기를 마련하였다. 프랑스혁명 과정에서 기존 구질서(ancien regime)에 대한 분노의 표출로 벌어진 국왕의 처형 등 일련의 사건과 국민주권의 선언 등은 주변의 보수적 왕정국가들에게 큰 충격을 주어 프러시아와 오스트리아의 군사개입을 촉발하였다. 나폴레옹의 집권 후에도 새로운 질서를 전파하려는 프랑스와 이러한 프랑스를 유럽 세력균형과 기존 질서의 파괴자로 규정한 다른 유럽 국가들 간의 전쟁이 수년 간 진행되었다. 결국 나폴레옹이 워털루 전투에서 반(反)프랑스 동맹에 패배한 후 유럽 강대국들은 1815년 비엔나회의에서 전쟁 전 현상유지(status quo ante bellum)의 회복과 향후 유럽대륙의 안정적 질서의 건설을 합의하였다. 이후 19세기의 유럽은 유럽 평화체제(The Concert of Europe)라 불릴 정도로 상대적으로 평화로운 시기가 유지되었는데 그 내막은 강대국 중심의 세력균형을 위해 약소국들의 주권과 민족자결 원칙이 희생되었으며 구질서 유지를 위해 반자유주적, 반민주주의적 정책이 강제된 것이었다. 이러한 분위기에 대한 반발로 1848년 유럽 전역에서 혁명이 일어났으며 1860년대 후반에는 마침내 오랜 세기 독립국가 건설을 이루지 못했던 이탈리아와 독일이 독립국가 건설에 성공한다. 특히 통일독일의 잠재력을 두려워하여 통일을 반대하던 오스트리아와 프랑스와의 전쟁을 거쳐서 이룩한 독일의 통일은 인구, 자원, 산업화 등의 능력을 기반으로 독일을 단숨에 유럽대륙의 최강국 지위에 오르게 하였다. 이러한 과정이 유럽 세력균형에 균열을 일으켜 반(反)독일 연합이 출범할 것을 우려한 독일 총리 비스마르크는 탁월한 외교술을 발휘하여 이러한 동맹형성을 방지하고자 노력하였다. 한편 경제 분야에서는 기술혁신과 상업화에 힘입어 봉건적 장원경제가 점차 해체되면서 산업혁명이 일어나는 계기가 되었다. 18세기 말 영국에서 시작한 산업혁명은 제조업의 획기적인 생산력 증대로 기존 산업구조와 계급관계 등에 근본적인 변화를 초래하였고 제조업, 교통, 통신, 항해술, 무기 등 산업 능력 모든 분야에서

■ 그림 2 ■ 19세기 중반 유럽

(https://en.wikipedia.org/wiki/History_of_Europe#/media/File:Map_congress_of_vienna.jpg)

유럽이 다른 대륙에의 우위를 확실히 점하게 하였다.

2. 유럽 이외 지역의 역사

유럽 이외 지역도 눈부신 고대문명을 꽃피우고 독특한 정치적, 문화적 발전을 이루었다. 대부분의 지역에서 16세기-17세기까지는 유럽에 못지않은, 오히려 유럽보다 우수한 문명을 발전시켰으나 산업혁명과 과학기술의 발전으로 엄청난 산업화를 이룩한 유럽의 영향력에 서서히 잠식당하게 된다.

1) 동아시아 지역의 역사 전개

동아시아 지역에서는 일찍이 기원전 2000년경 시작된 황하문명 이후 발전을 거듭하여 세계 최초로 가장 근대적 개념의 국가에 근접한 중앙집권적 정치체제가 중국에서 창설되었고 이후 유럽이나 다른 대륙과는 상당히 다른, 중국을 중심으로 하는 독특한 질서를 발전시켰다. 중국이 세계의 중심이라는 중화(中華)사상을 기반으로 사대질서의 명분이 미치는 지역을 천하(天下)라고 하면서 화이(華夷, 중국과 그 주변의 오랑캐)의 구분을 엄격히 하였다. 이렇게 중국 중심의 불평등한 국제관계에서 중국이 조공국의 왕을 인정하는 책봉을 하고 조공국이 정기적으로 중국에 조공하는 조공(朝貢)관계의 위계가 명확하여 서양의 평등한 주권국가들 간의 병렬적 관계와는 상당히 차이가 나는 질서였다. 즉 유럽의 영토적 주권에 기반한 평등한 다극체제의 국제질서와는 모든 면에서 상이한 중국 중심의 위계적 조공, 책봉질서에 기반하고 영토, 국경의 개념도 모호한 일극체제 중심으로 국제질서가 발전하여 온 것이다. 그러나 유럽의 다극체제는 그 명목상의 평등관계에도 불구하고 실제로는 강대국의 영향력이 좌지우지하는 실제적인 불평등 관계였지만 동아시아 질서는 명목상의 불평등 관계에도 불구하고 조공국들의 내정은 존중되어진, 실질적으로는 주권적 권리가 상당히 보장된 체제였다고 할 수 있다. 한편 동아시아 질서의 중심이었던 중국은 춘추전국시대 등 몇 번의 분열과 갈등에도 불구하고 일련의 통일 왕조를 유지하였는데 여기에는 원, 청 등 비한족의 왕조도 포함되어 중국적 질서의 흡인력을 보여준다고 할 수 있겠다. 또한 이미 기원전 한나라 시대에 실크로드를 건설하여 타 지역과의 활발한 문화적·경제적 교류에 나서기도 하였으나 대체로 앞에서 기술한 중국적 세계질서의 우월감에 젖어 혁신과 개혁을 게을리하는 틈에 과학기술과 제조업 분야에서 비약적인 발전을 이룬 유럽 열강들의 우세한 항해술, 군사력에 치욕적인 굴복을 하면서 지속적인 불평등 조약을 통해 주권을 잠식당하고 19세기 중반에는 유럽식 국제질서에 강제로 편입되고 만다.

2) 중동 지역의 역사 전개

현재 이라크의 티그리스강과 유프라테스강 사이의 비옥한 초승달 지대는 인류가 가장 먼저 작물화, 가축화를 시작한 곳으로 알려져 있고 기원전 3500년경에는 메소포타미아 문명이라 알려진 눈부신 도시문명을 발전시켰다. 이후에도 아시아, 유럽, 아프리카 세 대륙과 지중해와 인도양 사이에 위치한 지리적인 이점을 활용하여 농업, 문자 등 여러 분야에서 활발한 교류의 주역으로, 또한 기독교, 유대교를 비롯한 수많은 종교의 발원지로 인류 문명의 발전에 큰 도움을 제공한다. 7세기에 예언자 모하메드에 의해 시작된 이슬람교의 성립과 발전은 중동역사에 결정적인 전환점이 되어 순식간에 아랍세계를 통합하고 중동지역 전체와 북아프리카, 아시아의 상당 지역과 유럽의 일부까지 석권하면서 이슬람 황금시대(Islamic Golden Age)를 열어 과학, 예술, 경제 등 여러 분야에 큰 영향을 끼친다. 그러나 15세기 이후 유럽인들이 남아시아로 가는 새로운 항로를 개설하고 새로 발견한 아메리카 대륙에 관심을 기울이면서 경제적 중요성이 점차 감소하였고 새롭게 창설된 오스만 제국의 동유럽으로의 팽창으로 유럽의 기독교 세계와의 갈등도 서서히 고조되었다. 19세기 이후 중동 지역을 통치하던 오스만 제국이 유럽의 환자(sick man of Europe)로 불릴 정도로 쇠퇴하면서 유럽 열강들의 간섭과 진출이 더욱 활발해졌다.

3) 아프리카, 아메리카의 역사 전개

아프리카 대륙은 현생인류의 기원을 찾을 수 있는 곳이다. 기원전 3000년경 잘 알려진 이집트 문명 이후에도 수많은 발전과 변화가 끊임없이 진행되었다. 아프리카 북동부 지역은 인도양과 홍해를 배경으로 중동, 남아시아 지역과의 교역이 활발하여 악숨왕국(Kingdom of Aksum, 1-10세기) 같은 국가들이 번성하였고 사헬지역(사하라 사막 바로 이남)도 다른 지역과의 잦은 교류와 함께 송하이제국(Songhai Empire, 15-16세기)과 같은 정치공동체의 출현이 가능하였다. 그러나 기후, 토양의 척박함으로 경제발전은 상대적으로 더뎠고 대체로 부족 중심의 소규모 공동체를 기반으로 소박한 생활을 영위하다가 15세기 이후 포르투갈을 시작으로 유럽 열강들이 점차 진출해 오면서 큰 변화를 맞게 된다.

아메리카 대륙에 인류가 이주하기 시작한 것은 3만년 전후인데 남북으로 긴 대륙의 특성상 이주와 정착에 긴 시간이 걸린 것으로 알려진다. 유럽에는 1492년 콜럼버스가 도달하기까지 전혀 알려지지 않았으나 잉카, 마야, 아즈텍 등 눈부신 문명에서 보이듯이 독자적인 정치와 문화·제도를 발전시켰다. 콜럼버스 이후 스페인과 포르투갈을 필두로 유럽 열강들이 무역 네트워크와 식민지 건설, 원주민들의 기독교 개종 등을 이유로 '신대륙'으로 알려진 아메리카 대륙에 대거 진출하면서 기존 생활양식을 완전히 파괴한다. 한편 스페인과 포르투갈이 중남미 지역에 집중한데 반해 17세기 초 이후 유럽에서의 종교적 정치적 분쟁과 박해를 피해 새로운 세계에서 종교적 신념을 구현하고자 청교도들을 비롯한 많은 서유럽인들이 북미대륙에 정착하기 시작하였다. 지역 원주민들과의 갈등과 협력, 영국과 프랑스 사이의 경쟁을 거치면서 점차 현재 미국의 동부지역은 영국의 식민지로 공고화되었고 원주민들은 축출되었다. 그러나 영국 본국의 세금 등 부당하고 과도한 간섭에 반기를 든 정착민들이 영국과의 독립전쟁에서 1783년 승리를 거두면서 미국을 건설하여 미래의 새로운 강대국의 출현을 알리게 된다.

3. 유럽과 나머지 세계의 만남

유럽과 여타 세계와의 만남의 역사는 고대 시대로 거슬러 갈 정도로 오래되었다. 그러나 18세기의 산업혁명을 거치며 제조업, 항해술, 무엇보다 군사력의 비약적인 발전을 이룩한 후에 유럽의 강대국들은 나머지 세계에 대한 유럽화(Europeanization)를 위해 폭력적으로 영향력과 지배력을 확장시켜 나아갔다. 15세기 이후 이미 항해술에서 상당한 도약을 이룬 포르투갈과 스페인에 의해 '대항해시대'가 전개되면서 아프리카 일부와 중남미 지역 거주민들이 강제노동, 강제이주, 면역체계가 없던 전염병의 유입 등으로 혹독한 고통과 피해를 당하였다. 당시 이들 제국주의 국가들이 금과 은을 얻고 원주민들을 문명화시킨다는 명분하에 자국의 정책을 중남미 식민지에 도입해 이식한 엥코미엔다(Encomienda) 시스템 등의 봉건적 위계질서는 인종우월주의에 기초한 잔인한 정책으로 19세기 이들 국가들의 독립 이후 20세기 후반까지도 대다수 농민들의 지극히 열악한 상황과 지주 등 소수 엘리트들의 권력 독점이 이어지면서 경제발전과 민주적 정치발전을 오랫동안 가로막는 장애물로 기능하였다. 북미 지역에 진출한 영국과 프랑스의 후예들도 지역 원주민들에 대한 인종청소적인 정책으로 영토를 폭력적으로 확장하는 동시에 부족한 노동력의 수급을 위해 아프리카 대륙에서 수많은 노예들을 수입해 왔다. 18세기에 특히 기승을 떨쳤던 악명 높은 대서양에서의 노예무역은 그 비인간적 폭력성으로 그 과정에서 수많은 인명피해를 초래하고 아프리카 대륙의 발전에도 상당 기간 부정적 영향을 끼쳤다.

한편 상대적으로 접근하기 어렵지 않았던 아프리카 대륙에 노예, 상아, 금 등을 노린 상인들의 활동이 증가하고 점차 해변 지역을 따라서 유럽에서 이주한 정착민들의 숫자도 늘게 되면서 지역주민들 간의 갈등도 심화되었다. 19세기 중엽에는 여타지역의 식민화를 거의 완수한 유럽 열강들 간에 유일하게 남아 있던 아프리카 내륙지역을 노리는 경쟁이 심화되면서 이를 조정하기 위해 열린 1885년 베를린 회담에서 유럽 대표들은 아프리카 대륙을 자신들의 이해에 따라 기존에 존재하는 부족적, 문화적, 역사적, 언어적 차이들을 철저히 무시한 채 분할하였다. 이렇게 인위적으로 폭력적으로 갈라지게 된 국경선과 분할선은 이들 국가들의 독립 이후에도 부족 간 갈등 등 수많은 분쟁의 씨앗이 되었다.

서구 열강들의 동아시아에의 진출은 전형적인 포함(砲艦)외교(Gunboat diplomacy)라는 강압적인 형태로 나타났다. 영국이 수세기 동안 공들여 중요한 식민지로 자리 잡은 인도를 기반으로 중국에까지 진출하고자 하였고 중국에서의 차 수입으로 겪던 무역역조를 시정하고자 인도에서 생산된 아편을 중국에 수출하여 막대한 이득을 보았으나 청 왕조의 대 아편수입 강경책에 직면하자 우세한 해군력을 이용하여 1839년 아편전쟁을 일으켜 중국을 강제로 개방하였다. 1856년 2차 아편전쟁에서도 중국에 치욕적 패배를 안겨주면서 영국을 위시한 열강들이 중국과 일련의 불평등조약을 맺으면서 중국에서의 이권을 차지하여 나갔고 1860년대 이후 주변 조공국들과의 조공관계도 상실하면서, 중국은 기존의 위계적 중국 중심 조공체제에서 유럽과 같은 만국공법에 기초한 무정부적 국제체제에 강제로 편입되어 사실상의 주권을 상실하였다. 19세기 중반부터 시작된 이러한 일련의 충격과 상실로 중국은 치욕의 세기(century of humiliation)를 견뎌나가야 했는데 이때의 굴욕적 경험은 지금까지도 중국의 세계관과 외교에 상당한 영향을 끼친다. 한편 중국처럼 외부에 문호를 개방하고 있지 않던 일본에도 1853년 미국의 군함선단이 강압적으로 개항을 하게 하면서 봉건국가에서 근대국가로 전환할 계기를 마련하게 되는데 중국과 달리 1868년 시작된 메이지 개혁으로 권력의 중앙집중화와 군사, 교육, 행정제도의 서구화와 함께 산업화에도 성공하며 단기간에 열강의 반열에 오르면서 주변국에 대한 팽창을 시도하게 된다.

III. 20세기 역사

1. 1차 대전

1차 대전은 이제까지 가장 많이 연구된 전쟁이라 할 수 있다. 나폴레옹의 패배를 계기로 1815년 비엔나 회의 이후 형성된 유럽의 평화체제(The Concert of Europe)가 유럽 근현대사에서 예외적으로 장기간의 평화와 안정을 가져오면서 유럽 강대국들 간의 대규모 전쟁은 현실적인 가능성이 지극히 적어 보였고 이러한 낙관론이 몇 가지 위기 상황에도 불구하고 유럽 대륙을 전반적으로 지배하여 유럽인들은 대체로 결국은 평화가 지켜질 것으로 보았다. 그러나 19세기 후반 이후 세력균형의 변화와 민족주의의 성장으로 점차 갈등과 위기가 고조되어 갔다. 먼저 유럽의 세력균형에 금이 간 가장 큰 원인은 앞서 서술했듯이 1870년 통일 이후 독일의 급속한 성장이다. 비스마르크의 리더십 아래 독일 통일 이후 위로부터의 산업화를 통해 20세기가 시작될 때에는 상대적 국력 측정의 지표이던 석탄, 철강 생산량 등에서 유럽 대륙 최고 수준으로 성장하였는데, 반독 동맹 형성 방지에 온갖 외교적 노력을 기울였던 비스마르크가 실각한 후 외교정책을 주도한 빌헬름 2세는 독일을 세계 1등 국가로 만들어 전 세계적으로 인정받겠다는 야심을 갖고, 공세적이고 무모한 정책을 추진하여 독일을 지리적으로 둘러싼 3국 협상(Triple Entente: 프랑스, 러시아, 영국)의 형성과 공고화를 오히려 조장하였다. 게다가 3국 협상과 대항하던 3국 동맹(Triple Alliance) 참가국들 중 독일이 유일하게 신뢰하던 오스트리아-헝가리 제국이 인구, 자원, 영토 등 무한한 잠재력을 가진 러시아와의 경쟁에서 뒤처지는 것을 우려하여 독일로 하여금 더욱 군사력을 강화하고 오스트리아와의 동맹을 강화하게 하였다. 한편 당시 헤게모니적인 지위를 구가하며 세계경제질서를 주도하였고 또한 전통적인 역외 균형자(offshore balancer)의 역할을 맡아 대륙에서의 세력 균형 유지에 노력해온 영국의 입장에서 독일의 팽창과 도발적 정책은 특히 위협적으로 다가오면서 유럽 대륙은 점차 전운에 휩싸이게 된다.

한편 19세기 이후 민족주의의 발흥은 유럽전역에 큰 영향을 끼쳤는데 민족주의의 영향 덕분에 독일과 이탈리아가 19세기 후반에 통일된 민족국가를 형성하게 되었고 발칸 반도 등에서 오스만 제국이나 오스트리아-헝가리 제국 등 강대한 제국 치하에 있던 민족들도 독립국가 건설을 강력히 추구하게 되었다. 20세기 들어서도 배타적이고 국수적인 민족주의는 수그러들지 않았고 각국의 외교정책 형성에 중요한 영향력을 행사하게 된다. 20세기 초 발칸, 모로코 등에서 점차 위기가 고조되면서 강대국 간의 군비경쟁 증가와 함께 유럽을 양분하였던 3국 협상과 삼국 동맹 간의 갈등도 증폭되었다. 1914년 6월 사라예보에서 세르비아 과격 민족주의자에 의해 발생한 오스트리아 황태자 부부의 암살 사건이 도화선이 되어 유럽 전역이 한 달여 간의 7월 위기(July Crisis)에 휘말리게 되었다. 그러나 당시 독일 황제였던 빌헬름 2세가 8월 초 전선으로 행군하는 병사들에게 가을낙엽이 떨어지기 전에 승전고를 울리며 고향으로 돌아올 것이라고 선언하는 등 당시 횡행하던 자민족 우월주의에 기대어 전쟁 당사국 지도자들은 전쟁이 수월하게 별 희생 없이 자국의 완승으로 종결될 것이라는 허황된 믿음을 갖고 있었고 이러한 근거 없는 과신이 7월 위기 상황에서 정책 입안가들로 하여금 전쟁을 방지하는 데 총력을 기울이기 힘들게 하였다. 또한 독일의 슐리펜 계획(Schlieffen Plan) 등 주요국 전쟁계획은 내가 먼저 공격하지 않으면 상대방이 나를 먼저 공격할 것이라는 그릇된 믿음하에 오로지 공격 위주의

■ 그림 3 ■ 1차 대전 당시 유럽
(https://en.wikipedia.org/wiki/World_War_I#/media/File:Map_Europe_alliances_1914-en.svg)

전쟁계획으로 구성되었고 자국의 승리 가능성을 극대화하기 위하여 지극히 세밀한 일정까지 모두 입력하여 어떠한 유연성이나 예기치 않은 상황에 따른 변화가 불가능하게 되어 있었다. 즉 당시 불신과 오인(misperception)으로 점철되었던 위기 상황에서 군대에 동원령이 내려진 순간 각 군은 철저하게 일분일초의 지연도 없이 정해진 계획에 따라 움직이게 되어 있었기에 일단 명령이 떨어진 후에는 어떤 상황에서도 이들을 멈추게 하는 것은 전혀 가능하지 않았다. 당시 각국 지도자들이 필요로 했던 것은 상대방이 먼저 움직이기 전에 선수를 치는 것이었고 이러한 상황에서 전쟁을 방지할 수도 있었던 신중함이나 격의 없는 대화 등은 그저 희망사항일 뿐이었던 것이다. 이렇게 7월 위기 상황에서 전쟁회피의 노력이 수포로 돌아가면서 8월 초에는 전 유럽이 전쟁에 돌입하게 된다. 파괴력이나 사상자 규모에서 역사상 전례를 찾아볼 수 없을 정도로 참혹했던 전쟁은 4년이 지난 후에야 독일과 오스트리아－헝가리의 패배로 종결되었다.

2. 전간기(戰間期, Interwar Period)

수천만 명의 인명피해와 참호전의 악몽, 과학기술의 발전과 산업화의 노력이 더 큰 파괴력과 살상력으로 귀결되었던 1차 대전의 충격은 컸다. 더 이상의 전쟁이 발발해서는 안 된다는데 공감하면서 1차 대전 중에 연합국 측에 참전한 미국의 대통령 윌슨의 평화계획이 적극적으로 수용되었다. 이상주의적(idealistic) 접근으로 당시까지 유럽의 근현대사를 지배하던 세력균형의 논리를 강하게 비판하던 윌슨 대통령은 대신 집단안보(collective security) 개념을 전후 안정과 평화를 가져오기 위한 원칙으로 제시하면서 국제연맹(The League of Nations)의 창설을 주도한다. 한편 전쟁은 오랫동안 유럽 대륙에서 강대국으로 군림하였던 세 개의 제국의 해체를 초래하였다. 독일 제국은 바이마르 공화국으로 대체되었고 오스트리아-헝가리 제국은 철저히 해체되었다. 러시아 제국에서는 전쟁이 한창이던 1917년 볼셰비키혁명으로 인류 최초의 사회주의 국가가 들어서면서 새로운 정치시스템의 등장을 알렸다. 윌슨의 또 다른 제안 중 하나였던 민족자결의 원칙에 따라 이들 제국이 해체된 자리에 폴란드 등 수많은 신생국들이 독립을 쟁취하면서 유럽의 지도도 크게 바뀌게 된다. 한편 전쟁종식을 위한 베르사유 회의에서 패전국 독일에 전쟁으로 인한 피해에 대한 책임이 부과되면서 독일은 영토상실, 막대한 배상금 부과, 군비제한 등의 징벌을 받아들여야 했다.

이렇게 등장한 국제연맹과 베르사유체제는 전후 안정과 경제재건 등의 과제를 수행하는 데 심각한 한계를 노정하였다. 먼저 국제연맹은 상원에서의 비준 실패로 정작 창설을 제창하였던 미국의 참여가 물거품이 되면서 시작부터 삐걱거리게 된다. 또한 분쟁방지와 집단방어에 의한 침략자 응징이라는 대의에도 불구하고 강제적 집행력의 결핍이라는 한계로 인하여 일본의 만주 침공, 이태리의 에티오피아 침공 등의 행위에 무기력하게 대응함으로서 스스로의 존재이유를 실추시켰다. 베르사유 조약에서 부과된 독일의 전쟁책임에 많은 독일 국민들이 크나큰 불만을 갖게 되었고 이후 독일에 배상금 부과 문제를 둘러싸고 독일의 국력을 위협적이지 않는 수준으로 유지하려는 프랑스와 대륙에서의 세력균형 회복을 위해 어느 정도 독일의 성장을 바라는 영국과의 갈등도 심화되었다. 한편 전쟁으로 피폐화된 경제 재건을 위한 노력도 유일하게 경제적으로 유럽 국가들을 도와줄 수 있었던 미국의 고립주의에 기반을 둔 비협조와 소련의 등장으로 인한 전통적 시장 상실 등 여러 난관에 부딪혔다. 독일 경제가 지속적인 어려움을 겪으면서 서유럽 국가들에 대한 배상책임을 수행하지 못하고 전쟁 기간 미국에 진 막대한 부채 등으로 악순환이 계속되었던 것이다. 도스 플랜(Dawes Plan)으로 알려진 사적 자본 원조로 인하여 어느 정도 유럽 경제에 숨통이 트이기도 했지만 전 세계 금융자본이 집중되며 한껏 과대평가되었던 미국 주식시장의 급락으로 1929년 시작된 대공황의 여파로 힘겹게 재건되고 있던 유럽경제는 다시 한 번 큰 타격을 받게 된다. 베르사유 체제에 불만이 팽배했던 독일에서는 이러한 경제적 어려움이 바이마르 공화국의 불안정성에 대한 실망과 함께 나치당이라는 인종적 극단주의 정당의 집권을 야기하게 되었다.

3. 2차 대전

1) 유럽

1932년 독일에서 히틀러의 집권 이후 유럽 대륙은 다시 한 번 점차 전운에 휩싸이게 된다. 베르사유조약을 극도로 혐오하던 독일은 1935년 재군비를 선언하고 1936년 비무장지대였던 프랑스 국경에 인접한 라인란트에 군대를 진주시키면서 위기를 조성하였다. 1938년 초에는 같은 독일민족인 오스트리아를 합병하였고 체코슬로바키아에 독일계 주민들이 많이 거주하는 수데텐 지방을 요구한다. 1차 대전의 악몽이 생생하던 영국과 프랑스의 지도자들은 어떻게든 또다른 전쟁을 회피하고자 9월에 뮌헨에서 회담을 개최하여 히틀러에 수데텐 지방을 양보하는 대신 더 이상의 영토 요구는 없을 것이라는 약속을 받아내었다. 그러나 이러한 유화(appeasement) 노력에도 불구하고 독일은 1939년 3월에 체코슬로바키아 전체를 합병하면서 기존의 약속을 헌신짝처럼 저버렸다. 이제는 대결 이외에 선택의 여지가 없어진 서유럽 지도자들은 동프러시아(전통적 독일 영토)와 독일의 연결을 가로막고 있던 폴란드의 회랑지대를 히틀러가 요구하자 독일의 군사적 팽창의 희생양이 될 것이 확실한 폴란드에 군사적 원조를 다짐하였다. 한편 1차 대전 직전 유럽의 양극화를 가져왔던 3국 협상과 3국 동맹의 회원국들이 동맹의무조항에 의해 죄수들이 사슬에 묶여있는 것처럼(chain-ganged) 각자의 동맹에 속박되어 발칸 반도라는 별 국가적 이해가 없는 지역에서 일어난 사건으로 인해서도 종국적으로는 연쇄적으로 전쟁에 휘말려 들어가게 되었다는 교훈에 주목하여 서유럽 국가들은 독일의 끝없는 군사적 팽창과 침략 야욕 앞에서도 동맹 맺기를 계속 주저하였다. 이렇게 여전히 군사적 행동을 주저하는 서유럽 지도자들의 허를 찌르며 독일과 소련이 불가침조약을 발표하면서 서로의 행동에 필요한 시간을 벌게 되었다. 당분간 소련으로부터의 위협을 걱정하지 않게 된 독일의 1939년 9월 1일 폴란드 침공으로 2차 대전이 시작되었다. 전격전(Blitzkrieg) 이라는 새로운 전술로 프랑스를 포함한 서유럽 전역을 석권한 독일은 영국에의 침공계획은 잠시 보류하고 히틀러가 인종우월주의에 기초하여 독일의 당연한 생활권(Lebensraum) 이라고 주장한 영역의 확보를 위해 1941년 6월 소련을 전격 침공하면서 역사상 전례 없는 규모의 전투가 양국 간에 벌어진다. 전쟁 초기의 열세와 피해를 극복하고 스탈린그라드 전투에서의 승리를 계기로 소련군은 파죽지세로 독일을 향해 진군하고 1944년 6월 미국 주도 연합군의 노르망디 상륙으로 두 개의 전선에서 전쟁을 수행하여야 했던 독일은 계속 후퇴를 거듭하다가 1945년 5월 마침내 무조건 항복을 선언하며 전쟁이 종식되었다.

2) 아시아

1931년 만주를 침공하여 만주국이라는 괴뢰정권을 세운 일본이 1937년 중국과 전면 충돌하면서 아시아에서의 2차 대전이 시작되었다. 일본군은 중국 동부해안지대를 신속히 점령하며 중국을 압박하였는데 그 과정에서 난징학살 등 많은 잔혹행위를 저질렀다. 일본이라는 강대한 공동의 적에 맞서 1920년대 이후 중국의 패권을 위해 경쟁하던 국민당과 공산당은 잠시 전략적 동맹을 맺으면서 제2차 국공합작이 시작되었고 일본을 패퇴시키기 위한 지난한 투쟁을 진행하게 된다. 한편 1939년 유럽에서의 전쟁 발발 이후 순식간에 서유럽을 석권한 일본의 동맹국 독일 덕분에 서유럽 국가들이 식민지로 거느리고 있던 동남아 국가들은 거의 방어불능의 상태에 놓이게 되었고 몽고와의 접경지역에서 일본군이 소련의 극동군에 패배한 관계로 일본 정부는 중국 본토를 계속 공격하는 동시에 남쪽으로의 팽창과 진군을 추진한다. 그러나 일본의 중국 침공 이후부터 일본의 팽창 노력을 견제하던 유일한 국가인 미국의 간섭과 압력이 점차 증대하였고 미국과의 몇 차례 교섭이 양국 간의 좁힐 수 없는 의견 차로 인하여 실패하면서 자산동결, 석유수출 금지 등 미국의 제재에 군국주의적 이데올로기로 뭉친 군 출신 위주 일본 내각이 미국에의 선제공격을 결의하였다. 1941년 12월 일본의 진주만 공습으로 미국과 일본 간에 본격적인 전면전이 시작되었다. 초기에는 동남아 전역과 서태평양 지역 수많은 섬들을 석권하고 호주까지 위협하면서 승승장구하던 일본의 기세가 1942년 6월 미드웨이 해전에서의 패배로 기세가 꺾이면서 수세에 몰리게 된다. 인구와 특히 산업 능력에서 압도적 우위에 있던 미군이 서태평양 섬들을 일본으로부터 탈환해 나가면서 일본을 향해 점차 진군해 나아갔고 마침내 1945년 8월 소련의 군사개입과 원자탄 투하에 일본이 무조건 항복하면서 아시아에서의 전쟁도 종식되었다.

4. 냉전

1차 대전보다 인명피해나 경제기반, 도시들의 파괴 등 모든 면에서 훨씬 참혹한 결과를 초래했던 2차 대전이 마침내 종식되었지만 인류의 앞날은 그리 희망적으로 보이지 않았다. 특히 나치 독일에 의한 수용소 건설과 홀로코스트, 일본의 잔혹한 전쟁범죄 등 전쟁이라는 특수상황을 감안하고라도 상상하기조차 힘든 만행은 인류에 대한 반인도적 범죄(crimes against humanity)로 알려지면서 세계인들을 경악시켰다. 또한 크나큰 이데올로기적·정치적·경제적 차이에도 불구하고 독일과 일본이라는 공동의 적을 패퇴시키기 위해 동맹을 맺었던 연합국 간에 공동의 적이 사라짐과 동시에 즉시 균열이 표면화되었다. 유럽에서는 두 차례나 전쟁에 책임이 있던 독일을 응징하는 데 미·소·영·프 연합국 멤버들이 동의하면서 독일을 4개의 지역으로 분할 점령하고, 소련의 주장에 따라 독일 동부 지역 영토 일부도 떼어내어 소련에 영토 일부를 강제로 양보해야 했던 폴란드에 건네주었다. 궁극적인 승리는

■ 그림 4 ■ 냉전 당시 유럽

(https://en.wikipedia.org/wiki/Cold_War#/media/File:Cold_war_europe_military_alliances_map_
en.png)

거두었으나 독일에 의해 국토가 유린당하고 3천만에 육박하는 인명피해를 입었던
소련의 스탈린은 독일과 소련 사이에 영구적인 완충지대(buffer zone)를 만들고자 동
유럽 국가들에 직간접적인 지원을 통해 친소 정권을 설립하면서 소련의 위성국가로

거느릴 야심을 숨기지 않았다. 이러한 소련의 공세적인 외교정책과 대적하기 힘든 대규모 재래식 전력의 보유로 인해 서유럽 국가들이 느끼는 위협은 상당했으며 미소 양국에 의해 분할되었지만 지리적으로 소련이 점령한 동부독일 지역에 섬처럼 존재하던 베를린에서 위기가 고조되었다. 유럽 남부의 변방이면서 흑해 지역에 가까운 그리스와 터키에서 내전에 가까운 분쟁이 지속되자 소련의 이 지역 진출을 염려하던 미국의 트루먼 대통령이 1947년 3월 연설에서 이후 트루먼 독트린으로 알려진 친서구, 반소련 세력에 대한 지원과 소련의 봉쇄(containment)를 공언하면서 냉전의 시작을 알리기에 이른다. 같은 해 6월부터 마셜 플랜(Marshall Plan)에 따른 막대한 규모의 경제적 지원을 서유럽 국가들에 제공하면서 1차 대전 직후 고립주의와는 확연히 다른 적극적 개입정책으로의 전환을 보여주면서 유럽의 경제재건을 통한 소련으로부터의 위협 상쇄를 위해 노력하였다. 1948년 6월 소련이 서베를린에 대한 봉쇄를 실시하며 위기가 급속히 고조되자 공군력을 이용하여 공중보급을 통해 소련의 의도를 무력화시킴과 함께 1949년 4월 북대서양 조약기구(NATO)라는 다자 동맹기구를 설립하여 서유럽 국가들의 안보를 책임질 것을 공언하였다. 소련과 동구권 국가들 역시 이에 대항하여 1955년 바르샤바 조약기구(Warsaw Pact)를 창설하며 양기구에 의한 군사적·정치적 대치가 냉전 종식 때까지 40여 년간 유럽의 정치·안보 지형을 지배하였다. 즉 전통적인 강대국이었던 영국, 프랑스, 독일 등의 세력은 전쟁의 여파로 급속히 약화되어 수세기동안 다극체제가 유지되었던 유럽을 넘어 전 세계적인 범위에서 미국과 소련이라는 두 초강대국에 의한 양극체제(bipolarity)가 형성되어 냉전시대를 규정하게 된 것이다.

동아시아에서는 일본이 패배하면서 일본에 대한 미군의 점령과 함께 한국을 비롯하여 일본 지배하에 있던 국가들이 일본에서 해방되었다. 중국에서는 일본이라는 공동의 적에 대항하여 불안하게 동맹을 유지하던 국민당과 공산당 간에 내전이 벌어졌는데 예상을 뒤엎고 마오쩌둥의 공산당이 승리하면서 1949년 10월 중화인민공화국을 수립하였고 국민당은 대만으로 피신하게 되었다. 미소 양 강대국의 세력권 다툼에서 지정학적 요충에 자리 잡은 한반도가 해방과 동시에 38선을 경계로 분단되었는데 분단체제가 극복되지 못하면서 남북에 각각 정부가 들어섰고 소련의 지원하에 한반도 전체를 무력으로 통일하려던 북한의 남침으로 1950년 6월, 냉전 시기 최초의 동서간 열전(hot war)이라고 할 수 있는 한국전쟁이 발발하였다. 이러한 적대행위를 소련에 의한 공산권 팽창 의도로 파악한 미국은 즉시 참전을 결정하고 2차 대전 후 새로운 집단안보 기구로 탄생한 국제연합의 개입조항을 지원하여 유엔군이라는 다국적군의 참전을 이끌어낸다. 전쟁의 양상은 초기 북한의 우세가 역전되어 유엔군의 38선 돌파에 위협을 느낀 중국이 북한을 도와 참전을 결정하면서 11월 이후 중국군까지 가세된 국제적 전쟁으로 확산되었다. 전쟁은 결국 엄청난 인적·물적 피해에도 불구하고 국경선에서의 별다른 변화 없이 휴전이 수립되었고 미소간의 대결은 동아시아에서도 격화되었다. NATO라는 다자동맹기구가 설립된 서유럽과는 달리 동아시아에서는 미국이 한국, 일본, 대만과 각각 양자동맹(bilateral alliance)을 형성하여 소련의 봉쇄를 위해 노력하게 된다. 동남아시아 인도차이나 지역에서는 2차 대전 종전과 함께 다시 예전 식민지 수복에 나선 프랑스에 대항하는 반식민투쟁이 광범위하게 벌어지면서 1954년 프랑스가 공식적으로 철수하기에 이른다. 그러나 이러한 민족운동을 소련의 지원을 받는 공산세력의 팽창이라고 간주한 미국의 개입이 점차 확대되어 가면서 1965년 이후 본격적인 미 지상군 투입과 함께 또다른 냉전 양극체제의 대결로서 치열하게 베트남전이 전개된다. 미국 내외에서의 전쟁 수행에 대한 비판과 함께 게릴라전의 어려움을 극복하지 못하고 미국이 1973년에 철수하면서 북베트남의 승리로 베트남전이 종식되었다.

한편 1차 대전 직후 오스만제국의 몰락과 해체로 인하여 새로운 독립국가가 탄생할 수 있었던 중동지역은 영국과 프랑스가 1차 대전 중 비밀리에 합의한 협약(Sykes-Picot Agreement)에 의해 양 국가의 위임통치령으로 분할통치를 받게 되었다. 유럽에서의 배타적 민족주의의 발흥으로 점차 안전에 위협을 느끼던 유대인들이 구약성서에 기록된 약속의 땅에 유대민족 독립국가를 건설하고자 하는 시오니즘(Zionism)의 영향으로 대거 팔레스타인 지역으로 이주하게 되면서 그곳에 살고 있던 아랍인들과의 갈등이 증폭된다. 이 지역을 통치하던 영국은 양 세력의 적대적 성장과 대결에 무기력하였고 급기야 2차 대전 종전 후 이 지역에서 철수하면서 이 문제를 국제연합에 맡기게 된다. 국제연합의 분할 결정에 이스라엘은 독립국가 수립을 선포하지만 이에 반발하는 지역 아랍 거주민들과 주변 아랍 국가들의 개입으로 1차 중동전쟁이 1948년 발발한다. 이 전쟁에서 승리한 이스라엘은 영토를 더욱 넓혔지만 많은 수의 아랍인들이 고향을 떠나야 했다. 이후 중동지역은 서구 열강들에 주권과 독립을 침해당했던 역사적 경험 때문에 아랍 민족주의가 득세하였고 이집트의 지도자이던 나세르(Nasser)가 이러한 운동의 맹주로 떠오른다. 민족주의적 열망으로 이집트가 1956년 수에즈 운하 국유화를 선포하자 이에 직접적 이해가 있던 영국과 프랑스가 이스라엘과 연합하여 수에즈 지역을 공격하면서 2차 중동전쟁이 발발하였는데 구서구 열강의 제국주의적 개입을 못마땅해하던 미국의 압력으로 연합군이 철수하면서 나세르에 정치적 승리를 안겨주게 된다. 이후에도 이집트와 이스라엘 간에는 군사적 긴장이 계속 고조되었고 1967년 일촉즉발의 상황에서 이스라엘이 주변 아랍국가들을 기습 선제공격하면서 6일전쟁이라 알려진 3차 중동전쟁이 발발한다. 이 전쟁에서 이스라엘은 시나이 반도, 가자지구, 서안지구, 골란고원을 빼앗아 점령하는데 이 지역들에 대한(시나이 반도 제외) 점령이 현재까지도 문제가 되고 있다. 이집트와 시리아의 기습공격으로 시작되었던 1973년 4차 중동전쟁 이후 이집트의 사다트 정부는 이스라엘과의 군사적 대결의 무용함을 인정하고 실용적인 외교적 접근을 추진하였다. 미국의 중재로 이집트는 이스라엘의 존재를 인정하는 대신 시나이 반도를 돌려받는다는 캠프 데이비드 협정에 서명하면서 양국 관계는 새로운 전기를 마련하게 된다. 이러한 일련의 사태들은 전 세계적인 미소 냉전 대결이 중동지역에서 대리전 성격을 띠고 나타난 것이라 볼 수 있다. 상황에 따라 어느 정도의 부침은 있었지만 미국은 이스라엘을 지원하였고 소련은 이스라엘에 대항하는 아랍 국가들을 대체로 지원하였다. 미국은 이러한 대결 상황에서 될수록 많은 국가들을 반소련 입장에 서게 하고자 경제적 지원 등 여러 가지 노력을 하였고 때에 따라서는 1953년 민족주의적이었던 이란의 총리를 쿠데타에 의해 축출하고 친미 국왕에 힘을 실어주는 등 은밀한 작전도 수행하였다. 그러나 냉전 기간 동안 가장 친미적인 입장을 견지하던 이란에서 이란 왕정의 폭압에 저항하는 혁명이 성공하여 1979년 이슬람 혁명정부가 들어서면서 미국의 대 중동정책은 위기를 맞게 되었다.

아프리카에서는 1960년대 이후 많은 국가들이 서구 열강으로부터 독립을 쟁취하면서 새로운 세력을 형성하게 되었는데 냉전의 영향력은 이곳에까지 미쳐서 앙골라, 모잠비크 등 여러 지역에서 미국, 남아공의 지원을 받는 세력과 소련, 쿠바 등의 지원을 받는 세력 간에 냉전의 양 초강대국 대리전이 어김없이 전개되었다. 군부세력의 과도한 영향력과 경제적 기반의 부재, 남부 아프리카에서 백인 소수정권의 발호와 영향력 확대, 양 초강대국의 간섭 등으로 아프리카 대륙의 정치·경제 발전은 정체와 질곡을 벗어나지 못하였다. 한편 중남미 지역은 전통적으로 미국이 자신의 앞마당으로 여기는 지역으로 경제적 지원과 함께 적절한 정치적 통제를 실시하며 소련의 접근을 차단하고자 하였다. 그러나 1959년 쿠바혁명으로 미국은 자존심에 상처를 받았고 이후에도 니카라과 등 다수 중남미 국가들에서 미국의 과도한 영향력과 미국의 비호를 받는 군부정권의 압제, 경제적 불평등에 저항하는 운동이 다양한 형태로 전개되었다.

5. 냉전 해체

1985년 경제난에 허덕이던 소련이 고르바초프라는 젊은 지도자를 선출하면서 강고하던 냉전에 균열이 가해지기 시작하였다. 소련은 페레스트로이카(개혁, 재건)와 글라스노스트(공개, 개방)라는 예전에는 상상하기 힘든 전폭적인 개혁개방 조치를 취하면서 서방과 획기적인 관계개선에 나섰다. 이후 많은 영역에서 근본적인 긴장완화가 진행되었고 냉전과 함께 존속하였던 제3세계 국가들의 권위적인 통치에도 변화가 촉발되었다. 1980년대 중반 남미, 동아시아 등을 휩쓸던 민주화의 물결이 1989년에는 소련의 위성국이었던 동유럽에 도달하였다. 1989년 폴란드에서 공산당과 반정부 지도자들 간의 원탁회의로 촉발된 민주화의 물결은 동독, 체코슬로바키아, 헝가리 등 이웃 국가들로 삽시간에 퍼져 소련의 위성국 지위에 있던 동유럽 국가들의 민주화와 함께 진정한 주권국가로 거듭나게 하면서 40여년 간 공고하게 유럽과 전세계를 지배하던 냉전 체제를 순식간에 허물어뜨렸다. 가장 극적인 변화는 동서 냉전의 상징이던 베를린 장벽이 독일 국민들의 열망으로 무너진 것이었고 1년 뒤 1990년에 동서독은 냉전과 분단의 오욕을 청산하고 통일을 이룩하였다. 1991년

8월에 군부와 공산당 내 강경파들에 의한 쿠데타 시도가 실패한 후 12월에 돌연 소련의 해체가 선언되면서 냉전 양극체제의 한 축을 이루던 소련 연방 공화국은 역사의 뒤안길에 물러나게 되었다. 1993년에는 오슬로 협정을 통해 절대 가능하지 않을 것으로 보였던 팔레스타인과 이스라엘 간의 화해라는 신기원을 이룩하였다. 1994년에는 수십년 간 백인 소수정권에 의한 극단적 차별·억압 정책인 아파르트헤이트에 의해 고통 받던 남아프리카 공화국에서 이제까지 투표권이 없던 다수 흑인들과 유색인종을 포함하는 평화적 총선거가 실시되어 넬슨 만델라가 최초의 남아공 흑인 대통령으로 선출되며 화해와 공생의 기틀을 마련하였다.

그러나 이렇듯 양극 체제가 소련의 몰락과 함께 유일 강대국으로 남은 미국 중심의 단극체제로 국제관계가 변함과 동시에 수많은 긍정적인 발전으로 인해 탈냉전기는 평화와 안정을 누릴 수 있을 것이라는 장밋빛 환상은 그리 오래가지 못하였다. 냉전 시대에는 감춰졌거나 부차적으로 취급되었던 민족, 종교 간 갈등이 봇물처럼 터져 나오면서 국제사회에 큰 근심을 안겨 주었다. 1990년대 초 유고 연방이 해체되면서 시작된 갈등이 순식간에 민족 간의 내전으로 비화되어 급기야 세르비아계가 보스니아계 주민들에 대한 인종청소(ethnic cleansing)를 단행하는 등 특히 새롭게 여러 민족국가들이 독립한 동유럽이나 중앙아시아 지역에서 이러한 민족분쟁이 불거졌다. 1994년 중앙아프리카에 위치한 르완다에서는 후투족과 투치족 간의 뿌리깊은 반목이 유례를 찾아보기 힘든 제노사이드(Genocide)로 비화되어 80만명에 달하는 투치족 주민들이 학살되기에 이른다. 이러한 일련의 정체성(identity)을 둘러싼 갈등과 분쟁에서 유엔을 비롯한 국제사회는 너무나 무기력하게 대응하며 큰 실망을 안겨 주었다. 또한 냉전이 해체되면서 고립을 우려한 북한이 자체 핵개발 능력을 발전시키려는 시도에서 시작된 북한 핵 위기 등 대량살상무기(WMD)의 확산 가능성도 심각한 근심거리가 되었다.

IV. 21세기

21세기라는 새천년의 시대에도 상황은 그리 나아지지 않고 인류가 갈망하는 평화와 안정의 질서는 여전히 먼 길을 가야할 듯이 보인다. 2001년 9월 11일 글로벌 테러집단인 알카에다가 미국의 부와 군사력의 상징인 무역센터와 미 국방성을 공격하였는데 물리적 파괴, 수천 명의 사상자와 함께 미국의 자긍심에 준 충격은 엄청난 것이었고 글로벌 테러리즘이 국제안보에 가장 위협적인 이슈로 등장하게 되었다. 미국은 즉시 알카에다 수뇌부가 거주하던 아프가니스탄을 침공하였고 수많은 반대와 논란에도 불구하고 2003년 이라크까지 침공하면서 미국이 생각하는 질서를 무력으로라도 관철시키고자 하는 일방주의적 접근을 시도하였다. 그러나 군사적 승리는 쉽게 거두었지만 이후 새로운 국가건설(nation building)은 이루어지지 않았고 오히려 이들 국가 내 종파간 갈등만 악화되어 안정과는 점점 거리가 멀어져갔다. 한편 미국이 이렇게 수렁에 빠져 물질적·인적 자원을 잃고 있는 동안 중국의 급속한 부상이 동아시아와 서태평양 지역에서의 세력균형을 변화시키고 있다. 1978년 말 이후 대대적인 개혁개방 정책으로 눈부신 경제성장과 함께 1990년대부터 본격적으로 시작된 군현대화 노력으로 중국은 이제 미국에 버금가는 위상을 누리면서 외교적으로도 점차 공세적인 입장을 견지하여 주변국들과 영토, 역사 등 이슈에서 갈등이 고조되고 있다. 미국은 이러한 중국의 부상을 견제하고 서태평양 지역에서의 우월한 지위를 유지하고자 아시아로의 재균형을 공언하고 주변국들과의 협력을 강화하면서 미중간의 협력, 경쟁과 갈등이 현 시대 질서를 규정하는 중요한 화두가 되었다. 2008년 미국에서 시작된 금융위기가 전 세계에 퍼지면서 경제적 상호의존이 양날의 칼이 될 수 있음을 보여 주었고 2014년 우크라이나에서의 내부 갈등에 이 지역 영향권을 회복하려는 러시아가 국제사회의 비난에도 불구하고 개입하여 강경한 입장을 고수하면서 국제사회에서의 힘의 정치(power politics)가 건재함을 과시하였다. 2011년 튀니지에서 시작된 '아랍의 봄' 덕분에 중동지역 민주화에 대한 희망이 싹텄으나 어느 정도의 진전에도 불구하고 많은 국가에서 민주주의 공고화에 실패하고 일부 국가에서는 내전으로 전환되어 수많은 난민을 양산하고 이슬람 국가 (Islamic State) 등 과격 이슬람 세력이 세력을 확장하는 기회를 마련해 주고 있는 실정이다.

Ⅴ. 맺음말

지금까지 이 장에서는 21세기 현재에 이르기까지 세계질서의 변화·발전 역사를 대륙별·시기별로 간략히 살펴보았다. 앞으로 국제질서가 어떻게 진화할지 예측하는 것은 쉽지 않다. 미국의 단극체제가 유지될지, 중국의 부상으로 미국과의 양극체제가 출현할지, 만약에 그렇게 된다면 그 체제는 안정적이고 평화로울지 그렇지 않을지, 양극체제 출현과정에서 양국 간에 분쟁이 일어나지는 않을지, 아니면 미국과 중국 외에 다른 국가들이 이와 어깨를 나란히 하며 새로운 다극체제가 출현할지 수많은 학자들의 의견이 분분하다. 중요한 점은 과거의 역사를 교훈삼아 비극적 사건을 되풀이하지 않고 더 안정되고 평화로운 세계질서를 구축해 나가는 것이다.

질문 및 토론 사항

1. 이제까지 세계질서의 형성에 가장 큰 영향을 끼친 것은 무엇인가?

2. 유럽이 다른 지역에 끼친 긍정적인 영향과 부정적인 영향은 무엇인가?

3. 인간 이성의 발전과 민주적 가치, 국제규범 등의 확산에도 불구하고 20세기가 가장 폭력적인 세기가 된 이유는 무엇인가?

4. 냉전의 등장은 불가피하였나?

5. 앞으로 세계질서는 어떤 방향으로 진화할 것인가?

조공(朝貢)과 책봉(冊封)

조공은 제후가 왕에게 정기적으로 예물(특산물)을 납부하는 것이고 책봉은 중원의 황제가 주변 군주들에게 도장을 수여하여 그들을 그 지역의 국왕으로 임명하고(책), 그 영토를 공인하는(봉) 대신 정기적인 조공 의무를 지게 한다는 의미인데 한나라 이후 중국과 주변국 사이에서 제도화되었다.

엥코미엔다 시스템(Encomienda system)

스페인 국왕이 남미 지역을 식민지화한 후 스페인령 아메리카 인디언들의 지위를 규정하기 위해 만든 것으로 엥코미엔다('위탁한다'라는 뜻의 encomendar에서 유래)는 왕이 정복자, 즉 군인이나 관리에게 허가장을 주어 각기 특정 지역에 사는 일정한 수의 인디언들을 다스릴 수 있게 하여 실제적으로 인디언들을 노예화하게 만든 제도였다.

국제정치 주류이론으로서의 현실주의

현실주의는 오랜 역사를 가지고 있고, 냉전기간 동안 미국의 국제관계 연구를 지배하였으며, 적절한 이론적 의미와 정책 산출의 논거로 활용된 것으로 평가되었다. 데탕트시기에는 국제정치의 현실에 대한 설명에서 적실성을 의심받으며 비판적 평가를 받았다. 그러나 어떠한 시기에서도 현실주의와 관련된 논쟁은 끊이지 않았다. 오일 위기, 미소 갈등의 해체 종식 등 국제정세의 급격한 변화에 따라 현실과의 괴리, 이론적 설명의 결핍 등 비판적 평가를 받기도 하였으나, 다시 현실주의가 이론의 주도성을 회복하게 되었다는 것을 부인할 수는 없을 것이다. 왜냐하면 탈냉전 이후 세계화의 가속화 등으로 인한 민족국가의 쇠퇴, 군사력에 기초한 하드 파워 (hard power)의 중요성 감소 등에 대한 주장이 제기되기도 하였지만 아직까지 국가 중심성에 기초한 현재의 국제질서가 유지되고 있기 때문에 현실주의가 국제정치현상을 설명하는 데 상대적 우월성을 갖고 있는 것이다. 따라서 현실주의 패러다임에 기초하여 국제질서를 설명, 분석, 전망함에 있어서도 이론적 논란이 제기될 수도 있겠지만 국제정치를 설명하는 유용한 틀로서의 위상을 유지하고 있다고 볼 수 있다.

인간을 어떠한 존재로 인식할 것인가의 문제는 동서양을 막론하고 고대로부터 현재에 이르기까지 많은 철학자나 사상가들이 가져온 근본적인 의문이었다. 맹자는 이른바 성선설에 기초하여 인간을 바라보았고 순자는 성악설에 기초하여 인간을 바라보았던 것이다. 또한 홉스(T. Hobbes)의 인간관도 "만인의 만인에 대한 투쟁 상태"로 인간의 자연 상태를 묘사하여 결국 사회계약에 기초한 '리바이어던'이라는 거대한 권력실체를 추상화하여 이러한 투쟁 상태를 제거하려 하였으며, 반면에 로크(J. Locke)나 루소(J. J. Rousseau)는 인간의 원래적인 마음의 상태(state of mind)를 선한 것으로 보아 이것을 지속하고 유지시켜주는 원리로서 사회계약을 설정하였다. 그러나 사회계약이라는 결과는 같았을지 몰라도 이들이 바라본 인간관은 상이하였던 것이다.

국제관계의 연구도 베스트팔렌회의 이후 국가단위(state unit)를 기초로 하여 자유주의(liberalism)나 현실주의(realism)의 이론적 조류는 인간관에 대한 입장을 바탕에 두고 이론을 전개한다. 예컨대, 자유주의는 인간을 합리적이고 선한 존재로 보고 그에 입각하여 국제법을 비롯하여 국제기구, 국제여론의 중요성을 강조하고 있다. 현실주의는 홉스적 인간관에 따라 인간의 속성을 파악하고 권력관계에 기초하여 국제정치 행위자인 국가도 힘의 관점과 국가이익에 따라 행동하는 것으로 가정한다. 갈등의 양상이든 협력의 국면이든 간에 현실에서 펼쳐지는 국제관계의 복합적인 측면을 적절하게 설명해 줄 수 있는 단일한 이론은 없을 것이다. 그러나 국제관계 연구에서 전통적으로 주류적 흐름(main stream)을 이어온 하나의 이론적 틀을 꼽으라면 현실주의(realism) 패러다임이라고 할 수 있다. 이 접근법은 일단의 학자들에 의해 옹호되기도 하고 다른 학자들에 의해 비판되고, 또 다른 대안이 제시되기도 하였지만, 국제관계를 설명하는 핵심적 위상을 유지하고 있다는 사실을 부인할 수는 없을 것이다. 이번 장에서는 우선, 현실주의 주요 핵심내용을 살펴본다. 국가, 힘

(power)의 요소, 무정부성 등의 키워드로 특징 지워지는 현실주의의 다차원적인 측면을 조망한다. 이러한 현실주의의 핵심 주장은 펠로폰네소스 전쟁사를 쓴 투키디데스(Thucydides)를 지적 원류로 하여, 오늘날까지 이어져온 것으로 지적 전통의 맥락을 살펴본다. 국제적 상황변화에 따른 현실주의적 시각의 변천의 양태를 추적하고, 구체적인 국제관계의 쟁점과 이슈에 대한 현실주의적 해석에 주목해본다.

Ⅱ. 현실주의의 핵심내용

1. 현실주의의 주요 특징

현실주의는 국제관계를 힘의 관점에서 설명한다. 한 국가가 다른 국가에 대해 힘을 사용하는 것을 종종 현실정치(realpolitik) 또는 힘의 정치(power politics)라 지칭한다. 현실주의 패러다임은 다음과 같은 특성을 가지고 있다. 첫째, 현실주의적 입장은 국가를 국제정치의 주된 행위주체로 인식하며, 따라서 국가는 국제정치 연구에 있어서 중심적인 분석단위가 된다. 국가 간의 권력관계에 연구의 핵심을 두고 국제관계에 드러나는 국가의 행동을 설명하려 한다. 국가는 국제사회의 주된 행위주체임과 아울러 응집력을 가진 행위주체라는 점이 전제된다. 이는 국가가 대내적 통제력을 가지고 있을 뿐만 아니라, 안보·경제적 이익·이념적 목표와 같은 구체적인 이익을 가진 행위주체임을 의미한다. 따라서 국제정치란 이러한 국가이익의 추구를 둘러싸고 진행되는 국가 간의 상호작용이며, 국제정치는 정치적 목적에 대한 경제적 수단의 사용이나 경제적 목적에 대한 정치적 수단의 사용과 같은 정치적인 것과 경제적인 것의 상호작용을 통하여 이익을 추구하는 국가들 사이의 관계로 인식되는 것이다.

현실주의자들은 국가에 대한 기본적인 전제를 가지고 있다. 첫째, 국가는 단일하고 통합된 행위자(unitary actor)로 가정한다. 즉 국가를 구성하고 있는 요소들은 복잡하고 다양하지만, 단일하게 통합된 행위자로 보는 것이다. 외교정책도 단일하게 통합된 국가 안에서 벌어지는 일이므로, 과정에 주목하기 보다는 결과로서 도출되는 대외정책에 관심을 기울이면 된다는 것이다. 이는 국제적인 행위자로서 국가의 성격을 묘사할 때 쓰인다. 둘째, 국가는 합리적 행위자로서 행동한다고 가정한다. 합리성 가정은 국가나 기타 국제 행위자들이 자기들 이익을 확인할 수 있고 또 여러 이익들의 우선순위를 매길 수 있는 것으로 여긴다. 당연히 국가의 행동이 국가이익 추구를 위한 것으로 단순화시킨다. 현실주의자들은 힘의 행사가 국가 이익, 즉 국가 그 자체의 이익을 증진시키기 위한 것이라 가정한다. 모겐소(Hans J. Morgenthau)는 '권력의 관점에서 정의된 이익'이라는 개념을 설정하고, 국가이익을 추구하는 국가들의 활동을 도덕과 법의 기준으로부터 분리시켜 그것에 국제정치학의 의의를 두었다. 그러나 이것은 국가만이 유일한 행위주체임을 의미하는 것은 아니다. 국가와 여타 행위주체의 관계는 이들에 대한 국가의 우월성으로 이해된다. 이러한 우월성의 의미는 국가가 무정부적 국제사회에서 독립된 주권의 소유자이기 때문에 각자의 행위과정에서 행위주체로서의 역할을 수행할 뿐만 아니라, 보다 광역의 차원에서는 이들의 행위가 국가 간의 관계에 의해 형성된 국제체계에 의존됨을 의미한다.

둘째, 현실주의자들에게 있어서 국제관계의 핵심적 개념은 힘이다. 즉, 국제관계의 무대에서 국가들의 행태를 결정하는 요소는 '힘'이라는 것이다. 이 힘은 다시 국가들의 행태의 원인으로서의 '힘의 추구'라는 의미가 있고, 또 다른 의미에서 국가들 간의 관계를 결정하는 요인으로서 힘의 배분양상이라는 의미를 가질 수 있다. 힘이란 다른 행위자로 하여금 자신이 원하는 행동을 하도록 만드는 능력으로 정의된다. 또한 어떤 행위자가 자기가 원하는 대로 많이 나아갈 수 있다면 그 행위자는 힘이 있는 행위자라 할 수 있다. 이러한 의미의 힘은 곧 능력(capability)이다. 이러한 국가의 힘은 군사력, 경제력, 천연자원, 산업능력, 도덕적 정당성, 정부에 대한 국민의 지지 등과 같은 많은 복합적 요소들로 구성된다.

클라인(Ray S. Cline)은 국가의 힘을 평가할 수 있는 기준을 정형화하였다. 국가의 힘의 구성요소로서, 국토, 인구, 경제력, 군사력을 합산하고, 거기에 국가의 전략과 국민의 의지를 곱셈하여 총 국력을 계량화하였다. 힘의 무형적 요소로서 국가의 전략과 의지가 결핍된다면 물질적인 유형국력의 승수효과는 낮아질 수밖에 없다는 것이다. 오건스키는, 국력의 구성 요인을 자연적인 결정요인과 사회적인 결정요인으로 나누고 있다. 자연적 결정요인의 경우, '지리적 요소', '천연자원', '인구'로, 사회적 결정요소의 경우는 '경제발전', '정치구조', '국민의 사기' 등으로 제시하고 있다(Organski, 1958). 이 외에도 국력의 요소로서 잠재적 능력(latent power)과 군사적 능력(military power)을 적시하면서 잠재력은 군사력을 뒷받침하는 필수적인 사회경제적 요소로 설명한다(Mearsheimer, 2001: 55-56). 이 모든 요소들이 국가의 힘에 기여한다. 전체적인 힘은 그 구성 요소들의 개략적 양에 비례한다.

클라인은 $P = (C+E+M) \times (S+W)$라는 공식을 만들어 각국별 국력을 계량하였다. 즉, 총체적 국력(P: perceived power)은 다음의 요소로 구성된다는 것이다(Cline, 1994). C: Critical mass=territorial size+population, E: Economic capability, M: military power, S: Strategic purpose, W: national Will.

힘의 요소에는 한 국가의 GDP와 같은 유형의 것도 있지만 무형적인 요소도 있다. 타국에 영향력을 미치는 한 국가의 능력은 정치지도자들이 국가의 능력을 효과적이고 전략적으로 동원하고 배치할 수 있는가의 여부, 그리고 국민적 의지, 외교기술, 정부에 대한 대중의 지지 등과 연관되어 있다. 또한 한 국가가 국제적인 영향력을 얻는다는 것이 국제적인 안건을 만들고 행동의 규칙을 정하고 다른 국가들로 하여금 스스로의 국익에 대한 관점을 바꾸게 하는 등의 위치를 차지할 때 가능해지는 것이기 때문에 만약 한 국가의 가치관이 다른 국가들 사이에 널리 받아들여진다면, 이 국가는 손쉽게 다른 국가들로 하여금 뒤따라오도록 영향을 미칠 수 있게 될 것이다. 예컨대, 미국은 많은 국가들에게 자유시장과 자유무역을 중시하는 미국적 가치관을 받아들이도록 영향을 주어 왔다. 이러한 힘의 요소를 소프트 파워(soft power)라고 부른다.

나이(Joseph S. Nye)가 처음 제시한 소프트 파워는, 상대방의 행동 변화를 이끌어내기 위해 군사적 강압이나 경제적 보상과 같은 하드 파워(hard power)를 사용하는 대신 다른 행위자들이 스스로 자신의 의도에 따르도록 만드는 능력을 의미한다.

소프트 파워는 다른 국가들이나 국제정치 행위자들이 '자신이 원하는 바를 원하도록 만드는 능력', 다른 이들의 선호나 취향에 영향을 미칠 수 있는 능력을 말한다. 이러한 힘의 요소를 매력이라고 부를 수 있다(하영선·남궁곤, 2012: 359).

한 국가는 다른 국가에 대해 상대적 힘을 가질 뿐이다. 상대적 힘이란 두 국가 간에 작용하는 힘의 분포상태 또는 분배비율을 말한다. 힘을 능력이라는 견지에서 이해할 때 현실주의자들에게 중요한 문제가 되는 것은 한 국가의 능력이 절대 규모 면에서 커지거나 작아지거나 하는 문제가 아니다. 이들에게 중요한 것은 단지 한 국가의 능력이 경쟁국가의 능력에 비해 뒤떨어지고 있는가 앞지르고 있는가 하는 것뿐이다.

셋째, 현실주의자들은 현상적으로 나타나는 국제체계의 모습을 무정부상태 (anarchy)로 이해한다. 이 의미는 완전한 혼란의 상태나 구조 및 규칙의 부존재를 말하는 것이 아니라 규칙을 집행할 수 있는 중앙정부의 부재를 뜻하는 것이다. 국가 안에서의 정치사회 상황은 정부가 법과 제도의 준수를 강제할 수 있고, 구성원들의 법규 위반에 제재를 가할 수 있으며, 법의 집행을 독점하면서 이를 합법적으로 행사할 수 있다. 즉 국가는 법을 만들고 집행할 수 있는 권한을 가지고 있다. 국가들 사이의 관계에서는 바로 이러한 중앙집권적 권위체인 정부가 존재하지 않는다는 것이 현실주의자들이 말하는 무정부상태이다. 한 국가의 힘은 다른 국가와의 힘의 관계의 맥락에서 규정할 수 있고, 국가들은 자조(self-help)에 의지할 수밖에 없다. 이러한 과정에서 안보 딜레마(security dilemma)의 상황을 낳게 된다. 특정한 A 국가가 자국의 안보를 위하여 군사력의 확대와 같은 내부적인 부국강병 조치를 취했을 때, 상대방의 B라는 다른 국가의 입장에서는 자국의 안보를 위협하는 것으로 비쳐질 수 있다. 이 경우에 B 국가가 더 많은 군사력 확충 등을 시도하는 반응을 보이게 되면 이것이 다시 A 국가에 대한 위협으로 작용하게 된다. 이렇게 되면 A 국가는 B 국가의 위협에 대한 또 다른 조치를 취하는 악순환의 딜레마 상태에 빠진다는 것이다. 이것이 바로 국가들이 자국의 안전을 위해 군사력 등의 확충에 많은 투자를 하면서도 궁극적으로는 안전을 확보하지 못하게 되며, 국가 간 군비경쟁으로 치닫게 된다는 안보 딜레마이다. 이와 같은 안보 딜레마는 국제체계의 무정부상태에서 기인한 현상의 하나이다.

이처럼 현실주의적 접근법은 이른바 국가중심적인(state-centric) 입장이다. 말하자면 다른 어떠한 국제정치상의 행위자가 아닌 국가가 대외정책의 결정단위이며 국가 혹은 국가와 거의 동일시되어 언급되는 정부는 분석의 목적상 특정한 목적을 추구하는 개인처럼 통합된 합리적인 행위자로 취급된다. 주권 국가들로 이루어진 국제체계에서 국가는 합리적으로 자국의 이익을 추구하는 자율적 행위자로서 행동하는 것으로 간주된다. 이러한 전제에 따라 현실주의자들은 국가 간 힘의 쟁투라는 시각에서 국제정치 현상을 다룬다. 국가는 자신의 권력을 극대화시킬 수 있는 대외적 행동을 추구한다는 현실주의는 힘으로 정의된 국가이익의 극대화를 추구한다는 국가의 합리성을 전제로 한다. 국가의 정책결정과정이 마치 비행기의 블랙박스처럼 국가이익을 극대화하는 정교한 메커니즘으로 작동된다고 비유한다. 따라서 그 작동을 통해 산출된 대외정책이라는 결과만을 주시한다는 것이다.

또한 현실주의자들은 힘의 정치를 도덕성, 이데올로기, 기타 사회적·경제적 측면들과 구분하고 그것들보다 더 중요한 것으로 간주하는 경향이 있다. 이들에게 있어서 이데올로기는 그다지 중요하지 않으며, 국가들이 자기들 행동의 근거로 내세우는 종교나 기타 문화적 요소들 역시 중요하지 않다. 현실주의자들은 아무리 다양한 종교, 이데올로기, 경제제도를 가진 국가들이라 할지라도 국가의 힘과 관련된 행동을 함에 있어서는 아주 유사하다고 본다. 현실주의자들은 국제관계의 형성·변화 등의 모습을 힘에 기초한 국가들의 선택으로 가장 잘 설명할 수 있다고 본다.

2. 현실주의의 지적 전통

현실주의적 관점은 가장 오래된 역사적 연원을 가지고 있다. 이 입장은 그리스의 역사가인 투키디데스에까지 거슬러 올라간다. 투키디데스는 기원전 5세기에 아테네와 스파르타 간의 전쟁을 세력균형의 차원에서 다룬 『펠로폰네소스 전쟁사』를 저술하였다. 그는 전쟁의 원인을 세력균형의 변화에 따라 유발된 '공포'(fear)에서 찾고 있다. 스파르타는 그리스 세계에 있어서의 지배적인 역할을 잃을지도 모른다는 것이 두려워 군사력의 증대로 동맹국의 협력을 얻는다는 대책을 세웠다. 아테네도 이에 대항해서 비슷한 전략을 세웠다. 펠로폰네소스 전쟁의 원인은 아테네의 정치적 힘이 스파르타의 정치적 힘에 비해서 급속히 증대된 데 대한 공포라는 것이 투키디데스의 주장이다. 이러한 관점은 현대의 군비확장 경쟁, 세력균형, 동맹, 외교, 전략 등과 여러 가지 면에서 좋은 비교가 된다(Viotti and Kauppi, 1987: 35).

근대 르네상스시기에 마키아벨리(Niccolo Machiavelli)는 분열과 혼란의 환경에 처해 있었던 이탈리아 군주들에게 제언을 하고 있는 『군주론』(The Prince)을 통해 자신의 국제정치관을 드러내고 있다. 그는 군주들이 권력을 잃지 않는 것이 중요하며, 그러기 위해서는 권모술수를 중시해야 하고, 무엇보다도 전쟁에 주의를 기울여야 한다고 조언하였다. 오늘날 마키아벨리즘이라는 단어는 지나치게 술수적인 권력의 행사를 뜻하는 것으로 이해되고 있다. 마키아벨리는 투키디데스와 마찬가지로 권력(power), 세력균형(balance of power)에 대해서 연구했다. 도덕률과 현실 정치를 분리하고 있는 마키아벨리는 추상적인 논리의 원칙에서가 아니라 정치의 세계에서 실제로 일어날 수 있는 것을 이야기하고 있는 것이다. 이러한 것들에서 알 수 있는 것은 이성적인 가치판단의 영역인 도덕이나 종교, 윤리적 사고로부터 현실의 정치는 분리되어져야 한다는 것을 의미한다. 즉, 국가의 안전보장, 즉 생존을 위해서는 군주에 의한 권력의 유지와 확장은 최고의 가치가 될 수밖에 없다는 것이다.

17세기 영국의 사상가 홉스(Thomas Hobbes)는 현실주의 관점을 지닌 또 다른 지적 원천자로 꼽을 수 있다. 홉스는 『리바이어던』(Leviathan)이라는 저서를 통해 정치적 현실주의의 지적 원천을 제공하고 있다. 홉스는 리바이어던 등장의 필연성을 인간의 자연 상태에서 찾고 있다. 또한 인간의 본성에 대해서는 성선설과는 대비되는 비관적인 견해를 갖고 있다. 따라서 그가 규정하고 있는 인간의 자연 상태는, 질서를 유지해주는 정부가 존재하지 않고 모든 사람들이 각자의 이기적 이익을 추구하는, 만인의 만인에 대한 투쟁 상태라는 것이다. 이러한 상태는 정글의 법칙이 작용하고 적자생존의 원칙이 지배하는 상태라는 것이다. 그는 이러한 상태를 막기 위하여 강력한 힘을 가진 '리바이어던'을 상정하고 있다. 이 리바이어던이 바로 중앙집권적 권위를 위임받은 국가라는 것이다. 그런데 국제무대에서는 그와 같은 중앙의 권위가 존재하지 않는다.

　　19세기 독일의 군사전략가 클라우제비츠(Karl von Klausewitz)는 전쟁이란 다른 수단에 의한 정치의 연장이라고 보았다. 미 해군제독 마한(Alfred Mahan)은 해군력이 국가의 정치적·경제적 이익을 위한 핵심적인 수단이라고 주장하였다. 현실주의자들은 이와 같은 역사적 인물들에게서 힘의 정치가 시간과 문화적 차이를 초월하여 중요하다는 사실을 보여주는 근거를 제시하고 있다. 이후 1차 대전이 끝나고 2차 대전의 중간 시기에 제기되었던 자유주의적 경향의 국제평화를 위한 논의들에 대하여 카(E.H. Carr)는 현실주의적 관점에서 비판을 제기하였다. 카는 1차 대전이후 서구에서 국제연맹의 창설과 국가 간의 적지 않은 평화조약에도 불구하고 2차 대전을 겪게 됨에 따라 국제정치에 대한 현실적인 분석에 들어가게 된다. 카의 현실주의적 논리는 2차 대전과 그 이후의 시기에 라인홀드 니버, 니콜라스 스파이크맨, 한스 모겐소, 조지 케난 등 흔히 전통적 현실주의자들로 분류되는 이들에 의하여 하나의 큰 지배적 흐름을 형성했다. 이들이 곧 전후 현대 국제정치학의 학문적 기초를 닦은 것으로 간주되기에 이른다. 1940년대 이후 국제정치학을 풍미하게 된 주요 현실주의자들은, 국제질서의 무정부적 성격과 권력정치(power politics)의 속성은 시대와 장소에 상관없이 모든 국제질서의 본질이라고 파악했다. 국가주권, 비밀외교, 세력균형, 제한전쟁 등 구세계 국제정치의 주요요소들을 무조건 나쁜 것들로 매도할 것이 아니라고 보고, 그것들이 현실임을 인정하고 또 그것들이 갖는 긍정적 기능에 주목했다. 카는 근본적으로 정치적 현실주의를 바탕으로 하여 국가들 간의 자연스런 조화라는 유토피아적 사고를 비판하였으며, 정치에 있어서 권력의 요소를 재발견한 현실주의자였던 것이다.

　　2차 대전 이후 모겐소는 국제정치가 힘으로 정의되는 국가이익에 기초한 객관적이고 보편적인 법칙에 의해 지배된다고 주장하였다. 그는 힘의 정치와 그에 따른 세력균형이라는 것은 여러 가지 가능한 외교정책 옵션들 중의 하나가 아니라 '많은 자율적 단위들로 구성되어 있는 모든 사회들에서 그 구성단위들이 자율성을 가질 수 있도록 보장하는 일반적인 사회적 원칙이 국제질서에 발현되는 특정한 표현형태'일 뿐이라고 주장한다. 권력균형과 또 그것의 유지를 목표로 하는 정책들은 불가피할 뿐 아니라 주권국가들의 사회에서 본질적인 안정화요인인 것이라고 말한다(이삼성, 1997).

현실주의에 직·간접적으로 영향을 끼쳤다고 인정되고 있는 지적 기원의 공통점은 무력 혹은 전쟁과 연관되어 있다는 것을 알 수 있다. 이처럼 현실주의는 전쟁과 그 원인 그리고 극복방안들과 연결되기 때문에 보편적인 정치가는 이 현실주의에 관심을 갖지 않을 수 없는 것이다. 이러한 지적 기원에 의해 확립된 현실주의가 하나의 확고한 국제관계 연구의 분석틀로서 작동하며 각종 이론들에게 어떠한 기반을 제공하기 시작한 것은 모겐소에 의해 이루어졌으며, 계속해서 왈츠에 의해 전통이 이어지고 있다.

III. 현실주의의 변천

1. 현실주의의 지속과 변화

현실주의는 오랜 역사적 맥락이 이어지는 가운데 다양한 지적 영향을 받으면서 전개되었다. 20세기에 들어와서 카에 의하여 정연한 학문적 체계로서 정립되었고, 현실주의의 대표적 이론가라고 할 수 있는 모겐소에 의하여 국제관계 연구 영역에서 하나의 패러다임으로서 분명하게 자기 위상을 갖추었다. 특히 모겐소의 저작인 『국가들 간의 정치』(Politics among Nations)는 현실주의의 주요 논거를 명확히 하고, 그에 따른 연구과제를 제시하였다. 게다가 현실주의는 2차 대전 이후의 냉전체제의 국제적 정치상황으로 인하여 정치학자들뿐만 아니라 외교정책을 담당하는 실무자들에게도 중요한 지침이 되기도 했다.

전통적 현실주의자들은 권력과 국가이익의 개념을 중심으로 그것들에 학문적 정당성을 부여하면서 '현실주의'에 입각한 국제정치 연구를 하나의 정당하고 권위 있는 학문영역으로서 정립시키는 단계였다고 할 수 있다. 그러나 전통적 현실주의자들의 이 같은 논리적 관점들이 정교한 이론적 형태를 띤 것은 아니었을지라도 국제정치학에 있어서 현실주의의 1960년대까지 영향력은 지대하였을 뿐만 아니라, 이후 비판을 받으면서도 국제정치학 분야를 지배해왔다. 그 이유는 그 이전에 풍미했던 이상주의들의 도덕론이나 법적 당위론들이 가진 이론적 허술함, 그리고 2차 대전의 경험과 뒤이은 미소간의 냉전의 전개라는 국제정치 현실의 역사적 결과에 기인한 측면이 많았다고 할 것이다.

냉전이 시작되면서 미국 국제정치학을 대표한 모겐소의 현실주의는 도덕적 성찰을 포함한 규범적 원칙들을 정치인들의 열망이나 법률가들의 고안물이 아닌 정치의 '현실'에 기초하여 전개하였다. 그는 그 원리들을 일반적인 명제로 만들고자 했다. 그러나 그러한 명제들의 타당성을 실증적이고 수학적인 방법론보다는 역사적 성찰에 의존해서 주장을 펼쳤다는 점에서 전통주의적이었다고 할 수 있다. 현실주의와 이상주의 또는 자유주의 간의 논쟁구도는 다같이 1950년대 말부터 시작된 행태주의적·사회과학적 방법론에 기초한 국제정치론의 등장으로 새로운 국면에 접어들게 된다.

행태주의 사회과학자들은 전통주의자들이 주로 의존하는 역사적·서술적 방법의 가치를 원칙적으로 부정하는 것은 아니다. 행태주의자들 중에는 연구대상과 관련된 역사·정치 및 국제관계의 구체적 내용의 가치를 부정하거나 그것에 무지한 자들이 있는데 그들은 같은 행태주의자들 중에서도 능력이 모자란 자들에 속한다는 것을 인정한다. 그러나 사회과학적 방법론자들은 과학적으로 정확한 방법(scientifically precise methods)을 강조한다. 여기서 말하는 과학적 방법이라는 것은 "여러 가지 다른 방법들과 그 방법들의 조합 — 태도조사(attitude surveys), 내용분석, 모의실험과 게임(simulation and gaming), 통계적 상관성(statistical correlations), 모델구축, 그리고 측정의 정확성을 기하기 위해 계량적 분석과 컴퓨터를 동원하는 것 등"을 말한다. 같은 맥락에서 사회과학적 방법론자들은 직관적 해석 대신에 논리와 수학을 동원하는 경향이 있다(이삼성, 1997). 이를 통해서, 국제관계에 대한 서술이 과거보다 더 깊이 있고 다각적으로 분석되기에 이르렀다고 보았다.

둘째, 전통주의자들에 대한 행태주의 학자들의 공격은 논리적 엄밀성과 정확성을 바탕으로 하는 방법론적 개선, 즉 방법론적 사고(methodological awareness)를 강화시켰다. 사회과학론자들은 자연과학적 방법론을 사회현상분석에 이용하는 실증주의적 태도, 또는 경제학이나 게임이론과 같은 사회과학 중에서도 계량적 방법을 동원한 분야의 연구방법론을 국제정치연구에 적용하려 시도했다.

이러한 현실주의에 대한 성격을 규정한다면, 규범적이고 정책 지향적이며, 국제행위의 일반화에 있어서 역사연구에 의존하는 이론적 성격을 가지고 있다. 모겐소는 모든 정치의 본질은 권력에 대한 투쟁이며, 국제정치는 주권을 가진 대등한 단위들 간의 상호작용이며, 국가의 행동은 외부에 대한 반응이라 한다. 즉 국제정치 또한 주권국가 간의 권력투쟁이라 할 수 있다. 그리고 국가 간의 권력투쟁에 대한 분석과 실천에 공통되는 중심개념으로 국가이익을 설명하고 있으며, 세력균형이 안정과 평화를 보장하는 영속적인 조정원리로서 작용한다고 했다. 또한 국가의 힘은 다른 국가의 힘에 의하여 가장 효과적으로 제한될 수 있다는 것이다.

이와 같은 성격을 가진 현실주의는 국제정치를 분석하고 연구하는 가장 영향력 있는 이론으로 1960년대까지 국제정치학계뿐만 아니라 실무정책을 지배하였다. 그리고 모겐소 등의 학자들에 의해 체계화 및 명료화를 위한 다양한 연구가 이루어졌으며, 이는 곧 현실주의가 국제정치학에서 하나의 정상과학으로서 국제정치분야를 지배하게 하는 요인으로 작용하였던 것이다. 또한 1950년대 말부터 본격적으로 등장한 행태주의 사회과학적 국제정치학은 1970년대 이전까지는 많은 경우 모겐소의 현실주의 패러다임을 부정하는 것 같은 입장을 보였다. 그러나 그들은 어떤 명제의 증명과 검증의 방법에 있어서 전통주의자들과 다른 방법적 기법을 활용했을 뿐이었다. 그들의 가정과 전제는 현실주의적 관점과 이론적 공통분모에 따른 것이었다고 평가된다. 그런 점에서도 현실주의 패러다임은 여전히 지배적인 흐름으로 이어졌다고 볼 수 있을 것이다.

1970년대에 들어서면서 국제정세의 긴장 완화(détente), 권력정치의 행태에 부합되지 않는 새로운 문제영역들의 존재, 초국가적 행위자의 등장 그리고 국가 간 상호의존의 문제 등 급변하는 국제정세로 인하여 현실주의는 국제정치의 현실을 명확하게 서술하거나 설명할 수 없게 됨으로써 그 타당성을 의심받게 되었다. 세계경제의 재편과정 속에서 현실주의는 미국의 상대적인 지위의 약화를 목격하고 새로운 모습으로 탈바꿈하려는 시도를 하였다. 즉, 국제체계에는 패권국가가 존재하여야만 국제경제질서는 안정적으로 유지되며, 자유무역이 지속될 수 있다는 입장을 표명하였다. 반대로 패권국의 쇠퇴는 국제경제질서를 불안정한 상태로 만들고 개방성이 약화되며 보호무역의 흐름으로 연결된다는 것이다. 이러한 패권안정론은 현실주의적 시각의 한 갈래로서 특정한 국가가 패권을 유지하는 국제적 레짐이 정치·군사적 측면에서 안정적이며 경제교역의 측면에서도 번영을 가져다준다는 입장을 피력하고 있다. 즉 패권적 지위를 누리는 특정 국가의 존재에 입각하여 국제적 힘의 편제를 헤게모니체제라고 지칭하고, 이 패권체제가 작동함으로써 개방적이고 안정된 세계경제의 실천적 운용이 이루어지게 된다고 본다(Kindleberger, 1973). 현상 변화에 따른 새로운 패러다임이 대두되었지만 그들 자체가 현실주의의 기본적인 가정을 어느 정도는 수용하고 있다는 점에서 완전한 대체이론이 될 수는 없었던 것이다.

2. 신현실주의의 등장과 확장

신현실주의 패러다임은 전술한 전통적 현실주의의 한계를 극복하기 위해 자기 수정을 통해 대두되었다. 따라서 전통적 현실주의의 기본적인 가정을 수용하면서, 또한 그 한계를 극복하여 국제정치를 설명하려는 시도로 볼 수 있다. 신현실주의는 행태주의의 영향으로 인한 현실주의의 과학화와 국제체제를 설명함에 있어서 구조의 역할을 강조하는 구조주의적 관점을 수용하였다. 예컨대 국제적인 사건을 개별 국가들의 국내 사정보다 체계구조라는 견지에서, 즉 국제적인 힘의 분포상태라는 관점에서 설명하고자 한다. 국제적인 힘의 분포는 극성(polarity)으로 표현되기도 한다. 그리고 전통적 현실주의가 정치·군사적 쟁점에만 중점을 두어 경제적 요인을 배제한 데 비하여, 신현실주의는 중상주의적 성격을 받아들여 경제적 문제를 국제 정치현상을 설명함에 있어서 한 요인으로 꼽고 있다.

왈츠의 신현실주의는 현실주의적 기본 명제들에게 체계성을 부여하면서 새롭게 부각되었다. 그는 국제정치 현상을 설명함에 있어서 국제체계에 초점을 두어야함을 주장하였다(Waltz, 1959). 또한 후속 저작인 『국제정치이론』(Theory of International

Politics)을 통하여 국제정치 현상을 설명하기 위한 국제정치 고유의 이론은 인간성이나 국가의 속성으로 환원되지 않는 국제체계의 특성에 기초를 두어야 한다고 밝혔다(Waltz, 1979). 즉 왈츠는 국가들 사이의 관계가 어떻게 정립되어 있는가가 국가의 행동에 강력한 영향을 미친다고 보았기 때문에 국가의 행동은 본질적으로 국제체계의 수준에서 설명되어야 한다고 주장하였다.

이를 테면 개별 국가들은 그들 자신의 내적 과정을 통해서 정책에 이르고 행동을 결정한다고 본다. 그러나 왈츠는 행위자들의 의도와 그들의 상호작용의 결과 사이에 단위가 아닌 국제체계 수준의 일련의 변수들이 존재하며 이러한 변수들이 국가들 간의 상호작용의 결과를 결정한다고 본다. 국제체계는 국가의 내적 특성에 있어서의 거대한 변화에도 불구하고 국제관계에 일정한 패턴과 규칙성을 가져다준다. 왈츠에 있어 이러한 패턴과 규칙성은 오랜 역사를 통해 상대적으로 변하지 않은 상태로 계속하여 반복되고 있다. 국제적으로 지배적인 국가들 간의 관계는 유형이나 질에 있어서 좀처럼 급속하게 변화하지 않았다. 이러한 특징은 어떠한 국제체계이든 관계없이 무정부적인 국제체계의 성격이 위계적(hierarchical)인 성격으로 변화하지 않는 한 지속될 것이라고 본다(박재영, 2002).

신현실주의는 전통적 현실주의가 높은 설명력을 갖춘 이론틀을 지향하였지만 지나치게 일반화되고 포괄적인 개념의 사용과 과도한 실천적 관심으로 인해 과학적 연구를 위한 이론틀의 구성보다는 일정한 지적 통찰력만을 제공한 데 대한 새로운 이론구성을 위한 시도라고도 볼 수 있다. 특히 왈츠는 국제정치현실에서의 권력 중심성의 기원을 국제체계의 무정부적 구조의 특성에서 발견하고 국가의 행동을 이들의 속성이 아닌 체계의 수준에서 설명하려 하였다. 그는 국가의 행위에 대한 설명은 지도자의 인간성이나 국가의 의도나 능력 등이 아닌 오로지 국제체계의 수준에서만 가능하다고 주장했다. 이러한 점에서 왈츠로 대표되는 신현실주의와 모겐소의 전통적 현실주의와의 차이를 찾아볼 수 있다.

신현실주의가 구조적 현실주의(structural realism)라고도 불리어지는 것처럼 국제정치를 구조주의적 시각에서 파악하려는 점은 신현실주의의 이론적 성격 가운데 가장 두드러진 특징이라 할 수 있다. 왈츠는 구조의 개념을 도입하여 현실주의를 국제정치에 관한 체계이론으로 재구성하려 하였다. 그리고 국제정치구조를 국가의 행위나 성격이 아니라 그것이 일정하게 배열된 형태로 인식한다. 따라서 국제정치구조는 국가들의 배열체계이며, 동시에 국가의 활동과는 구별되는 국가 간의 정치적 관계인 것이다. 또한 구조적 관계란 이러한 체계를 구성하는 모든 단위 간의 관계를 뜻한다. 결국 구조는 단위들 간의 조직된 결합을 의미하는 것이다. 그리하여 국제정치구조를 다른 국제적 구조와 구분하거나 체계수준과 단위수준을 구분하기 위해서는 정치구조가 어떻게 생성되고, 그것들이 어떻게 체계의 단위들에게 영향을 주고받는가를 인식해야 한다고 한다. 그는 기존의 체계이론에 대하여, 국제정치는 명료한 질서나 위계적인 배열을 결여하고 있기 때문에 구체화된 기능을 수행하는 분화된 부분들로 잘 조직된 체계를 다루는 일반체계이론이 적용될 수 없다고 한다.

신현실주의는 국제정치현상과 같은 거시적 현상을 구조와 행위주체인 국가 간의 관계로 밝혀냄으로써 국제정치의 일관된 행태를 모색할 수 있으며, 미래를 예측함에 효과적일 수 있다는 것이다. 즉 국제정치는 그 구조적 속성에 의해 지배된다고 할 수 있다. 그리고 국제관계의 구조적 속성에 대한 강조는 신현실주의를 전통적 현실주의와 구별짓는 특징적인 성격인 것이다. 그러나 이러한 구조적인 관점은 국제체계에서 구조적 측면을 강조한 나머지 개별적인 행위자의 상호작용을 상대적으로 소홀히 취급함으로써 단순한 하나의 사건을 보편적인 수준에서 이해하고 예측하는 데는 한계를 나타낸다. 그러나 모든 구체적인 국제정치현상을 반영하지는 못하지만 지속적이고 일반적인 경향은 설명할 수 있다. 즉 국제관계를 구성하는 구조적 속성을 파악함으로써 국제체계가 어떻게 나아가고, 무엇이 일어날 것인가라는 일반적인 예측을 할 수 있으며, 국가의 행위를 맥락적인 차원에서 이해를 확대할 수 있을 뿐만 아니라, 어느 정도의 체계적인 예측도 가능하다.

IV. 주요 문제에 대한 현실주의 관점

1. 현실주의와 국제제도

국제제도는 국제기구와 국제레짐을 합한 개념으로서 반복된 관행을 통해 행위자의 행동에 영향을 미치는 것을 말한다. 국제기구란 '회원국들의 공동이익을 추구할 목적으로, 2개 혹은 그 이상의 주권국가들 사이에 정부 간이든 비정부 간이든 그들 사이 이루어진 합의에 의해 만들어진 하나의 공식적이고 지속적인 구조'를 말한다. 이러한 국제기구가 주권국가들 간 조약에 의해 설립된 것을 '정부 간 국제기구'라고 한다. 현실주의의 관점에서 국제 질서는 독자적 권력의 극대화를 추구하는 자율성을 갖고 있는 국가들 사이의 상호작용으로부터 직접 산출된다고 본다. 따라서 힘의 정치(power politics)야말로 국제사회에서 집단적인 결과의 가장 중요한 결정요인으로 본다. 따라서 국제수준에서 나타나는 질서의 해체, 형성 그리고 변화 등을 설명하려면 국제사회에 있어서의 권력의 성질과 권력의 기초, 권력을 추구하는 국가들이 취하는 전략, 그리고 권력을 극대화하고자 하는 국가들 간의 상호작용의 역동성(dynamics)을 이해해야 한다는 것이다. 이러한 관점에서 볼 때 국제제도는 국가들의 권력 관계의 표면적인 반영물에 불과하다는 것이다. 따라서 형성된 국제제도는 주권국가들 간에 행해진 협상의 지표이거나 혹은 특정 국가가 지배적인 위치로의 상승의 표현일 수 있다.

이처럼 현실주의에 있어 국제제도는 국제 질서를 산출하는 결정요인으로서 작용하지 않는다. 오히려 국제사회에 존재하는 질서는 효과적인 세력 균형이 존재하기 때문이며, 국제체계에서 패권을 갖는 국가의 등장으로부터 형성된다. 국가 간의 힘의 균형은 효과적인 일련의 억제와 균형을 제공함으로써 안정적인 국제관계를 만들 수 있다. 또한 패권 국가는 국제사회의 다른 구성원들에게 자신의 이익에 부합되는 특정의 행위패턴을 부과함으로써 국제적인 질서를 작동하게 한다. 이를테면 질서라고 하는 것은 특정한 제도가 존재하고 작동함으로써 국제적 제약(constraints)

이나 국제적 틀로부터 만들어지는 것이 아니라 오히려 권력의 존재형태에 따른 국제체계의 속성에서부터 비롯된다는 입장이다. 국제제도의 변화는 국제체계에 있어서의 권력의 양태의 변화를 반영하기 때문에 제도적인 변화를 국제사회에 있어서 권력구조의 변화를 측정하는 수단으로서 지속적으로 추적할 가치를 보유하고 있다고 본다. 그러나 국제사회에서 집단적인 결과를 설명하고자 하는 현실주의자들은 국제제도에 그들의 관심을 집중하지는 않는다.

홉스의 관점에 따른 국제사회는 주권국가로 구성되어 있는 자연상태로 이해한다. 따라서 중앙집권적 권위체가 존재하지 않는 자연상태에서 주권국가들은 각자의 국익을 위해 전쟁을 일으키기도 하고 국제법의 하나로서 필요한 조약을 성립시키기도 한다. 이러한 조약은 국가 간에 내재해 있는 권력 관계를 반영하고, 대부분의 경우에 강대국 논리의 반영물이라고 본다. 이러한 국제법이 강대국의 국익과 일치하는 경우에 한해 국제법은 효용성을 낳는다는 것이다. 따라서 국가 간의 세력관계가 변경되거나 강대국의 국익의 내용이 달라졌을 때 이러한 국제법은 쉽게 의미를 상실하거나 변화의 과정을 거치게 된다고 본다.

이러한 입장은 전통적 현실주의자인 모겐소에게도 명백히 드러난다. 모겐소는 강제적으로 국제법을 집행하는 중앙집권적인 정부가 결여되어 있는 국제체계에서 '자력구제'가 일반적인 원칙이며 이러한 자력구제가 실효적으로 이루어지기 위해서는 강한 힘을 필요로 한다고 본다. 모겐소는 법의 집행이란 이처럼 법을 어긴 국가와 이로 인해 피해를 입은 국가 간의 힘의 배분에 달려 있으며 그 결과보다 강력한 국가는 효과적인 체제에 대한 두려움 없이 약소국의 권리를 침해할 수 있다. 약소국은 따라서 자신의 권리보호를 위해 강한 국가의 도움을 필요로 한다. 그러나 이러한 도움이 실질적으로 제공되느냐의 문제는 국제법의 문제가 아니라 즉 도움을 주려는 국가의 법적인 고려나 불편부당한 법의 집행 장치의 운영에 의존하는 것이 아니라 도우려는 국가가 국익의 관점에서 내리는 정치적인 고려에 의한 것으로 본다. 즉 이러한 도움을 주려는 시도와 이러한 시도의 성공 여부는 정치적 고려와 세력균형에 달려 있다고 본다.

현실주의는 국제기구란 주권국가들로서 수평적으로 조직된 국제정치체계 속에 존재하며 이러한 체계의 본질적인 특성으로 인해 주권국가들은 국제기구를 포함한 초국가적 권위에 의한 결정에 그들의 동의 없이 구속되지 않는다는 점을 강조한다.

이 견해에 따르자면 많은 국제문제가 국제기구 밖에서 국가 대 국가의 관계를 통해 결정되며, 국제기구란 단지 국가의 정책결정자들에게 있어서 참여함으로써 치러야 하는 비용과 이로 인해 얻게 되는 이득을 신중하게 고려한 후 참여 여부를 결정하는 정책의 도구 이상의 것이 아니다. 따라서 국제기구는 국가들의 주권을 약화시키기보다는 강화시킨다고 본다.

국제기구의 정책이란 자기중심적인 국가이익을 추구하는 국가들의 투쟁의 결과물이다. 즉 국제기구에 있어서 의사결정의 결과란 특정 이슈에 있어서 지배적인 위치에 있는 국가(들)의 이익의 반영으로 보며 각국의 대표들은 자신의 이익을 관철시키기 위한 수단으로서 국제기구를 지배하려 노력하며 국제기구 속에서 타국을 자신의 편으로 만들려는 부단한 노력을 경주한다고 본다.

현실주의자들은 민족국가를 국제정치의 주요한 행위자로 간주하고 국가이외의 행위자들은 국제정치과정에 중요한 영향력을 미칠 수 없으며, 국가에 의해 통제될 수 있다고 본다. 따라서 국제기구를 포함한 국제제도는 국가의 정치적 목표달성을 위한 수단으로 간주한다. 국제제도는 앞으로도 국제정치의 구조나 과정에 별다른 영향을 주지 못할 것으로 본다.

2. 현실주의와 세계경제

현실주의가 바라본 세계경제의 구조와 과정은 경제적 그리고 기술적인 요인만큼 혹은 그 이상으로 정치적인 틀에 의존한다. 즉 국제경제 속에서의 경제활동의 목적은 국부(national wealth)의 극대화나 이러한 경제적인 이득의 극대화는 국가의 자율성 혹은 독립성을 유지하고 국내경제를 침해하지 않는 선에서 추구된다. 전략과 관련된 기술의 수출은 엄격한 국가의 통제를 필요로 한다. 세계경제란 총체적인 권위체가 존재하지 않으며 경제를 둘러싼 국가 간의 관계란 본질적으로 갈등적 (conflictual)이라고 본다. 즉 국가 간의 협력은 달성하기 어려우며 이념적 성향과는 거의 관계없이 국가 간에 있어서의 갈등이란 불가피하다고 본다. 그렇다고 국가 간의 경제적 관계가 항상 갈등으로만 점철된다는 것은 물론 아니다. 패권안정론에서 보듯이 패권국가의 존재와 같은 특별한 조건이 존재할 경우 국가 간에 협력이 발생할 수 있다고 본다.

이처럼 전략적으로 중요한 기술에 대한 국가적 통제 등과 같은 국가의 경제에 대한 개입이 현실주의에 있어 매우 중요하며 실제로 국가안보라는 관점에서 국가의 관여가 종종 행해진다. 이처럼 현실주의는 안보와 생존이라는 국가이익을 추구하기 위해 상대적으로 자율적인 국가를 옹호한다. 국가의 정책의 중요성을 강조하고 사회로부터의 국가의 자율성을 강조한다는 의미로 현실주의를 '국가주의'(statism)라고도 부른다. 이러한 현실주의 견해는 자유주의가 국가 간의 경제적 상호작용을 합이 플러스가 되는 게임(positive-sum game)으로 보고 경제의 개방, 국가의 경제적 영역에 대한 간섭영역의 제한, 생산요소의 국제적인 이동을 통해 경제효율을 극대화하고 나아가 세계의 복지(global welfare)라는 절대적 이득을 극대화할 수 있는 정책을 처방하며 국가 간의 상호의존의 심화가 국가 간의 관계에 본질적인 변화를 가져오고 있다고 보는 것과 큰 대조를 이룬다.

현실주의가 국제경제와 관련하여 이러한 특징들을 지니고 있기 때문에 현실주의의 국제정치경제에 대한 접근을 '신중상주의'(neomercantilism)라고도 부른다. 신중상주의라는 말은 16세기-18세기 절대주의시대 부국강병책으로 채택된 중상주의에서 유래된 것으로서 일국의 정부가 타국을 희생하고서라도 자국의 이익을 극대화하기 위한 방식으로 경제를 운용하는 경향을 일컬으며 세계경제 전체의 효율성보다 국가의 경제와 정치적 목표를 우선시하는 주의이다. 말하자면 신중상주의는 개별 국가들이 자국의 정책들이 다른 나라나 국제체제 전체에 미치는 영향에 대해서는 상대적으로 큰 관심이 없고 국내 경제적 맥락의 필요성이나 대외적인 정치경제적 이해관계에 기초하여 정책을 추구하는 것을 강조한다.

국제경제의 구조는 국제정치체제의 구조적 특성인 권력의 배분에 의해 결정된다. 따라서 국제경제에 있어서의 가장 큰 변화는 국가 간에 있어서의 권력의 배분의 변화 즉 강대국의 흥망과 성쇠로부터 비롯된다. 특정 국가가 채택한 전략은 자율적 선택의 결과라기보다는 국제체계의 구조적인 요인인 국제체계에서의 권력의 배분 양상과 이러한 배분에 있어서의 그 국가의 위상에 의존한다는 것이다. 또한 소위 패권안정론(theory of hegemonic stability)은 패권국가의 상대적인 권력 위상의 변화가 그 체제 내에 있는 모든 국가들에게 영향을 미치고 국제경제의 방향은 지배적인 국가의 국내정치의 맥락과 일맥상통하게 결정되며 전후 얄타체제 수립 이후 역사의 많은 부분은 헤게모니 국가로서 미국의 패권적 지도력이 투사되어 질서화된 것으로 본다.

현실주의는 초국가적인 관계의 존재 자체는 부인하지 않으나 이러한 관계가 국가에 효과적인 정치적 영향을 미친다는 것에 동의하지 않는다. 해외 직접투자를 통해 초국적기업의 활동 영역이 확대되며 이러한 다국적기업은 통상적으로 또 다른 대외정책의 수단으로서 국가권력의 확장으로 본다. 현실주의는 국제화된 화폐시장의 중요성을 인정하지만 G-7과 같은 선진 경제국들의 모임에 참여하고 있는 국가들이 이러한 구조의 결과를 통제할 수 있는 충분한 정치적인 자율성을 가지고 있는 것으로 가정한다. 이러한 자율성을 정책조정(policy coordination)과 같은 집단적인 행동에 의하거나 주도적인 국가에 의해 개별적으로 취해진 정책을 통해 이루어진다고 본다(박재영, 2002).

3. 현실주의와 세계정치경제 질서

냉전 이후시대(Post-Cold War Era)는 미국과 소련이 냉전의 종식과 새로운 시대의 개막을 공식선언한 1989년을 기점으로 하여 1990년 10월 서독이 동독을 흡수통합하고 1991년 9월 소련연방이 해체됨에 따라 냉전체제의 한 축을 형성하고 있었던 사회주의진영이 완전히 붕괴되면서 전개되었다. 소련의 해체는, 자국이 보유하고 있던 무기가 갑자기 없어진 것도 아니고, 경제가 완전히 무너진 것도 아닌데 미국과 극점을 이루었던 하나의 축이 스스로 붕괴한 것이다. 현실주의도 예측하지 못한 사태의 전개이다. 국제관계의 근본적 틀의 변화에 대한 사후 설명도 이론의 적실성의 결함을 표현해줄 뿐이었다. 냉전 이후시대의 권력과 부의 배분현상은 미국 중심의 단극체제(unipolar system)적 성격을 띠고 있지만 정치경제적 세력을 중심으로 보면 미국, 유럽연합 및 일본, 중국까지 포함되는 다극체제(multipolar system)적 성격을 띠고 있기 때문에 전체적으로 단·다극체제(uni-multipolar system)적 특징을 갖고 있다고 할 수 있다. 그러나 각 세력을 중심으로 구심력이 작용하는 극화의 정도는 크지 않다고 볼 수 있다. 냉전기처럼 미국과 소련을 축으로 하는 이념적 대결구도가 사라졌기 때문에 개별국가들은 자국의 국익을 중심으로 이합집산하는 현상이 일반적인 경우로 나타나고 있다. 나이(Joseph Nye)는 현 국제체제의 권력과 부는 다층구조(multiple structure)임을 강조하면서 군사적인 상층구조에는 미국이 유일초강대국으로서 단극(unipolar)을 형성하고 있으며, 저변구조에는 모든 나라들이 초국가적으로 상호의존되어 있고 권력의 확산(diffusion of power)에 따른 초국가적 상호의존상태가 작동되고 있다고 본다.

21세기 들어서면서 중국이 세계정치경제의 중심 무대에 부상하고 있다. 중국은 방대한 규모의 영토와 인구를 기반으로 급속한 경제성장에 힘입어 떠오르는 강대국이 되고 있다. 어떤 학자들은 이런 상황이 마치 1세기 전 독일의 경우와 유사하다고 본다. 역사적으로 볼 때 힘 관계의 이러한 변동이 국제체계를 불안정하게 만드는 요인으로 작용하였다. 중국은 민주국가가 아닌 유일한 강대국이다. 1997년에는 영국으로부터 홍콩을 반환받음으로써 과거 서세동점(西勢東漸)의 제국주의 시대의 유산을 정리하였고, 또 한 국가 두 제도라고 하는 홍콩 방식으로 중국과 대만의 재통합에 대한 방향성을 제시해주었다. 또한 중국은 범세계적 국제기구인 UN 안전보장이사회에서 거부권을 가지고 있으며, 대량살상 무기로서 핵무기와 운반수단인 탄도미사일도 보유하고 있다. 방대한 인구규모, 급속한 산업화 등 중국의 이런 것들은 지구 온난화 문제 같은 전 지구적 환경문제의 장래에 커다란 영향을 미친다. 이 모든 것들은 다가올 몇 십 년 동안 중국이 국제관계에서 매우 중요한 행위자가 될 것임을 말해준다.

현실주의적 관점에서 볼 때 기본적으로 미국은 중국의 부상을 전제로 새로운 동아시아 안보전략을 모색하고 있다. 전통적인 동맹관계 강화를 포함하여 역내 국가들과 다양한 형태의 안보군사외교를 강화함으로써 동아시아의 안보 지형을 매우 넓게 유지하고자 하는 정책을 추진하고 있다. 이러한 입장이 미국 중심의 효율적인 군사 네트워크 유지는 물론 중국에 대한 개입정책을 전개하는 데에도 도움이 된다고 판단하고 있다. 특히 동아시아는 지역 스스로의 의지와 제도에 의한 세력균형의 경험이 없다. 2차 대전 이후 유럽의 경우처럼 유사한 국력을 보유한 역내 국가들 간 경쟁으로 서로의 일탈 행위를 방지하면서 안정적인 지역 관리로 이어질 수 있는 메커니즘이 존재하지 않는다. 즉, 지역 자체에 의한 균형의 부재는 특정 국가에게 과도한 군사력이 집중될 경우 지역 자체의 안정성이 파괴될 수 있음을 의미하며, 자연스럽게 이러한 판단은 세력균형자로서의 미국의 지위가 다양한 방식으로 표출되고 있는 것이다.

또한 세계화 현상으로 나타나는 국면은 다양하다. 교통 통신의 발달이 민족국가의 국경선을 무너뜨리고 전 지구촌을 하나의 생활권으로 통합해 가고 있다. 민족국가의 국경선을 넘어서 국가와 사회, 그리고 개인 간의 상호연결성(interconnection), 상호침투성(interpenetration) 및 상호의존성(interdependence)이 심화되고 있다. 이러한 세계화에 대하여 현실주의가 바라보는 관점은, 탈냉전으로 인하여 국제권력의 원천으로서 군사력과 같은 요소들의 중요성이 감소하고 경제력이 중요하게 부각되자, 패권국인 미국이 자국의 이익을 유지·확장하기 위하여 신자유주의적 이데올로기를 동원하여 경제적 패권을 추구한다는 것이다. 현실주의는 세계화의 발생 배경으로서 정치적 요인과 국가의 역할에 주목한다. 즉 국가가 국익을 증진하기 위한 목적으로 세계화의 틀을 만들고, 자본과 기술 그리고 행위자의 전 세계적 영역으로의 움직임은 국가가 형성한 제도나 규제에 영향을 받는다고 본다(박재영, 2002: 284-285).

현실주의는 세계화의 진행과정에서 환경문제나 보건문제 등 일국 단위만으로는 해결이 어려운 문제들에 관해서는 초국가주의가 작동할 수 있겠지만, 기본적인 주권침식이 일어난다고 보지는 않는다(Gilpin, 2001). 또한 다양한 초국가행위자(transnational actors)들이 등장했고, 그 구조와 구성원, 그리고 이익과 활동이 민족국가의 국경선을 넘어서 전 지구적으로 이루어지고 있다. 즉 다국적기업이나 인종집단, 그리고 각종 테러집단이 대표적인 경우이다. 다국적기업과 같은 초국가행위자는 국가 간 상호의존성을 심화시켜 국제사회를 더 큰 하나로 통합시켜 나가는 기능을 갖고 있는 반면, 인종집단이나 테러집단은 국제사회를 세분화 내지는 분열시키는 기능을 한다. 따라서 국가주권이 도전을 받고 있으며 초국적 활동을 하는 비국가행위자들의 자율성이 증대되고 있는 현상이 나타나고 있지만, 현실주의자들은 여전히 국가가 국제사회에서의 가장 핵심적인 행위자로서의 역할을 수행하고 있으며, 여전히 국가 내부의 행위자들로부터 충성심을 부여받고 있다고 본다.

V. 맺음말

국제정치학은 국제정치현상의 설명과 예측을 주요 관심대상으로 하는 학문 영역이다. 복잡다단한 국제관계를 설명하는 일반이론은 존재하지 않는다. 그러나 국제관계 연구에서 전통적으로 핵심적인 위치를 차지해 온 하나의 이론적 틀이 있다면 현실주의(realism)를 꼽을 수 있을 것이다. 현실주의가 오랜 지적 연원과 역사적 전통을 가지고 있는 것이다. 또한 국제정치학이 대상으로 삼고 있는 국제사회의 본질적이고 구조적인 변화가 심각하게 이루어지게 됨에 따라 학문의 속성과 방법론에 관한 논쟁이 발생되었다. 이를테면 1차 대전 이후 이상주의와 현실주의의 논쟁으로부터 시작하여, 1960년대를 전후한 시기에 방법론에 있어서 전통적 접근방법과 행태주의적 접근방법의 대립, 그 이후 현실주의에 대한 자유주의와 구조주의의 도전 등이 그것이다. 그러나 이러한 다양한 형태의 논쟁들은 학문과 현실사이의 괴리를 좁히려는 부단한 노력의 결과로서 표출된다. 기존의 국제관계연구를 지배하고 있는 패러다임이나 이론이 현실을 설명하는 데 적실성의 한계를 드러낼 때 두드러진다. 즉 적실성의 위기를 극복하기 위하여 대안적인 관점이 대두되면서 패러다임 혹은 이론 간의 논쟁은 발생되는 것이다. 이러한 국제정치현상을 설명하는 이론적 관점들이 다양할지라도 핵심적인 시각으로서 현실주의의 위상을 대안적 관점으로 평가절하할 수는 없을 것이다.

탈냉전이후 국제관계는 전환의 과정을 거치고 있다. 국제적 변화와 새로운 가능성이 협력과 평화 혹은 갈등과 전쟁의 지향성을 쉽게 예단할 수는 없다. 어쩌면 내재된 이러한 양면성의 발현 여부는 국제관계 행위주체의 선택적 결단이 주요 변수로 작용할 것이다. 오늘의 세계를 묘사하는 담론 가운데 하나인 지구화(globalization)는 현실주의의 국가중심적 관점에 대한 강력한 문제제기일 수 있다. 지구화로 인해 정치적 경계의 중요성이 감소하고 있기 때문이다(김세균 외, 2003: 79).

그러나 비록 이러한 시대적 전환기의 특성에도 불구하고 국제관계의 기본적 규칙과 원칙들은 그 맥락이 다소 다를지라도 국제적 현상들을 설명하는 유용성의 측면에서 근본적인 문제는 없을 것으로 보인다. 전통적인 국제관계론에서 가장 핵심적인 개념인 힘의 정치는 여전히 국제관계를 이해하는 데 있어서 가장 강력한 설명력을 가지고 있다. 주권 국가는 여전히 국제체계에서 합리적으로 자국의 이익을 추구하는 자율적 행위자로 인식된다.

질문 및 토론 사항

1. 현실주의 관점에 따른 힘의 정치가 국제관계의 양상을 결정하는 것일까?

2. 안보 딜레마는 왜 발생하며, 안보 딜레마를 해소할 수 있는 방안은 무엇일까?

3. 무정부적 속성을 띠고 있는 국제정치는 국내정치와 어떤 점에서 차이점과 유사점을 보이는가?

4. 냉전체제와 포스트 냉전체제를 구분해 볼 때, 양자는 어떻게 다를까?

5. 탈냉전 이후 초래된 문제들은 어떤 국제정치적 의미를 갖으며 어떤 어젠다를 제기하는가?

세력 균형(balance of power)

　세력 균형이란 용어는 한 국가 또는 국가군(群)의 힘이 다른 국가 또는 국가군의 힘을 상쇄하기 위하여 사용된다. 힘의 균형은 국가들 혹은 동맹들 간의 다양한 힘의 분포상태를 의미하기도 한다. 또한 역사적으로 한 국가의 전지역 정복을 막기 위한 대항 연합의 결성이 반복되어 왔는데, 힘의 균형이란 용어가 이러한 반복적 연합 결성의 상태를 뜻하기도 한다.

　세력 균형 이론은 이와 같은 대항 연합이 정규적으로 결성됨으로써 국제체계의 안정을 유지해준다고 주장한다. 국제체계 자체는 그 규칙과 원칙들이 바뀌지 않는 한 안정을 유지한다. 그러나 국제체계의 안정이 곧 평화를 뜻하는 것은 아니다. 오히려 국제체계의 안정이란 힘의 관계를 조정해주는 끊임없는 전쟁을 통하여 유지되는 안정이다.

　동맹(alliance)은 힘의 균형에 있어서 핵심적인 역할을 한다. 상대국에 대항하기 위하여 자국의 전력을 강화하는 것도 균형을 잡는 한 가지 방법이지만, 위협적인 국가에 대항하는 동맹을 결성하는 것은 더 신속하고, 값 싸고, 효과적인 방법이다. 이 대항동맹이 지정학적 요소를 내포하게 될 경우, 즉 상대방을 물리적으로 포위하게 될 경우, 그러한 균형전략을 봉쇄(containment)라고 지칭한다. 냉전시기 미국은 소련의 영토적 팽창을 막기 위하여 군사적·정치적 동맹으로 소련에 대응하였다.

국제정치 경쟁이론으로서의 자유주의

Ⅰ. 머리말

현재 우리가 사는 세상은 역사의 발전과 더불어 범주를 넓혀 왔다. 지리적인 확대는 물론 인식에 있어서도 그 외연을 확대해 왔다. 과학기술의 발전과 교통수단의 발전, 정보통신기술의 발전 등에 따른 사람들의 인식의 확대는 곧 인류 역사의 국제화 과정 그 자체를 의미하는 것이다. 국제화란 인류가 점점 더 가까워진다는 것을 의미하기도 하지만, 다른 한편으로는 민족국가 간의 갈등이 더 많아질 수 있다는 것을 뜻한다. 인류가 겪는 갈등의 가장 극단적인 경우가 전쟁이다. 그것이 세계대전이라면 더 말할 나위가 없을 것이다.

20세기 초 인류는 1차 대전이라는 참혹하고도, 극단적인 갈등을 경험했고, 학자들은 이러한 갈등을 이해하고, 설명하려고 했다. 이것을 위하여 현상에 대한 정확한 설명이 필요했고, 이를 바탕으로 미래를 예측하고자 하였다. 이들이 바로 이상주의 이론가들(idealists)이다. 그로티우스(Grotius, 1625)는 한 나라가 그들의 주권을 지키려면 전쟁이 불가피하다는 전쟁필연론을 주장했고, 크라우제비츠(Clausewitz, 1833)는 전쟁을 정치의 연장선상에서 이해하였다. 그러나 이상주의자들은 이들과 달리 전쟁을 방지하기 위한 방법을 체계적으로 모색하는 연구를 시작하였다. 왜냐하면 이상주의자들은 인간들이 서로의 이성적인 협력을 통해 국제평화를 달성하고, 국제법과 국제기구를 통해 서로의 갈등을 해결해 나갈 수 있다고 보았기 때문이다.

그러나 세상은 이들이 생각하고 염원한 대로 흘러가지는 않았다. 평화에 대한 이상주의자들의 이러한 노력에도 불구하고 1차 대전이 끝난 지 불과 20년만에 인류는 1차 대전보다 훨씬 규모가 크고 더 잔혹한 2차 대전을 겪게 된다. 이를 계기로 정치가들과 학자들은 이상주의 대신 현실주의적 관점에서 세상을 바라보게 된다. 현실주의자(Realists)들은 이상주의자들과는 달리 인간을 본질적으로 이기적인 존재로 본다. 이들은 이 세상을 당위성에 근거하기보다는 실제 있는 그대로를 보고 분석하고 설명하려고 했다. 따라서 모든 국가는 근본적으로 그들 국가의 이익(national interest)을 극대화하는 데 목적을 두고 존재한다고 보았다.

이처럼 2차 대전 이후 이상주의적 관점이 쇠퇴하고 현실주의자들의 이론이 국제정치를 바라보고, 설명하는 주류가 되었다. 그러나 한편, 이들은 국제정치를 지나치게 국가 간의 정치, 군사적 권력관계로만 보는 한계를 가지고 있는 것도 사실이다. 이러한 현실주의적 관점을 비판하는 이론이 곧 이상주의에서 출발한 자유주의 패러다임이다. 자유주의는 정치, 군사뿐만 아니라 경제, 문화 등 다양한 시각으로 국제관계를 바라봐야 하고, 또한 정부 간 관계는 물론 비정부 간의 관계도 중요한 국제관계로 봐야 한다는 것을 강조하고 있다. 이러한 자유주의 이론의 계보는 1950-1960년대 통합이론으로 그 출발을 하였고, 1970년대 다극화되는 세상과 더불어 상호의존론으로 발전되었으며, 이후 1980년대에는 신자유주의로 발전되었다.

본 장에서는 2차 대전 후 국제정치를 바라보는 틀로서의 현실주의와 또 다른 한 축을 이루는 자유주의 이론을 자유주의의 기본개념, 통합이론, 상호의존론, 기타 이론의 순서로 알아보기로 한다.

II. 자유주의의 배경과 전제

1. 자유주의의 개념과 배경

자유주의는 개인이 국가에 우선해서 존재하며, 국가는 기본적으로 개인을 위해서 존재한다고 하는 생각으로부터 출발한다. 그래서 자유주의가 상정한 사회에서 국가는 개인의 권리와 이익을 최대한 만족시켜주기 위해 존재하며, 동시에 개인 간의 분쟁을 조정하는 조정자의 역할로서만 존재하는 것이다. 이러한 생각은 존 로크(John Loke)의 『시민정부론』(Second Treaties on Government)에 잘 표현되어 있다. 이러한 자유주의는 18세기 이후 영미의 정치, 경제 사상의 주류를 이루기 시작하였다. 경제학에서는 아담 스미스(Adam Smith), 데이비드 리카르도(David Ricardo)가 대표적인 학자들인데 이들은 개인과 국가, 기업과 국가의 관계에 있어서 개인이나 기업이 국가에 어떠한 통제나 속박을 받지 말아야 한다는 것을 강조하고 있다. 데이비드 흄(David Hume)은 분석의 대상으로서 개인의 중요성을 역설하였고, 이후 제레미 벤담(Jeremy Bentham)으로 대표되는 공리주의자(Utilitarian)들도 개인의 합리성을 강조하였다. 즉 개인은 정부의 간섭 없이도 그들에게 최선이 되는 선택을 합리적으로 할 수 있다고 보았다. 이와 같은 자유주의 사상은 19세기 말까지 영국과 미국이 이끄는 서구사회의 정치, 경제, 사회, 문화는 물론 심지어는 과학과 종교에 이르기까지 막대한 영향을 미쳤다(Eberstein, 1969).

최소한의 국가역할, 조화될 수 있는 개인 간의 이해와 같이 국내정치에 적용되는 기본 개념은 국제정치에도 그대로 도입되었다. 그러나 국내정치를 보는 견해와는 다르게, 국제정치에 있어서는 세계를 통제할 수 있는 권위가 존재하지 않는 무질서 상태가 국가 간의 불신과 갈등을 초래하는 출발이라고 보고 있다. 이는 현실주의자들의 견해와 일치하고 있다. 그렇다 하더라도 그 해결방법에 있어서는 현실주의자들의 생각과 자유주의자들의 생각은 많은 차이를 보이고 있다. 자유주의자들은 국제정치의 무질서 상태가 갈등의 출발이라고 하는 점을 인정한다 하더라도 그

해결방법에 있어서는 국내정치에서 개인 간 이해의 조화가 가능하듯이 궁극적으로
는 국가 간에도 이해의 조화가 가능하다고 보고 있다.

학습을 통한 이성을 강조한 18세기의 철학자 칸트(Immanuel Kant)도 자유주의적
이론을 발전시키는 데 많은 영향을 미쳤다. 특히 1차 대전 후 초기 자유주의 이론
인 지역통합이나 국제체제에 대한 생각들은 학습을 통한 이성의 발전이 무력사용을
극복할 수 있다는 칸트의 철학에 그 뿌리를 두고 있다. 이들은 세계정치의 평화와
조화를 이루기 위해 국제법의 역할을 강조하였고, 국제조직의 협력을 통해서 국제
사회는 무질서 상태에서 오는 혼란과 갈등을 해결해 나갈 수 있을 것으로 보았다.

모든 이론이 그렇듯이 자유주의적 이론가들의 견해를 하나의 단선적인 범주로
만 분류할 수는 없다. 개인을 분석단위의 중심에 두는 경우도 있고, 자유주의적 국
가개념으로부터 이론을 출발하는 경우도 있으며, 거시적으로 국제체제나 체제의 변
화를 통해 국제정치를 설명하려는 이론들도 있다. 그러나 이들 자유주의 이론들은
모두 분석수준으로서는 개인과 사회의 중요성, 다원적인 접근으로서의 국가, 국제
정치와 경제의 밀접한 연관성, 이외의 다양한 요소들(예를 들어 국제법, 여론의 영향, 비
정부기구, 사적 거버넌스 등)을 포함하고 있다.

2. 자유주의적 시각에 대한 전제

자유주의적 패러다임으로 국제정치를 보는 이론들은 일반적으로 다음과 같은
전제들을 그 기반으로 하고 있다. 이러한 전제들을 통해서 자유주의 이론들이 어떻
게 현실주의 이론들과 비교되고 대비되는지를 알아볼 수 있을 것이다.

첫째, 자유주의 이론에서는 비국가적 행위자(non-state actor)가 국제정치를 설명
하는 중요한 행위자이다. 현실주의에서는 국가가 국제정치를 설명하는 출발이자 가
장 중요한 단위지만 자유주의에서는 국가 이외에 다양한 행위자들(actors)이 국제정
치를 구성한다고 보는 것이다. 예를 들어 국제조직은 국가 간의 경쟁과 협력의 장
으로서만 존재하는 것이 아니라, 그 자체로서 힘과 권력을 가진 하나의 행위자가
될 수도 있는 것이다. 이럴 때 다양한 국제조직은 국가의 단위를 넘어선 국제정치

의 행위자가 되는 것이다. 이 외에 이전에는 고려되지 않았던 다국적기업(MNCs: multinational corporations)과 같은 비정부적·초국가적 조직도 세계정치의 중요한 역할을 담당하는 행위자이고, 심지어는 테러리스트 조직, 종교단체, 국가를 넘어선 다양한 이익단체들도 국제정치를 구성하는 요소가 된다.

둘째, 자유주의에서의 국가는 단일한 행위자가 아니다. 현실주의적 관점에서는 국가가 내린 정책결정이 그 '국가가 내린 결정'이라고 말할 수 있다. 그러나 정책을 결정한 실체가 무엇이냐고 할 때는 또 다른 얘기가 될 수 있는 것이다. 국가의 정책이 결정될 때는 정책결정에 영향을 미치는 다양한 주체들의 경쟁, 연합, 타협 등의 과정을 거쳐야 하고, 정책이 결정되면 이것이 국가의 이름으로 표현되는 것이다. 그러므로 국가를 하나의 통일된 행위자라고 보기에는 그 안에 영향을 미치는 다양한 요소와 요인들이 너무 많이 존재하고 있음을 인식해야 한다. 다시 말하면 그 국가에 내재하고 있는 사상과 가치, 다양한 이익단체, 여론 등 다양한 요소들이 국가의 정책을 결정하는 행위자로서 존재하는 것이다.

셋째, 자유주의에서는 국가를 합리적인 행위자로 간주하지 않는다. 이는 국가를 합리적인 행위자라고 가정하는 현실주의적 입장과는 다르다. 국가의 내부를 들여다보면 그 안에는 이해의 충돌, 거래, 타협이 지속적으로 존재하며, 이러한 과정에서 정책이 결정될 때는 늘 합리적이고 최선인 선택이 이루어지지는 않는다. 때로는 영향력 있는 개인들의 이익이 국가의 이익에 우선할 때도 있으며, 이해관계가 상충될 때는 협상과 타협에 의해서 정책결정이 이루어지기도 한다. 정치가들은 국가의 이익보다는 여론의 추이에 민감하게 반응하기도 하며, 위기상황에서는 합리적인 판단이 흐려지기도 한다.

넷째, 자유주의에서는 국가의 권력과 안전보다는 좀 더 광범위한 국제정치 분야에 관심을 두고 있다. 인구, 기아, 환경, 복지, 무역, 금융 등 다양한 국제문제에 관심을 가지고 있으며, 국가 간에도 군사, 안보와 같이 대결적인 입장이 아닌 협력과 타협의 국제관계에 관심을 둔다. 그렇기 때문에 정치, 군사적인 힘만큼이나 경제력과 기술력을 국제체제의 중요한 권력의 형태로 본다(McGrew, 1992).

III. 통합이론

1. 배경과 개념

2차 대전으로 세계는 국제평화체제의 파국을 맞았다. 이후, 세계는 국제평화체제 구축을 위한 이상주의적 패러다임에 대한 회의와 비판을 가하게 된다. 주요 비판이론은 현실주의적 이론가들로부터 나왔지만 자유주의적 패러다임 안에서도 기능주의 이론으로 새로운 대안을 모색하기 시작하였다. 기능주의 이론은 비정치적 분야의 협력을 통해서 궁극적으로 정치적 통합을 이룩한다는 것이다. 이것은 통합이론의 골자를 이루고 있으며, 1940년대와 1950년대 통합이론의 주류를 차지했다.

그러나 1960년 이후 현실주의 이론이 국제정치이론을 지배해 가면서 통합이론의 영향력은 줄어들었고, 특히 1970년대 들어 세계가 점점 상호의존적이 되면서 통합이론은 점점 그 의미가 퇴색되어 갔다. 통합이론을 이끌어 왔던 하스(Ernst Haas)마저도 통합이론은 국제정치에 있어서 좀 더 광범위한 이론인 상호의존론에 포함되어야 한다고 주장하기에 이르렀고 실제로도 상당부분 그렇게 되었다(Nye, 1988).

그럼에도 불구하고, 1980년대 말 1990년대 초 유럽의 통합과정은 다시 통합이론 연구가 조명을 받는 계기가 되었다. 1986년 단일유럽의정서(EA: Single European Act)의 채택과 1993년 발효한 마스트리히트조약(Treaty of Maastricht), 그리고 2002년 단일 통화 출범은 통합이론이 신기능주의라는 이름으로 다시금 활성화되는 계기가 되었다.

국제통합의 개념은 초국가적 제도가 국가적 제도를 대체해 가는 과정을 말한다. 이것은 어느 한 국가의 주권이 그 보다 더 큰 지역 구조 혹은, 전 세계적 구조에 점진적으로 이전되는 과정을 말한다. 다시 말해서, 다수의 국가가 단일국가로, 궁극적으로는 하나의 세계정부로 합병되는 것이다. 현실에서 이러한 예로는 연방제를 들 수 있다. 미국의 경우와 같이 국가나 개별 정치집단은 중앙정부의 주권을 인정하고, 자신들은 일정한 권한만을 가지는 행태를 취할 수도 있다. 부분통합의 경우에는 NAFTA(North Atlantic Free Trade Area: 북대서양자유무역지역) 같은 통합이 있다. 그러나 이것의 기능은 자유무역에 한정되어 있으며 영토적 독점성이나 정치적 주권의 통합은 이루지 못하고 있다.

현재까지 통합과정의 가장 성공적인 예는 유럽연합을 들 수 있다. 서유럽 국가들은 초국가적 제도들을 수립하고 경제공동체를 만들어서 자유무역지대와 통화의 통합을 이루었다. 이들 유럽의 국가들은 20세기에 들어서만 해도 2번의 세계대전을 겪었고, 역사적으로도 그리고 현재에도 종교적·민족적·문화적으로 서로 다른 국가들로 구성되어 있다. 더욱이 이들 유럽의 국가들 중 가장 적대적인 관계라고 볼 수 있는 프랑스와 독일의 협력에 의해서 유럽통합이 시작되었다는 것은 획기적인 일이다. 이러한 현상은 국가들은 절대적이고 독자적인 행위자라서 결코 그들의 권력과 주권을 양도하지 않을 거라는 현실주의적 전제에 대한 도전을 의미하는 것이었다. 이러한 현상에 대해 기능주의 이론가들은 기술적·경제적 발전이 더욱 많은 초국가적 구조를 가져온다고 설명하고 있다.

유럽뿐만 아니라 세계의 다른 지역에서도 상호 국가 간에 경제적 의존성이 높아져 갔다. 이러한 현상은 1969년 베네수엘라, 콜롬비아, 에콰도르, 페루, 볼리비아와 같은 남미국가들 사이에서 안데스 공동시장(Andean Common Market)의 이름으로 제한적이나마 지역통합이 추진된 것에서도 볼 수 있다. 또한 아시아에서는 아세안(ASEAN: Association of South East Asian Nations)의 이름으로 통합의 범위를 넓혀가고 있다. 이는 모두 세계경제의 상호의존성이 높아지면서 생기는 새로운 지역통합의 형태인 것이다.

2. 통합이론의 내용과 평가

통합을 이루는 데 있어 우선 생각해 볼 것은 국가들이 무엇을 통합할 것인가이다. 이에 대해서 나이(J. Nye)는 인간의 조직체에서 반드시 필요한 경제, 사회, 정치 활동을 기본으로 한 통합유형을 제시하고 있다. 즉 경제적 통합, 사회적 통합, 정치적 통합의 세 가지 유형이 그것이다(Nye, 1971). 반면, 갈퉁(J. Galtung)은 가치를 기본으로 한 사상적 통합, 행위주체인 단위들 간의 통합, 정치통합인 행위자 통합, 부분과 전체의 통합 등의 네 가지 유형으로 분류하고 있다(Galtung, 1968). 도이치(K. Deutch)는 미국의 예에서 볼 수 있듯이 여러 개의 사회단위가 하나의 정부를 가진 단위체로 합쳐지는 '융합 안전공동체', 미국과 캐나다의 경우와 같이 각 단위체들이 법적인 독립된 정부들을 가진 채 합쳐진 '다원적 안전공동체' 이렇게 두 가지 유형으로 분류하고 있다(Deutsch, 1966).

통합이론은 다음과 같이 나누어 볼 수 있다.

1) 연방주의(federalism) 이론

연방주의 통합이론은 국가들이 모여서 하나의 연방으로 통합되는 것을 말한다. 일반적으로는 국가들이 공식적으로 헌법적 조치의 과정을 통해서 통합되는 것을 원칙으로 한다. 전 세계를 하나의 연방으로 구성하여 지구가 하나의 평화 공동체를 구성하는 것이 가장 이상적일 수 있으나 아직은 그야말로 인류의 이상으로 남아 있기 때문에, 연방주의이론은 지역차원의 통합을 추구한다. 이러한 점에서 세계정부론이나 집단안보론과 구별된다.

연방주의 통합이론이 중시하는 것은 각 국가들은 그들의 국가제도를 해체하고, 지역 공통의 군사, 경찰, 사법제도를 통합하여 초국가적 공동체를 구성하는 것이다. 이와 같은 초국가적 공동체의 구성은 당면하고 있는 다방면의 문제에 대해서 갈등보다는 공통의 태도와 의식을 가짐으로써 상생, 협력할 수 있는 기반을 마련하는 출발이 될 수 있는 것이다. 언어나 문화, 지리적 인접성 등의 공통성을 가지고 있으나 별개의 정치적 단위체로 살고 있다면, 통합방법으로서 연방제 통합방법이 현실적인 대안이 될 수 있다.

연방제 통합의 예로서 유럽연합의 경우가 많이 회자되고 있지만, 이 경우는 성숙한 연방제도라기보다는 초기 연방제도에 머물고 있다고 보는 것이 타당할 것이다. 왜냐하면, 유럽연합은 아직은 완전한 중앙정부를 수립했다고 볼 수는 없기 때문이다. 유럽연합의 행정부 역할을 하는 유럽연합집행위원회(Commission of the European Communities)가 외국과 협상할 때 그들이 취하는 입장은 연방정부의 정책을 대표하기 보다는 가입국들의 다양한 입장을 나타낸다고 보기 때문이다. 유럽연합의 경우에는 하나의 무역공동체로서의 출범은 성공적이었고, 공통의 화폐를 쓰는 등 경제통합은 비교적 성공적이었다고 볼 수 있으나 완전한 정치통합은 아직 미완의 과제로 남아 있다.

연방주의 이론은 미국이나 스위스의 경우에서 볼 수 있는 것과 같이 연방화에 성공한 역사적 경험으로부터 출발했다. 그렇지만 유럽연합의 예를 통해서 보면 완전한 정치적 공동체로 나아가는 데 있어 이 이론이 설명할 수 없는 문제점들을 볼 수 있다. 첫째, 연방제 이론이 아직도 많은 국가에서 보이고 있는 민족주의(nationalism)에 대한 강한 집착을 간과하고 있다는 것이다. 그래서 연방화가 가능한 많은 지역에서도 민족주의에 대한 애착 때문에 연방화가 실패하고 있음을 적절히 설명하지 못하고 있다. 둘째, 연방주의는 지나치게 정치적 통합을 중시하고, 경제·사회·정서적 요인에 대해서는 큰 관심을 두지 않는다. 국가권력을 정치적 기구나 제도를 통해 초국가 공동체에 이양하는 것에 모든 초점을 맞추기 때문에 너무 이상적이고 현실성이 떨어진다고 할 수 있다.

2) 기능주의(functionalism) 이론

근대화를 통한 과학기술의 발전은 대량살상무기의 발전을 가져왔고, 인류는 이것을 사용하여 2차 대전이라는 참혹한 전쟁을 치렀다. 이에 1940년대를 전후하여 국제관계 연구자들은 그 이전의 주류 이론인 이상주의에 대한 비판을 가하기 시작하였고, 국제정치를 현실주의의 시각으로 보기 시작하였다. 이와 동시에 자유주의적 시각을 가진 학자들도 이상주의 이론에 대한 비판과 함께 기능주의 이론을 국제통합의 방법으로서 제시하기 시작하였다.

기능주의 이론을 주장한 대표적인 학자는 미트라니(D. Mitrany)이다(Mitrany, 1966). 그는 세계평화를 이루기 위해서는 현실주의자들의 국가중심론이나 이상주의자들의 국제기구론 모두 그 한계가 있는 것으로 보았다. 미트라니는 『작동하는 평화체계』(A Working Peace System)라는 저서를 통해서 기능주의 통합이론을 제시하였다. 미트라니 기능주의의 핵심은 우선 비정치영역의 통합을 통해서 궁극적으로 정치적·사회적 통합도 이룰 수 있다는 것이다. 연방주의 접근법이 민족주의(nationalism)와 이데올로기의 영향을 과소평가하고 있기 때문에 각 국가들이 그들의 주권을 포기하고 연방을 구축하기란 현실적으로 어렵다. 또 설사 연방이 설립된다고 해도 연방 간의 경쟁 때문에 평화적인 새로운 국제질서 구축에는 바람직하지 않다고 보고 있다.

미트라니의 이론을 좀 더 자세히 설명하면 다음과 같다. 현대사회에서 중요한 것은 국가안보가 아니라 국민복지이다. 국민복지를 이루기 위해서는 정치적 영역보다는 기술적, 기능적 영역에서의 문제해결이 더 중요하게 된다. 그래서 국가 간에도 기술적 영역의 교류가 확대되고, 상호의존이 증가하게 된다. 국가들은 그들 사이에서 비교적 갈등이 적은 기술적인 영역에서 협력하게 되고, 이러한 협력을 통해 국가들이 이익을 얻게 되면 더 큰 이익을 가져다줄 초국가적 공동체로 정치적 통합도 이룰 수 있다고 보는 것이다. 이 전략은 정치적 영역과 비정치적 영역을 분리하고, 우선 비정치적 영역에서의 협력을 통해서 서로 간의 이익을 얻을 수 있다. 이렇게 서로 간의 이익을 얻어가는 과정을 통해서 구성원들은 협력의 습관을 고양시킬 수 있고 궁극적으로는 정치적 통합까지 이룰 수 있다고 보는 것이다(분기가설: ramification).

기능주의 이론의 한계는 첫째, 정치적 영역과 비정치적 영역의 분리가 과연 가능한가 하는 것이다. 이 둘이 서로 긴밀하게 상호 연결되어 있어서 정치적인 문제를 한편에 두고 비정치적인 문제만을 떼어 내서 해결하려는 것이 현실성이 없다는 것이다. 둘째, 지나치게 기능적인 면을 부각하기 때문에, 실제 통합과정에서 정치지도자들이나 정부의 역할을 과소평가하고 있다. 셋째, 기술적인 면의 협력을 통한 이익의 공유가 정치적인 통합까지 연계될 수 있다는 파급효과에 대한 과대평가이다.

3) 신기능주의neofunctionalism 이론

1950~1960년대 통합이론의 주류를 이루었던 이론이 신기능주의 이론이다. 이 이론은 하스(E. Haas)의 유럽석탄철강공동체(ECSC)에 대한 실증적 연구로부터 시작되어 발전되었다(Haas, 1958). 여기에서 그는 기능주의 이론의 중심이었던 미트라니

의 분기가설을 확인하였는데 즉, 유럽에서의 석탄과 철강 부문의 통합은 필연적으로 그와 관련된 분야의 통합을 가져오고, 궁극적으로는 정치통합에 이를 것으로 본 것이다. 실제로 1951년에 프랑스, 서독, 이태리, 벨기에, 네덜란드 그리고 룩셈부르크가 파리조약에 서명하여 유럽석탄철강공동체(ECSC)를 창설했고, 이어서 이들은 1957년 로마조약을 체결하여 유럽공동체(EEC: European Economic Community)와 유럽원자력에너지공동체(EURATOM: European Energy Community)를 발족시켰다. 이렇게 비정치적, 기술적 협력의 성공과 이에 따른 협력의 확대는 결국 정치적 색채가 가미된 유럽공동체(EC: European Community) 결성을 이끌어 내었다. 이것은 한 분야에서의 초국가적 통합의 경험은 다른 분야의 통합으로 파급, 학습되어 간다는 기능주의 이론과 공통점을 가진다.

이러한 공통점에도 불구하고 이들 이론 간의 차이점은 명확하다. 신기능주의 이론가인 하스는 미트라니와는 달리 정치영역과 비정치영역을 구분할 수 없는 관계로 보는 것은 물론, 통합의 성패는 궁극적으로 정치적 영역에서 결정된다고 주장한다. 미트라니가 자동적으로 통합의 분기현상이 일어난다고 보는 데 반해 하스는 정치가들의 의지와 역할을 통합의 결정적 변수로 보고 있다. 또한 연방주의자들은 통합의 주체로서 정부를 중시하는 데 비해, 기능주의자들은 자발적인 비정치 그룹을 주된 행위자로 보고, 신기능주의자들은 공적이고 정치적·관료적인 그룹을 통합의 주된 행위자로 본다.

신기능주의 이론의 한계는 첫째, 지역의 통합이 경제적 통합에 머물고 정치적 통합에는 이르지 못할 수도 있다는 점을 고려하고 있지 않다. 둘째, 정치 지도자들의 정치적 결단이 통합의 중요한 요인이 될 수 있음을 간과하고 있다. 셋째, 통합의 지역적 특수성(유럽의 경우처럼)을 지나치게 일반화하려는 경향이 있다. 넷째, 통합에 대해서 저항하거나 지연시킬 수 있는 주권국가의 능력과 그 안에 있는 국가관료들의 역할을 과소평가하고 있다.

2차 대전 이후 세계 정치질서를 지배했던 양극의 시대는 1960년대 말부터 시작된 동서 냉전구도의 퇴조와 더불어 다극의 시대로 전환을 시도하게 된다. 베트남 전쟁에서 패색이 짙던 미국이 세계의 세력균형 판도를 재편하려는 계획('Grand Design')의 첫발로 중국을 '죽(竹)의 장막'(Bamboo Curtain)으로부터 세상 밖으로 걸어 나오게 하였다. 유럽과 일본은 2차 대전의 폐허를 딛고 경제적 도약을 이룬 후 새로운 힘으로 세계무대에 등장하였다. 1973년 석유위기를 계기로 중동을 중심으로 한 제3세계 국가들은 석유라는 검은 황금을 무기로 삼아 세계무대의 한 축을 이루게 되었다. 이로서 1970년대의 세계는 정치적으로는 양극의 시대로부터 다극의 시대로 대전환을 모색하면서 다변화하기 시작하였고, 동시에 국제사회 안에서는 경제적 변수가 정치적 변수만큼이나 중요한 자리를 차지하기 시작하였다.

2차 대전 이후 선진국들의 고도성장은 이전에 간과했던 많은 문제점들을 노출시켰다. 이에 UN은 지구의 현안을 진단하는 프로젝트를 현인들의 모임인 로마클럽에 의뢰했고, 이들은 1972년 「성장의 한계」라는 보고서를 발간하였다. 이 보고서에서 이들은 세계가 이대로 간다면 100년 이내에 파국을 맞게 될 거라고 경고하였다. 우리가 당면하고 있는 주요 문제로는 환경오염, 인구과잉, 식량부족, 지구자원의 고갈 등을 적시하였다. 그런데 이러한 문제들은 개개의 한 국가가 단독으로 해결할 수 있는 성질의 문제가 아니다.

또한 교통과 통신의 급속한 발전으로 국경의 의미가 무색해지기 시작했다. 개별국가들이 정보, 자금, 상품, 사람의 국경을 넘는 이동을 완벽하게 통제한다는 것은 더 이상 불가능하게 되었으며, 국제무역거래 또한 빠른 속도로 증가하기 시작하였다. 더불어 기업도 한 국가의 기업이 아닌 다국적기업의 형태를 취하기 시작하였다. 국경의 한계를 넘어서는 이와 같은 경제적 활동의 증대는 비국가적 행위자들의 역할의 중요성을 모두에게 인식시키는 계기가 되었다.

1970년대 들어서 시작된 이러한 모든 변화들은 비국가적 행위자들의 대폭적 증가를 가져왔다. 이들은 국가의 통제를 벗어나 국가주권의 절대성에 도전하기 시작하였고, 주권국가도 그들의 권위를 유지하고 행사하는 것이 점차적으로 어렵게 되었다. 그만큼 이 세계가 상호의존적이 되기 시작하였으며, 인류는 서로 간에 거미줄처럼 복잡하게 얽혀 있다는 인식을 갖기 시작하였다. 상호의존론은 이러한 인식 위에서 출발하였으며 국가는 당구공처럼 서로 충돌한다는 현실주의 이론에 비판을 가함으로서 새로운 논쟁을 시작하였다.

국제관계에서의 상호의존(interdependence)이란 국가 간 관계가 상호 간 의존 (mutual dependence)되어 있거나, 서로 호혜적으로 의존(reciprocal dependence)되어 있음을 말한다. 물론 어떠한 경우에도 균등한 상호관계는 있을 수 없다. 따라서 아주 비대칭적인 상호의존(asymmetrical mutual dependence)이 아닌, 어느 정도의 비대칭적인 상호의존은 상호의존의 범주에 넣고 있다. 그러므로 국제관계에서 국가 간의 상호의존은 민감성(sensitivity)과 취약성(vulnerability)에 따라 달라질 수 있다(Keohane & Nye, 1977). 여기에서 민감성이란 어떤 외부적 변화가 자국에 얼마만큼 빨리 손해를 입힐 수 있는지를 의미하고, 취약성이란 상대방의 정책 변화에 대해서 장기적인 대응능력이나 대안이 없는 상태에서 지불해야 하는 비용정도를 말한다.

2. 상호의존 이론의 내용과 평가

상호의존론은 현실주의의 이상주의에 대한 비판을 일정 부분 수용하면서도, 현실주의가 가지고 있는 이론의 한계를 뛰어 넘으려는 자유주의적 이론이다. 이 이론은 코헤인과 나이(R. Keohane & J. Nye)로부터 출발하였다. 이들은 1960년대 이후 국제교류의 증대와 더불어 국제사회에 많은 환경적 변화가 도래했고, 이에 따라 국가 간의 관계에서도 서로 간의 '민감성'과 '취약성'을 동시에 띠게 되었다고 진단하였다. 그러나 이러한 환경적 변화에 대해 어느 한쪽의 민감성이 더 높을지라도 정책 변경에 의해 상대에 대한 취약성을 낮출 수 있다고 보고 있다. 예를 들면, 1970년대 초 OPEC 국가들의 대폭적인 석유 값 인상으로 인해 미국을 비롯한 전 세계의 국가들이 이에 대해 민감하게 영향을 받았으나, 이후 이들 국가들은 새 유정개발과 대체에너지 확산과 같은 정책변경으로 상대적인 취약성을 크게 낮추었다. 그 결과 산유국들의 위세는 오래가지 못하고 석유가격은 오래지 않아 안정을 되찾을 수 있었다.

상호의존론자들은 그들 이론의 가정을 다음과 같이 설정하고 있다. 이것을 현실주의와 이상주의적 관점과 비교하여 보면 다음과 같다. 첫째, 현실주의자들은 우선 주권국가의 생존을 전제로 국제체제에 있어서의 무정부성을 주장한다. 또한 국제관계에 있어서 주권국가가 가장 중요한 행위자임을 전제로 국제평화를 유지하기 위하여 국가 간의 세력균형이 필요하다고 생각한다. 이상주의에서는 국가들 간에 이성적인 합의에 의해 만들어진 공식적인 국제기구의 역할을 중시하고 있다. 이에 반해서 상호의존론에서는 정부간기구(IGO), 비정부간기구(NGO), 개인 등 다양한 행위자를 모두 주요한 행위자로 본다. 그렇기 때문에 국제레짐(International Regime)과 같은 비공식적인 제도에 관심을 기울인다.

둘째, 현실주의자들은 국가이익, 안보, 그리고 권력이 국가행동의 가장 중요한 동기이자 국제관계의 주체라고 보고 있다. 이와는 반대로 이상주의자들은 국가를 민족주의와 마찬가지로 세계평화로 가는 길에 가로 놓인 장애물로 보고 있다. 이에 대해 상호의존론에서는 복지, 환경, 인구문제, 자원과 같은 다양한 문제들이 안보문제 못지않게 중요한 인류 공동의 문제라고 인식하고 있다. 또한 복합적 국제체제 안에서는 다양한 행위자들이 국가에 영향을 미치고 있기 때문에 국가가 반드시 최선의 국가이익을 고려한 정책결정을 하는 것은 아니라고 본다.

셋째, 현실주의자들은 경제적 이익이 정치적·군사적 이익에 종속된다고 보고 있고, 이상주의들도 정치적·군사적인 측면(high politics)을 경제적인 측면(low politics)보다 상위에 두고 있다. 반면에 상호의존론에서는 복합적인 상호의존적 국제사회에서 군사력은 일반적으로 사용되지 않으며, 사용된다 하더라도 국가이익을 실현하는데는 그리 효율적이지 못하다고 본다. 그렇기 때문에 무역의 증가, 다국적기업의 확산, 금융자본의 국제화 등 다차원적인 이슈의 상호관계를 강조한다.

코헤인과 나이는 지금의 복잡한 국제정치 상황을 설명하기 위해서는 하나의 간단한 이론으로 가능하지 않고 여러 종류의 모델을 적절하게 적용시켜야 한다고 주장한다. 그들이 제시하는 첫 번째 모델은 총체적 권력구조 모델(Overall Power Structural Model)이다. 이 모델은 전형적인 현실주의적 모델인데, 한 국가가 강한 군사력을 가지고 있을 때 이것의 영향력이 다른 모든 이슈영역(issue area)에까지 확대되어 국가 간의 협상결과를 결정짓는 것은 물론 국제레짐의 성격도 정해 나간다고 본다. 이러한 예는 과거 냉전시대의 경우처럼 강대국과 약소국 간에 이슈가 발생했을 때 강대국이 승리할 것으로 예측하였다.

두 번째 모델은 경제과정 모델(Economic Process Model)인데 여기서는 국제레짐을 경제적 이익을 극대화하는 데 목적을 두는 주된 행위체로 보았다. 이 모델은 유럽국가들 사이의 관계나 미국과 캐나다의 경우처럼 정치적인 면보다는 경제적인 문제가 주된 이슈가 되는 국가들 간의 관계를 설명하는 데 유용하다.

세 번째 모델은 이슈구조 모델(Issue Structure Model)이다. 이것은 총체적 권력구조 모델과 대비되는 모델로서 강한 군사력이 다른 이슈에도 영향을 미친다는 주장에 대해서 의문을 표시한다. 이 모델은 군사력이 여전히 중요하긴 해도, 특정한 이슈영역에서는 나름의 특정한 권력구조를 갖게 된다는 것이다. 예를 들어, 강력한 군사력을 가진 미국이 베트남전쟁에서 패배를 한다든지, 1950년대와 1960년대 미국과 캐나다의 갈등적인 이슈의 결과에서 보는 것처럼 종종 캐나다에 유리하게 결정된다든지 하는 것들은 총체적 권력구조 모델로는 설명될 수 없고 이슈구조 모델로 설명될 수밖에 없음을 적시하고 있다.

네 번째 모델은 국제기구 모델(International Organization Model)이다. 이것은 초국가적 연계망(transnational network)과 이러한 연계망 내에서의 국가 간 연합들이 국제레짐을 지배한다는 것이다. 예들 들면, 국제기구 안에서 미국, 소련 등 강대국의 힘이 강하게 작용하지만 강대국들 마음대로 국제기구를 지배할 수 없는 경우도 적지 않다는 것이다. 오늘날에는 국제기구의 기능과 역할이 점점 증대되기 때문에 강대국들이 가지고 있는 영향력을 국제기구가 억제할 수도 있는 것이다.

코헤인과 나이는 권력이론 만으로 설명하기에는 너무 복잡하고 다양해진 국제정치 환경을 다양한 모델을 통해 설명하려 시도하였다. 상호의존론은 권력이론을 완전히 부인했다기보다는 다양한 모델을 제시함으로서 현실주의 이론을 보완했다고도 볼 수 있다. 현실주의가 초국가적 과정과 비정부적 행위자들을 무시하는 데 대해 상호의존론은 새로운 다양한 행위자들과 그들 간의 상호관계를 찾아내고, 전통적 안보이슈 이외의 다양한 이슈에도 관심을 가질 것을 강조하였다. 그래야 국가 간 관계의 복잡한 실체를 파악할 수 있으며, 국가 간의 협력을 도모할 수 있고, 궁극적으로는 무정부적 국제질서를 완화시킬 수 있는 초국가적 연계망을 형성할 수 있다고 보았다. 그러나 이들의 복합적 상호의존론은 현실주의에 대한 하나의 대안으로 제시하는 데 머물러 있어서 세계정치 패러다임으로 발전하지 못하는 한계를 지니고 있다.

한편, 상호의존론에 대한 반론도 만만치 않은데 대표적인 것이 상호의존론이 민족주의와 민족국가의 지속성에 대해서 과소평가하고 있다는 것이다. 동시에 비국가적 행위체가 민족국가를 넘어설 것이라고 보는 데 대해서도 비국가적 행위자의 역할이 과장되어 있다고 비판한다. 이들 비판론자들은 민족국가는 그리 쉽게 사라지지 않을 것이며, 다국적기업과 같은 비국가적 행위자들도 독립변수라기보다는 궁극적으로 국가의 권력과 이익에 의존하고 정부의 정치적 결과에 영향을 받는다고 주장한다. 상호의존이 평화를 가져온다는 명제에 대해서는 상호의존의 증가는 국가의 취약성을 증대시켜 오히려 국가 간 분쟁의 가능성을 높인다고 비판한다. 복합적 상호의존이 진전되는 것이 국제체제에 있어 국가들 간의 위계 서열을 퇴조시키고 국가들 간의 동등성을 더 강화시킬 것이라는 주장에 대해, 구조주의자들은 이러한 현상은 일부 선진자본주의 국가들 사이에서만 적용되고 세계의 나머지 국가들 사이에는 상호의존이 증가하더라도 불균형과 비대칭성이 계속 존재한다고 비판한다.

1970년대 초에 버튼(John Burton)을 중심으로 등장한 세계사회론은 주권국가를 기초로 한 국제기구의 설립보다는 비국가적 행위자들이 주도해서 국가의 경계를 넘어 이루어지는 초국가적 관계에 관심을 갖는다. 핵의 확산, 인구과잉, 환경오염, 교통과 통신, 빈부 격차 등의 문제들은 이제 어떤 한 국가만의 문제라기보다는 범세계적인 문제다. 그러나 이러한 범세계적인 이슈에 대해서 주권국가체제나 국가주권에 기초한 국제기구 모두 적절히 대응할 능력도 의지도 결여되어 있다고 본다. 그렇기 때문에 세계사회론자들은 현재의 국제연합보다도 훨씬 포괄적인 권한이 부여된 범세계적인 기능본위의 조직망 구축을 주장한다.

대표적인 세계사회론자인 버튼(John Burton, 1972)은 주권(sovereignty), 영토권(territoriality), 인종성(ethnicity)과 같은 낡은 관념들은 사라질 것이며, 인간들 모두가 지구촌(global village)의 구성원으로서 공동의 이해관계에 대한 공유의식을 가지면 인류는 전쟁을 종식시키고 평화를 구현할 수 있을 것으로 보았다. 이런 맥락에서 국가를 강제성을 가지고 있는 정당하지 못한 제도(non-legitimate institution)로 보았다. 주권국가를 기반으로 형성된 국제연합이나 정부 간 기구(IGO)들도 세계사회(world society)의 이익을 대변할 수 없다고 주장한다.

용어에 있어서도 '국제관계'(international relations)라는 말 대신에 '세계사회'(world society)라는 말을 사용함으로써 우리의 시야도 '국가적인 방식'(national way)이 아닌 '전지구적 방식'(global way)으로 넓혀 갈 수 있다고 본다. 그래야 우리는 인류문명에 대해서 보다 본질적으로 접근할 수 있다는 것이다. 이 세계가 적대적인 개별국가로 구성되어 있다는 이미지를 가질 경우, 이들이 취하는 정책도 방어적이 될 것이다. 그러나 세계가 서로 이익을 얻기 위해서 만들어진 협력적 국제 권위체에 의해서 통제된 상태에서 서로 간의 거래가 이루어지는 관계라는 이미지로 전환된다면 서로 간의 정책들도 통합적(integrative)이 될 것이라고 보는 것이다.

이에 반해서 미첼(C. R. Mitchell, 1984)은 국가의 존재를 완전히 부정하기 보다는 일정 부분 국가의 중요성을 인정하고 있다. 그러나 이는 비국가적 행위자들이 점점 더 영향력을 증대시키고 있음을 전제로 한 주장이다. 그의 주된 관심사는 버튼과는 달리 세계사회를 구성하고 있는 초국가 체제의 구성요소들에 관한 것이 아니고, 이들 구성요소들 간의 관계를 어떻게 설정하는가에 있다. 그의 주장에 따르면 구성요소들 간의 관계는 '정당성을 가진 관계'(legitimized relationship)이어야 한다. 여기서 정당성 있는 관계란 구성요소들 간에 서로 이익이 되기 때문에 올바른 것으로 수용되고, 구성원들의 자발적 동의에 기초한 관계를 말하는 것으로서 이들 간의 관계가 반드시 평등해야 한다는 것을 뜻하지는 않는다. 그렇기 때문에 강제성이나 위협 등 제재에 기반을 둔 '정당성이 없는 관계'(non-legitimized relationship)와는 달리 소멸되는 것이 아니라 스스로 자생력을 갖고 있다고 주장한다. 세계사회론자들의 이와 같은 주장이나 논리는 지나치게 이상주의적이라는 비판을 면하기 어려운 점은 있지만 안보, 권력, 폭력의 연장과 같은 현실주의적 세계관으로부터 새로운 시각을 제공하고 있다는 의미는 있다.

이 국제사회론은 세계사회론과 마찬가지로 국제체제나 국제사회 전체의 구도 속에서 세계를 바라보려고 하는 면에 있어서는 같은 출발을 하고 있다. 그러나 세계사회론은 세계를 그리는 이미지로서의 전통적 구성요소인 국가보다는 개인이나 비국가적 행위자의 집합으로 그리려고 한다. 이에 반해서 국제사회론은 현실적으로 국가의 역할을 과소평가할 수 없음을 인정하고, 오히려 이들 국가들의 관계를 적절히 설정함으로써 평화적 공존이 가능하다고 믿는 입장을 취하고 있다.

대표적 학자는 불(Hedley Bull, 1977)이다. 그는 근본적으로 국제체제가 '무정부적 사회'(anarchic society)라는 데에는 현실주의자들과 견해를 같이하고 있다. 허나 이러한 무정부적 성격은 갈등을 생산해 내기도 하지만, 동시에 여러 제도를 통해서

질서를 찾아갈 수도 있는 이중성을 가지고 있다고 본다. 그래서 그는 국제사회를 구성원들 간의 대화와 합의에 의해서 그들 간의 규칙과 제도를 수립하여 공동의 이익을 만들어 내는 국가들의 집합체라고 정의하고 있다. 그는 비록 국제체제가 무정부성을 가지고 있다 할지라도 이러한 집합체를 만들어 내는 기본단위로서 국가의 행동과 역할에 일차적인 중요성을 부과하고 있다. 현실주의자들은 국가를 권력과 안보의 차원에서만 이해하고 있고 세계사회론자들은 국가의 존재 가치를 과소평가하고 있지만, 불은 국가의 이성적 역할에 의해서 평화적 국제사회를 실현할 수 있음을 주장한다.

불의 국제사회론이 국가를 국제정치의 가장 중요한 행위체로 보고 있는 것은 현실주의와 맥을 같이하고 있다. 그러나 국가가 가지고 있는 권력의 중심성을 부인하고 국제법과 같은 규범에 기초한 제도를 통해서 국제사회를 형성해야 한다고 주장하고 있다는 점에 있어서는 자유주의적 시각과 근본을 같이하고 있다. 그렇기 때문에 국제사회의 평화유지를 위해 국가차원에서 행해져야 하는 세력균형이나 외교의 역할을 등한시하고 오로지 국제기구를 통한 제도의 구축에만 초점을 맞춘 이상주의에 대해서도 비판을 가하고 있다. 이러한 이유 때문에 그의 이론을 '자유주의적 현실주의'(Liberal Realism)로 부르기도 한다.

Ⅵ. 맺음말

이론이 무엇인가를 정의하기 위해서 또 다른 많은 이론들이 필요하다고 하는 것은 역설이다. 그러나 모든 이론들은 실제로부터 출발한다고 하는 명제를 부정할 사람은 많지 않을 것이다. 자유주의 이론도 국제화되어가는 20세기의 세계를 설명하는 방편으로 전개되었다. 물리적인 외연은 물론 인식적으로도 드라마틱하게 넓어져 가는 20세기 초반의 세상을 설명했던 이상주의 이론들은 20세기 중반 들어 더 이상 적절한 설명의 도구가 되지 못하였다. 이어 등장한 현실주의 이론은 국제사회를 설명할 수 있는 가장 설득력 있는 패러다임이 되었다. 그러나 모든 이론들이 그렇듯이 현실주의 이론들도 변해가는 세상 모두를 설명하기에는 많은 부족함이 드러나기 시작하였다. 여기에 이 장의 제복이 말해 주듯이 국제정치를 설명하는 경쟁이론으로서의 자유주의적 시각이 그 의미를 갖기 시작한 것이다.

　이 장에서는 그러한 자유주의적 시각으로 세계를 설명하는 몇 개의 주요이론들을 전개하였다. 우선 자유주의 사상의 근본 배경을 돌아봄으로써 자유주의에 대한 기본개념을 이해하고, 다음으로 자유주의 이론의 출발인 통합이론을 통해서 자유주의 이론가들의 이상과 현실을 이해해 보려고 했다. 이어서 1970년대 이후 변화하는 세상을 설명하는 도구로서의 적실성을 갖고 있는 자유주의 이론의 핵심인 상호의존론에 대해서 살펴보았다. 마지막으로 비록 이상적인 면이 없지 않지만 세계사회 전체를 아우를 수 있는 세계사회 혹은 국제사회 이론들을 조망해 보았다.

질문 및 토론 사항

1. 자유주의 이론의 출발이 된 사상적 배경은 무엇인가?

2. 국제정치 주류 이론이라 볼 수 있는 현실주의 이론과 자유주의 이론 간의 근본적인 시각은 어떻게 다른가?

3. 세계는 지금 통합의 방향으로 나아가고 있다고 보는가? 또한 통합의 실제는 어떠한 문제점을 보여주고 있는가?

4. 지금 이 세상은 점점 상호의존적이 되어가고 있는가? 상호의존적인 세상이 인류의 평화적인 미래에 긍정적일까, 부정적일까?

5. 세계사회란 실현 가능한 개념일까? 세계사회가 인류가 궁극적으로 추구하는 미래사회가 될 수 있을까?

분기가설

기능주의(functionalism) 이론가인 미트라니(David Mitrany)의 주장으로 서 국제통합을 이루기 위해서 우선 기술적이고 비정치적인 부분에서의 협력이 선행되면 이후 정치적 협력으로 확대되고, 이것은 자연스럽게 초국가적 공동체 의 필요를 낳게 된다는 가설이다.

국제정치의 대안이론들

I. 머리말

국제관계 현상을 분석하는 데 있어서, 본장에서 살펴볼 대안이론들은 주류이론들이 상대적으로 도외시하였던 요인들에 관심을 기울인다. 신현실주의와 신자유주의를 비판하고 보완하는 많은 대안이론들이 있지만, 그중 본장에서는 구성주의(Constructivism), 여성주의(Feminism)와 탈근대주의(Post-modernism), 마르크스주의(Marxism) 및 평화연구(Peace Studies)에 대하여, 살펴보고자 한다.

구성주의는 국제체제라는 불변의 주어진 환경에서 국가행위자들이 국익의 극대화라는 동일한 목표를 가지고 합리적으로 행위한다고 설명함으로써, 국가행위의 예측이 가능하다는 주류이론의 믿음에 이의를 제기한다. 즉, 국제체제는 주어진 불변의 것이 아니며, 행위자들이 추구하는 국익이라는 개념도 변화하는 것으로서, 행위자들의 상호작용에 의해 형성된 것이라는 것이 구성주의의 주류이론에 대한 반론이라고 요약할 수 있다.

여성주의는 주류이론들이 가정하고 활용하는 개념들이 남성우월적인 요소를 은
연중에 내포하고 있음을 비판하면서, 인류의 절반인 여성의 존재를 간과함으로써
국제사회의 갈등과 전쟁의 해소를 통한 궁극의 평화를 추구하는 데 한계가 있다고
비판하고 있다.

탈근대주의는 국제관계 현상과 주류이론이 근거하는 객관적인 사실(facts)조차도
실재하는 실체가 아니라, 담론자에 의해 이야기되고 해석된 것이라고 비판한다. 즉,
주류이론이 근거하는 근대주의(modernism)에 의해 왜곡된 사실과 개념들을 해체함
으로써, 근대주의에 의해 감추어지거나 소외되었던 실체들을 재발견할 수 있다고
주장한다.

마르크스주의는 국가를 주요행위자로 인식하는 주요이론과는 달리, 계급을 주
요행위자로 보고 국가행위자를 상대적으로 무시한다. 따라서 현상을 분석함에 있어
서도, 국제사회를 계급 간의 투쟁이 이루어지는 단일한 분석단위로 인식한다.

평화연구는 궁극적으로 자국의 이익극대화를 꾀하는 국가는 평화를 위한 의지
가 없다고 믿고, 다양한 분야의 개인과 집단의 비국가 행위자들의 연대행동을 통하
여 평화가 성취될 수 있다고 보는 일종의 지식인의 실천운동적 성격이 강하게 내포
되어 있다.

아래에서 각 대안이론들을 상세히 살펴본다.

사회학의 영향을 받은 구성주의는 사회적 구성주의(Social Constructivism)라고도
한다. 사회학은 사회구성원들의 사회화 과정을 설명하면서 정체성이나 규범 및 문
화와 같은 개념들을 주요 개념적 도구로 사용하여 왔다. 하지만 2차 대전 이후의
국제관계 현상을 이해하고 설명하면서 발전해온 국제관계의 주류이론들은 냉전이후
의 시대에 이르러 한계를 드러내게 되었다.

즉 주어진 국제환경 속에서 국가들은 강대국이나 약소국 할 것 없이 자국의 이익을 극대화하는 합리적 계산에 따라 행위한다는 합리주의적인 설명이 설득력을 갖지 못하는 사례가 늘어나게 된 것이다. 국가행위자들은 2차 대전 이후 자본주의와 공산주의 진영으로 나뉘어 생존의 차원에서 이념에 입각하여 행위하였다. 그러나 냉전 이후의 시기에 이르러서는, 각각의 국가에 내재된 독특성이 국가행태에 나타나게 되었다. 이렇게 국제관계 현상에서 두드러지기 시작한 국가 행위의 불규칙성을 설명하고 이해하고자 사회적 구성주의가 발전하게 되었다.

　다시 말하면, 왜 주어진 환경에서 국가 행위자들이 다르게 행동하는가에 대한 근본적인 의문인 것이다. 합리주의자의 시각에서는 북한이나 미국이나 자국의 이익을 극대화시키기 위해 행동한다는 점에서 다르지 않다. 마치 당구대에서 빨간 공이나 흰 공이 똑같은 원리에 의해서 움직이는 것과 같다. 그러나 실제에 있어서는 북한의 행위는 미국과 다른 행태를 보이는 것으로 관찰되기도 한다. 미국의 시각으로는 북한의 행위가 비합리적인 것으로 관찰되어서 예측하기 힘든 것이다. 아무리 양보하더라도 구성주의자들에게는, 북한의 행태는 주류 국제관계 이론이 설명하고 예측하기에는 버거운 것으로 관찰된다. 그것은 북한이 여타 국가들과는 다른 역사발전의 경험을 통해 다른 사회화 과정을 거쳤기 때문이다. 서로 다른 정체성과 문화를 배경으로 하면 행위자의 행태가 다르게 된다는 것이다. 나아가 국가이익이라는 실체도 행위자의 정체성이 다르면 다르게 인식하게 되어, 국가이익을 극대화하는 국가의 행태를 예측하는 데 오류가 발생하는 것이다.

　신현실주의나 신자유주의는 국가 간 관계를 주어진 체제(system)나 구조(structure) 속에서 분배된 힘(power)을 전제로, 자국의 이익(interests)을 최대화하는 행위를 국가들이 선택한다고 설명한다. 이들 주류 국제관계 이론들은 체제와 구조 및 힘 그리고 이익과 같은 변수들을 중요시하지만, 구성주의는 정체성(identity)과 문화(culture) 및 규범(norms) 그리고 가치(values)와 같은 변수에 주목한다. 국가들의 행위의 장(場)인 국제사회는, 주류이론이 전제하는 것처럼 무정부적인 성격이 운명적으로 주어진 것이 아니라, 행위자들과 환경(구조)의 상호관계 속에서 결정되는 것이라고 주장한다(Wendt, 1992: 392). 주류이론들이 국제관계를 다분히 객관적이고 과학적(실증적)으로 이해하려는 반면에, 구성주의는 상대적으로 주관적이고 해석적으로 이해한다고 할 수 있다.

국가가 주어진 국제환경 가운데서 자국의 이익을 극대화하도록 행위한다고 가정하는 면에서는 신현실주의나 신자유주의의 견해가 대체로 수렴하고 있다. 자국의 이익을 극대화하기 위해서 어떠한 정책을 선택하느냐는 각 행위자가 고려하는 변수들이 초래하는 이익과 그에 따른 비용의 계산 여하에 달려 있다. 이러한 면에서 신현실주의와 신자유주의를 합리주의(rationalism)라고 묶어서 통칭할 수 있다. 합리주의자들은 주권국가들이 행위하는 국제사회는 주권국가들보다 더 상위의 권위가 없는 무정부(無政府, anarchy)상태라고 전제한다. 또 이러한 무정부상태인 국제구조는 행위자(주권국가)의 행위 이전에 이미 주어진 상태이며 변화하지 않는다. 따라서 행위자는 무정부상태라는 국제환경을 인정하고 그 영향하에서 자국의 이익을 극대화하기 위해서 서로 갈등하거나 협력할 수밖에 없다. 국가들이 갈등하는 현상은 신현실주의의 주요 분석 대상이며, 국가들의 협력현상은 신자유주의의 주요 분석대상이다. 따라서 합리주의로 통칭되는 주류이론은 국제관계 현상을 분석할 때, 국가 행위자들이 주어진 구조(환경)에서 어떻게 자국의 이익을 극대화할 것인지를 예측하고 처방하는 데 관심을 집중한다.

하지만 구성주의는 국가행위자의 행위 자체뿐 아니라, 왜 그렇게 행위하게 되는지에 관심을 갖는다. 이것은 행위자가 주어진 환경에서 국익의 극대화라는 동일한 동기에 의하여 동일한 행동양식을 보인다고 전제하는 전통적인 주류이론에서는 상대적으로 등한시되어 온 것이다. 국가행위자는 각자 지내온 역사와 경험의 차이로 인해 서로 다른 정체성과 가치관 및 문화를 가지게 되어, 같은 환경(구조) 아래 있더라도 서로 다른 행위양식을 보이게 된다. 이 때문에 주류 이론들이 동맹(신현실주의)이나 집단안보(신자유주의)와 같이 불균등한 힘의 배분을 해결하는 방안을 통해 국제사회의 평화와 갈등을 해결하고자 하는 데 반하여, 구성주의는 각자의 상이한 정체성과 가치관 및 문화를 인정하는 상태에서 행위자들이 합의하는 국제규범의 구체화를 통해 문제해결을 이루고자 한다. 국가 간의 갈등과 전쟁이 없는 평화를 위해서는 단순히 힘의 균형을 유지하는 외형적인 노력만이 아니라, 국가들 간의 정체성과 가치관 및 문화를 공유하기 위한 노력이 병행되어야 한다는 것이다.

구성주의는 신현실주의나 신자유주의보다 행위자(agent)에게 더 많은 자율성을 부여한다. 즉 행위자는 환경에 의해서 영향을 받지만, 반대로 환경에 영향을 미치는 존재이기도 하다. 이것은 앞의 장에서 다룬 국제정치의 주류이론들이 간과한 부분이다. 신현실주의나 신자유주의 모두 주어진 국제정치 구조에서 전자는 자국의 이익을 극대화하기 위해 갈등하는 존재로, 후자는 공동의 이익을 위해 협력하는 존재로 각각 행위자의 특성을 전제한다. 따라서 전자의 행위자는 자국의 이익을 가장 확실히 보장할 수 있는 자국의 힘 증대에 주력하고, 이것이 만족스럽지 못할 때는 안보를 위협하는 공동의 적을 공유하는 행위자와 동맹을 맺고자 한다. 평화를 얻기 위해 국제사회에서 각 국가행위자들에게 힘이 어떻게 배분되어 있느냐에 관심을 집중시키는 것이다. 후자는 공동의 이익을 위해 행위자가 협력하게 되고, 협력이 효과적으로 지속되어 공동의 이익을 궁극적으로 성취하기 위해서, 서로 준수할 수 있는 국제사회의 규범과 제도적 국제기구의 발전을 이루도록 힘을 기울인다. 이런 면에서는, 주어진 국제환경에 대한 행위자의 역할이 신자유주의에서 독자성을 띠고 있음을 엿볼 수 있다. 그런데 구성주의에서는 신자유주의보다 더 나아가, 행위자들이 국제환경을 규정한다고 전제하는 것이다. 행위자와 국제환경의 상호영향이 구성주의의 핵심인 것이다. 행위자들은 주어진 환경에서 변수들을 단순히 합리적으로 고려하여 행위를 선택하는 것이 아니라, 환경을 변화시키기 위해서도 행동하는 것이다.

1) 변화하는 개념들

주류이론들이 사용하는 국제체제, 국가주권, 국익과 같은 개념들은 고정적인 개념들이다. 국제체제는 무정부적인 성격을 갖는 것으로 고정적으로 주어진 것이며, 현실 국제관계의 체제의 근간이 되는 주권(sovereignty) 개념도 현재로서는 신성

불가침에 가까운 고정적 개념에 가깝다. 현대 국제관계를 설명하고 분석함에 있어서, 주권의 신성불가침성과 그 상위의 권위가 국제사회에 존재하지 않음으로 인한 국제구조(환경)의 무정부적 특성은 주류이론들을 유지시키는 근본적인 토대이다.

주권은 오직 국가 행위자만이 누릴 수 있는 특권(국가주권)으로 인정되고 있지만, 구성주의의 시각은 다르다. 행위자로서의 주권국가(sovereign states)라는 존재는 본래부터 주어진 존재가 아니라, 1648년 유럽의 30년 종교전쟁을 매듭짓는 베스트팔렌 조약(Treaty of Westphalia)에서 유래되어 발전되어온 개념이다. 국제정치의 행위자들에 의해서 만들어진 피조물인 것이다. 주권뿐만 아니라, 동맹이나 국제기구 및 무정부상태의 국제환경조차도 역사 속에서 행위자들의 상호행위의 결과로 형성되어온 개념들이다. 따라서 향후 국가 행위자들의 상호합의 여하에 따라 얼마든지 변화가 가능한 존재들인 것이다.

신현실주의가 국가이익으로서 가장 중요시하는 개념 가운데 하나인 국가안보(national security)도 주어진 것이 아니라, 사회적 상호작용에 의해 만들어진 개념이다(Katzenstein, 1996: 2-3). 주류이론들에서 고정적(static)인 개념들로 인식하는 주요 개념들이 역사의 발전과정에서 행위자들의 상호작용을 통해 사회적으로 해석되어온, 변화를 내포하는 개념이라는 것이다. 나아가 객관적이라고 받아들이는 현실조차도 주어진 것이 아니라 사회적으로 구성된(socially constructed) 개념이라는 것이다.

구성주의자들이 오늘날 국제정치 현상을 관찰하고 분석하는 데 중요하게 인식하고 사용하는 개념들은 정체성(identity)과 문화(culture) 및 규범(norms)과 같은 것들인데, 이러한 개념들은 과학화를 내세우는 기존의 주류 국제정치 이론에서는 상대적으로 관심을 갖지 않았던 것들이다. 합리주의자가 국가행위자의 이익을 계산하는 데 고려해온 변수들은 주로 비용과 이익을 상대적으로 용이하게 계산할 수 있는 물질적인 개념들이기 때문이다. 인식의 문제가 구성주의에서는 중요하게 되는데, 북한 핵문제를 보는 한국과 주변 강대국들의 시각이 모두 동일하지 않음을 예로 들면 이해에 도움이 되겠다.

북한의 핵의 해결을 위한 6자회담이 현재까지 실효를 거두지 못하고 오랫동안 휴면상태에 있게 된 것은 북핵을 용납할 수 없다는 일반론에서는 의견일치가 있었지만, 그것이 얼마나 다급한 문제인가에 대해서는 인식의 차이가 있어 왔기 때문이다. 북한의 핵이라는 불변하는 사실(fact)을 해결해야 할 위협으로 인식하는 정도가 저마다 달랐다는 것이다. 미국과 일본을 비롯한 한국의 경우는 가장 다급히 해결해야 할 문제인 반면, 러시아나 중국에게는 상대적으로 덜 다급한 문제인 것이다. 북한의 핵무기가 향하는 방향이 중국과 러시아가 아니라고 인식하기 때문이다. 이러한 현상(북한의 핵)에 대한 인식의 차이는 국가안보라는 차원에서 그 중요성이 달라지는 것이다. 경찰관이 소지한 무기가 범죄자에게는 위협이지만 일반시민에게는 오히려 안정이 되는 것과 같은 이치이다.

　　이러한 인식의 차이는 '정체성'의 차이에서 온다. 정체성을 공유하는 행위자는 서로 덜 위협적으로 인식하는 반면, 상이한 정체성을 가진 행위자는 서로의 작은 움직임에도 민감하게 반응하기 마련이다. 정체성의 차이는 역사적 경험과 학습의 차이에서 기인한다. 서로 다른 환경에서 존재함므로 상이한 문화를 형성하게 되는데, 이러한 문화적 요인도 행위자의 '정체성'을 규정하게 된다. 유사한 정체성을 가진 행위자들은 서로의 행위를 예측 가능하게 하는 '규범'을 형성하는 데 용이하게 된다.

2. 구성주의의 한계

　　구성주의의 치명적인 한계는 하나의 개별적 이론이라기보다는 신자유주의나 신현실주의 패러다임과 같이 국제정치 현상의 이해를 돕는 하나의 패러다임이라는 것이다. 신현실주의와 신자유주의 패러다임은 산하에 이를 근거한 다양한 국제관계 이론들을 발전시켜 왔다. 하지만 구성주의는 기존의 합리주의적 패러다임에 근거한 주류이론들의 부족한 점을 지적하고 비판하는 역할은 충실히 해 왔지만, 궁극적으로 기존 이론들을 대체할 만한 구체적 이론을 발전시키는 데는 한계를 가지고 있다.

　　구성주의는 주류이론들이 갖지 못하는 변화를 설명하는 데는 유용하지만, 그

변화를 위한 새로운 가치와 생각의 합의를 도출하게 하는 물질적·제도적 환경이 무엇이냐는 질문에는 취약하다고 비판받고 있다(Snyder, 2004). 중요한 것은 상이한 행위를 하는 행위자들의 '생각'이 아니라, 그러한 생각을 하게끔 하는 '요인'이 무엇인가라고 한다(Jervis, 2005). 또한 집단이나 개인과 같은 비국가 행위자들의 역할과 기능을 지나치게 강조함으로써, 행위자로서의 국가에 대하여 지나치게 과소평가하는 면이 있음이 지적되고 있다(Kegley, Jr., 2009: 43).

현재로서는 주류패러다임에 입각한 주류이론들을 대체하기 보다는 보완하는 것이 구성주의가 갖는 큰 의미라고 하겠다. 하지만 21세기 지구촌의 국제관계 현상이 점점 복잡해지면서, 국가중심의 행위자와 국가의 힘이라는 개념으로 설명하기에는 점점 한계에 봉착하는 것 또한 현실이다. 따라서 국제관계 현상을 설명하고 예측하며 처방을 내는 데 있어서, 주류이론들이 한계에 봉착하는 원인들을 더욱 면밀히 분석하여 대안으로서의 구성주의 이론들이 국제관계 현상을 독자적으로 설명하여 예측하고, 바람직한 처방을 제시하는 데 더욱 기여할 수 있도록 발전시키는 노력이 필요하다.

Ⅲ. 여성주의와 마르크스주의

전통적인 합리주의(신현실주의와 신자유주의)와 이에 대한 보완적 차원에서 구성주의를 이해한다면, 여성주의(Ⅲ.)와 뒤에서 논의할 마르크스주의(Ⅳ.)는 이들 모두에 대한 급진적인 비판이라고 이해할 수 있다.

1. 여성주의

여성주의는 국제관계의 연구에서 주류를 형성하고 있는 신현실주의가 상정하는 기본적인 가정과 인식들에 오류를 지적하는 데서 출발한다. 즉, 신현실주의는 국제관계의 정책결정자와 수행자들이 남성이라는 숨은 전제를 갖고 있다. 이 때문에, 국제관계를 남성의 관점에서만 파악하는 오류를 범하고 있다. 때문에 국가 간의 관계를 남성성의 특징이라고 믿어지는 갈등과 전쟁이라는 입장에서 인식하게 되어, 힘의 정치가 불가피한 관계로 이해하는 오류를 범한다. 또, 국제관계가 갈등과 전쟁의 문제를 중요시 할 수밖에 없다고 하더라도, 이의 해결에 있어서 남성이 여성에 비해 더 적합하다는 인식은 남성우월주의적 편견으로 여긴다. 물론, 이러한 여성주의의 주장은 여성이 남성보다 더 평화적이고 협력 지향적이라고 가정하는 문제를 가지고 있다.

여하간 1990년대에 본격화되기 시작한 여성주의적 접근방법은 탈근대주의 및 평화연구와 더불어 국제관계에 대한 전통적 접근법들에 대한 비판적 대안을 제시하고자 하는 노력으로 주목받고 있다. 국제관계의 연구에 여성주의를 주장하는 학파는 여성의 입장에서 국제관계의 본질을 이해하고 다루어야 한다는 본질적 여성주의(Essential Feminism), 여성도 남성과 똑같은 역할을 할 수 있다고 주장하는 자유주의적 여성주의(Liberal Feminism), 그리고 여성은 남성과 다르다거나 아니면 똑같은 역할을 할 수 있다는 두 이론을 모두 비판하면서 어떤 선입견도 갖지 않고 중립적 입장에서 개방적 연구를 통해 여성의 역할이 규명되어야 한다는 탈근대적 여성주의(Post-modern Feminism)가 그 대표적 학파라 할 수 있다(Sylvester, 1994; Whitworth, 1994).

1) 본질적 여성주의

본질적 여성주의는 남성과 다른 여성적 관점에서 국제관계의 본질을 이해하고 연구해야 한다는 주장이기 때문에 흔히 관점적 여성주의(standpoint Feminism)라고도 일컫는다(Goldstein, 1999: 117). 여성이 더 평화 애호적이고 협력적이라는 독특한 가치를 강조한다. 생물학적으로나 심리학적으로 남성과 여성은 다르다고 주장하면서 남성과는 다른 관점에서 국제관계를 관찰하고 분석하며 전통적 시각을 비판하고 있다(Keohane, 1989: 245-253). 이들은 특히 현실주의가 남성다움에 대한 편견과, 전쟁과 평화 문제를 다룸에 있어 심각한 성차별을 감추고 있다고 비판하고 있다.

우선 현실주의의 핵심적 개념인 '주권' 및 '무정부성'과 관련된 '자주성'(autonomy)에 대한 가정을 재검토하고 있다. 여성은 생리적 조건과 자라온 환경의 차이로 인해 남성과는 달리 상호협력과 의존을 더 중시하는 경향이 있다. 따라서 국제관계의 갈등과 전쟁의 원인을 제거하는 데 남성보다 더 유리하다고 본다. 여성주의적 입장에서 국제관계를 다룬다면, 편의적 동맹의 결성과 해체보다는 공동이익 추구를 위해 협력함으로써 지속적 관계의 유지에 더 역점을 둘 것이기에, 국가안보의 개념도 자국이기적 안보보다는 지구촌 전체를 위한 공동안보(common security)에 역점을 둘 것이라는 것이다.

분석수준에서도 국가 간 수준의 분석을 위주로 하는 현실주의의 집착에 대해 이의를 제기한다. 즉 현실주의의 국가수준(interstate level)의 분석은 전쟁을 국내의 제반 사회관계와는 연관성이 없이 전쟁자체의 논리에 의해 발생하는 것으로 간주한다고 비판하면서, 국내사회의 제반 관계가 전쟁현상과 상호 연결되어 있다고 본다. 즉, 신현실주의가 등한시해온, 전쟁의 국내 사회적 및 개인적 수준의 요인에 관심을 기울인다. 이는 퍼트남(Robert Putnam, 1988)의 '두 수준 게임'(Two-Level Games)과도 유사한 주장이다. 요컨대 본질적 여성주의는 국제적 수준에서 자주, 독립, 권력투쟁 및 전쟁 등을 주로 다루는 현실주의의 국제관계에 대한 남성다움의 숨은 가정을 비판하고, 여성다움이 권력정치를 완화시켜주는 효과가 있을 것으로 보고 있다.

이러한 주장은 전쟁과 평화의 문제에서 성(gender)의 역할에 대한 전통주의적 입장을 비판하면서, 갈등과 전쟁은 남성의 일이며 동맹과 세력경쟁은 남성이 선호하는 방식이라는 인식에 기반하고 있다. 이와는 달리 평화애호적이고 협력지향적인 여성은 국제사회에서 평화구축자(peace maker)로서의 역할을 더 잘 감당할 수 있다고 주장한다.

국제관계를 평화의 개념을 중심으로 다루려는 본질적 여성주의는, 월남전에 반대했던 1960년대 미국의 여성운동과 1970년대를 여성의 연대(the United Nation Decade for Women)로 선포한 유엔의 활동에 반영되었다. 1980년대는 핵무기를 반대하는 핵비무장화를 위한 행동(Action for Nuclear Disarmament)과 유엔의 주재 아래 베이징에서 1995년 개최된 세계여성운동을 위한 대표적 여성주의자들의 회의에서 남북불평등(North-South Inequality)의 평화적 해소방법 등과 같은 지구촌 문제를 본격적으로 다룬 바 있다.

이상과 같은 다양한 주장과 행동을 통해 본질적 여성주의자들은 현실주의의 남성위주의 이해와 연구에 대한 비판적 대안으로서, 여성주의적 이해와 실천이라는 새로운 접근방법을 발전시키고 있다. 전쟁이 남성의 마음에서 시작되었다면 평화는 여성의 마음에서 찾아야 한다는 것이 본질적 여성주의가 주장하는 전쟁과 평화에 있어서의 성의 역할이다(Goldstein, 1999: 124).

자유주의적 여성주의자들은 남성위주의 현실주의에 대한 본질적 여성주의자들의 비판에 회의적이다. 남성은 전쟁 선호적이고 여성은 평화 선호적이라는 성적 구별을 인정하지 않고, 여성과 남성이 평등하면서도 함께 역할을 수행할 수 있다는 데 초점을 맞추고 있다. 즉, 국제관계가 전통적으로 남성위주로 인식되어 왔다는 인식을 수용하면서도, 국제관계의 주요 행위자로서 여성이 더 적합하기 때문에 남성을 대치해야 한다는 견해에는 반대하는 것이다. 다만 남성우월주의 때문에 지금까지 활용되지 못한, 인류의 절반인 여성인력이 인류사회에 기여하여야 한다고 주장한다. 즉, 국제관계 행위자로서의 성평등(gender equality)을 추구한다.

사실, 여성도 남성과 동등한 입장에서 권력의 문제를 다룰 수 있음을 증명한 예는 역사 속에 많이 있다. 남성위주의 사회였음에도, 위기에 처한 민족 공동체를 구한 고대 이스라엘의 여성 지도자 드보라(Deborah, 구약성경 사사기에 나오는 지도자)뿐만 아니라, 건국의 기여자로서 1960년대와 1970년대 네 차례에 걸쳐 수상 직을 수행하면서 현대 이스라엘을 이끌어온 골다 마이어(Golda Meir)는 다윗 못지않은 이스라엘의 정치적 영웅이다. 인도의 인디라 간디(Indira Gandhi), 영국의 마가렛 대처(Margaret Thatcher)는 물론, 1990년대 말 코소보(Kosovo) 문제 해결에 기여했을 뿐 아니라 북한을 방문해 김정일 전 국방위원장을 만남으로써 북핵문제 해결을 위해서도 깊이 개입했던 올브라이트(Madeleine Albright) 미국 전 국무장관과, 21세기 들어 오바마 행정부의 클린턴(Hilary Clinton) 전 국무장관이 있다. 아시아로 눈을 돌리면 필리핀의 아키노(Corazon Aquino)나 아로요(Gloria Arroyo) 대통령과 태국의 잉락

(Yingluck Shinawatra) 총리 등 그 예를 찾기 어렵지 않다. 한국을 보더라도 고대왕국 신라에는 세 명의 여왕이 있었음은 물론 오늘날의 박근혜 대통령에 이르기까지 사실 여성 지도자는 인류 역사에서 편견과는 달리 그리 드문 현상은 아니다. 동서고금을 망라한 이러한 여성 지도자들은 남성보다 더 유화적이거나 우월하다는 측면보다는, 남성과 같이 여성들도 같은 역할을 수행할 수 있다는 자유주의적 여성주의의 주장을 뒷받침 한다고 할 수 있겠다.

요컨대 자유주의적 여성주의는 여성들이 외교문제와 군사문제에 독특한 여성다움으로 폭력을 완화시킨다는 본질적 여성주의의 주장을 거부하면서, 여성도 남성과 동등한 역할을 수행할 수 있다는 데 초점을 맞춤으로써, 국제정치 무대에서 여성의 활약을 확대하는 데 기여하고 있다.

3) 탈근대적 여성주의

여성주의와 탈근대주의가 서로 접목하여 탈근대적 여성주의가 발전하였는데, 특히 국제관계의 숨겨진 성의 역할을 밝히는 데 그 초점을 두고 있다(Peterson, 1994).

이들은 현실주의가 성의 역할에 편견을 가지고 있다는 본질적 여성주의의 비판에 동의하지만, 성별에 따라 고유한 기질과 성향은 존재하지 않는다고 본다. 오히려 탈근대적 여성주의자들은 권력과 성의 상호관계를 아무런 편견이 없는 상태에서 개방적(open-minded)으로 다루고자 한다. 그런 의미에서 여성이 남성보다 더 평화적이라고 주장하는 본질적 여성주의를 비판하고, 또한 여성도 남성과 똑같은 역할을 할 수 있다고 주장하는 자유주의적 여성주의의 주장도 비판한다.

여성이 남성보다 더 평화 애호적이라거나 협력적이라는 데 동의하지 않는 면에서는 자유주의적 여성주의와 견해를 같이하지만, 여성이 남성과 동등하게 국제사회에서 역할을 수행할 수 있는 것은 아니라는 면에서는 자유주의적 여성주의와 다르다. 오히려 여성도 남성과 똑같이 역할을 수행할 수 있다는 자유주의적 여성주의의 주장이, 여성을 '국가중심의 전통적인 전쟁과 외교정책 구조'에 통합시키려 한다고 비판한다. 탈근대적 여성주의 시각에서는 국가 중심적인 전통적인 국제관계 구조 자체가 잘못된 것이기에 이의 해체를 통해서만 국제관계를 바로 인식할 수 있는 것이다. 그러므로 전쟁, 주권, 무정부상태 등 기존의 국제관계를 인식하는 개념들을 수용하는 한, 역할 수행에 여성이 더 적합하다는 주장(본질주의적 여성주의)이나 여성과 남성이 차이가 없이 역할을 할 수 있다는 주장(자유주의적 여성주의)은 모두 본질에서 벗어난 것이다.

국제관계를 바로 보기 위해서는 여성과 남성의 성적 차별을 없애야 할 뿐만 아니라, 근대주의를 바탕으로 한 합리주의(실증주의)적인 개념과 틀을 모두 해체하여야 한다는 것이다. 이는 탈근대주의와 맥이 닿아 있는 것으로서 다음의 탈근대주의에 대한 설명을 통해 탈근대적 여성주의를 함께 이해할 수 있겠다.

요약하면, 탈근대적 여성주의는 남성과 똑같은 여성의 역할을 주장하기보다는 권력에 의해 침묵당하고 있는 자들과 국가에 초점을 맞춤으로써 등한시되었던 다양한 국제사회의 구성원들에 관심을 기울인다고 할 수 있겠다. 즉 여성과 기존의 부당한 권력에 의해 압제받고 있는 소수민족 및 주권국가 개념에 그 기본 뿌리를 둠으로써 무시되고 있는 실재하는 다양한 국제사회의 구성원들의 이익과 행동에 주의를 기울임으로써, 국제관계를 현실주의 보다 더 사실에 가깝게 이해하려 노력하고 있다고 할 수 있겠다(George, 1994: 221-222; Goldstein, 1999: 132-135).

2. 탈근대주의

여성주의와 마찬가지로 탈근대주의도 문학과 예술에 많은 영향을 미치고 있다. 탈근대주의는 그 문학적 근원 때문에 텍스트(texts)와 담론(discourses), 즉 사람들이 특정 주제에 대해 어떻게 이야기하고 쓰고 있는지에 많은 관심을 보이고 있다. 국제관계학의 탈근대주의적 접근도 국제정치학자들이 국제관계에 관해 논하고 집필한 내용을 분해하고 비판하는 작업으로부터 시작한다. 특히 현실주의에 대한 탈근대적 비판은 현실주의의 언어(words)와 논쟁(arguments)을 하나하나 분해함으로써 그 숨은 뜻이 무엇인가를 밝히려 한다(George, 1994). 때문에 탈근대주의도 여성주의와 마찬가지로 국제관계의 전통적 접근에 대한 비판적 대안 가운데 하나로 이해할 수 있다.

국제관계 연구의 주류를 형성해 왔던 현실주의적 준거모형에 대한 탈근대주의 비판의 핵심은, 객관적인 역사(history)라고 인식하는 것이 사실은 실재하는 것(reality)이 아니라, 역사 기록의 주체에 의해 이야기(story)된 것일 뿐이란 것이다. 국제관계에서 존재한다고 전제되어온 많은 것들이 담론의 형태(forms of discourse)이고 객관적 실재(objective realities)는 아니기에, 담론자의 해석이라는 과정을 통해 여과되어 나온 허구라는 것이다(Shapiro, 1989: 11-22).

국제관계의 주요행위자라고 인식되어온 국가라는 것도 객관적으로 존재하는 실재(objective realities)가 아니라 인위적으로 만들어진 허구(fiction)이다. 행위하는 많은 개인(behavioral individuals)들이 의미를 부여한 것에 불과한 것이다. 국가의 이름으로 행위하는 개인은 구체적인 실체이지만, 국가라는 것은 실체가 있는 것이 아니라 행위하는 개인들이 행위자로서 의미를 부여하여 만들어낸 추상적인 개념인 것이다.

이의 좋은 예로서, 국제관계 학계에서 옛 소련의 붕괴를 예측하지 못한 것은 이러한 왜곡된 허구들에 몰두하면서 국제관계의 실재를 직시하지 못한 때문이라고 지적한다. 1991년 붕괴된 옛 소련은 객관적 국가이익을 갖고 있는 단일행위자(unitary actor)로서 국제정치학계에서 다루어졌었기에 그 스스로 붕괴함을 예측할 수 없었다. 또한 13개의 독립국가로 해체되고 나서야, 옛 소련 안에 각기 13개의 나름대로의 갈등적 집단들과 요소들을 갖고 있었음을 인식하게 된 것이다. 결과적으로 소련이라 호칭되던 '통합국가'(unitary state)라는 만들어진 허구에 집중한 나머지, 그 것을 구성하고 있던 실재하는 다양한 내부적 이질성을 간과하고 있었던 것이다.

탈근대주의자들은 그들이 텍스트와 담론이라고 주장하는 기존의 주권국가나 국제체제 및 그와 관련해서 신현실주의에서 이야기하는 가정과 주장들을 해체(deconstruct)하고자 한다. 이들을 해체함으로써 그 속에 감추어진 진정한 의미를 찾아내고자 한다. 그럼으로써 해체 이전에는 감취지거나 소외되었던 것들을 찾아내거나 텍스트와 담론의 행간의 뜻을 밝히고자 한다. 신현실주의가 인식하는 국제관계에서 생략되거나 소외되었던 것이란, 여성문제를 대표로 하는 성의 문제와 국가라는 허구를 부각시키기 위해 무시되었던 개인과 경제 및 사회적 요인과 함께 국내정치의 다양한 역동성 및 다국적기업을 포함한 비정부(국가)적 실체로서 국제관계에 역할을 하고 있는 모든 존재를 일컫는 것이다.

그 간결성(parsimony)을 최대의 장점으로 하고 있는 현실주의 시각은 국제관계를 설명하기 위해, 주어진 환경에서 모든 국가는 똑같이 반응한다는 당구공식 혹은 국가행위의 결정과정을 흑상자(black box) 속에 두고 이를 간과하였다. 탈근대주의는 이렇게 현실주의 패러다임이 외면하였던 것들에 관심을 집중하는 것이다. 즉 현실주의의 국가 중심 권력정치 모형은 허구일 뿐이고 이를 해체해야 진정한 국제관계의 의미를 밝힐 수 있다는 것이다. 탈근대주의적 관점에서 보면 현실주의 모형은 강대국들의 이익을 촉진시키기 위하여 고안되었고, 일방적 이야기(story)를 만들어 내는 편향된 모형이다. 이런 점에서는 신자유주의 준거틀도 똑같이 허구이기 때문에 국제관계의 진정한 의미를 밝혀내기 위하여, 기존의 준거틀을 해체하고 분해하는 작업을 통해서, 이들이 생략한 것들 혹은 숨은 가정들을 찾아내고자 한다. 그렇게 함으로써 국제관계를 단일 범주화 혹은 단순화하지 않고, 다양한 행위자들의 다양한 체험을 존중하는 진정한 의미의 국제관계이론이 정립될 수 있다고 본다(Sjolander and Cox, 1994).

이러한 탈근대주의는 국제관계 연구에 다음과 같은 기여를 해오고 있다.

첫째, 탈근대주의는 전통적인 현실주의의 국가중심 모형을 해체시킴으로써 그것이 내포하고 있는 숨겨진 편견과 약점을 밝혀내는 데 기여하고 있다. 둘째, 분석수준을 국제체제(international system)로부터 지구촌(global village)으로 확대시킴으로써, 국가 간의 상호작용을 너머서 전체로서의 지구촌(world as an unit) 내부의 다양한 주체들, 즉 개인, 계급, 비정부행위자들의 다양한 경험과 역할을 새롭게 조명하는 데 기여하고 있다. 셋째, 그렇게 함으로써 영·미 전통의 국제관계의 이해와 분석방법에 대한 비판적 대안을 제시하는 데 기여하고 있다.

그럼에도 불구하고 국제관계의 주류 시각을 대체하기에는 좀 더 세련된 발전이 필요한 것도 사실이다.

서구의 자본주의는 그 비판이론과 함께 발달하였다. 그 대표적인 사상이 공산주의이다. 자본주의와 공산주의는 물질의 소유문제에서 극단적인 양단을 주장하며 발달하였다. 출생하면서부터 홀로 존재하지 않고 집단(공동체)의 일원으로 존재하는 인간에 대한 상반되는 인식에서 출발하였다. 두 사상 모두 형이하학적인 물질에 관심을 가지며, 그 소유의 문제에서 상반되는 방향으로 발전하였다. 자본주의가 개인의 소유를 인정하고 그것을 통한 생산의 증대(발전)를 추구함으로써 현실에 펼쳐지고 있는 자본주의적 현상을 뒷받침해주는 사상이었다면, 공산주의는 그 자본주의가 발전해 가는 궁극의 끝을 예언하는 사상과 같았다.

자본주의가 발전하면 결국은 자본주의의 모순에 의하여 자본주의의 종말을 고하는 혁명이 일어나고 그 혁명의 발전을 통하여 궁극의 공산주의 사회가 도래한다는 것이 마르크스(Karl Marx: 1818-1883)의 주장이었다. 이러한 마르크스주의는 당시 번성하던 영국의 자유주의 경제학을 비판하는 것에서부터 출발하였으며, 이제까지 형이상학적으로 논의되어 오던 공산주의가 과학적 공산주의로 발전하게 되었다. 당시 발전하던 영국의 자유주의 경제학의 비판을 저술한 '자본론'은 마르크스의 수작으로 꼽히고 있다.

이렇게 오랜 역사를 가진 마르크스주의가 국제관계에서 갖는 의미는, 국제관계 현상을 인식하는 데 전혀 다른 패러다임을 제시하고 있다는 데 있다. 즉, 전통적으로 국제관계 현상을 이해하는 주요한 패러다임인 (신)현실주의와 (신)자유주의는 정도의 차이는 있지만, 국가를 가장 중요한 국제사회에서의 행위자로 인정한다. 그러나 마르크스주의는 국가가 아니라 '계급'(class)이 가장 중요한 행위자이다. 생산수단을 소유한 부르주아 계급(bourgeoisie)과 생산수단을 소유하지 못한 프롤레타리아 계급(proletariate)이 주요한 행위자인 것이다. 국가는 부르주아 계급의 이익을 대변하는 장치에 불과한 것으로서 궁극의 공산주의 사회가 도래하면 당연히 소멸되는 것으로 계급에 비하면 본질적인 행위자는 아니다. 마르크스가 그의 친구 엥겔스(Friedrich Engels: 1820-1895)와 함께 저술한 『공산당 선언』(The Communist Manifesto)의 첫 구절은 바로 "지금까지 존재해온 인류사회의 역사는 계급투쟁의 역사이다(The history of all hitherto existing society is the history of class struggles)"라고 시작한다(Marx and Engels, 1948: 9). 국가가 아니라 계급을 사용하여 인류의 역사를 정의한 것이다. 1949년 동아시아 대륙에 공산주의 중화인민공화국을 출범시킨 모택동의 초상화는 천안문 앞에 '전세계 노동자 만세'(世界人民大团结万岁)라는 구호와 함께 오늘날도 걸려 있다.

자본주의가 극도로 발전하면 자연스럽게 프롤레타리아 혁명이 발생하여 궁극의 이상사회인 공산주의 사회에 이르게 된다는 것이 마르크스주의의 핵심이지만, 역사상 첫 번째 프롤레타리아 혁명은 당시 유럽에서 가장 자본주의가 발달하지 못했던 러시아에서 인위적으로 발생하였다. 러시아의 레닌(Vladimir Lenin: 1870-1924)이 이끄는 볼셰비키에 의해 1917년 일련의 볼셰비키 혁명을 통해 프롤레타리아 독재국가인 옛 소련(1922-1991)이 탄생한 것이다. 자본주의가 덜 발달하였더라도 프롤레타리아의 각성에 의한 인위적 혁명을 통해 프롤레타리아 독재 과정을 거치면 궁극의 공산주의로 도달할 수 있다는 레닌주의(Leninism)가 구체화된 것이었다.

마르크스주의를 토대로 한 레닌주의는 소련이라는 최초의 공산주의 국가(공산주의를 촉진시키기 위해 프롤레타리아 독재를 수행하는 사회주의 국가)를 건국하여 지구촌에 많은 공산주의 국가가 건설되는 촉매 역할을 하였지만, 1991년 옛 소련을 필두로 대부분의 공산주의 국가들이 종말을 맞았다. 현재는 중국과 베트남 및 북한과 쿠바 정도가 명목상의 사회주의를 천명하고 있지만, 이미 자본주의 시장경제를 통하여 경제발전을 이루고 있는 중국과 베트남은 물론이고 북한과 쿠바조차도 마르크스-레닌주의에 입각한 공산주의 국가라기에는 무색하다.

마르크스주의가 국제관계에서 갖는 의미는 주류 패러다임에 대한 급진적 비판 패러다임의 토대를 제공하였다는 것인데, 다음의 몇 가지로 요약할 수 있다.

첫째, 전통적인 국제관계의 시각들이 전제로 하는 근본적인 틀들을 부정하고, 생산수단의 유무에 의해 나뉘는 '계급'을 주요 행위자로 인식한다. 둘째, 기존에 주요한 행위자로 간주되었던 국가는 부르주아 계급의 이익을 위한 장치에 불과하다. 셋째, 국가 행위의 동기인 국가이익이라는 것은 결국 부르주아 계급의 이익에 불과하다. 넷째, 계급의 이익이라는 것은 결국 경제적 이윤이며 이는 프롤레타리아 계급에 대한 부르주아 계급의 착취를 통해 축적된다.

이와 같은 마르크스주의의 핵심은 기존의 국제관계 현상을 보는 주류 패러다임에 도전하는 새로운 비판들에 영향을 미쳐왔다. 위에서 설명한 여성주의나 다음에 설명한 평화주의뿐만 아니라, 1960년과 1970년대 라틴아메리카의 빈곤과 불평등을 설명하기 위해 발전한 종속이론을 비롯하여 월러스타인(Immanuel Wallerstein)의 세계체제론(world-system theory)의 발전에도 영향을 미쳤다. 또한 국제관계 현상을 국가 간의 관계를 너머서 하나의 세계적인 구조로서 분석하는 데 지대한 영향을 미치고 있다고 할 수 있다. 즉, 국가를 분석 단위로 하는 것에서 전 지구촌을 단일한 분석 단위로 하는 '지구촌 관계학'의 발전에 기여하고 있다.

평화연구란 평화의 실현을 위해 국제관계뿐 아니라 각 분야의 지식인들이 함께 연구하고 행동하는 모든 지적 작업 활동을 총칭한다(박경서, 2006: 496). 평화연구에 기초를 제공하고 있는 공동이념은 다음의 세 가지로 요약할 수 있다. 첫째, 평화는 인류사회의 자연스러운 상태라는 신념을 가지고, 전쟁이 비정상적인 현상이기 때문에 평화를 추구하는 것은 지극히 합리적이고 자연스러운 것이다. 둘째, 갈등과 전쟁은 인류사회에 해로운 것이기에 기피되어야 한다. 셋째, 평화를 위해서는 평화가 지고의 선이라는 평화주의(pacifism)가 인간행동의 주된 동기가 되어야 한다.

이러한 신념하에 2차 대전 직후 인류의 발전을 위해 연구된 원자에 관한 지식이 원자탄이라는 대량살상무기의 개발로 전개되자, 이에 충격을 받은 아인슈타인(Albert Einstein)을 중심으로 한 물리학자들이 물리학 학술지인 「The Bulletin of Atomic Scientists」에 평화에 대한 연구논문을 올리게 되었다. 또 영국의 철학자 러셀(Bertrand Russell)은 모든 국가로 하여금 갈등의 평화적 해결을 촉구하는 지식인들의 호소를 대변하고 나섰고, 정치학계에서도 미시간 대학이 「The Journal of Conflict Resolution」을 출간하면서 평화연구가 본격화되기 시작했다.

이들 평화연구가들은, 첫째, 인류가 당면한 가장 중요한 문제는 국제관계이며, 전 지구적 전쟁이 가장 근본적인 위협이라고 인식하였다. 둘째, 평화 연구가 진전되려면 학제간의(interdisciplinary) 연구와 행동이 뒷받침되어야 한다고 선언하였다. 심리학자는 개인적 갈등을, 물리학자는 핵무기를, 신학자는 실질적 도덕성을, 정치학자는 갈등과 전쟁을 실천적으로 연구하면서 평화라는 공동의 목표를 위해 서로 연계 협력하여야 한다는 것이다. 따라서 평화연구는 여성주의나 탈근대주의의 접근처럼, 현실주의의 권력정치 모형을 비판하는 특성을 지니게 되었다(Dunn, 1978: 258-268).

1. 평화의 구축

현실주의가 전쟁이 없는 상태인 소극적 평화에 만족한다면, 평화연구는 적극적 평화(positive peace) 추구를 목적으로 하고 있다. 평화운동은 전쟁의 모든 이유와 원인을 제거하고자 한다. 이들이 추구하는 평화란 정전(ceasefire)상태가 아닌 전쟁이 발생하지 않는 상태이며, 이를 위해 기존 관계의 변형을 구축하는 것이다. 따라서 적극적 평화와 관계가 있는 광범위한 사회·경제적 쟁점들이 연구와 관심의 대상이 된다. 특히 사회내의 빈곤, 기아, 억압, 불평등과 같은 구조적 폭력(structural violence)을 군사력이 사용된 직접적인 폭력만큼이나 심각한 폭력으로 간주하고, 이를 제거해야 한다고 주장한다.

현실주의처럼 폭력을 단순히 방지하는 소극적 평화는 실제로 전쟁의 원인이 되는 불공정한 현상유지(unjust status quo)를 영구화시켜 불안한 평화만 유지할 뿐이다. 이러한 불공평은 지구촌의 남북관계에서 특히 심각한데, 남북관계의 불평등에 기초한 구조적 폭력이 시정되지 않으면 지구촌의 진정한 평화가 불가능하다고 주장한다.

적극적 평화를 위한 국내사회적 변화와 국제사회의 변화를 위하여 평화주의자들은 다음과 같은 다양한 접근을 시도한다. 첫째, 갈등해소에 전쟁과는 다른 대안으로 접근한다. 둘째, 시민의 평화운동과 정치적 행동주의를 통해 각국 정부에 압력을 가한다. 셋째, 폭력 사용을 반대하는 비폭력의 철학을 포함한 평화적 규범을 강화한다. 넷째, 민족적·인종적·종교적 구분을 초월하는 지구적 일체감을 발전시킨다. 다섯째, 정치·경제·사회 등 모든 영역에서 평등한 관계를 구축한다.

2. 평화운동의 실천

평화운동가들은 국가 지도자들이 적극적 평화를 성취할 의지가 없기 때문에, 개인과 집단이 이들에게 압력을 가해야 한다고 주장한다. 따라서 이론만이 아니라 모든 전쟁과 군사주의에 반대하는 실질적인 평화운동이 필요하다고 주장한다. 실제 행동에 있어서, 가두시위가 가장 흔한 것이지만, 대중매체를 통한 반전사상의 홍보와 시민불복종운동이나 소비자의 거부(boycott) 등과 같은 행위도 자주 사용된다.

한편, 평화운동의 목표에 있어서 평화주의자들 사이에서도 이견이 있다. 국제주의적 평화주의자들은 유엔과 같은 국제기구를 평화에 대한 최대의 희망으로 간주하고 침략에 대한 응징으로서의 전쟁은 지지한다. 이에 반해 비폭력적 평화주의자들은 유엔과 같은 정부간기구(IGO)의 역할을 불신하고 모든 전쟁에 반대하며 이를 위해서는 급격한 사회적 변화가 이룩되어야 한다고 주장한다.

평화주의가 추구하는 비폭력운동은 어떠한 상황에서도 모든 형태의 폭력을 행사하지 않겠다는 일방적인 선언에 기초한 운동이다. 현대의 비폭력 저항운동은 인도의 간디(Mahatma Gandhi)가 영국을 상대로 한 독립 투쟁의 철학이 대표적 사례이다.

대표적인 평화운동가로 추앙받는 간디는 비폭력은 적극적이어야 한다(Nonviolence must be active)라고 강조한다. 평화주의라는 용어가 침략에 대하여 소극적으로 대응한다는 의미인 것처럼 오해되기도 하지만, 간디의 비폭력 대응은 다음과 같은 이유로 구체적인 효과를 갖는다.

첫째, 협상에 있어 하나의 전술로서 비폭력적 방법은 도덕적 규범을 지렛대로 활용할 수 있다. 둘째, 상대방도 폭력적 수단을 포기할 수 있게 유도함으로써 안보 딜레마를 해결할 수 있다. 셋째, 힘없는 자가 힘 있는 자의 부당한 압력에 대응하는 도구로서는 가장 효율적인 접근이다.

문제는 강자는 폭력행사의 다양한 수단을 갖고 있기 때문에, 약자와는 달리 비폭력적 수단을 선택할 유인이 적다는 데 있다. 간디는 강자가 약자에게 폭력을 사용할 때, 약자가 폭력적으로 대처하지 않으면서도 소극적으로 대처하지 않는 제3의 방법이 있다고 말한다. 그것은 바로 "도덕적 수단의 동원"(mobilization of the moral leverage)이며 그 비용이 무엇이든 도덕적 저항운동의 힘을 확산시켜 가면서 지속적으로 대응해야 한다는 것이다. 다시 말해 비폭력주의를 철학과 생활 그 자체로 승화시키면 상대방도 이를 존중하지 않을 수 없다는 것이다.

하지만 주권국가를 통제할 수 있는 상위의 권위나 권력이 부재한 국제사회에서, 국가의 안보를 비폭력적 전략에만 의존할 국가는 없을 것이다. 약자의 비폭력주의는 강자의 폭력에 악용되어 국가안보를 위태롭게 할 수 있는 것이 현실이기 때문이다. 설사 개별 주권국가를 통제할 수 있는 상위의 세계정부가 탄생한다고 하여도 궁극적인 평화가 자동으로 도래하지는 않을 것이다. 단일 국가 내에서도 다양한 수준의 폭력과 갈등이 끊이지 않는 현실을 고려하면, 세계국가가 주권국가와는 달리 평화적 속성을 갖게 될지, 세계정부가 평화에의 의지를 갖게 될지에 대한 보장이 없기 때문이다. 이러한 이유 때문에, 현실주의는 평화연구를 학문적 대안이 아니라 평화에 대한 하나의 이데올로기(ideology)에 지나지 않는다고 비판하고 있다.

　　평화연구가 국제관계학에 미치고 있는 영향은 다음의 몇 가지로 요약할 수 있다. 첫째, 지구촌 차원으로 분석수준이 옮아감으로써, 개인의 책임, 경제적 불평등, 성(gender)문제, 각종 교류(cross-cultural understanding) 및 기타 하나의 단위로서의 지구촌 정치에 관심을 기울이는 데 기여하였다.

　　둘째, 평화의 달성을 국가 간 지도자들의 노력에 국한하지 않고, 각 국가 및 지구촌 사회의 변혁과 지구공동체적 노력을 통해 얻고자 하게 되었다는 것이다(박경서, 2006: 497; Galtung, 1996). 즉, 국제관계 연구에서 사회과학자뿐 아니라, 인문학은 물론이고 물리학과 같은 자연과학자의 역할을 강조함으로써 학제간 연구(interdisciplinary)에 관심을 기울이게 되었다. 최근에는 다양한 지구촌 환경오염에 대한 대책을 강구하기 위해서 더욱 다양한 분야의 과학자들과도 함께 노력을 기울이게 되었다. 평화연구야말로, 지구촌 전체의 총체적인 노력이 요구되는 것이다.

　　또한, 국제관계 지식의 가장 좋은 방법은 현상을 객관적으로 관찰하는 것에 의한 것이 아니라, 현실에 직접 참여하는 것이라는 행동주의적 평화운동에 학문적인 지원을 하게 된 것이다(Goldstein & Pevehouse, 2010: 131). 평화연구는 국제관계학을 이론연구와 이를 통한 정책결정자들에게 처방을 제시하는 것에서 더 나아가, 연구자가 직접 현실에 참여하는 실천의 영역까지 요구하고 있다. 국제관계 연구자들이 행동하는 지식인이기를 촉구하고 있는 것이다.

　　위에서 살펴본 이론들을 대안이론이라 칭하는 것은 국제관계 현상을 분석함에 있어서 주류이론들을 대체하거나 그와 같은 비중으로 활용되고 있지는 않음을 내포하는 표현이라 하겠다. 현실 국제관계 현상을 분석하는 데 주류이론들이 갖는 장점과 효용성을 능가하기는 현재로서는 버겁다. 하지만, 기존의 강대국과 기득권을 가진 국제사회의 행위자들을 중심으로 발전하여온 주류이론들이 상대적으로 간과하는 요인들과 개념들을 재조명함에 그 의미가 크다. 이렇게 함으로써 하나의 이론으로만 설명하고 예측하며 처방하기에는 날로 복잡해지고 있는 국제관계 현상을 더욱 풍요롭게 분석할 수 있겠다.

현실주의와 이상주의(자유주의)가 경쟁과 상호비판을 반복하면서 합리적인 주류이론으로 발전해온 것처럼, 본장에서 개괄한 대안이론들도 서로 비판과 경쟁을 통해 더욱 복합해지고 있는 국제관계 현상을 더 잘 분석하는 데 기여할 수 있는, 더 정교한 이론들로 발전되어 가도록 연구자들의 노력이 지속되어야 할 것이다.

질문 및 토론 사항

1. 남북한 통일방안을 구성주의에 입각하여 논의해 보자.

2. 역사상 여성 지도자들의 업적과 성향을 통해 여성주의에 관해 토의해 보자.

3. 마르크스주의가 국제관계에서 갖는 의미는 어떠한 것들이 있는지 토의해 보자.

4. 평화주의 운동의 사례들은 어떤 것들이 있는지 살펴보고, 그 실효성에 대하여 토의해 보자.

5. 본 장에서 살펴본 대안이론들의 유사점과 상이점을 토의해 보자.

갈등과 평화의 국제관계

국제안보

국제정치 행위자의 다양한 관계를 다루는 국제관계(international relations)는 경제관계에서의 국제정치경제(international political economy) 분야와 안보관계(international security)에서의 국제안보 분야로 나누어진다. 이 장에서는 후자인 국가 간 안보관계를 소개하고자 한다(국제안보에 관한 일반적 논의로는, 민병원, 2009; 안문석, 2014; 유현석, 2013; 이상현, 2009; 이승근, 2010; 최아진, 2008). '안보란 무엇인가'를 설명하는 안보의 개념에 관해서는 여러 논의가 있지만, 일반적으로 안보는 말 그대로 안전이 보장되는 것 혹은 '다양한 위협에서 벗어나 있음'(free from threat)을 의미한다. 그러므로 한국에서의 안보는 우리나라가 다양한 내·외부 위협에서 벗어나 있음을 의미하며, 국제사회에서의 안보는 국제사회가 군사적·경제적·환경적 위협 등 여러 위협에서 벗어나 있음을 의미한다. 안보를 논할 때 과거에는 주로 한 국가의 국가안보(예: 한국의 안보)를 의미하였으나, 최근에는 전통적 개념의 국가안보와 더불어 인간안보(예: 한국 국민의 안보)에 대한 것으로 논의의 주제가 확대되고 있다. 안보의 개념에 관한 논의는 또한 전통적인 일방안보(예: 한국만을 고려한 안보)에서 공동·협력안보(예: 한국과 주변국 모두의 안보)로 그 관점이 변화하고 있다.

이 장에서는 안보의 개념 및 변화와 더불어 안보확보를 위한 국제정치학의 다양한 이론적 시각을 소개할 것이다. 대표적인 국제정치 시각인 현실주의, 자유주의, 구성주의는 안보를 위한 이론적 처방이 각각 서로 다르다. 현실주의의 안보처방(일방안보)은 국가의 힘 추구로 함축된다. 이를 우리나라에 적용하면, 한국의 안보는 우리가 외부의 위협에 대처하기 위하여 힘을 추구하고 확대하는 과정을 통하여 확보될 수 있으며, 방법적으로는 내부적으로 힘을 추구하거나(예: 경제성장을 통하여) 부족할 경우 외부의 힘을 빌림으로써(예: 미국과의 동맹관계를 통하여) 확보될 수 있다고 현실주의는 주장한다. 안보처방에 관한 자유주의의 이론적 시각(공동·협력안보)은 국가 간 협력, 특히 국제연합과 같은 국제기구의 적극적 활용에 기초한 협력과 타협 가능성 및 이를 통한 국가안보, 국제안보의 확보를 강조한다. 구성주의의 안보처방은 주류이론과 달리, 한반도에서 한국과 북한을 상호협력 가능한 대상이라고 여기는 것과 같은 인식의 변화에 기초하고 있다. 끝으로 이 장에서는 안보위협의 구체적인 모습인 무력충돌과 국제테러에 관해 간략히 살펴보고 우리가 속한 한반도를 포함하여 동북아, 국제사회와 관련된 안보를 소개하고자 한다.

Ⅱ. 안보의 개념과 변화

1. 안보의 개념

안보란 무엇인가? 안보란 안전의 보장, 쉽게 말해서 위협이 없는 상태를 의미한다. 한국에서의 안보란 우리가 다양한 종류의 내·외부 위협에서 벗어나 있음을 의미한다. 예컨대, 정치·경제·사회적 혼란 등의 내부 위협요인과 주변국과의 정치·경제적 긴장 및 갈등과 같은 외부 위협요인에서 벗어날 때 국가는 연속성을 유지하여 국민의 안전을 보장할 수 있다. 또한 국민 개개인이 다양한 내·외부 위협(예: 내부적으로 경제적 곤란, 외부적으로 테러위협)이 없이 자유롭게 일상생활을 영위할 수 있을 때 우리의 안전이 보장되었다고 할 수 있다. 그것이 한국의 안보이건 우리 국민의 안보이건 간에 안보라는 개념은 그 주체가 다양한 위협에서 벗어난 상태를 의미한다고 요약할 수 있다.

국제정치학 분야에서 안보에 관한 전통적 논의는 국가안보(national security)였다. 그간의 안보 개념은 국제사회 구성원인 개개 국가가 위협(특히, 외부의 위협)으로부터 영토를 보존하는 것을 의미하였다. 예컨대 한국이 북한 등 외부의 위협으로부터 안전하게 영토를 보존하는 것이 안보 개념의 핵심이었다. 그런데 이처럼 국가에 한정된 안보의 대상이 최근 들어 다양하게 확대되는 경향을 보이고 있다. 즉, 국가의 구성원인 국민(인간)의 안보, 개개 국가를 구성원으로 하는 지역(예: 동북아 지역)의 안보, 국제체제적 차원의 국제사회의 안보 등으로 확대되고 있다. 이러한 안보 대상의 확대는 기존의 국가안보 개념의 한정성에 기초하고 있다. 한 국가에 외부위협이 없을지라도 그 구성원이나 그가 속한 지역, 국제사회가 그렇지 못하다면 이것은 과연 무슨 의미일까? 이 때문에 최근 인간안보(human security), 지역안보(regional security), 국제안보(international security)의 개념이 활발히 논의되고 있는데, 먼저 1994년 UN 개발프로그램에서 발간한 『인간개발보고서』(Human Development Report)에 기초한 개념인 인간안보는 국가의 구성원인 국민이 다양한 위협에서 벗어난 상태를 확보하는 것을 강조하며(UNDP 1994), 구체적으로 개인의 경제안보(기초적 소득 보장), 식량안보(기본적 식량 제공), 보건안보(질병으로부터 보호), 환경안보(자연환경 악화로부터 보호), 개인안보(물리적 압력으로부터 보호), 공동체안보(전통적 가치와 관계의 보호), 정치안보(기본적 인권의 보호)를 포괄하는 개념이다. 다음으로, 지역안보와 국제안보의 개념은 **내부위협**(예: 지역 국가 간 긴장과 갈등에 기초한 위협)과 **외부위협**(예: 다른 지역의 국가와의 긴장과 갈등에서 기인한 위협)이 없는 상태를 의미한다. 마지막으로, 국제안보는 국제사회가 공통으로 처한 위협(예: 지구사회 공동의 경제위협, 환경위협, 테러위협 등)에서 안전이 확보되는 상태를 의미한다. 요약건대, 안보에 대한 국제정치학의 관심이 전통적 국가안보에서 인간안보, 지역안보, 국제안보로 확대되고 있다.

앞서 언급했듯이 전통적으로 안보의 개념은 국가안보에 기초하였으며, 안보를 위협하는 요인으로는 군사적 위협에 치중하였다. 전통적 안보논의는 국가의 군사안보(military security), 예컨대 한국이 북한과 일본 등 외부의 군사위협에서 벗어나는 것을 논하였다. 그러나 안보를 위협하는 다양한 비군사적 요인에 관한 논의가 최근 진행되고 있으며 이러한 논의를 통해 한국의 안전을 위협하는 요인은 외부의 군사위협에 한정된 것이 아니라 내부의 경제위기(예: 1990년대 후반 외환위기)와 외부의 경제위기(예: 2000년대 후반 미국 발 금융위기), 환경위기(예: 기후변화와 지구온난화)를 포함하고 있다고 주장한다. 요약건대, 안보를 위협하는 요인이 전통적인 군사위협에서 경제위협, 환경위협 등 비군사적 위협으로 확대되고 있으며 이러한 모든 위협에 대한 안보를 포괄안보(comprehensive security)라고 부른다.

안보에 관한 전통적 논의는 일방적 안보(unilateral security)에 관한 논의이다. 한국의 안보는 다른 국가의 안보와 상관없이 단지 한국이 위협에서 일방적으로 벗어나 있음을 의미하였다. 그러나 최근에는 한 국가의 안보를 논하려면 다른 구성원과의 관계를 함께 고려해야 한다는 주장이 제기되고 있다. 이러한 '함께하는 안보개념'은 '안보 딜레마'(security dilemma) 및 그와 관련된 '공동안보'의 논의와 연결되어 있다. '안보 딜레마' 논의(Butterfield, 1952; Herz, 1950; Jervis, 1976)는 현재의 한국과 북한의 관계(혹은 과거 냉전기 미국과 소련의 관계)로 설명될 수 있다. 예컨대, 남한의 자체 군사력 확대와 미국과의 군사협력 증진 등 한반도에서 한국의 안보확보를 위한 다양한 노력은 그 상대인 북한에 위협으로 인지되고, 이러한 인지에 기초하여 북한도 군사력의 확대와 중국과의 군사협력 증진 등의 방법으로 안보확보를 위해 노력할 것이다. 이러한 북한의 노력은 우리에게 다시 위협으로 인지되어 우리는 안보확보를 위한 노력을 추가로 하게 되는 딜레마 상태에 빠지게 된다. 다시 말해, 한 국가의 안보확보를 위한 노력은 그 상대에게는 위협으로 인지되고, 이러한 관계가 계속해서 진행되면 궁극적으로는 어느 국가도 안보를 확보할 수 없는 안보 딜레마를 가져오게 된다. 이러한 점에 비추어 안보확보를 위한 노력은 일방적이 아닌 상대국과의 공존·공영을 통해서만 확보될 수 있다는 주장이 논의되고 있는데 이를 공동안보(common security), 협력안보(cooperative security)라고 부른다. 협력안보의 대표적인 사례로 유럽안보협력기구(OSCE: Organization for Security and Cooperation in Europe)를 들 수 있다.

국제정치의 대표적 시각 중 하나인 현실주의(realism)는 국제정치의 주요 행위자로 국가를, 국가의 주요 목표로 생존을, 그리고 국가생존의 방식으로 힘의 추구를 강조하는 이론적 시각으로서 국가안보에 대한 처방은 힘의 추구로 요약될 수 있다. 개개 국가의 안보는 힘의 추구를 통해서만 이루어질 수 있는데, 국가의 힘 추구 방식은 크게 두 가지로 나누어진다. 먼저, 현실주의자들은 국가의 안보는 내적으로 힘을 확충할 때 확보될 수 있다고 강조한다. 북한의 위협에 맞서는 한국에서 안보는 한국 스스로 강력한 힘(경제적, 군사적 힘)을 확보해야 가능하다는 논의이다. 경제적, 군사적으로 북한을 능가해야 안보가 확보된다는 논리다. 현실주의자들은 국가가 내적인 힘을 추구하는 것과 더불어 외적인 힘을 도모하는 것도 강조한다. 내부의 힘을 모색하기가 제한적이면(limited) 외부의 힘을 빌려 국가의 안보를 확보하는 방법이다. 동맹, 특히 군사동맹(military alliance)으로 대표되는 이 논의는 예컨대, 한국의 안보를 미국과의 동맹관계를 통하여, 다시 말해 미국의 힘을 빌려 북한의 위협으로부터 우리의 안보를 확보하는 방법이다. 요컨대, 이러한 현실주의 처방은 내적·외적으로 힘을 확보해야 위협, 특히 외부의 위협에서 벗어날 수 있다는 주장이다.

국가안보, 국제사회의 안보와 관련한 현실주의 처방에는 다양한 이론적 시각이 존재한다(현실주의와 국제안보에 관한 이론적 논의는, 김형민, 2014a). 국제안보를 위한 현실주의의 처방도 앞서 언급한 힘의 추구와 밀접히 관련되어 있는데, 국가 간(특히 강대국 간) 힘의 (불)균형과 관련된 국제사회의 안보확보에 관한 논의가 그 핵심이다. 먼저 국가안보, 국제안보에 관한 대표적인 이론의 하나인 세력균형이론(balance of power theory)은 국가 간(특히 강대국 간) 힘의 균형상태(balance of power)를 통하여 안보가 확보될 수 있다는 논의이다(세력균형이론과 안보에 관한 이론적 논의는, 김태현, 2006; 박인휘, 2008; Claude, 1962; Ferris, 1973; Kissinger, 1964; Morgenthau, 1948; Waltz, 1979; Wright, 1965). 국가 간 힘이 균형을 이루고 있어야 어느 한 행위자도 군사적 긴장과 갈등에서 상대방을 쉽게 제어하기 어렵다고 판단하게 되고 이것이 궁극적으로 두 국가 간 평화(쌍방의 안보확보)로 이어질 수 있다는 논의이다. 예컨대, 한반도에서 한국과 북한이 힘에서 서로 균형을 이루고 있어야 북한은 군사적 대결에서 결과(승리)에 대한 불확실성 때문에 한국을 군사적으로 위협하지 못하게 되며 이는 궁극적으로 한국의 안보 확보로 이어진다는 논의이다. 이는 냉전(Cold-War) 시대 미국과 소련의 관계에서 상대방을 힘으로 쉽게 제압하기 어렵다는 상황인식이, 다시 말해 힘이 균형을 이루고 있다는 인식이 두 국가의 군사적 충돌을 억지하였으며 두 국가의 안보확보로 이어졌다는 논의이기도 하다. 이러한 측면에서 세력균형이론은 국제사회의 안보도 강대국 간 힘의 균형을 통해 이루어진다고 주장한다. 요약건대, 안보에 관한 세력균형이론은 국가 간, 특히 강대국 간 힘의 균형을 통한 군사적 행위의 억지에 초점이 맞추어져 있다.

현실주의의 다른 이론인 세력불균형이론(power preponderance theory), 세력전이이론(power transition theory), 패권안정이론(hegemonic stability theory)은 국가안보, 국제안보와 관련하여 세력균형이론과는 다른 처방을 내린다. 먼저 세력불균형이론은 국가 간 힘의 불균형 상태(power preponderance)를 통하여 국가안보가 확보될 수 있다고 주장한다. 이는 국가 간 힘이 불균형 상태에 있을 때, 즉 한 국가가 다른 국가를 힘으로 압도할 때(힘의 우위를 보일 때) 안보가 확보될 수 있다는 논의이다. 예를 들어, 한국과 북한의 관계에서 한국의 안보는 세력균형이론이 주장하듯이 힘의 균형을 통하여 확보되는 것이 아니라 한국이 북한을 힘으로 압도할 때 이루어진다는 논의이다. 한국이 자체의 힘을 축적하고 동맹 등의 방법으로 외부에서 힘을 보태어 북한을 힘으로 압도하게 되면 북한은 힘의 열세 상태에서 오는 두려움 때문에 한국을 쉽게 위협하기 어렵다는 것이 세력불균형이론의 핵심이다. 국제사회의 안보(국제안보)도 이와 마찬가지다. 예컨대, 현재의 국제사회에서 안보(국제평화)는 미국이라는 강대국의 한 축이 중국이라는 또 다른 축을 힘으로 압도하고 제어해야 확보될 수 있다고 세력불균형이론은 주장한다. 즉, 안보와 관련하여 세력불균형이론은 국가 간, 특히 강대국 간 힘의 불균형을 통한 군사적 행위의 억지에 초점이 맞추어져 있다.

　　마지막으로 현실주의에 바탕을 둔 세력전이이론과 패권안정이론은 주로 국제안보와 관련한 처방을 내리고 있는데, 세력불균형이론과 유사하게 국제사회의 강대국 간 관계에서 하나의 초강대국이 다른 강대국(들)을 힘으로써 압도하는 것을, 다시 말해 초강대국이 존재하는 것을 국제안보를 위한 필요조건으로 제시하고 있다. 세력전이이론은 초강대국의 존재는 국제사회의 안정을 가져오지만 다른 강대국의 힘이 초강대국의 것과 비슷해지거나(power balance) 넘어서면(power transition) 국제사회가 불안정해지고 국제사회의 안보가 깨진다는 주장이다(세력전이이론과 안보에 관한 이론적 논의는, 김우상, 2006; Kim, 1991, 1992; Kugler and Lemke, 1996; Lemke, 2002; Organski, 1958; Organski and Kugler, 1980). 다시 말해, 초강대국의 힘이 다른 강대국(들)을 압도하면 다른 강대국(들)은 비록 초강대국의 국제사회 운영에 불만이 있다 하더라도 힘의 열세로 쉽게 초강대국에 도전하기 어렵게 되며, 이 상황이 유지될 때 국제사회는 안정적일 수 있다는 논의이다. 예컨대, 현재의 미국과 중국의 관계에서 초강대국 미국이 중국을 힘으로 압도하면 국제사회는 안보를 확보할 수 있지만, 미국 중심의 국제사회에 만족하지 못하는 강대국 중국의 힘이 미국의 힘에 근접하거나 넘어서면 두 강대국 간 군사적 충돌이 일어날 수 있으며 결과적으로 국제사회의 안보가 위태로워질 수 있다는 논의이다. 이와 유사하게 패권안정이론은 초강대국(패권국)이 존재하면 즉, 다른 강대국(들)의 힘을 압도적으로 넘어서는 힘과 의지를 갖춘 패권국이 존재하면 국제(경제)질서가 안정적으로 유지될 수 있다고 주장한다(패권안정이론과 안보에 관한 이론적 논의는, 김석우, 2008; 백창재, 2006; KcKeown, 1983; Keohane, 1984; Kindleberger, 1973; Krasner, 1976; Nye, 1990). 패권국은 자신의 힘과 영향력을 활용하여 평화와 번영이라는 국제사회의 공공재를 제공한다는 논의가 패권안정이론의 핵심이다. 요약건대, 안보에 관한 세력전이이론, 패권안정이론의 주장은 강대국 간 힘의 불균형 혹은 다른 강대국(들)의 힘을 압도하는 초강대국(패권국)의 존재와 이를 통한 국제사회의 안보 확보에 초점이 맞추어져 있다.

국제정치의 또 다른 주요 시각인 자유주의(liberalism)는 국제정치 행위자로 비국가 행위자를, 생존을 넘어서는 국가의 다양한 목표를, 일방적 힘 추구보다는 다른 국가와의 협력과 그 가능성을 강조한다. 안보를 위하여 자유주의가 내리는 처방의 핵심은 내부적으로 국가의 제도 변화와 외부적으로 국제기구의 적극적 활용에 기초한 공화자유주의(republican liberalism, 민주평화론), 상업자유주의(commercial liberalism, 상업평화론), 자유제도주의(liberal institutionalism)이다(국제안보를 위한 삼각구도, 'triangulating peace', Russett and Oneal, 2001). 공화자유주의와 상업자유주의는 국가의 내부 속성에 관한 논의로, 정치적 민주주의 제도와 경제적 자본주의 제도를 강조하며 민주주의 국가 간, 자본주의 국가 간 평화(안보확보)를 강조한다. 공화자유주의는 안보를 위하여 민주주의의 중요성을 강조하는데, 민주주의 국가에는 행위자 간 갈등을 강제와 폭력이 아닌 대화와 타협으로 해결하는 민주적 규범(문화)과 위험스러운 정책 결정(예: 군사적 긴장·갈등의 정책결정)을 제어할 수 있는 내부의 견제와 균형 및 선거라는 민주적 제도(구조)가 존재한다고 본다(공화자유주의와 안보에 관한 이론적 논의는, 김재천, 2008, 2009; 이호철, 2006; Maoz and Russett, 1993; Rousseau, 2005; Russett, 1993). 이러한 민주규범과 민주제도를 통하여 국가 간 안보가 확보될 수 있으며 국제사회에서 민주국가의 확대가 국제사회의 안보를 위한 처방이라고 주장한다. 예컨대, 2003년 미국이 이라크를 침공했을 때 미국이 내세운 전쟁논리의 하나는 이라크의 민주화가 중동 지역의 민주화, 국제사회의 민주화로 이어져서 궁극적으로 국제사회의 안보가 확대될 수 있다는 주장이었다.

상업자유주의는 자본주의 제도의 확대, 더 정확히는 국가 간 경제교류의 확대(국제무역의 확대, 국제투자의 확대)를 통한 안보확보에 관한 이론적 논의이다. 냉전 이후 국제사회에서 국가들은 자국의 경제이익을 외교의 최우선 과제로 상정하고 있으며, 경제교류가 활발히 이루어지는 상황에서 국가 간 군사충돌은 일반적으로 경제교류의 단절을 가져오게 되므로 교류가 활발한 국가 간 긴장과 갈등은 무력이 아닌 대화와 타협을 통해 해결된다고 주장한다(상업자유주의와 안보에 관한 이론적 논의는, Mansfield and Pollins, 2003; Oneal and Russett, 1997; Schneider, Barbieri and Gleditsch, 2003). 이는 곧 국가와 국제사회의 안보는 국가 간 활발한 경제의 교류와 확대를 통해 확보될 수 있다는 논리이다. 요약건대, 안보를 위하여 공화자유주의와 상업자유주의가 내리는 처방은 민주주의와 경제교류의 확대로 대표될 수 있다. 예컨대 한국의 안보는 북한의 민주화와 북한과의 활발한 경제교류를 통하여 확보될 수 있으며, 국제사회의 안보는 중국의 민주화와 두 초강대국인 미국과 중국의 활발한 경제교류를 통하여 확보될 수 있다는 것이다.

마지막으로, 자유제도주의는 국가와 국제사회의 안보를 확보할 방법으로 국제기구의 적극적인 활용을 제시한다. 국가는 자국의 이익만을 강조하고 다른 국가를 속이거나 다른 국가와의 협력을 회피하는 이기적인 행동을 할 수 있으나, 협력이라는 국제규범에 근간을 둔 국제기구는 이러한 이기적 국가관계에서 때로는 보상으로 때로는 제재로(당근과 채찍) 국가 간 협력을 촉진하고 매개하는 기능을 한다는 것이다(Keohane 1986). 국제기구를 통한 안보 확보는 1차 대전 이후 창설된 국제연맹과 2차 대전 이후 설립되어 지금까지 활동하는 국제연합의 집단안보체제(collective security system)가 그 핵심을 이루고 있다. 집단안보는 강대국 간 힘의 관계에서가 아니라 침략자를 응징하는 비침략자들의 연합을 통해 안보를 확보한다는 것이다. 국제연합 창설 이후 1950년 한국전쟁과 1990년 걸프전쟁에서 두 차례 활용된 집단안보라는 구상은 국제사회 구성원의 연합이 침략을 계획하는 국가의 행위를 억지하게 되어 궁극적으로 국제사회 구성원의 안보(국가안보)와 국제사회의 안보(국제안보)의 확보로 이어진다는 주장에 바탕을 두고 있다. 요컨대, 자유제도주의가 표방하는 안보의 핵심은 국제기구의 적극적인 역할, 특히 집단안보의 구상에 기초한 국제연합과 다양한 국제기구의 역할에 있다.

국제정치의 다른 시각인 구성주의(constructivism)는 국가와 국제사회의 안보는 행위자들의 인식 변화를 통해 확보될 수 있다고 주장하면서 국제사회의 관계는 그 구성원인 국가들이 서로를 어떻게 인식하느냐에 따라 달라지며 현실주의자들이 주장하듯이 국가는 근본적으로 서로 적대적이지는 않다고 주장한다. 이는 국가는 서로 대화와 협력이 가능하며 함께할 수 있다고 인식할 때 국가 간 협력이 가능해지고 결과적으로 안보가 확보될 수 있다는 주장이다(Wendt, 1999). 역사적으로 치열한 군사적 긴장과 갈등을 경험하고 두 차례 세계대전을 거친 유럽의 강대국들(예: 영국, 프랑스, 독일)이 서로를 함께할 혹은 함께해야 할 존재로 인정한 인식의 변화가 현 유럽 국가들의 긴밀한 협력(유럽연합)을 가능하게 하였으며, 대치상태에 있는 한국과 북한도 서로를 긴장·갈등의 존재가 아니라 대화·협력의 존재로 인식할 때 한반도의 안보가 확보될 수 있다고 구성주의는 주장한다. 요약건대, 구성주의의 안보 방안은 국제사회 구성원인 국가와 국가의 구성원인 국민의 상대 행위자에 대한 인식 변화 특히 협력 대상으로의 인식 변화를 통하여 국가안보, 국제안보가 확보될 수 있다는 논리에 기반을 두고 있다.

국가와 국제사회의 안보를 위협하는 대표적인 사례로 군사분쟁(military dispute) 과 전쟁(war)을 들 수 있다. 국가 간 갈등 및 그와 관련된 안보위협에는 경제적 갈등을 포함하여 여러 종류가 있으나, 국제정치학의 안보 분야에서는 일반적으로 국가 간 무력충돌(military conflict)을 국가안보, 국제안보의 주요 위협요인으로 상정한다. 일반적으로 군사분쟁은 전쟁 수준에는 미치지 못하는 국가 간 군사력 사용의 위협, 군사력의 전시 혹은 실제사용 행위('the threat, display or use of military force short of war')를 일컬으며(Jones, Bremer and Singer, 1996), 이러한 군사분쟁이 진전되고 확대되어 최소 1,000명의 군인이 사망할 때 이를 전쟁으로 개념화한다(Richardson, 1960; Small and Singer, 1982). 무력충돌의 원인에 관한 이론적 시각으로는 1) 국가 간 국력균형, 동맹관계, 강대국 여부가 무력충돌 발발의 원인이 된다는 현실주의자들(realists)의 시각, 2) 민주화 정도와 경제적 상호의존이 국가의 무력행위에 영향을 미친다는 자유주의자들(liberals)의 시각, 3) 국가 간 지리적 근접성이 무력충돌의 원인이라는 정치적 지리학자들(political geographers)의 시각이 있다(이에 관한 구체적 논의는, 김형민, 2012).

이를 좀 더 구체적으로 살펴보자면 먼저 현실주의적 시각은 두 국가의 국력이 서로 균형을 이루면 두 국가 모두 군사충돌에서 승리할 수 있다는 과장된 인식을 하게 되고, 이러한 인식은 두 국가 간 무력충돌의 개연성을 증대시킨다고 주장하는 세력불균형(세력전이)에 관한 논의(앞서 언급하였던 세력불균형이론과 세력전이이론)와 군사동맹을 통하여 공유된 안보이익(shared security interests)이 무력충돌의 발발을 억지한다는 군사동맹에 관한 논의, 강대국은 비강대국보다 국제정치 전반에 걸쳐 광범위한 관심을 기울이고 이익을 추구하여 무력충돌로의 참여를 증대시킨다는 논의에 기초하고 있다. 자유주의적 시각은 공유된 민주적인 규범(갈등을 폭력과 강제가 아닌 협상과 타협으로 해결하고자 하는 규범)과 민주적인 제도(견제와 균형 및 자유선거의 제도)가 민주주의 국가 간 무력충돌을 억지한다는 논의(공화자유주의)와 경제적 상호의존이 확대된 국가는 무력충돌이 가져올 경제관계의 단절을 우려하여 분쟁 참여에 소극적이라는 논의(상업자유주의)에 기초하고 있다. 마지막으로, 정치 지리학적 시각은 국경을 함께하는 등 지리적으로 가까운 국가는 군대와 군사자원의 이동이 수월해 무력충돌에 참여할 개연성이 높다는 지리적 근접성에 관한 논의에 기초하고 있다.

국가와 국제사회의 안보를 위협하는 또 다른 요인으로 최근 국제테러가 주목을 받고 있다. 국제테러의 대표적인 사례로는 2011년 알카에다(Al-Qaeda) 집단이 일으켰던 9·11테러와 최근 활발히 활동하는 IS(Islamic State, 이슬람 국가)의 테러를 들 수 있다. 국가 간 무력충돌을 국가안보, 국제안보의 대표적인 위협으로 보았던 전통적 관점에서 벗어나 최근에는 비국가행위자인 테러집단의 안보위협이 국제사회의 주요 관심사로 등장하고 있다. 이 장에서 국제테러에 관해 자세히 논하지는 않겠지만, 각종 테러집단이 한 국가의 안보(국가안보)와 국제사회의 안보(국제안보)를 위협하고 있으며 이에 대응하여 국제사회의 다양한 노력(테러집단으로의 핵무기·핵기술 유입 저지, 미국 주도의 국제사회 대테러 전쟁의 지속)이 활발히 전개되고 있다는 점을 강조하고자 한다.

이 장에서는 '안보란 무엇인가?'에 대한 논의를 시작으로, 안보 개념의 다양한 변화에 관한 논의(국가안보에서 인간안보, 지역안보, 국제안보로; 군사위협에서 비군사위협으로; 일방안보에서 공동안보, 협력안보로의 변화에 관한 논의)와 함께 안보와 평화를 위한 국제정치학에서의 이론적 논의(현실주의, 자유주의, 구성주의)를 살펴보고, 안보의 구체적인 모습인 무력충돌과 국제테러를 제시하였다. 끝으로 한반도와 안보, 동북아와 안보, 국제사회와 안보라는 큰 틀에서 안보 주제가 우리에게 주는 의미를 소개하며 이 장을 마무리하고자 한다. 한국의 안보, 우리가 속한 동북아 지역의 안보, 국제사회의 안보가 쉽게 확보되리라고 누구도 주장하기 어려울 것이다. 국가안보의 전통적 위협 요인인 군사적 긴장과 갈등이 동북아 지역에서 계속되고 있는 현실은 이를 방증한다. 다시 말해, 동북아 지역 국가들이 적극적으로 경제협력의 움직임을 보이는 것과는 상반될 정도로 한국, 미국, 일본, 중국, 러시아, 북한 등 지역 국가들은 첨예한 군사적 긴장과 갈등 국면에 있다. 국제사회의 초강대국이자 동북아에서 역사적으로 반목하였던 미국과 중국은 국제사회와 동북아 지역의 운영과 관련해 협력과 대립을 반복하고 있으며, 냉전으로 시작된 한국과 북한의 긴장도 좀처럼 누그러질 기미가 보이지 않는다. 이 지역 강대국인 중국과 일본도 중국의 방공식별구역 설정, 일본의 군사 우경화 정책 등에 기인한 군사적 긴장 관계에 놓여 있다(김형민, 2014b). 이러한 상황에서 우리는 이 장에서 논의한 안보를 위한 국제정치학의 다양한 이론적 처방에 주목할 필요가 있다. 현실주의 처방인 내적·외적 힘의 축적을 위한 노력을 비롯하여 자유주의의 처방인 민주주의 심화, 관련 국가와의 경제교류 확대, 국제기구에의 적극적 참여, 구성주의의 처방인 국가 간 대화·협력의 중요성을 인식하려는 노력이 적절히 이루어질 때 한국과 한반도, 동북아와 국제사회의 안보는 확보될 것이다.

질문 및 토론 사항

1. 안보란 무엇인가?

2. 안보 개념이 변화하는 구체적인 모습(국가안보·군사안보·일방안보에서의 변화)은 무엇인가?

3. 안보를 위하여 현실주의, 자유주의, 구성주의가 내리는 처방은 무엇인가?

4. 안보위협의 구체적 모습인 무력충돌과 국제테러에서 주목할 점은 무엇인가?

5. 안보에 관한 논의가 한국의 안보, 동북아의 안보, 국제사회의 안보에 주는 의미는 무엇인가?

안보

"객관적 의미에서 안보는 획득된 가치에 대한 위협의 결여 정도를 나타내며, 주관적 의미로는 그러한 가치들이 공격당할 두려움이 없는 정도를 나타낸다"(이상현, 2009; Arnold Wolfers, 1952).

인간안보

"인간안보의 목표는 '모든 인간들의 생활이 자유롭고 풍족한 상태가 될 수 있도록 그 핵심적인 요소를 보호해주는 것'이다"(민병원 2009; UN Commission on Human Security, 2003).

공동안보

"공동안보의 개념은 '어떤 한 국가도 그 자신의 군사력에 의한 일방직 결정, 즉 군비증강에 의한 억지만으로 국가의 안보와 평화를 달성할 수 없으며, 오직 상대 국가들과의 공존·공영을 통해서만 국가안보를 달성할 수 있다는 것'이다"(유현석, 2013).

핵과 국제정치

I . 머리말

핵무기(nuclear weapon)는 가공할 파괴력으로 인하여 개발된 이래 국제정치에 많은 영향을 미치고 있다. "전쟁은 적에게 우리의 의지를 강요하는 군사력 행위"라는 클라우제비츠(Carl von Clausewitz, 1780-1831)의 진술대로, 군사력을 사용한 전쟁은 정치의 목적을 달성하기 위한 수단으로 고려되었다(Clausewitz, 1976: 75). 핵무기 역시 그러한 목적을 달성하기 위한 수단으로 군사력의 일부로 개발되었다. 하지만 가공할 위력을 지닌 핵무기는 그 엄청난 위력 때문에 수단으로 사용할 경우 의도했던 목표를 뛰어넘어 파멸적인 결과를 초래할 가능성이 커졌다. 오히려 핵전쟁을 막아야 하는 것이 정치의 중요한 목적이 될 정도로 핵무기가 수단으로 사용될 가능성이 희박해진 것이다. 이는 2차 대전 이후부터 냉전시대(the Cold War era)를 거쳐 현재에 이르기까지 단 한 발의 핵무기도 사용하지 않았다는 사실에서도 알 수 있다.

그러므로 냉전시대의 평화는 상당 부분 핵무기의 가공할 파괴력과 그로 인한 '핵 억지'(nuclear deterrence)에 의해 이루어졌다고 할 수 있다. 핵 억지는 상대방의 공격을 방어할 수 없으나 강력하게 반격할 능력이 있으므로 상대방이 먼저 공격하기를 원하지 않을 것이라는 추론이다(Nye and Welch, 2013: 177). 핵무기를 사용하지 않았거나 사용할 수 없었다는 것은 한편으로는 핵무기의 존재 자체만으로도 커다란 영향력을 행사할 수 있었음을 의미한다. 핵무기에 의한 냉전시대의 평화는 '공포의 균형'(balance of terror)에 의해 이루어진 바 크다(Goldfischer, 2005: 207). 핵무기의 파괴력을 담보로 시민들의 예상되는 희생을 볼모삼아 공포를 통해 평화를 유지했기 때문이다.

거의 반세기 동안 유지되었던 냉전체제가 소련 및 동구 공산 진영의 붕괴로 와해되자 전 세계적 규모의 핵전쟁 가능성도 사라졌다. 세계는 불안한 공포의 균형에서 낙관적인 전망으로 들떠 있었지만, 전개된 현실은 갈등의 연속이었다. 이념적 대결로 감추어졌던 전통적인 인종, 문화, 종교, 민족적 균열이 두드러지면서 이전보다 갈등과 대결이 성행하였다(Orvis and Drogus, 2015: 144-195). 새로운 갈등은 전통적인 국가 차원을 넘어서는 것이었다. 9·11테러는 대표적인 예로서 국제 테러리즘의 전형을 보여주었다.

또한 냉전체제 와해 이후 전개된 미국 주도의 세계질서(Pax Americana)하에서 북한과 이란, 이라크 등이 핵개발을 추진하면서 국제적인 문제를 일으켰다. 이라크의 경우 9·11테러 이후 사담 후세인(Saddam Hussein, 1937-2006) 정권이 미국의 대테러 전쟁 와중에서 붕괴되었지만, 이란과 북한은 여전히 핵개발을 지속하고 있다. 이란의 경우 최근 온건 집권세력이 집권하면서 서방과 핵 협상을 진행하고 있지만, 북한은 체제 생존과 핵무기 개발을 동일시하면서 3차에 걸친 핵실험을 통해 핵보유를 공언하고 있다. 북한의 세습공산정권은 루마니아 독재자 차우셰스쿠(Nicolae Ceausescu, 1918-1989)의 최후 등 공산권 붕괴 과정에서의 경험과 이라크 후세인 정권의 붕괴 과정을 교훈삼아 체제를 유지하는 유일한 방편으로 핵개발을 추진하고 있는 것이다. 더불어 북한의 핵개발 배경에는 남한의 비약적 발전으로 초래된 국력의 차이와 불리한 안보 상황을 상쇄하고자 하는 의도도 존재한다.

이 장에서는 핵무기의 등장과 확산, 핵무기가 비약적으로 발전되었던 냉전시대의 공포의 균형과 핵확산 방지 노력, '악의 축(axis of evil)'으로 불리어진 실패 국가들(failed states)의 핵 개발과 테러리즘(terrorism) 해결이라는 탈냉전기의 과제, 핵과 국제정치의 관계 그리고 우리 안보 현안으로서 크게 부각되고 있는 북한 핵문제에 대한 이해를 도모하고자 한다.

II. 핵무기의 등장과 확산

1. 핵무기의 등장과 발전

핵무기의 역사는 2차 대전 종결 당시 미국의 일본 공격으로 가시화되었다. 미국은 맨해튼 프로젝트(Manhattan Project)를 통하여 핵무기를 개발하고 이를 일본에 사용하였다(Hook, 2014: 39). 히로시마에서만 7만 명이 순간적으로 사망했고, 10만 명이 넘는 사람들이 화상과 방사능 질병으로 천천히 죽어가는 등 30만 명이 살던 도시가 순식간에 폐허가 되었다. 히로시마와 나가사키에 투하된 핵무기가 당시 상상을 초월할 정도의 피해를 입히자 일본도 무조건 항복하지 않을 수 없었다. 당시 미국의 핵무기 보유 규모는 히로시마와 나가사키에 투하한 것이 전부일 정도로 적었지만, 핵무기의 가공할 파괴력을 경험한 일본은 무조건 항복을 하게 된 것이다. 핵무기의 엄청난 파괴력은 이를 개발한 과학자, 정치가뿐만 아니라 많은 사람들의 우려를 자아냈다. 핵무기가 지구상의 생명을 파괴할 가능성을 있다는 사실을 어느 정도 인지하기 시작한 과학자들은 핵에너지를 평화적인 목적에만 사용하도록 하기 위해 노력하기 시작했다. 그러나 과학자들이 만든 핵무기는 이미 과학자들의 통제 밖으로 벗어나 있었다.

최초의 핵무기는 핵분열 반응을 이용하여 제작되었다. 핵무기의 위력은 파괴력으로 나타낸다. 파괴력은 히로시마에 투하된 원자폭탄 '리틀 보이'의 위력인 TNT 2만톤을 기준으로 표시하고, 대륙간 탄도 미사일에 장착될 수 있는 3메가톤급 핵탄

두의 위력은 2차 대전에서 사용된 전체 폭탄의 위력과 맞먹는다. 미국이 1952년 11월에, 소련은 1953년 8월에 핵융합을 이용한 수소폭탄 실험에 성공하면서 핵무기의 파괴력은 급격하게 커졌다.

핵융합 방식은 핵무기의 소형화를 가능하게 만들어 그 위력을 한층 강화시켰다. 실제로 핵분열 방식으로 제작된 핵폭탄 1발을 운송하기 위하여 미 공군은 1948년-1958년 거대한 8개의 엔진을 장착한 B-36 폭격기를 사용하였다. 이 폭격기로 핵무기를 다른 대륙에 투하하기 위해서는 8시간이 필요했지만, 소형화로 탄두를 미사일에 장착하면 30분이면 충분했다. 인류 역사상 가장 큰 규모의 핵실험은 소련에 의해 실행되었다. 소련은 1961년 10월 30일 미국에 대한 시위 목적으로 역대 최고의 위력을 가진 수소폭탄 '차르 봄바'의 폭발 실험을 실시하였다. '차르 봄바'의 위력은 TNT 58메가톤~60메가톤(5,800만톤~6,000만톤)으로 2차 대전 총 화력의 20여배였는데 실험으로 일어난 핵폭발은 1,000km 바깥에서도 보였고, 버섯 구름은 높이 60km, 폭 30-40km까지 자라났다. 100km 바깥에서도 3도 화상에 걸릴 정도의 열이 발생했고, 후폭풍은 1,000km 떨어진 핀란드의 유리창을 깰 정도였다.

핵무기의 가공할 파괴력은 군사적 수단과 정치적 목적과의 심각한 불균형을 초래하게 되어 대부분의 경우에서 핵무기의 사용을 어렵게 만들었다(Brawley, 2005: 73). 특히 수소폭탄은 국제정치에 중요한 영향을 미쳤는데 나이와 웰치는 이를 5개 항목으로 정리하였다(Nye and Welch, 2013: 175-176). 먼저, 핵무기는 제한전(Limited War) 개념을 부활시켰다. 실제로 미국과 소련은 베트남과 아프가니스탄에서 핵무기를 사용하기 보다는 패배를 받아들였다. 다음으로 결정적 순간에 위기가 전쟁을 대체했다. 베를린 위기, 쿠바 미사일 위기, 1970년대 초 중동 위기는 기능적으로 전쟁 역할을 수행했다. 또한 '억지'를 중요 전략으로 만들었다. 공포를 조장하여 상대방의 공격을 미리 억지할 수 있는 군사력을 구비하는 것이 중요해진 것이다. 미국과 소련은 핵전쟁을 피한다는 공통의 핵심 이해관계 아래 신중하게 대처하여 대리전이나 간접적인 주변 전쟁에는 개입했으나 전장에서 직접 대립하지 않았다. 핵무기의 비사용이라는 규범 발전에 노력하였으며, 결정적 국면에서 파국을 막을 수 있도록 의사소통하는 방법을 배웠다. 쿠바 미사일 위기 이후 양국은 양국 지도자들이 실질적으로 즉각 소통할 수 있는 '긴급 직통전화'(hot-line)를 설치했으며, 핵확산을 막고 핵군비 경쟁을 규제하는 일련의 조약을 체결하고 수시로 핵군비 통제 협상을 수행하여 안정을 도모하였다. 마지막으로 핵무기를 사용할 수 없는 것으로 고려하기 시작했다. 핵무기의 사용을 불명예스럽게 생각하게 된 것이다. 어떤 종류의 핵무기라도 일단 사용하게 되면 상승 작용을 일으키므로 핵무기를 사용해서는 안 된다는 것이다.

2. 핵실험과 핵무기의 확산

핵무기의 위력과 억지력은 국가들로 하여금 핵을 보유하려는 노력을 증가시켜 핵 확산에 기여했다. 핵보유국에 비해 그렇지 못한 국가들은 절대적인 불안과 공포에 휩싸일 수밖에 없었기 때문이다. 국제적 무정부 상태 역시 핵무기 확산에 기여했다. 세계는 국민국가를 중심으로 이루어졌을 뿐, 이들을 통제할 보다 높은 권위체가 없었다. 미국은 핵무기의 국제적 통제를 확립하기 위해 바루크 플랜(the Baruch Plan)을 제시하였으나, 미국의 음모로 간주한 소련의 반대로 실패하였다. 소련이 미국 정부가 계속 핵무기 기술을 독점하게 될 것이라고 생각했기 때문이었다(Hook, 2014: 288-289).

미국을 뒤이어 핵무기를 보유한 국가는 소련이다. 소련의 핵기술 첩보원들은 프로그램 각 부분에서 첩보를 수집하였다. 소련의 첩보원들은 맨해튼 프로젝트에도 관여하고 있었으며, 나치 독일의 핵에너지 프로젝트 관련 정보를 수집하였다. 독자적인 핵무기 개발을 위해 독일의 핵 기술자를 납치하거나 맨해튼 계획의 핵 기술자를 납치하려는 계획도 세우고 있었다. 이러한 노력으로 소련은 1949년 8월 29일 원자폭탄 실험에 성공하였으며, 4년 후인 1953년 8월 12일에는 수소폭탄 실험에도 성공하였다. 특히 1958년에서 1962년 사이에는 우주 공간에서 4차례 핵실험을 진행하였으며 1961년에는 60메가톤 급의 '차르 붐바' 실험을 감행하였다. 이러한 과정을 거쳐 1970년대에 이르러서는 핵무기에서 미국과 거의 균형을 유지하게 되었다.

영국은 1952년 10월 3일 몬테벨로 군도에서 원자폭탄 실험에 성공하였으며,

1957년에는 수소폭탄 실험을 시행하였다. 독자적인 핵전략을 추구하는 프랑스도 1960년 2월 13일 사하라 사막에서 최초의 원자폭탄 실험에 성공하였으며, 1968년에 수소폭탄을 개발하였다. 프랑스는 '고슴도치 이론'(Porcupine Theory)에 의거하여 독자적인 핵 보유를 지속적으로 추구하고 있다. 고슴도치 이론은 강대국보다 훨씬 험난한 세상을 살아가는 작고 약한 나라들의 생존 방법에 관한 것으로 고슴도치가 가시 때문에 맹수의 공격을 피할 수 있듯이, 핵무기가 약소국들의 '가시'가 될 수 있다는 것이다. 중국 역시 1964년과 1967년 각각 원자폭탄과 수소폭탄 실험에 성공하였다. 1998년에는 인도와 파키스탄이 공개적으로 핵 실험을 시행했다. 미국, 소련, 영국, 프랑스, 중국, 인도, 파키스탄은 수천 번의 핵실험을 실시했으며, 이스라엘 역시 독자적인 노선을 추구하고 있다.

이라크와 이란, 북한 역시 핵무기를 보유하려고 시도하였다. 이라크는 미국 등에 의해 와해되었지만 이란과 북한은 여전히 핵 실험을 실행하고 핵무기 보유에 주력하고 있다. 이란은 1979년 호메이니(Ayatollah Ruhollah Musavi Khomeini)가 이슬람 혁명으로 정권을 잡은 이래 미국과 이스라엘에 극도의 적대감을 보여왔다. 반체제 인사로 구성된 이란 국민저항위원회(NCRI)가 2002년 8월 핵개발 의혹을 폭로한 뒤 이란은 국제원자력기와 서구 주요 국가들의 집중 감시 대상이 되었다. 특히 이스라엘과 미국에 적대적인 아흐마디네자드(Mahmoud Ahmadinejad) 대통령이 선출되고 나서 이란은 핵무기에 대한 야심을 진척시켰다. 이에 대해 미국과 유럽 국가들은 제재와 타협으로 대응했다. 경제적인 어려움을 겪고 있는 이란은 2013년 온건파인 하산 로우하니(Hassan Rouhani)가 대통령으로 선출되고 핵 관련 협상을 적극적으로 추진하고 있다. 북한은 주지하다시피, 2006년 10월 9일, 2008년 2월 25일, 2013년 2월 12일 세 차례에 걸쳐 핵실험을 감행하였고 지금은 핵보유국으로서의 지위를 요구하고 있다. 핵무기를 개발하려다가 생각을 바꾼 국가들도 5개국이나 된다. 남아프리카 공화국, 대한민국, 아르헨티나, 브라질, 리비아는 핵무기 개발을 시작했으나 중단하였다.

냉전시대의 역설은 핵보유국의 확산과 엄청난 핵무기의 증가에도 불구하고 한 발의 핵무기도 사용하지 않았다는 것이다. 핵무기로 전통적인 세력 균형(balance of power)이 '공포의 균형'(balance of terror)으로 변질되면서(Wohlstetter 1959), 대결과 대립의 강도는 증폭되었지만 실제 전쟁으로 이어지지 않는 '냉전'(Cold War)이 일상화된 것이다. 미·소 양대 진영의 대립이 지속되었지만 핵전쟁의 위험성으로 핵무기 확산을 방지하려고 노력하였다. 양국 간의 협력을 이끌어낸 것은 공교롭게도 핵전쟁 직전까지 치달았던 양국의 대립이었다. 쿠바 미사일 위기가 발생하고 해소되는 과정에서 핵문제에 대한 협력의 중요성이 크게 부각되었던 것이다.

미국은 냉전 초기인 2차 대전 직후부터 1949년까지 핵무기를 독점하였다. 미국이 이러한 전략적 이점을 활용하지 않은 것은 막강한 소련의 재래식 군사력과 취약한 유럽의 상황 등 다른 요인들 때문이다. 1949년 소련의 핵 실험 성공은 자유 진영과 공산 진영의 대결을 가속화시켰고 냉전 시대를 더욱 불안하게 만들었다.

전통적인 국제정치가 세력 균형에 의해 질서가 유지되었다고 한다면, 핵무기가 본격화된 냉전시대의 질서는 핵무기가 초래할 가공할 파괴력이 빚어내는 공포에 의한 것이었다. 공포는 억지를 중요한 전략으로 설정하게 만들었다. 핵무기의 파괴력 증가가 상대방의 공격을 억지하는 전략적 가치에 비중을 두게 만든 것이다. 핵무기를 사용하지 못한 것은 단순히 강대국 간의 관계에서뿐만이 아니다. 강대국과 약소국 간의 관계에서도 마찬가지였다. 미국과 소련이 베트남과 아프가니스탄에서 불리한 상황에도 불구하고 핵무기를 사용하지 않은 것은 주지의 사실이다. 그러나 적어도 강대국 간의 핵 균형은 단순한 군사력이 부여하는 물리적 차원을 넘어서 끔찍한 결과를 초래할 수 있다는 공포에 의한 심리적 차원을 포함하는 것이었다. 핵무기의 등장이 전통적인 국제질서의 메커니즘인 세력균형을 핵무기의 공포로 인한 공포의 균형으로 탈바꿈시켜 놓은 것이다.

핵무기의 엄청난 파괴력은 선제공격(first strike)을 받더라도 파괴되지 않은 핵무기의 반격(counter strike)을 중요하게 만들었다. 이것은 적은 양의 핵무기라 할지라도 치명적인 결과를 초래할 수 있기 때문이다. 따라서 서로 상대방에게 핵 공격을 하지 않겠다는 장치가 필요했다. 물론 미·소 간에 핫-라인을 설치하고 제한 핵실험 금지 조약으로부터 일련의 레짐을 통해서 핵무기를 잘 통제한 것도 중요했다. 하지만 보다 적극적으로 상호간에 핵 공격을 하지 않겠다는 것을 입증해야 했다. 상대방의 핵 공격을 서로 방어하지 않음으로써 핵 공격을 받을 경우에 확실하게 반격할 수 있게 했던 것이다. 소위 '상호확증파괴'(MAD: Mutual Assured Destruction) 전략으로 냉전시대 핵 균형을 이루기 위한 전략이었다. 이를 위해 체결한 조약이 ABM (Anti-Ballistic Missile) 조약이다. 당연히 상대방의 핵미사일에 대응하는 미사일 방어망 같은 것을 구축하지 않겠다는 약속을 한 것이다. 또한 전통적인 군사력에 대응하는 전략(counter-force strategy)에서 워싱턴과 모스크바를 겨냥한 전략(counter-city strategy)을 취하게 되었다. 공포의 균형(balance of terror)에 의해 표면적 평화를 추구하게 된 것이다. 실제로 냉전 기간 동안 핵전쟁의 참화를 피할 수 있었던 것은 핵무기에 대한 엄청난 공포와 그러한 공포를 고려한 신중한 전략과 관련 레짐에 의한 공포의 균형이었던 것이다.

2. 핵무기 확산에 대한 대응: 국제 핵비확산 및 핵군축 레짐

핵무기의 확산은 세계의 질서를 크게 흔들 수 있었다. 이론적으로는 모든 국가가 핵을 보유하게 되면, 홉스(Thomas Hobbes)가 언급한 '만인(萬人)의 만인에 의한 전쟁 상태'처럼 '만국(萬國)의 만국에 의한 전쟁 상태'가 가능할 수 있었다(Hobbes, 1981). 핵무기의 등장이 무정부적인 속성을 보이고 있는 국제질서를 더욱 혼란에 빠뜨릴 가능성이 컸던 것이다. 더불어 가공할 파괴력을 가진 핵무기를 제대로 제어하지 못했을 경우 예상되는 문제는 더욱 심각했다. 핵무기의 엄청난 파괴력과 예상되는 피해는 일상화되고 제도화된 국제정치를 불가능하게 만들 가능성이 컸으므로 국제적으로 핵무기의 확산을 방지하고 핵 군비경쟁을 규제하려는 움직임이 핵무기 개발에 뒤이어 곧바로 생겨났다.

'핵 비확산 체제'(Nuclear Nonproliferation Regime)란 핵무기 확산을 막기 위한 일련의 국제적 합의와 제도 및 기구로 참가국들이 핵확산을 촉진하는 모든 행위를 해서는 안 된다는 합의라고 할 수 있다(전성훈, 2009: 198; Keohane, 1984: 58). 이는 핵 비확산, 핵군축 그리고 원자력의 평화적 이용에 관한 세 부분으로 전개된다. 우선적으로 핵실험 등 핵 군비경쟁에 대한 규제 노력이 시작되었다(Hook, 2014: 289). 남극에서 핵폭발이나 방사능 물질의 처리를 금지하기 위해 1959년 체결된 남극조약을 시작으로 많은 합의와 기구가 만들어졌다. 1963년 8월 미국·소련·영국 정부는 대기권, 수중, 우주공간에서 핵실험을 금지한 '부분 핵실험금지조약'(LTBT: Limited Test Ban Treaty)에 서명했다. '부분'인 것은 지하 핵실험 금지를 제외하고 있는 까닭이며, 조약 전문에서 완전한 핵군축, 핵무기 실험의 영구금지, 방사성 물질에 의한 환경오염에 종지부를 찍게 하는 것 등을 기술하고 있어 아직 핵을 개발하지 못한 중국과 1960년에 원폭실험을 한 프랑스는 이 조약이 핵 미보유국(Non-Nuclear Weapon State, 이하 비핵국)이 핵그룹에 들어가는 것을 제한하여 핵보유국(Nuclear Weapon State)의 우위를 고정시키는 것이라고 반대하여 조인하지 않았다. 이 조약은 부분적이며 구속력도 약하나 냉전 시기 미국과 소련이 합의한 첫 번째 사례로 중요하다. 이 조약은 108개국이 조인하였으며 1968년의 핵확산 금지조약으로 이어진다.

핵 비확산 체제의 토대이자 핵심은 핵확산금지조약(NPT: Nuclear Nonproliferation Treaty)이다. 1966년 후반부터 핵무기 확산 방지에 관하여 미·소의 타협이 진전되어 1967년 초에 기본적 합의가 이루어졌다. 이어서 미·소 초안의 심의를 맡았던 제네바 군축위원회에서 비핵보유국들의 비판을 반영하여 1969년 6월 12일 국제연합 총회에서 채택하고 미·소의 비준서 기탁이 끝난 1970년 3월 5일부터 발효되었다. NPT의 내용은 조약 체결국이 핵무기를 개발하거나 핵무기를 이전하는 것을 강제하는 것으로 핵무기 보유 여부에 따라 각기 다른 책무를 부과하고 있다. 이 조약은 핵보유국은 비핵국이 핵무장 능력을 보유하도록 도움을 주지 말아야 하며, 비핵국은 핵보유 노력을 포기하고, 모든 조약 체결국들은 원자력의 평화적 이용을 위한 협력을 계속하며, 특히 비핵국은 자신들의 평화적 핵 시설이 군사적으로 전용되는 등 오용되고 있지 않았다는 것을 입증하기 위해 국제연합의 국제원자력 위원회(IAEA: International Atomic Energy Agency)의 사찰에 동의한다는 것을 골자로 했다(전성훈, 2009: 208-211). 조약은 발효 뒤 1995년까지 25년간을 기간으로 정하여 5년마다 조약 운용을 검토하는 회의를 열고, 유효기간이 끝나는 해에 연장 여부를 결정하기로 하였다. 1995년 조약의 연장을 결정하는 회의에서 무기한 연장을 지지하는 핵보유국들과 핵무기 독점의 위험성을 제기하며 기한부 연장을 주장하는 제3세계 비핵국들의 입장이 팽팽히 맞섰으나, 조약의 평가 절차를 강화하고 핵보유국의 핵군축 노력 원칙을 채택하는 선에서 무기한 연장에 합의하였다(전성훈, 2009: 197).

NPT는 많은 우여곡절을 겪으면서 핵무기 확산 방지에 기여하고 있다. 하지만 북한의 경우처럼 가입과 탈퇴를 번복하면서 조약을 위배하거나 이스라엘, 인도, 파키스탄처럼 조약 자체에 가입하지 않은 국가들도 있다. 핵보유국은 NPT가 출범할 때 공식적으로 선언된 5개 국가인 미국·소련·영국·프랑스·중국과, 조약에 가입하지 않고 암암리에 핵무기를 개발한 이스라엘·인도·파키스탄이 있다. 인도와 파키스탄은 1998년 공개적으로 핵실험을 감행했으며, 이스라엘은 NCND(Neither Confirm Nor Deny) 정책으로 일관하고 있으나 프랑스로부터 핵무기 기술을 도입하여 1960년대에 개발에 성공한 것으로 간주된다. 핵무기 개발을 시도하다가 중단한 국가들도 있으며, 북한과 이란은 NPT를 비준하고도 핵무기를 개발하거나 보유하고 있다.

NPT는 일부를 제외하고 성공적이었다고 할 수 있다. 출범 50여년이 지난 현재 실제로 핵 개발 능력이 있는 30여 국가들이 핵무기를 보유하지 않고 있기 때문이다. 이러한 상황은 핵무기의 가공할 파괴력, 목적과 수단의 불균형, 쿠바 미사일 위기 등을 겪으면서 학습되고 정립된 신중성과 핵 관련 합의와 레짐 형성 등에 기인한 바 크다.

핵군비 축소 노력도 진행되었다. 미국과 소련은 1970년대 초반부터 전략무기제한협정(SALT: Strategic Arms Limitation Talks)과 전략무기감축협정(START: Strategic Arms

Reduction Treaty)으로 핵무기와 운반체계를 제한했다. 소련 해체 이후 러시아와 미국은 2002년에 모스크바 조약(Treaty of Moscow)에서 향후 10년 동안 실전 배치 핵무기를 1,700-2,200개로 감축할 것을 합의했다(Hook, 2014: 289).

핵실험 금지 조약(NTBT: Nuclear Testing Ban Treaty)으로 LTBT(PTBT) 이외에 미국과 러시아 간에 1974년에 체결하고 1990년 12월 11일에야 비준한 150kt 이상 핵무기의 지하 핵실험을 제한한 지하 핵실험 제한 협정(TTBT: Threshold Testing Ban Treaty)과 평화 목적의 핵폭발 조약(PNET: Peaceful Nuclear Explosions Treaty), 전면 또는 포괄적 핵실험 금지조약(CTBT: Comprehensive Nuclear Test Ban Treaty)이 체결되어 있다.

CTBT는 LTBT의 문제점인 지하핵실험 가능성을 보완하기 위해 1996년 9월 24일 국제연합 총회에서 결의되어 핵보유국 5개국을 포함 71개국이 서명한 조약으로 형태, 규모 및 장소를 불문하고 어떠한 핵실험도 포괄적으로 금지한다는 내용을 담고 있다. 또한 CTBT는 효과적 검증을 위해 지진파 포착과 같은 원리로 핵실험 여부를 찾아낼 수 있는 국제탐지체계(IMS: International Monitoring System)의 도입 등 효율적인 검증체제를 갖추고 있다. CTBT 당사국이 조약을 불이행할 경우 해당국가의 조약상 권리 등이 제한되며 국제법에 의해 집단적 조치를 당할 수도 있다. 그러나 CTBT는 2015년 6월 현재 164개 국가들에 의해 비준되고 183개국에 의해 서명되었음에도 불구하고 발효되지 못하고 있다. 조약 발효를 위해 필수적으로 비준을 해야 하는 핵능력 보유국 44개국 중 미국, 중국, 이스라엘, 이란, 이집트, 인도, 파키스탄, 북한 등 8개국이 아직 서명 또는 비준을 하지 않았기 때문이다.

한편, 핵시대의 공포의 균형에 대해 미 대통령 레이건(Ronald Wilson Raegan, 1911-2004)은 적극적으로 대응하였다. 레이건은 상호확증파괴 전략을 의미하는 'MAD'를 'mad'로 규정한 것이다. 자국의 시민을 볼모로 하는 전략은 진부한(obsolete), 미친(mad) 전략이라는 것이다. 이러한 상황을 타개하기 위해 레이건은 전략방위구상(SDI: Strategic Defense Initiative)을 제기한다. 즉 상대방의 핵무기를 부스터(booster) 단계부터 적극적으로 방어한다는 것으로 특히 우주 공간에서 위성으로 레이저를 조사(照射)하여 파괴하려는 계획이다. 소련이 이에 반발하여 레이저를 장착한 위성을 파괴하는 킬러 위성(killer satellite)을 개발하겠다고 공언함으로써 우주가 전장이 되는 'star wars' 상황이 조성된 것이다. 이러한 SDI가 변화하면서 현재의 미사일 방어체제(MD: Missile Defense)가 추진되고 있는 것이다.

Ⅳ. 탈냉전기 실패 국가들과 테러리즘

핵무기는 냉전 시기 동안 사용되지 않았지만, 심리적으로 '공포의 균형'을 중심으로 중압감 있게 작용했다. 또한 NPT체제 역시 효과적으로 어느 정도 소기의 목적을 달성했다. 하지만 탈냉전 이후 국제 테러조직에 의한 9·11테러가 발생하고 동시에 실패국가 북한, 이란, 이라크를 중심으로 진행된 핵 개발이 맞물리면서 새로운 차원에서 핵 문제가 부각되었다.

오랜 냉전 기간을 통해 지속되었던 '핵전쟁의 참화'라는 공포가 탈냉전으로 해소되고 낙관적 전망을 쏟아내고 있는 상황에서 추세를 반전시킨 것이 9·11테러였다. 9·11테러는 오사마 빈 라덴의 알카에다(Al-Qaeda)라는 국제적인 테러조직이 정치적 목적을 달성하기 위하여 납치한 민간 항공기를 거대한 크루즈 미사일처럼 사용하여 3,000여 명을 살상시킨 사건이다. 미국이 핵 확산에 민감한 이유는 테러 집단과 핵무기의 연계 가능성 때문이다. 무차별적인 테러를 자행하고 있는 테러 집단에 핵무기가 흘러들어가게 되면 미국의 안보에 직접적 위협이 되기 때문이다. 불량국가(rogue state) 북한, 이란, 이라크에서 개발한 핵무기가 알카에다, 이슬람국가(IS) 같은 극단적 테러세력에 공급된다면 미국이 핵무기의 공격을 받을 수 있다는 것이다.

불량국가들이 대량살상무기를 개발 또는 획득하여 테러리스트들에게 제공할 가능성을 극단적 시나리오로 제시한 부시 행정부는 이 최악의 결합에 대비하기 위해 선제공격(preemptive strike) 개념을 도입했다. 이것은 냉전기 주요한 전략이었던 봉쇄(containment)와 억지가, 인지하는 순간 피해를 초래할 수 있는 테러 세력에게는 소용이 없다는 이유에서였다(마상윤, 2013: 279). 부시 대통령은 2001년 9월 20일 상하원 공동 연설에서 "테러에 대한 전쟁"(War on Terror)을 선언했다(Welch, 2005: 1-4).

테러리즘은 단순히 정의하기가 어렵다. 이해관계와 입장에 따라 다르게 해석될 수 있기 때문이다. 어떤 사람에게는 '테러리스트'가 다른 사람에게는 '자유의 전사'가 될 수 있다(Combs, 2003). 전반적으로 테러리즘은 "국가 하부의 집단이나 비밀 요원들이 미리 계획된 정치적 동기를 가지고 목표 대상에게 영향을 주기 위해 민간인을 표적으로 폭력을 가하는 것"으로 정의된다(Hook, 2014: 294).

9·11테러는 전통적인 동맹 관계에도 영향을 미쳐 기존 동맹 여부와 무관하게 테러와의 전쟁에 동참하는 국가들과 '의지를 위한 연합'(Coalition for the Willing)을 형성하여 협조하게 된다. 전통적·고정적 동맹이 쟁점과 사안에 따라 가변적인 협력 관계로 변모하게 된 것이다. 한편, 대테러 전쟁으로 수행된 두 개의 전쟁은 성격이 달랐다. 아프가니스탄에서 탈레반(Taliban) 정권을 무너뜨리고 알카에다의 기반을 파괴하려는 항구적 자유 작전(Operation Enduring Freedom)은 유엔과 광범위한 국제적 지지 아래 수행되었으나, 이라크 해방 작전(Operation Iraqi Freedom)은 그러지 못했다. 2002년의 미국 국가안보전략은 가능한 미래의 위협을 처리하기 위해 선제공격으로 예방전쟁을 수행할 권리와 의도를 천명하였다(White House, 2002: 21). 2003년 이라크 해방작전은 이러한 기조 아래 전개되었는데 이는 국제사회에 일방적이고 자극적인 위험한 것으로 비춰졌다. 이러한 부시의 일방주의는 국제사회에 반미주의(Anti-Americanism)의 역풍을 일으켰다(Katzenstein and Keohane, 2007: 2).

2009년 취임한 버락 오바마(Barack H. Obama) 대통령도 테러리즘과 대량살상무기 확산과 같은 '21세기적 위협'으로부터의 안전보장을 미국외교정책의 중요한 목표로 인식하였다. 특히 핵무기와 결합한 테러리즘의 위협을 매우 심각하게 인식하고 이에 철저히 대응할 것임을 명백히 하였다(마상윤, 2013: 282). 하지만 미국의 민주주의 가치 훼손 등 대테러 전쟁의 부작용을 인식하여 2009년 8월 오바마 대통령은 대테러 전쟁이라는 용어를 중지시킨다. 대신 주변과 우방국의 도움을 보다 구하고 첩보 수집에 보다 주력한다. 다자주의로 후퇴한 것이다(Drezner, 2011). 이러한 노력은 2011년 5월 2일 파키스탄 북부 지역 아보타바드(Abbottabad)에서 은신 중이던 오사마 빈라덴 사살이라는 성과로 이어졌다.

미국이 북한을 불량국가로 간주하고 북한이 핵무기 등 대량살상무기를 개발하고 보유하는 한 한반도는 9·11테러 이후 전개된 미국 대외정책의 한복판에 위치한다. 실제로 부시 행정부는 북한 핵개발을 단순한 동아시아의 지역적 사안이 아니라 대테러전이라는 세계적 차원의 문제로 다루었다. 비록 미국이 이라크를 비롯한 중동지역에 적극 개입하면서 북한 핵 문제에 대한 관심은 시기적으로나마 상대적으로 낮아졌지만 불량국가와 테러리즘이라는 중첩 영역에 위치해 있는 것이다. 체제 생존이라는 이유와 무관하게 핵무장된 북한은 한국의 안보를 심각하게 손상시키는 동시에 테러집단과의 연계 가능성을 포함하여 국제사회의 규범을 훼손하기 때문이다. 북한은 오래 전부터 일방적으로 자신의 이익을 추구하였고 자기주장을 관철시키려고 테러 등 도발을 일삼으면서 주변을 강요해 왔다. 심각한 경제 상황에도 불구하고 핵 개발을 지속적으로 추진하고 있는 것도 동일한 맥락이다. 이미 무너진 남북한의 격차를 상쇄시키고 체제를 유지할 수 있는 유일한 가능성이 핵 보유라고 단정했던 것이다. 이러한 증거는 핵 무장을 필사적으로 추진한 김정일 정권에 뒤이어 김정은도 핵·경제 병진 노선을 통해 이를 관철시키려고 하고 있는 데에서 여실히 드러나고 있다.

불량국가들의 핵무기 개발·보유와 테러 집단과의 연계 가능성에 더하여 이란, 북한 등이 개발한 핵무기를 제대로 제어할 수 있는 자체 통제체제를 보유하고 있는지에 대한 문제가 제기되고 있다. 핵무기에 대한 제어 및 관리 체제는 고도의 기술과 막대한 비용이 소요되는데 과연 이들이 그런 메커니즘을 구비하고 있는지에 대해 의구심을 갖고 있는 것이다. 미국과 소련은 여러 차례 위기를 경험하고 또 오랫동안 핵무기를 관리하면서 핵무기를 어떻게 통제해야 하는 지를 분명히 알고 관련 제어 시스템을 보유하고 있지만, 북한과 이란이 그런 통제 체제를 제대로 갖추기는 쉽지 않기 때문이다.

V. 핵무기의 국제정치적 함의

핵무기 등장 이전의 국제정치를 전통적인 이론과 시각으로 설명할 수 있다면 핵 이후의 국제정치는 새로운 시각이 보완되어야 한다. 근대국가의 출현 이래 국제 질서는 근대국가의 속성인 영토성(territoriality)과 주권(sovereign)을 중심으로 전개되어 왔다. 국제정치의 주류 패러다임인 현실주의(realism)의 주장대로 전통적 국제정치는 군사력으로 대표되는 국가의 권력을 중심으로 전개되고 설명되어 왔다(Morgenthau, 1967: 26). 국민국가(nation state)의 권력의 정도에 따른 국가별 위상에 의해 개별 국가 행동의 범위와 한계가 정해지는 것도 당연한 귀결이었다. 따라서 국제정치의 의사결정 과정에서 국가 권력이 직접적 인과 관계를 가질 수밖에 없었던 것이다. 그러나 핵(핵무기)의 등장은 이러한 전형적 권력정치에 새로운 차원을 부과하였다. 국가 권력의 정도에 따른 강대국과 약소국의 구분이 불가능한 것은 아니지만 적어도 국가의 의사결정과 국가의 행동에 이전과 다른 차원을 고려하게 된 것이다.

전통적으로 상대적인 국력의 차이에서 비롯된 강대국과 약소국의 위상은 강대국의 국가이익 실현을 약소국의 이익에 반한 경우에도 실현 가능하게 만들었다. 그러나 핵무기의 등장은 만일 약소국이 핵무기를 보유한다면 강대국의 강요를 적극적으로 거부할 수 있는 수단을 제공하는 것으로 간주된다. 카플란(Morton A. Kaplan)이 예상했던 개별국가별 거부 체제(Unit Veto System)가 성립할 수 있게 되었다. 이는 전형적인 국제적 무정부상태(International Anarchy)를 강화할 가능성이 크다. 근대 이후 국제질서는 국민국가를 기본 단위로 전개되어 왔으며 국력의 크기에 따라 나름의 행동에 대한 한계가 설정되어 국가 이상의 권위체가 부재한 무정부적 속성에도 불구하고 질서를 유지할 수 있었다. 하지만 핵무기의 가공할 파괴력은 상대적으로 국력이 약한 국가들로 하여금 핵무기 보유를 통해 이러한 권력정치적 관행을 거부할 수 있게 만들고 결과적으로 국제 질서가 혼란스럽게 전개될 가능성이 커진 것이다. 국력 차이가 엄청나게 뒤떨어진 실패국가 북한이 미국의 국가 이익과 배치되는 행동을 할 수 있게 된 것이다. 핵 보유 이전에는 약소국이 받아들일 수밖에 없는 결정들 — 개별 강대국의 강압 혹은 강대국들의 협상 결과인 국제정치적 결정들 — 을 핵 보유 이후에는 거부할 수 있게 된다. 이러한 거부는 기존 질서를 뒤흔들 가능성이 크다. 핵의 등장과 확산은 국제정치 질서를 크게 뒤흔들었고 여전히 혼란의 원천이 될 가능성이 높다. 하지만 역으로 권력정치적 속성으로 해결할 수 없다는 사실 자체가 자유주의적 접근을 가능하게 할 수 있다. 핵 대결이 상정하는 치킨 게임을 원하지 않는 이상 타협의 여지는 있기 때문이다. 핵 개발 능력이 있는 국가들이 40개 국에 이르나 개발하지 않고 있는 것은 국제관계가 일회적이지 않고 반복적이며, 반복되는 관계 속에서 신뢰가 형성될 수 있음을 의미한다.

또한 국제 규범의 발달로 인한 가치나 기준의 변화가 이전에는 불가능했던 이해관계를 타협하고 수렴할 수 있게 해줄 수 있다. 국가이익이나 가치, 규범, 사고방식이 변화할 수 있다는 것은 중요한 국면에서 문제 해결의 단서를 제공할 수 있다. 냉전시대의 종말을 제대로 볼 수 없었던 것이 경직된 고정적 사고에서 비롯되었음은 주지의 사실이다. 냉전시대 역시 다양한 변화가 존재하였다. 대립과 타협, 대결과 공존이 번갈아가며 작동하였다. 핵문제 역시 개발 초기 엄청난 공포와 대결 상황으로 커다란 관심을 받고 차지하는 비중이 컸지만, 시간이 흐르면서 경제와 같은 다른 분야로 비중이 전가된 면이 크다(Goldfischer, 2005: 199-219).

물론 냉전체제가 무너진 탈냉전의 현실은 전통적인 국제정치의 복귀라고 할 정도로 권력의 위상에 의한 질서 부여가 평화를 담보할 가능성이 크지만, 지금의 세계가 단순히 권력정치적 속성만 두드러진 것은 아니므로 다양한 방식에 의한 평화의 달성 여지도 존재할 수 있다.

VI. 맺음말

핵과 국제정치를 이해하는 것은 일반적인 국제정치의 이해에도 중요하고 한반도를 위시한 동북아의 역학관계와 질서를 이해하고 확보하기 위해서는 매우 절실하다. 우리의 경우 특히 북한이 핵개발을 통해 그동안의 실패를 상쇄시키는 동시에 생존의 가능성을 높이고 우리의 안보를 위협하는 등 한반도의 긴장을 고조시키고 있다.

핵무기는 가공할 파괴력으로 국제정치에 커다란 영향을 미쳤다. 적어도 심리적 차원에서는 냉전 기간 내내 세계의 수많은 사람들을 공포에 떨게 만들었다. 공포의 균형이라는 말은 '평화 없는 평화'로 대체할 수 있다. 실질적인 내면적 평화가 없는 어쩔 수 없는 공포에 의한 전쟁 부재 상태이기 때문이다. 그럼에도 인류는 슬기롭게 수만 개의 핵무기 속에서 용케도 생존하고 있고, 오히려 그 속에서 지혜를 얻었다. 극단적 상황 속에서도 협력과 타협의 길은 존재했다. 탈냉전의 도래 후 전개되고 있는 불량국가의 핵 확산과 국제적인 테러 세력의 창궐은 안보에의 또 다른 큰 도전이 되고 있다(Daalder and Lodal, 2008: 8).

이러한 전세계적인 안보 문제가 한반도에 접목된 것이 북한 핵문제이다. 북한이 체제 생존을 위해 선택한 핵무기 개발과 보유는 북한 체제 혹은 한반도 차원만의 문제가 아니라는 것이다. 탈냉전 후 전개되고 있는 전세계적 트렌드와 역행하고 있기 때문이며 불량국가와 WMD, 그리고 테러라는 3자 구도 속에 들어맞기 때문이다. 6자 회담의 경과에서 엿볼 수 있듯이 북한 핵문제는 북한, 한반도, 동북아의 제 차원을 넘어서는 다차원적(multi-dimensional) 문제이다. 현 단계에서 북한이 핵을 쉽사리 포기하리라고 예상하기는 힘들다. 북한 핵은 단순히 탈냉전의 산물만은 아니다. 6·25와 중·소 분쟁, 동구 공산권의 붕괴, 전대미문의 공산 세습 과정을 통해 학습한 성과이다. 6·25의 폐허 속에서 중·소 분쟁의 와중에서 '주체'와 '자위'의 생존책을 습득하고 동구 공산권의 붕괴 과정에서 군대의 중요성을 목도한 결과이다. 정권의 세습 과정은 정권에 강제력과 독재의 성격을 더욱 강화시켰다.

그러므로 북한의 학습 효과를 상쇄하고 북한 핵문제가 지니는 다차원적 문제를 체계적으로 풀어나가야 한다. 북한 문제는 핵을 포함한 대량살상무기(WMD: Weapons of Mass Destruction)의 확산, 미사일, 마약, 위조 지폐, 인권 등과 관련된 총체적인 것이기 때문이다. 미·소의 엄청난 핵 대립 속에서도 균형을 잃지 않고 평화를 일구어 왔듯이 호혜(互惠)의 원칙 아래 상호성의 차원에서 지혜를 모아야 한다.

질문 및 토론 사항

1. 핵무기의 등장이 국제정치에 미친 영향은?

2. 공포의 균형이란 무엇이며, 무엇이 이러한 현상을 초래했는가?

3. 냉전기 핵무기를 둘러싸고 전개된 미·소의 대립과 협력은 무엇인가?

4. 탈냉전기에 핵 문제가 중요해진 이유는 무엇인가?

5. 국제적으로 핵무기 확산을 방지하는 노력은 무엇이고 주목할 점은 무엇인가?

6. 북한 핵 보유가 한국의 안보, 동북아의 안보, 국제사회의 안보에 주는 의미는 무엇인가?

핵억지(nuclear deterrence)

"핵 억지는 상대방의 공격을 방어할 수 없을지라도 강력하게 보복할 수 있으므로 상대방이 먼저 공격하기를 원하지 않을 것"이라는 추론으로 냉전 기간 동안 초강대국들의 국제 관계에 대한 접근 방법을 변화시켰다(Nye and Welch, 2013).

핵비확산 체제(Nuclear Nonproliferation Regime)

"핵비확산 체제란 핵무기 확산을 막기 위한 일련의 국제적 합의와 제도 및 기구를 말한다."(전성훈, 2009).

대량살상무기(Weapons of Mass Destruction)

"고도로 파괴할 수 있거나 또는 대규모의 인원을 살상하는 수단으로 사용될 수 있는 무기. 고성능 폭발물 또는 핵무기·생물학·화학·방사능 무기."(미국방부 군사용어사전, 2007).

악의 축(Axis of Evil, 惡의 軸)

"부시(George W. Bush) 미국 대통령이 2002년 1월 29일에 열린 연례 일반교서에서 이란, 이라크, 북한을 "테러를 지원하는 정권"(regimes that sponsor terror)으로 지적하며 쓴 용어이다. 이들로부터 위협을 제거하는 것이 미국 대외정책의 중심목표라고 밝혔다."

테러리즘(terrorism)

"대중을 위협하거나 정부정책에 영향을 미치기 위해 의도된 것으로 보이는 폭력 행위. 가능한 협박 등의 효과를 극대화하기 위해 극적인 충격에 의존하여 시민이나 비전투원을 대상으로 죽음 혹은 심각한 신체적 손상을 의도한 행위. 9·11 이후 제기되고 있는 뉴테러리즘(혹은 슈퍼테러리즘)은 심리적 충격과 공포심을 불러일으키기 위하여 불특정 다수를 대상으로 주체도 대상도 모호한 전쟁 같은 무차별적 행위."(Nye and Welch, 2013; 두산백과; 21세기 정치학대사전; 시사상식사전)

외교와 외교정책

Ⅰ. 머리말

이 장에서는 국제정치에서의 외교의 의미와 수단, 외교정책에 영향을 주는 요인과 이론들을 살펴보기로 한다. 20세기 이후 외교정책 환경변화가 외교와 외교정책에 어떠한 영향을 주고 그 변화는 어떠한 형태의 외교를 만들어내고 있는지도 설명하고자 한다.

국제정치에서는 국가 행위자가 상호 교류하는 과정에서 협력과 갈등이 발생하는데, 갈등을 해결하고 협력하기 위한 방안으로 외교의 필요성이 나타난다. 외교는 국가이익을 위해 외교정책을 수행하는 수단이나 기법으로서, 전쟁이 아닌 협상에 의해 평화적으로 갈등을 해결하고자 하는 대외행위이다. 글로벌한 국제체제에서 외교정책 목표를 실행하기 위한 방안으로 군사력, 경제력뿐만 아니라 문화 및 디지털 혁명에 따른 소셜 미디어 수단의 중요성이 점점 확대되어 공공외교에 대한 필요성이 증대되고 있다.

외교정책결정에서 국가 최고통수권자와 같은 개인의 역할, 국가 및 사회수준에서의 정부형태, 국제질서의 힘의 배분에 의한 국제체제 속성 등 다양한 요인들이 외교정책행태를 분석하도록 도와준다. 또한 상대국가에 대한 정보나 의도뿐만 아니라 상대국가의 국민, 세계여론, 국제제도 등을 고려하는 것도 중요해지고 있다. 외교정책을 이론화하는 작업으로 국가 간에 벌어지는 복잡다단한 국제현상을 보다 쉽게 이해하고 간결하게 설명하기 위한 필요에 의해 외교정책결정 분석모형들이 만들어졌다.

외교정책결정과정에서 전통적인 접근법은 국가 중심적이며, 의도된 목적을 추구하는 합리적 정책결정자의 행위와 인식을 중요하게 여긴다. 그러나 인간인식의 합리성에 대한 의문과 함께 외교정책결정에 개입된 관료의 역할을 중요시하는 관료정치모델, 표준운용절차와 하위조직내의 문제해결 과정을 강조하는 조직과정모델 등이 고려되었다. 이 장에서는 합리적 행위자 모델, 조직과정모델, 관료정치모델과 같은 외교정책결정 모형과 함께 외교정책 협상분석을 게임이론을 통해 이해하고자 한다. 마지막으로 국가 간 상호의존의 심화, 민주화·정보화에 따른 급격한 국제정치의 환경변화에 직면하여 21세기에 요구되는 국가전략 외교행위 및 행위자는 어떤 변화를 겪고 있으며 어떠한 관심을 기울여야 하는지를 살펴보기로 한다.

II. 외교의 의미와 수단

1. 외교의 의미

오늘날의 외교는 공공외교, 경제외교, 문화외교 등 다양한 형태로 나타나며, 다양한 의미로 사용되고 있다. 넓은 의미에서 외교는 다른 국가와의 관계를 처리하는 모든 과정을 일컫는다. 니콜슨(Harold Nicolson)에 의하면, 외교란 교섭에 의해서 국제관계를 관리하는 일로서, 외교관과 같은 공무사절에 의하여 조정 또는 관리되는 외국과의 협상이다. 이렇게 볼 때, 외교는 국가 간 또는 다른 국제 행위자들 간의 평화적 수단을 통한 소통과 협상의 과정이다. 오늘날 외교는 외교정책과 같은 의미로 사용되기도 하지만, 외교는 외교정책을 시행하는 방법이나 수단에 초점이 맞추어져 있다. 외교는 국제 갈등해결에 영향을 미치는 제도로서 전쟁과 대비되며, 협상과 같은 평화적 방법으로 국가이익을 달성하고자 하는 행위이다. 외교는 군사, 경제, 문화 등의 수단으로 외교목표를 달성하는데 설득, 타협, 강압과 같은 방식을 이용한다.

전통적인 외교는 국가의 주도성을 강조하고, 두 국가 사이에서 이루어지는 양자외교와 외교전문가들에 의한 회의외교 방식이 주를 이루었다. 국제분쟁을 해결하기 위해 전문적인 외교관을 고용하여 대사를 교환하는 직접 협상방식을 취하였으며, 외교절차, 외교관의 역할 및 전문적인 외교기술 등이 중요하게 여겨졌다.

1차 대전이 발발하면서 전통적인 외교가 더 이상 유럽의 안정과 평화를 유지할 수 없다는 인식하에 신외교가 나타났다. 현대적인 의미의 외교는 외교관 및 국가통치자, 대중 등 여러 외교에 관여하는 행위자가 군사, 경제, 사회 등 다양한 문제로 상호간에 영향을 미치면서 복잡한 외교양상을 보이고 있다. 또한 양자외교는 국가와 비국가 행위자들이 혼합된 형태의 다자적 외교형태로 변화되고 있다. 현대외교는 교통통신의 발달로 정상 간 직접 대면하는 정상회담이 중심을 이루고 있으며, 비밀외교가 아닌 공개외교가 보편화되고 있다. 여기에 국가 간의 소통과 협상과정을 중요하게 여기는 전통외교와 달리 문화, 대외원조, 언어, 예술, 미디어 등 다양한 소프트파워를 활용한 공공외교의 중요성이 증대되고 있다. 공공외교는 자국의 이익과 가치, 문화에 대한 좋은 이미지를 다른 국가의 국민들에게 심어주어 다른 국가와의 외교관계를 증진시키고 영향력을 행사하는 외교활동이다.

2. 외교와 국가 권력

권력은 국제정치 및 외교정책에서 가장 기초적이면서도 중요한 개념이지만 권력개념의 모호성으로 외교정책에서 소홀하게 취급되어진 경향이 있다. 권력은 국제정치에서 상대를 통제할 수 있는 능력으로 국가가 가진 권력의 크기는 외교가 영향력으로 전환되는 정도를 나타낸다. 권력은 행위자와 상대방이 서로 다른 목적을 가지고 반대되는 행위를 하고자 할 때, 행위자가 바라는 대로 상대의 행위를 바꾸거나 압력을 행사하는 상황에서 일어난다. 권력은 행위자 간 상호의존관계에 있을 때 상대의 행동에 영향을 끼칠 수 있다. 권력은 영향력의 형태로 행사되는데, 다른 국가에 보다 큰 영향력을 행사하기 위해서는 자국의 자원을 효과적으로 행사할 수 있는 힘으로 바꾸어야 한다. 외교는 정책결정자가 국가목표를 달성하기 위해 잠재적인 국가 권력을 실제로 사용할 수 있도록 현실화하는 역할을 한다. 외교정책 결정자들은 권력이 그 자체를 목적으로 하여 극대화해 나가기 때문에 상대방의 권력행사를 무시할 수 없다.

외교정책은 권력을 어느 국가가 얼마만큼 가지고 있느냐에 따라 그 결정과정 및 방식이 다르게 나타난다. 약소국은 외교정책에서 정책결정의 이익을 극대화하는 데 초점을 두기 보다는 위험을 최소화하는 데 우선순위를 두는 정책을 취한다. 그렇기 때문에 약소국은 특정국가에 치우치지 않는 중립외교정책을 기본 노선으로 한다. 약소국은 강대국과의 양자 간 동맹, 약소국들 간의 연합, 다수의 강대국과 약소국이 혼합된 동맹의 형태를 취하며 상대방에 대한 영향력 발휘 수단으로 외교방식에 의존한다. 반면 강대국은 자국의 이익을 극대화하는 데 초점을 맞추며, 실재적 능력을 우월하게 사용할 수 있는 힘을 바탕으로 경제, 군사, 문화 등 다양한 외교전략 수단을 사용할 수 있다.

3. 외교의 수단

1) 경제

냉전종식 이후 국가들 간 경제적 상호의존이 심화되면서 경제외교는 점점 확대되어 외교정책의 주된 방식으로 사용되고 있다. 외교에서 경제적 수단은 당근과 채찍으로 사용될 수 있는데, 부정적 의미로는 위협이나 경제적 강압을, 긍정적 의미에서는 경제적 혜택을 약속하거나 보상을 의미한다. 또한 경제수단은 한 국가에 의한 노력과 연관되어서는 일방적이고, 여러 국가가 대상 국가의 행동에 경제자원으로 영향을 미치기 위한 정책을 조정한다는 의미에서는 다자적이다.

외교정책 실행도구로서 경제수단은 해외원조, 무역제재, 금융제재, 투자제약 등 다양한 방식으로 나타난다. 각 국가들은 경제수단으로 경제제재를 보편적으로 이용하는데, 경제제재를 외교정책도구로 활용하는 것은 대상국가에 경제적 고통을 가해 대상국가의 행동에 변화를 가져오게 하거나 국내정치를 바꾸기 위함이다. 그러나 경제수단은 단기적이고 직접적이라기보다는 장기적으로 활용될 수 있는 간접적인 수단으로서 군사력이 뒷받침될 때 그 효과가 발휘되는 한계를 지닌다. 더욱이 부정적인 경제제재는 제재국가의 의도와 달리 오히려 대상국가의 안보결집효과 및 국내정치적 통합을 일으키는 역효과를 가져오기도 한다.

그러나 현대외교에서 보편적인 입장은 경제수단이 다자적이고 다양한 목적을 추구할 수 있어 유효하다는 것이다. 경제제재와 같은 경제수단이 외교정책 문제를 해결하지 못한다고 해도 여론을 복잡하게 만들고 정치적 합의를 이끌어 내거나 비용과 위험이 큰 군사력 사용의 대안이 될 수 있기 때문이다. 특히, 탈냉전기 상호의존의 심화로 경제적 상호의존성이 큰 국가들의 외교정책결정 수단으로는 그 효과가 더욱 크게 작용한다. 경제외교가 성공의 가능성이 적다고 해도 정책결정자가 이용할 수 있는 대안의 선택으로서 경제적 수단은 매력적이다.

2) 군사

국제정치에서 일어나는 갈등은 협력이나 협상에 의해 해결할 수도 있지만, 성공적인 외교정책 실행을 위해서는 군사력이 매우 중요하다. 힘의 위협이나 강압과 같은 군사력은 강력하고 직접적인 영향력을 행사할 수 있어 다른 어떤 도구보다 국가목적을 위해 유효하다.

무정부상태의 국제체제 속에서 군사력은 모든 국가의 생존에 중요한 요소이자 국가안전과 국가이익을 보호하기 위한 자기방어의 수단이다. 군사력을 사용하는 방법으로는 공격을 피하거나 피해를 최소화하는 방어, 자국이 원하지 않는 행위를 상대국가가 하지 못하도록 하는 억지, 강압 등이 있다.

그러나 글로벌 국제사회에서 군사력을 통한 외교 수단은 2차 대전 시기와 같은 위력과 영향력을 주지 못하고 있다. 1970년대 미국과 북베트남 전쟁, 소련의 아프가니스탄 침공 실패와 같은 사건들은 군사력에 대한 한계를 드러내었다. 또한 국제정치에서 국가 활동과 별개로 상호의존이 심화되면서 군사력을 통한 외교수단은 비용과 효과 면에서 유용성이 줄어들고 있다. 그럼에도 불구하고 군사력은 무정부적 국제질서에서 상대 국가로 하여금 자국이 원하는 정책을 강요할 수 있는 강력한 수단이자 억지할 수 있는 전략으로 인정된다.

3) 문화

외교에서 종교, 언어, 민족과 같은 문화적인 요소도 다른 국가에 영향력을 줄 수 있기 때문에 점점 중요해지고 있다. 국제화시대에 소프트파워에 대한 인식은 문화외교에 대한 관심으로 이어지고 있다. 문화외교는 문화와 예술을 통해 국가이익을 대외적으로 행사하는 외교활동이다. 문화외교와 함께 공공외교(public diplomacy)도 국제정치에서 중요한 개념으로 대두되고 있다. 공공외교는 문화예술 영역뿐만 아니라 여러 분야에서 정부 및 시민들이 다른 국가의 대중에게 자국의 입장을 널리 알리고 설득하는 모든 행위를 포괄한다. 더욱이 공공외교는 패권국가의 패권을 위한 목적으로 이용되는 것만이 아니라 약소국가를 포함한 전 세계 모든 국가들의 중요한 외교수단으로 역할을 할 수 있다는 점에서 더욱 의의가 있다.

각 국가들은 글로벌 시대에 좋든 싫든 문화를 개방하고 협력해야 한다. 그러나 문화는 국가 상호간의 이해를 증진시켜 국가 간 화합의 요인이 되기도 하고, 자국의 문화만을 강조하고 상대국가의 문화를 배척하는 데서 갈등을 일으키기도 한다. 문화수단은 상대국가의 대중에 문화적 영향력을 행사해 상대국가의 문화를 종속시키고 국민의 정체성을 약화시킬 수 있어 문화제국주의로 보이기도 한다. 외교의 문화적 수단은 너무 자국의 문화를 상대국가에게 강요한다든지 자국의 문화를 너무 우월하게 여기면 반감을 일으켜 오히려 역효과의 수단이 될 수 있다. 문화외교에 대한 증대된 관심에도 불구하고 상대국가의 대중을 상대로 한 문화수단은 국가 외교에서 경제수단과 같은 다른 외교수단을 효과적으로 활용하기 위한 보조수단에 초점이 맞추어져 온 경향이 있다.

최근 들어 새로운 외교형태로 주목받는 외교수단이 카카오스토리, 트위터, 페이스북 등을 활용한 소셜 미디어이다. 디지털기술 및 소셜 미디어를 바탕으로 한 디지털외교는 전통적인 외교수단을 새로운 네트워크와 디지털기술을 결합해 외교정책목표를 달성하는 새로운 형태의 외교방식이라고 할 수 있다. 가상공간에서의 네트워크는 시·공간의 장벽을 무너뜨려 정보공유의 확산을 가져오고 사회·경제뿐만 아니라 국가 간의 관계에도 획기적인 변화를 일으키고 있다. SNS(Social Network Service. 소셜 네트워크 서비스)를 통한 외교의 새로운 패러다임은 국가 중심의 행위자만이 아니라 가상공간을 통해 전 세계에서 활동하는 다양한 행위자들을 생겨나게 하였다. 이러한 환경변화로 대중들이 디지털 기기를 통해 자유롭게 자신의 의사와 요구를 전 세계적인 네트워크를 바탕으로 행사할 수 있게 되면서 쌍방향 외교가 가능해졌다. SNS 시대의 외교정책에서 일반시민과 같은 행위자는 영향력을 점차 확대하여 새로운 행위자로서 주목받으면서 국가로부터 이어지는 수직적 관계에서 벗어나 국가행위자와 수평적 관계를 형성해 나가고 있다.

2011년 이집트 혁명은 외교정책에서 SNS를 통한 대중들의 영향력을 보여준 대표적인 사례이다. 이 혁명을 위해 일반시민은 SNS의 힘을 활용하여 시위를 조직했고, 시위를 진압하는 과정에서 시위대에 대한 이집트 경찰의 무자비한 행동과 관련한 동영상 등은 인터넷과 SNS를 타고 퍼져나가 국제사회로부터 이집트 정부에 대한 비난여론을 이끌어내기도 했다. 이처럼 SNS는 자국민뿐만 아니라 다른 나라의 대중에게도 큰 영향력을 행사할 수 있기 때문에 소셜 미디어를 활용한 외교 전략은 보다 많은 대중을 대상으로 자국의 이미지와 정책을 알리는 데 효용성이 있다. 그러나 SNS를 통한 외교는 국가운영전략에 반하는 사적 이익 추구를 위해 영향력을 행사할 수 있다는 점에서는 외교수단으로서의 부정적 측면이 있다.

현대외교에서는 SNS와 같은 디지털 수단을 활용하고 개발 및 관리할 수 있는 기술이 있는지, 가상공간을 통해서 이루어지는 소셜 미디어 수단을 어떻게 자국의 정책에 효과적으로 활용할 것인지가 국가 외교능력의 새로운 과제로 떠오르고 있다.

III. 외교정책이론

1. 외교정책의 의미

다원화된 국제환경에서 한 국가의 대외관계 행위는 외교정책을 통해 이루어지는데, 외교정책은 국내에서 행해지는 정책과 국제환경을 연결해주는 통로이다. 외교정책은 다른 국가나 행위자에 직면하여 어떠한 행위자가, 무엇을 얻기 위해, 어떤 결과를 가져오는지, 국제관계 전반에 미치는 영향을 살펴본다. 외교정책은 국제관계에서 국가, 유럽연합(EU)과 같은 개별 행위자들에 의해 이루어지는 대외관계의 집합으로, 새로운 국제체제나 레짐을 형성하기도 한다. 따라서 외교정책은 한 국가의 대외목표와 그 목적을 성취하는 수단과 방법에서부터 국가의 현실정책 및 일반정책, 전략, 전술 모두를 포괄한다.

모델스키(George Modelski)에 따르면, 외교정책은 다른 국가의 행위를 변경시키고 국제환경에 그들 자신의 활동을 적응시키기 위하여 공동체가 전개하는 활동체계이다. 로즈노우는(James N. Rosenau)는 국제체제 상황을 유지하거나 변경시키기 위해 정부가 취하고자 하는 행위과정으로 외교정책을 인식했다. 러셋(Bruce Russett)은 외교정책을 다른 행위자의 행태에 영향을 주기 위한 것으로 다른 행위자에게 영향력을 행사하거나 행위자를 조절하기 위해 노력하는 것으로 보았다.

일반적으로 국제정치에서 국가 정책결정자들은 국가이익이라고 정의된 이익과 신념, 가치를 외교정책에 반영한다. 이러한 점에서 외교정책은 한 국가의 대외관계에서 국가이익을 극대화하고 다른 국가와의 관계에서 생겨나는 문제를 해결하기 위한 행위나 행동 방향을 설정해 주는 지침이다. 외교정책을 연구하는 것은 정책결정자들에 의해 이루어지는 결정과정 및 결정요인에 관심을 갖는 것이다.

외교정책결정요인을 살펴보는 것은 한 국가와 정책결정자의 정책결정과정에 영향을 주는 요소, 즉 변수들을 분석하는 작업으로 외교정책의 이해를 도와준다. 전통적인 현실주의자들은 국가만이 유일한 행위자로서 합리적이라는 전제하에 국제정치를 분석하였다. 그러나 국제정치 행태주의자들은 기존의 전통적 현실주의의 기본 가정을 비판하고 하위체제를 분석하였다. 국제정치에서 분석수준을 다룬 대표적인 학자는 싱어(J. David Singer)와 신현실주의자인 왈츠(Kenneth Waltz)가 있다. 싱어는 국제정치의 분석수준을 국제체제, 국가, 그리고 개인수준으로 분석하였다. 왈츠는 국제정치에서 일어나는 전쟁의 원인을 설명하기 위해 개인, 국가, 국제체제를 분석수준으로 상정하고 국제체제에 중점을 두어 국제정치를 분석해야 한다고 강조하였다.

외교정책에서 외교정책결정요인을 이론적으로 분석하는 연구가 시작된 것은 1954년 스나이더 · 브럭 · 새핀(Richard C. Snyder, H. W. Bruck, Burton Sapin)에 의해서이다. 로즈노우(James N. Rosenau)는 외교정책의 분석수준을 체계화시켜 이론화하였다. 로즈노우는 외교정책 예비이론을 통해 체제, 사회, 정부, 역할, 개인이라는 다섯 가지 외교정책 분석수준 즉, 국가의 외부적 환경으로써 체제차원의 요인, 가치체계 · 이익집단 · 산업화와 같은 비정부요소로 사회수준의 변수, 정부형태에 따른 정부수준의 변수, 정책결정자 개인의 가치나 재능을 바라보는 개인의 고유한 특성, 개인이 맡은 조직에서의 역할을 나타내는 역할 변수를 다루었다. 로즈노우는 이러한 요인들이 외교정책과정을 분석하는 방법으로 유용하다고 인식했다. 이 장에서는 개인, 국가, 국제체제, 여론을 외교정책결정과정에서의 분석수준으로 살펴보고자 한다.

최고지도자 및 개인은 실제로 외교정책을 구상하고 집행하는 주체이기 때문에 정책결정자의 개인적인 특성은 외교정책 수립과정에서 중요한 역할을 한다. 정책결정자의 역할을 중요시하는 조지(Alexander George)와 같은 학자들은 개인이 처한 상황에서의 상호작용으로 외교정책이 만들어진다고 인식한다.

개인수준의 분석은 개인의 생물학적 요인에 의한 성격적 요인과 외교정책에 대한 개인의 인지과정이 중요한 문제이다. 개인의 인식은 성장배경, 교육 등을 통해 정치 사회화된 신념, 가치, 이미지에 의해 이루어지며, 이러한 요인들은 외교정책결정에 영향을 준다. 정책결정자의 신념이 전쟁을 선호하는지, 외교정책에 관심을 가지고 있는지, 정책결정과정에서의 리더십이 권위적인지, 민주적 성향을 가지고 있는지에 따라 외교정책은 다른 양상을 나타낸다.

개인의 인지 과정에 대한 외교정책결정요인은 정책결정자의 인식(perception)과 오인(misperception)으로 분석된다. 정책결정자는 상대 국가나 지도자의 동기나 상대 국가가 직면한 상황을 오인하여 상대방의 위협을 과대 또는 과소평가해 국제적인 갈등을 일으키는 원인을 만든다. 이러한 개인수준의 결정요인은 심리적 요인의 측면에서 외교정책결정과정의 비합리성을 이해하고, 국제체제나 국가수준에서의 분석으로 설명하지 못하는 외교정책 현상을 이해할 수 있도록 해준다.

외교정책을 국가 및 사회 수준에서 분석하는 것은 외교정책결정에서 국가의 고유한 특성이 중요하다는 인식에서 비롯된다. 한 국가의 사회, 문화, 역사, 정치, 경제적 특징은 외교정책에 영향을 끼친다. 국가수준의 외교정책에서는 국가정치체제가 권위주의적인지 민주주의적인지, 다원주의적인지 등 국가속성에 따라 서로 다른 외교정책 행동노선을 나타낸다. 권위주의 국가에서는 정책결정과정에 참여하거나 영향을 주는 행위자가 적어서 외교정책결정과정에서 정책결정자 개인 판단에 의한 개인수준의 영향력이 크다. 이러한 이유로 신속한 결정 및 정책변화가 가능하지만 정책이 경직될 가능성이 높다. 반면, 민주주의 국가에서는 국가 최고통수권자, 행정관료, 여론, 의회, 이익집단 등 외교정책결정에 참여하는 다양한 행위자로 인해 최고통수권자의 영향력이 권위주의 국가에 비해 작게 나타나고 사회적인 수준의 영향력이 커진다. 이러한 이유로 외교정책의 실패할 가능성이 적어질 수 있다.

정부형태와 외교정책과의 관계에서 민주평화론에 대한 논의도 중요한 문제이다. 민주평화론은 민주주의 국가 간의 전쟁은 아주 드물다는 주장이다. 민주주의 국가는 여러 사회세력이 정책에 참여하고 타협을 중요시하며, 평화를 선호하는 기본 신념으로 분쟁을 평화적으로 해결하려고 노력한다는 것이다. 민주주의 국가가 전쟁을 하는 경우는 비민주주의 국가가 전쟁을 먼저 일으켜 그에 대응하는 과정에서 발생한다고 본다. 그러나 세계사에서 민주주의 국가들도 비민주주의 국가만큼 침략적 성향을 나타냈고, 많은 전쟁이 국익에 의한 계산 및 상호불신에서 비롯되었기에 비판을 받는다.

국제체제의 극성(polarity)이 어떠한지에 의해서도 국가의 외교정책은 영향을 받는다. 국제체제의 유형에 따라 국가 간의 협력이나 상호의존 등에 대한 설명이 가능해진다. 국제체제 유형은 국제정치에서의 힘의 분배가 어떻게 나뉘는가에 따라 단극체제, 양극체제, 다극체제 등으로 구분된다. 국가의 외교정책이 국제체제에 영향을 받는 것은 국제정치의 무정부성에서 기인한다. 무정부적 국제체제로 인해 국가는 자조(self-help)를 가장 중요한 외교행동원칙으로 삼고 국가안보를 보장하는 외교를 추구하게 된다. 따라서 자국의 힘이 약하다고 여기면 자국의 안전을 도모하기 위해 다른 국가와의 동맹정책을 취하는데, 약소국일수록 동맹정책을 취하는 경향이 있다. 양극체제하에서의 국가들은 힘의 양극상태를 균형적으로 만들기 위해 동맹정책을 취하였다.

현대 외교정책에서는 여론의 역할 또한 외교정책결정요인으로 여겨진다. 여론은 정책결정자들이 정책을 결정하는 과정에서 사회적 요구를 받아들이도록 하는 역할을 한다. 민주주의 정치체제에서 국민의 의사가 중요하게 여겨지면서 여론의 역할은 중요하게 인식되고 있다. 그러나 외교정책을 입안하고 수행할 때 군사·안보 분야에서 국민의 의사는 국가이익이라는 측면에서 무시되는 경우가 많이 있다. 또한 정책결정자의 의도에 따라 여론은 조작되기도 하고, 여론조사를 통해 국민의 의사를 정확하게 파악할 수 있는 것도 아니어서 여론의 역할이 경시되는 경향이 있어왔다. 그렇기 때문에 실제로 여론이 외교정책에 영향을 주고 있는지는 중요한 문제이다.

여론에 대한 부정적 인식은 베트남전쟁이 시작될 때까지 주된 외교정책의 패러다임이었는데, 당시 여론에 대한 현실주의 입장을 알몬드-리프만 컨센서스(Almond-Lippmann Consensus)라고 칭한다. 이들은 외교정책에서의 여론의 역할을 매우 제한적으로 인식하여, 여론이란 매우 불안정하며 외교정책에 대한 대중들의 무관심과 변덕스러움으로 인해 일관성이 없고 외교정책의 기반으로서 영향력이 약한 것이라고 보았다. 이러한 경향에 따라 정책결정자들은 여론이 심사숙고한 결과가 아니며 의식적인 것으로 여기지 않았다. 최근까지도 외교정책에서 여론의 역할은 군사안보적인 측면이 아닌 비군사적인 무역, 국내범주에서만 여론의 영향력이 있는 것으로 인식한다.

그럼에도 불구하고 여론은 어떤 방식으로든 외교정책을 제약하는 영향력을 가지고 있기 때문에 정책결정자는 여론에 관심을 가져야 한다. 정보통신의 발달로 대중은 실시간으로 국제사회에서 일어나는 일들을 알게 되었고, 이에 대한 국민의 의사를 표출시켜 여론은 외교정책에 영향력을 행사하기가 용이해졌다. 또한 소수의 정책결정자들의 결정이 반드시 국익에 기여하는 것은 아니며, 국제정세에 대한 대중들의 높은 관심과 이해로 대중과 정책결정자의 인식이 크게 다르지 않다는 견해가 대두되었다. 이에 따라 여론이 외교정책결정에 영향을 준다는 연구들이 많이 이루어지고 있다.

외교정책을 이해하기 위해서는 개별적인 분석수준이 아닌 여러 변수들이 서로 상호작용을 하면서 외교정책결정에 영향을 주는 것이라고 인식해야 한다. 이러한 변수들은 외교정책 사안에 따라 그 중요성이 다르게 나타나는데, 글로벌 시대에는 초국가적 변수들이 점점 중요해지고 있다.

3. 외교정책결정모형

엘리슨(Graham Allison)은 쿠바미사일 위기를 둘러싼 소련에 대한 미국의 정책결정과정을 설명하고 예측하기 위해 합리적 행위자 모델(Rational Actor Model), 조직과정모델(Organization Process Model), 관료정치모델(Bureaucratic Politics Model)이라는 세 가지 모형을 제시하고 있다. 여기에서는 엘리슨의 세 가지 모형을 중심으로 외교정책결정모형을 살펴보기로 한다.

1) 합리적 행위자 모델(Rational Actor Model)

외교정책에 관한 전통적 이론에 해당하는 합리적 행위자 모델은 현실주의적 시각에서 외교정책을 분석한다. 합리적 행위자 모델에 따르면 정책결정과정은 주어진 상황에 대한 선택으로 설명되며, 각각의 선택에 대한 결과는 계획된 것으로, 선택은 정책결정자에 의해 최대의 목적과 가치를 극대화하는 행위 단계를 거쳐 이루어진다. 그렇기 때문에 외교정책결정자들이 만들어내는 정책결정은 국익을 위해 필수적 또는 불가피한 합리적 정책결정과정의 산물이다.

　합리적 행위자 모델은 국가를 대외행동의 중요한 행위자로서 합리적 행위자로 인식하고 외교정책결정과정을 블랙박스 안에 넣고 선택된 결과만을 주시한다. 정책결정자는 블랙박스 외부에서 정책을 결정하고 블랙박스 안에서 일어나는 상황을 모르기 때문에 선택을 하게 되는 요인과 정책결정자의 의도나 동기 등은 무시된다.

　합리적 행위자 모델에서는 국가나 정부가 전략적인 상황에 직면해 어떤 규칙적인 행동유형에 따라 객관적인 산출을 할 것이라고 기대한다. 그러므로 정책의 결과는 국가의 의도적인 행위이다. 이에 따라 국가가 추구하는 목표가 무엇이며, 주어진 국가의 목표에서 그 행위가 합리적인 것인지를 설명해준다. 다시 말하면, 정책결정자들은 정책결정과정에서 국가목표에 대한 최대한의 이익을 얻어내기 위해 각 대안의 득실을 계산한 후 실현 가능성이 높고, 최대의 결과를 얻어낼 수 있는 가장 효과적인 대안을 선택한다.

　가치를 극대화하는 행위에 관한 기본가정은 합리적 행위자 모델에서 중심적인 의제이다. 합리적 행위자 모델은 '작용-반작용 모델'(action-reaction model)로서 국가의 행동은 외부환경에 수동적으로 움직이는 자극에 대한 반작용으로, 상대방의 행위에 대한 반작용은 합리적 계산에 의한 것이다. 합리적 의사결정과정에서 기대와 선호는 존재하는 것으로서 주어진 것이기 때문에 순위 매겨질 수 있다. 내가 B보다 A를 좋아하고, C보다는 B를 선호한다면 나는 C보다 A를 선호하는 것이 된다.

　합리적 행위자 모델은 조직적이고 복잡한 외교정책 행위를 단일한 행위로, 단순한 방식으로 이해한다. 합리성을 전제로 하고 있어 상대국의 행위를 쉽게 예측하고 분석할 수 있다. 그러나 모든 정책이 인과관계에 의한 결과물이 아니기 때문에 정책결정자가 항상 합리적 계산에 의한 선택을 하는지에 대한 비판이 나온다. 또한 정책결정과정에 영향을 미치는 내부적인 많은 요소들을 간과하거나 복잡한 정책결정과정을 너무 단순화하여 다원적인 문제에 직면한 갈등해결을 설명하지 못한다.

2) 조직과정모델(Organization Process Model)

조직과정모델에서는 국가의 외교정책결정을 지도자의 선택이 아닌 조직의 절차나 성향에 의존하며, 외교정책은 이러한 조직과정의 산출로 이해한다. 조직과정모델에 따르면, 정부는 대규모 조직으로 구성되어 있고 정부조직은 느슨하게 연결된 하위 조직들의 연합체로서 각 조직은 상당한 자율성을 갖는다. 외교정책결정에서 정책결정의 참여자들은 국가목표보다는 자신이 소속되어 있는 조직의 목표를 더 우선시한다. 조직과정모델은 표준운용절차(SOP: Standard Operating Procedures)와 표준운용절차에 의한 정보생산과 대안제시, 조직의 문제해결 추구 행위를 강조한다.

외교문제에서 정부는 여러 문제를 감독하기 위해 다양한 조직으로 문제를 배분해야 한다. 문제를 관할하는 권한은 한 조직에만 있는 것이 아니라 여러 조직에 걸쳐 있다. 여러 조직에 걸쳐 있는 문제를 해결하고, 복잡한 일상 업무를 수행하기 위해서는 수많은 조직의 행위들이 조정되어야 한다.

조직은 복잡한 일상 업무를 수행하고 조직의 행위 배분을 위해 표준운용절차를 만든다. 정책결정에 관련된 각 조직의 행동은 표준운용절차(SOP)에 기초한 정형화된 행위패턴을 따르며, 국가나 정책결정자에게 해결책을 제시한다. 표준운용절차에 의한 조직의 산출을 강조하고 있어 외교정책은 급격한 변화가 아닌 점진적 변화가 일어난다고 본다.

조직과정모델에서 보는 합리성은 외교정책결과에 대한 효용의 극대화가 아닌 만족화를 추구하는 제한된 합리성이다. 국가나 정책결정자는 표준화된 행동유형을 따르는 각 조직의 행태에 개입할 수 있지만, 실질적 통제가 아닌 부분적으로 통제하는 권한을 행사할 수 있다. 조직과정모델은 정보, 대안, 행위를 만들어내는 조직적 경로를 설명해준다.

조직과정모델은 일상적인 외교안건에서 표준운용절차에 의한 문제해결 및 조직과정 산출을 설명할 수는 있으나 갈등이 발생했을 때 시간의 촉박함과 최고정책결정자의 선택에 대한 기회증대로 갈등시의 결정과정을 충분히 설명하지 못하는 문제점이 있다. 또한 외교정책문제가 조직과정의 결과물로 조직 내의 좁은 범주의 문제에 관심을 갖고 있기 때문에 편협성과 타성을 가질 수 있다.

3) 관료정치모델(Bureaucratic Politics Model)

관료정치모델은 단일한 국가를 행위자로 보는 합리적 모델이나 정부 내 조직을 주체로 여기는 조직과정모델과 차이가 있다. 관료정치모델은 정책결정과정에 참여하는 개별적인 관료들의 역할을 강조한다. 정책에 대한 행위는 정책결정에 참여하는 행위자가 어떤 위치에 있는지에 따라 정책결정 방향과 태도가 달라진다. 이 경우 각 행위자의 지위에 따른 권한과 그 권한을 효과적으로 사용할 수 있는 능력이 중요해진다.

이 모델에 따르면, 서로 다른 인식과 우선순위를 가진 행위자들이 국가적, 조직적 그리고 개인적인 이해관계에 따라 상호작용해가는 과정에서 정책이 산출된다. 관료들은 그 관료가 소속된 조직의 이익이나 개인적 신념에 의해 정책노선을 취하게 된다. 관료정치의 특성은 정책에 대한 관료들의 이익과 정책에 대한 다양한 이해관계로 행위자나 행위자 집단에서의 갈등은 불가피하며 갈등을 조정하고 해결하는 과정이 복잡하다는 것이다.

국가 내부 정치에 초점을 맞추는 관료정치모델은 외교정책결정은 외부의 선택이나 결과로 바라보지 않는다. 대신 정부 내 위계적 질서에 있는 행위자들, 즉 정책결정에 참여하는 관료들의 끌고 당김에 의한 결정을 보여준다. 정책결정은 관료 개인들의 설득, 타협으로 이루어지는 정치적 협상의 결과물이다.

합리적 행위자 모델이 일원적인 단일행위자를 기본으로 가정하는 것과 달리, 관료정치모델은 많은 행위자의 참여를 전제로 하기 때문에 다원주의적 정책결정 환경에서 유용하다. 관료정치모델은 정책을 타협과 교섭에 의한 산물로 보기 때문에 정책결정의 핵심 행위자로 국가 최고통수권자의 역할을 중요하게 여기지 않는다. 국가 지도자는 오랫동안 각 부서에서 근무한 관료들의 전문성에 의존하려는 경향이 있어 관료가 외교정책결정에 상당한 영향을 미칠 수 있다고 여긴다. 그러나 국가 최고통수권자는 자신의 견해와 가치를 반영할 수 있는 정책결정 참여자를 결정할 수 있는 권한이 있으며, 외교정책을 최종적으로 선택하고 책임지기 때문에 최고통수권자의 영향력은 무시될 수 없다. 관료정치모델이 갖는 또 다른 문제점은 개인적인 목표의 다양한 신념에 따라 이루어지는 정치적 타협과 흥정에 의한 정책추구로 일관성 있는 정책을 추구하기가 어렵다는 것이다.

이상에서의 각각의 외교정책모델은 서로 유기적으로 결합되어 있으며, 상호보완적이어서 어느 하나의 모형으로 외교정책을 이해하기는 어렵다.

4. 외교정책과 게임이론

게임이론은 1940년대 폰 노이만(John Ludwig von Neumann)과 모르겐슈테른(Oskar Morgenstern)의 연구를 토대로 발전되어, 셸링(T. Schelling) 등에 의해 국제정치학 분석이론으로 도입되었다. 게임이론은 주어진 상황에서 행위자가 자신의 이득을 최대화하는 최적의 선택을 하는 과정을 수학적 모델을 이용해 게임의 결과를 분석한다. 게임이론은 행위자의 합리적 의사결정을 전제로 하기 때문에, 선호도에 대한 순위가 있으며, 자신의 선호뿐만 아니라 상대방의 전략적 상황이나 의사결정을 고려하는 선택을 한다. 게임 참가자는 상대방의 행위의 결과에 영향을 받아 상호작용에 의한 합리적 전략을 선택한다. 외교정책분석에서 국제협상을 분석하는 게임이론으로 죄수의 딜레마게임과 치킨게임이 있다.

1) 죄수의 딜레마게임(prisoner's dilemma game)

비제로섬게임(non-zero sum game)을 대표하는 게임으로 터커(A. W. Tucker)의 죄수의 딜레마게임이 있다. 죄수의 딜레마게임은 두 명의 용의자가 범죄혐의로 체포되는 상황을 가정한다. 혐의를 받고 있는 A와 B는 각각 격리된 상태에서 심문을 받아 서로의 상황을 전혀 알지 못한다. 이들은 죄를 자백하거나 부인하는 하나의 전략만을 선택할 수 있으며, 게임은 단 한번만 행해진다. 〈표 1〉에서 보는 것처럼, A와 B가 모두 자백하면 둘 다 5년 형을, A는 자백하고 B가 부인하면 A는 무죄로 풀려나고 B는 10년형을 받게 된다. 반대의 경우도 마찬가지이다. A와 B가 모두 부인

	B 협력(부인)	B 배신(자백)
A 협력(부인)	−1, −1 (A, B 둘다 1년 복역)	0, −10 (A의 석방, B의 10년 복역)
A 배신(자백)	−10, 0 (A의 10년 복역, B의 석방)	−5, −5 (A, B 둘다 5년 복역)

■ 표 1 ■ 죄수의 딜레마게임

하면 각각 1년씩 복역한 후 풀려나지만, 결과적으로 A와 B는 각자 자신의 입장에서 전략적 선택으로 자백을 해 둘 다 5년형을 선고받는 상황을 만든다. 왜냐하면 상대방의 생각을 알 수 없는 상황에서 상대방이 자백하고 내가 침묵하는 최악의 상황을 가정하고 자신이 선택할 수 있는 최적의 선택인 자백을 하고 상대가 부인할 것을 기대하기 때문이다. 죄수의 딜레마게임은 서로 협력하면 양쪽 모두에게 이익이 될 수 있음에도 자신에게 최선인 선택이 곧 죄를 자백하는 상황을 만드는데, 이 선택이 지배적 전략이 된다.

서로 의사소통의 채널이 있다면, A와 B는 흥정을 해 둘 다 부인하여 차선책으로 1년형을 받는 전략을 택할 것이다. 죄수의 딜레마게임은 어떤 선택을 하는가에 따라 이득이 달라지는 상황에서 결과적으로 자신에게 손해가 되는 선택을 하게 될 수도 있음을 보여준다. 이와 같이 죄수의 딜레마는 개별적인 합리적 행위가 집단적으로는 비합리성이 될 수 있다는 것을 잘 나타내준다. 모든 국가들이 다 같이 군비축소를 하면 세계평화라는 이득을 달성할 수 있지만 각 국가들은 적국이 군비증강을 하여 자국의 안보에 위협이 될 것을 우려하여 자국의 군비를 증강하는 것이다. 국제정치에서 죄수의 딜레마게임은 국가 간 군비경쟁의 지속적인 확장을 보여주는 예라 할 수 있다.

2) 치킨게임(chicken game)

치킨게임은 1950년대 미국에서 유행하던 자동차 게임형태로 일명 겁쟁이게임이다. 두 대의 자동차 A와 B가 서로를 향해 돌진해 오는 상황을 가정하고 누가 먼저 충돌을 피하는지를 실험해 분석하는 이론으로, 먼저 충돌을 피하는 행위자가 지는 경기이다.

이 게임에서 A와 B가 서로를 향해 계속 달린다면 둘 다 죽게 되는 가장 나쁜 결과를 초래하고, 둘 다 피하게 되면 승리자가 없는 차선의 결과가 된다. 만약 A나 B 둘 중 한쪽만 피하게 되면 피하는 참가자는 겁쟁이로 체면을 잃어 최악 다음으로 나쁜 결과가 되고 피하지 않은 쪽은 가장 최선의 결과가 된다.

치킨게임에서 A에게 가장 최선의 결과는 A는 피하지 않고 B가 피하는 것이다. 그러나 B도 그러한 생각을 할 것이기 때문에 최선의 이익을 얻기 위한 행동은 최악의 결과를 만들게 된다. 이처럼 자신에게 최선의 결과가 된다고 여기고 직진하는 선택을 비합리의 합리성이라고 한다. 이때, 치킨게임에서는 손해를 최소화하고자 하는 전략이 피하는 전략으로 최소최대전략(minimax strategy)이 된다. 그러나 치킨게임은 행위자의 합리성을 바탕으로 한 게임이기 때문에 게임이 반복될수록 둘 다 피하지 않는 최악의 결과가 발생할 확률이 점점 높아지게 된다.

국제정치에서 게임이론은 대표적으로 냉전기간 동안 미·소 양극체제에서 미소 간의 핵경쟁과 같은 군비경쟁을 가속화하면서도 핵충돌이 일어나지 않는 핵억지 상황 등을 설명해 준다. 즉, 상대방이 극단적인 상황으로 갈 것이라고 여기고 자신이 극단적으로 갈 경우 최악의 결과를 초래하기 때문에 자신이 회피하는 전략을 취해서로 협력하고 억지가 되는 것이다. 탈냉전 시기에서는 국제 환경문제를 게임이론을 통해 개별국가들의 행동을 살펴볼 수 있다. 공유지의 비극이 의미하는 것처럼 각 국가들은 자국의 이익만을 위해 세계공유자원을 이용하여 환경파괴라는 인류의 파멸을 예상하지만, 인류의 파멸이라는 최악의 결과를 피하기 위해 무정부적 국제체제에서 각 국가들은 환경레짐을 통해 서로를 감시하고 규범을 준수하게 된다. 탈냉전시기의 게임이론은 양자 간 게임보다는 다자간 게임방식인 n인 게임이론으로 외교정책을 이해하는 것이 유용하다. 게임이론은 외교정책을 이론화하는 분석도구로써 핵억지와 같은 전쟁억지전략에서 많이 다루어지고 있다. 그러나 보편적 효용가치를 측정하는 데 따른 어려움으로 인해 국제관계현상을 수학적 모델로 다루는 데 한계가 있다.

IV. 맺음말

이 장에서는 국제정치학에서 중요한 역할을 수행해 온 외교와 외교정책의 의미를 다루고, 외교 방식으로서 경제·문화·군사·소셜미디어의 역할을 살펴보았으며, 외교정책결정에 영향을 주는 국가속성, 체제, 문화, 여론 등 다양한 분석수준과 외교정책 결정모형, 게임이론을 통해 외교정책을 이해하고자 하였다.

21세기 외교와 외교정책은 새로운 국제정치 환경에 직면해 있다. 정보통신 및 교통의 발달에 따른 외교체제는 다양한 비국가 행위자의 부상과 함께 너무 복잡해졌다. 국가 간의 복잡성과 상호의존심화는 국가들의 연합을 제약해 외교정책 방식을 더욱 어렵게 하고 있다. 외교정책에서 이익집단과 비정부기구, 언론과 같은 다양한 행위자들의 영향력 확대도 기존의 국가 중심주의 외교환경을 변화시키고 있다. 여기에 글로벌 정보화의 발전으로 소통수단이 확대되면서 문화, 신념, 소셜미디어와 같은 외교수단이 부상하고 있고 문화외교, 공공외교, 디지털외교, 사이버외교와 같은 새로운 형태의 외교가 주목받고 있다.

21세기의 외교는 군사·안보 이슈에 대한 중요성이 상대적으로 약화되고 경제·사회·문화 영역이 부상한 시기이다. 문화, 경제적 수단을 통한 국가 간 협력이나 협상이 중요해지면서 국제 레짐을 통한 협력을 택하는 것이 중요해지고 있다. 또한 정보기술과 같은 새로운 요인들이 권력의 요소로 부상하면서, 얼마나 많은 정보를 보유하고 디지털 기술이 있는지가 국가 권력을 가늠하는 척도로 이용되기도 한다.

복잡하고 글로벌한 국제질서 속에서 외교정책 연구자 및 결정자들은 새로운 국제 환경에 잘 대처해야 하며, 편협하고 단순화된 시각에서 벗어나 국제정치의 외교기능을 폭넓게 재구성하는 외교정책분석을 해야 한다. 이를 위해 국제정치의 불명확성을 해결하고, 약화된 국가주권에 따른 외교정책의 행위자는 누구이며, 누구를 향해 어떤 영향을 주고 있는지를 알아야 한다.

질문 및 토론 사항

1. 전통적인 외교와 현대적인 의미에서의 외교방식은 어떻게 다르게 나타나는가?

2. 국제정치에서 경제적 외교수단은 군사적 외교수단보다 어떻게 효과적인 영향력을 행사하는가?

3. 외교정책결정에 영향을 미치는 주요 요인들에는 어떤 것들이 있는가?

4. 외교정책결정모형에는 어떠한 것들이 있으며, 국제적 외교행위는 항상 합리적 선택에 의해 이루어지는가?

5. 국제정치의 글로벌화와 디지털혁명은 외교정책결정과정과 실행과정에 어떠한 변화를 초래했으며, 외교정책 목표와 대상은 어떻게 바뀌고 있는가?

국제기구와 국제통합

I. 머리말

국제연합(UN), 세계무역기구(WTO), 국제통화기금(IMF), 경제협력개발기구(OECD) 등 국제기구의 활성화와 유럽연합(EU), 동남아시아국가연합(ASEAN) 등 통합의 움직임은 2차 대전 이후 국제사회의 가장 특징적인 모습 중 하나라고 할 수 있다. 이러한 초국가적 기구 또는 통합체의 창출은 국가 차원을 넘는 초국가적 협력을 통해서만 평화가 보장될 수 있다고 생각하는 자유주의 사조가 확산된 결과이다. 최근에는 지구화의 급속한 진전으로 국가 중심의 국제체제에 의문이 제기되면서 국가 간 협력과 통합에 대한 다양한 시도가 이루어지고 있다.

자유주의자들은 국제기구와 같은 초국가적 제도를 통해 국가이익을 확보할 기회가 증대될 수 있다고 판단되면 국가들은 스스로의 특권과 자원을 이 제도로 이동시킨다고 주장한다. 국가들이 비용을 기꺼이 지불하면서까지 국제기구와 같은 초국가적 거버넌스를 유지할 수 있는 것은 각 국가들이 국제기구를 통해 공동의 혜택을 누리기 때문이라는 것이다. 자유주의자들은 같은 맥락에서 개별 국가들이 자원을 공동으로 출자하고 어느 시점에는 주권의 일부까지도 공동체에 이양함으로써 평화와 번영을 누릴 수 있기 때문에 통합 또한 이루어진다고 본다. 유럽연합과 같은 국가 간 통합은 국제사회에서 국가가 아닌 행위자는 주된 행위자가 아니라는 현실주의적 시각에 의문을 제기하고 있기도 하다.

그런데 현실적으로 국제기구와 같은 초국가적 거버넌스가 과연 국가들의 집단이익을 반영하는가 아니면 강대국들의 패권과 이해를 반영하는가라는 문제는 국제기구의 역할과 정당성에 대한 중요한 이슈를 제기하고 있다. 유럽연합으로 대표되는 국제통합 또한 국가이익을 위해 필요한 경우에만 공동의 보조를 맞출 뿐 실질적인 주권의 이양이 일어나지 않았으며 개별 국가의 주도권은 여전히 강하다는 지적을 받고 있다. 이 장에서는 국제사회에서 자유주의의 대표적 성과물이라고 할 수 있는 국제기구와 국제통합의 의미와 역할, 그리고 문제점을 알아보면서 국제사회에서의 초국가적 거버넌스의 필요성 및 한계, 그리고 그 미래의 방향성에 대해 이야기해보기로 하겠다.

II. 국제기구의 개념과 역할

1. 국제정치와 국제기구

1) 국제정치와 비국가행위자, 그리고 국제기구

오늘날 국제사회는 전통적인 군사안보적 위협 이외에도 환경오염, 식량 및 자원고갈, 빈곤, 질병 등 하나의 주권국가 내에서 해결할 수 없는 많은 문제들에 직면해 있으며 이러한 도전은 국가 간 상호의존을 심화시키고 있다. 상호협력과 의존의 심화는 국제사회 행위자들의 역할과 관계에 변화를 가지고 왔으며, 나아가 이러한 위협과 도전에 대한 해결을 모색하는 과정에서 국가의 경계를 넘어서는 다양한 행위자들과의 협력이 이루어지게 되었다. 국제정치는 이제 주권국가 중심의 배타적 영역을 벗어나 비국가행위자들이 주요 행위자로 부상하게 된 것이다.

국제사회의 주요 비국가행위자들에는 국제기구, 다국적기업, 테러집단, 비정부기구 등 다양한 행위자들이 포함된다. 그 중에서도 나폴레옹 전쟁 이후 비엔나회의(1814-1815)에서 본격적으로 태동한 국제기구는 가장 공식적인 비국가행위자이다. 국제기구는 복수(보통 3개국 이상)의 회원국들이 공동의 이익을 추구하기 위해 설립한 공식적인 조직으로서 자체의 규정과 공식적 절차를 가지고 있는 국제제도이다. 일반적으로 국제기구는 국제사회에서 주권국가와 유사한 국제법적 권리를 가진다. 개별 국가나 다른 국제기구와 조약을 체결할 수 있으며, 국제기구와 그 직원들은 주권국가의 외교관처럼 특권과 면제의 권리를 누린다. 또한 국제기구는 법익이 침해되거나 임무수행 중 손해를 입은 경우 국제적 청구를 할 수 있으며, 국내 및 국제재판소에 제소할 수 있다(유현석 2013). 하지만 이러한 권리는 해당 국제기구의 헌장이나 조약 등에 명시된 범위 내에서만 효능을 가진다.

전통적으로 국제기구는 정부 간 조약에 의해 형성된 주권국가를 회원국으로 하는 정부 간 국제기구를 의미해 왔다. 대표적으로 1차 대전 후의 국제연맹이나 2차 대전 후의 국제연합은 고도로 제도화된 정부간국제기구이다. 정부간국제기구는 분쟁의 해결, 집단안보, 환경, 여성, 인권, 빈곤, 질병, 자유무역, 경제적 평등 등 국제사회의 다양한 문제에 있어서 중요한 역할을 해 왔다. 그러나 최근에는 국경을 초월한 개인이나 집단이 공동의 목표를 추구하기 위해 자발적으로 구성하는 국제비정부기구의 중요성이 커지면서 국제기구의 개념은 더 이상 주권국가들 간의 조직에 한정되지 않게 되었다. 국제비정부기구는 정부간국제기구보다 그 기능이 전문화되어 있고 환경, 인권, 여성, 빈곤퇴치, 평화 등 국가의 경계를 넘는 보편적 가치를 추구하는 경우가 대부분이다. 국제적 인권운동 단체인 국제사면위원회(Amnesty International), 전시 구호활동 기구인 국제적십자(International Red Cross), 환경운동 단체 그린피스(Green Peace), 국제지뢰금지운동(ICBL) 등은 대표적인 국제비정부기구들이다.

국제비정부기구들은 활동 과정에서 정부와 긴밀한 협조를 진행한다. 보통 정부의 참여 여부에 따라 정부간국제기구와 국제비정부기구로 나누지만 이들 국제기구들의 실제 활동에 있어서는 정부의 참여 여부가 명확히 구분되지 않는 경우가 많다. 이렇게 정부와 협조를 통해 활동하는 국제비정부기구에는 국제적십자, 세계자연보존연합(IUCN), 국제항공운송협회(IATA) 등 정부나 기업을 회원으로 받고 있는 많은 비정부기구들이 포함된다(베일리스 외, 2009).

2) 국제기구를 보는 관점

국제정치에서의 행위자와 협력 가능성, 그리고 국제체제의 성격에 대해 서로 다른 시각을 가지고 있는 국제정치의 주요 접근법들은 국제기구의 등장 배경과 역할 및 성격에 대해서도 매우 다른 관점으로 설명한다.

먼저, 자유주의자들은 국제기구가 국가들의 집단적 이익을 반영하는 국제정치의 중요한 초국가행위자로서 국제사회에서 주권국가의 영역을 넘어서는 독립적 영향력을 가진다고 본다. 자유주의자들은 국제사회의 상호의존이 심화되면서 국제사회의 시스템이 국익에 바탕을 둔 상호작용만으로는 성립되지 않으며, 국제 공공재를 위한 다양한 협력이 이루어져야 한다는 관점이다(야마모토 요시노부, 2014). 이러한 관점에서 정부간국제기구는 각 주권국가들의 의사소통을 통해 협력이 용이하게 이루어질 수 있는 기회를 제공한다. 복합적 상호의존이론을 제시한 코헤인(Keohane)과 나이(Nye)는 국제사회의 다양한 행위자들 간 상호의존이 심화된 환경에서는 국가와 비국가행위자 사이의 연계성이 증가하고 국경을 넘은 의사소통 채널이 강화되면서 국제적 협력과 국제레짐의 영향력이 커지게 된다는 점에 주목하였다(Keohane and Nye, 1977).

국제기구에 대한 관심은 국제사회의 협력과 안정에 있어서 제도의 중요성을 강조한 (신)자유제도주의자들에게서 특히 크게 나타났다. 이들은 국제제도의 하나인 국제기구가 가지는 규제적 효과 때문에 패권국가의 자리를 대신할 국제협력의 촉매제 역할을 한다고 본다. 즉, 국제기구는 행위자들의 규범 위반에 대한 강력한 규제를 규정함으로써 행위의 예상가능성 및 신뢰를 증대시켜 국가들의 협력 가능성을 높인다는 것이다(Keohane, 1986). 또한 국제기구가 창설되고 협력이 제도화되면 창설 과정에서 가장 큰 영향력을 행사하였던 강대국의 역할이 사라져도 해당 국제기구를 통한 협력은 지속될 수 있다는 점에서 국제기구는 독립적이고 자율적이라는 점을 강조한다(정구연, 2013).

반면, 국제관계의 중심적인 행위자를 국가라고 보는 현실주의자들은 국제기구가 강대국의 이익을 위한 도구에 지나지 않는다고 본다. 현실주의적 관점에 따르면, 모든 국가가 자국의 이익을 위해 행동하는 국제사회에서 각 국가는 상대적 이익을 모색하기 때문에 자신의 이익이 상대방의 이익보다 작다는 우려가 있을 때는 협력을 거부하게 되며, 따라서 궁극적으로 국가 간 협력의 가능성이 매우 낮아진다. 이 때문에 새로이 창설되는 국제기구는 일반적으로 강대국의 이익을 반영하여 창설되며 국제관계의 주변에 머물다가 강대국의 필요에 의해서만 국제무대의 중심부로 나서 영향력을 행사하게 된다(Mearsheimer, 1994). 즉, 이 관점에서는 국제기구는 국제사회의 독립적인 행위자가 아니라 강대국들에 의해 좌우되는 수단적 존재에 불과한 것이다.

한편, 국제사회를 상호작용의 무대로 보는 사회구성주의적 관점에서는 국제기구 역시 국제사회의 행위자들의 상호작용에 의해 만들어지는 결과물이다. 국가는 객관적 이익이나 기준에 의해 행동하는 합리적 행위자가 아니며, 상호작용 과정에서 국가의 행위의 방향과 범위가 정해진다. 이러한 시각에서 국제사회에서의 협력의 정도는 국가들이 자신의 정체성과 이익을 어떻게 인식하고 해석하느냐에 따라 달라진다. 따라서 국제기구의 역할과 영향력 또한 회원국들 간 또는 국제사회 전체에서의 상호작용에 따라 달라진다고 본다.

마지막으로, 비판이론가들은 국제기구의 역할이나 유용성에 대해 부정적인 시각을 가지고 있다. 비판이론적 시각에서 국제기구는 세계자본주의체제의 불평등을 반영하고 있으며, 국제기구의 활동을 통해 이러한 불평등은 더욱 공고화되는 경향이 있다. 특히 최근의 비판이론가들은 국제통화기금(IMF)이나 세계은행(World Bank)을 비롯한 많은 국제기구들이 신자유주의적 의제를 국제화하고 세계자본주의의 이익에 부합하는 방향으로 행동하는 경향이 있다고 비판한다(Heywood, 2013).

자유주의적 시각에서 보는 국제기구의 가장 중요한 역할은 국제사회의 주요 쟁점에 대해 문제를 공유하고 해결책을 모색함으로써 국가들 간의 협력을 이끌어낼 소통의 장을 제공하는 것이다. 모든 국제기구는 주요 사안에 대해 여러 단계의 토론을 진행하며 회원국들은 이 토론을 통하여 문제해결 방안을 제기하거나 협력의 수준을 결정한다. 또한 많은 경우에 이러한 논의는 구체적인 협약이나 조약으로 나타난다. 일례로, UN총회는 1968년의 UN경제사회이사회의 건의를 받아들여 1972년 UN인간환경회의 개최를 결정하였고, 이 회의에서 113개국의 약 1200명의 대표들이 참여하여 환경문제 해결을 위한 논의를 전개하였다. 선진국과 개도국 간 입장차이에도 불구하고 이 논의를 통하여 국제사회는 환경보존을 위한 일반원칙에 합의할 수 있었고 인간환경을 위한 행동계획을 발표할 수 있었다(오영달, 2013).

둘째, 국제기구는 회원국 간 정보의 공유를 통해 특정 쟁점에 대한 국제사회의 불확실성을 감소시키는 역할을 한다. 예를 들어, 인권문제와 관련하여 UN의 회원국들은 유엔 인권이사회에 자국의 인권상황에 대해 매 4년마다 보고하기로 되어 있다. 이 보고에 따라 인권이사회는 적절한 권고와 자문을 수행하게 된다.

셋째, 국제기구는 회원국들에게 전문적인 지식을 제공하고 인적·물질적 자원을 제공한다. '세계인간개발보고서,' '유엔미래보고서' 등 국제연합이 발간하는 다양한 보고서는 대표적인 국제기구의 지식과 정보제공 방법이며, 또한 저개발국들에 대한 각종 지원은 대표적인 국제기구의 자원지원 활동이라고 할 수 있다.

국제기구의 또 하나의 중요한 역할은 국제적 규범이나 규율을 만들어낸다는 점이다. 국제민간항공기구(ICAO)는 항공과 관련된 모든 분야에 국제표준을 제시하고 권고하며, 기술상의 기준을 제시한다. 마찬가지로, 국제자금세탁방지기구(FATF)는 자금세탁방지와 테러자금조달차단을 위한 국제규범을 제정하고 다양한 사항들을 권고한다. FATF의 권고사항은 세계 180개 나라에서 국제규범으로 이행되고 있다.

다음으로, 국제기구는 회원국 간의 합의를 이행하는 정책수행 기관으로서의 역할을 수행한다. 쟁점에 대한 해결 방안 제시뿐 아니라 각 국가가 초국가적 문제 해결을 위한 정책을 운영하는 과정에서 회원국들로부터 위임받은 역할을 수행하고 국가의 활동을 보조한다(조동준, 2013).

마지막으로 국제기구, 특히 국제비정부기구는 자신들이 추구하는 목표를 달성하기 위해 국가의 정책에 영향을 미치고자 한다. 비정부기구들이 추구하는 가치나 목표는 종종 국가의 정책적 방향과 부합하지 않는 경우들이 있는데, 이 경우 비정부기구는 대중을 교육하고 쟁점을 공론화시키며 국제적 규범의 형성에 영향을 미침으로써 국가의 정책변화를 이끌어내는 역할을 한다(유현석, 2013). 일례로, 국제환경단체인 그린피스와 환경정의재단(EJF)은 한국 원양어선의 불법 조업 증거를 확보하였고, 이를 바탕으로 미국과 유럽연합(EU)은 한국을 예비불법조업국으로 지정하였다. 이에 한국 정부는 2014년 EJF와 한국 원양어선 감시를 위한 양해각서를 체결하고 그린피스의 권고를 반영하여 원양산업법을 개정하는 등 원양어선의 불법 조업을 중단시키기 위한 정책을 강하게 추진하였다. 그 결과 2014년 4월 EU는 한국을 예비불법조업국에서 해제하였다. 이는 국제비정부기구의 역할을 단적으로 보여주는 사례라 할 수 있다.

III. 국제연합(United Nations)의 역할과 이슈

1. 국제연합의 기원과 조직

1) 국제연합의 기원과 창설

2015년 현재 전 세계 193개국이 참여하고 있는 국제연합(UN)은 그 전신이라고 할 수 있는 국제연맹(League of Nations)의 경험을 바탕으로 그 결점들을 보완하여 탄생하였다. 국제연맹은 1차 대전 이후 1919년 프랑스 파리에서 체결된 베르사이유조약에 의해 창설되었다. 유럽의 강대국 협조체제가 1차 대전으로 힘없이 무너지자 세계는 전통적인 세력균형을 바탕으로 하는 국제질서 대신 집단안보 장치를 기반으로 하는 보다 포괄적인 국제기구의 필요성을 제기하였다. 국제연맹의 창설은 집단안보와 국제분쟁의 중재, 그리고 군축을 통해 국제평화를 실현하고자 하는 목표하에 미국 윌슨(W. Wilson) 대통령의 주도로 이루어졌다(Heywood, 2013).

　　그러나 국제협력제도를 최초로 명문화한 상설 국제기구인 국제연맹은 이러한 목표를 성공적으로 실현시키지는 못하였다. 무엇보다도 국제연맹 창설을 주도하였던 미국은 고립주의를 지향하는 의회로 인해 비준을 받지 못하여 국제연맹에 가입하지 못하였고 유럽 주요 국가들도 적극성을 보이지 않았다. 국제연맹의 규약은 침략국에 대해 경제적·군사적 제재를 가할 수 있도록 하고 있지만 이러한 제재가 실패하였을 때는 회원국들이 구속력 있는 결의는 할 수 없고 권고만 할 수 있도록 규정하고 있다. 그런데 이 권고안마저도 주권평등의 원칙하에 회원국들의 만장일치 통과를 원칙으로 하고 있어 국제연맹이 국제분쟁 시 적절한 역할을 하는 데 한계점으로 작용하였다. 각 주권국가들은 집단안보체제의 설립에도 불구하고 여전히 국익과 이해관계에 따라 행동하였으며 별다른 이해관계가 없는 침공에 대해 제재를 가하는 데 매우 소극적이었다. 이 때문에 국제연맹은 1930년대 독일, 일본, 이탈리아의 침공행위를 저지하지 못하였고, 결국 2차 대전의 발발을 막는 데 실패하였다.

　　UN은 국제연맹의 이러한 경험을 바탕으로 보다 현실적이고 효율적으로 작동할 수 있는 국제기구를 목표로 미국의 루스벨트(F. Roosevelt) 대통령의 주도하에 탄생하였다. 1945년 6월 26일 샌프란시스코에서 UN헌장이 조인되었고 이후 51개국이 비준하면서 10월 24일 UN이 공식 출범하게 되었다. UN헌장에 명시된 UN의 목적은 평화와 안보의 유지, 국가 간 우호관계 유지, 경제·사회·문화·인도적 문제와 인권 신장을 위한 국제협력, 그리고 국제관계의 이해와 조화를 위한 중심적 역할을 하는 것이다(박흥순, 2013).

　　국가 간 평등의 원칙에 입각한 국제연맹과는 달리 UN은 설립과정에서부터 2차 대전의 승전국인 미국과 소련, 그리고 유럽 강대국들의 이해관계를 최대한 반영하였다. 무엇보다도 UN헌장은 국제연맹의 만장일치에 의한 의사결정방식을 수정하여 안전보장이사회(안보리) 상임이사국인 미국, 영국, 프랑스, 소련, 중국 등 5개 강대국에게 국제사회의 안보와 관련한 강력한 권한인 거부권을 부여하였다. 반면, 주권 보편주의, 즉 1국가 1표를 원칙으로 하는 UN총회는 안보문제에 있어서 그 권한이 분쟁에 대한 토론과 조사, 그리고 안보리에 대한 권고 등으로 제한되어 있다. 냉전시기 동안 UN은 강대국 간의 대립으로 인한 안보리의 대표성 약화와 총회에서의 신생 독립국의 영향력 확대로 양 조직 간 이원적 특성을 보이다가 냉전 종식 이후 양 조직의 긴밀한 협조를 중심으로 그 역할이 확대되었다.

2) 국제연합의 조직

UN의 주요 조직에는 총회, 안전보장이사회, 경제사회이사회, 신탁통치이사회, 사무국, 그리고 국제사법재판소 등이 있다. UN총회(General Assembly)는 모든 회원국으로 구성된 형식상의 최고 의사결정기관으로서 주요 이슈들에 대해 토의하고 여론을 수렴하며 권고할 수 있다. 그러나 분쟁과 관련한 안보리의 강한 권한으로 인해 총회의 실제 권한은 분쟁해결 및 관리보다는 UN 예산에 대한 심의 및 승인, 회원국의 예산 분담률 결정, 부속기구들에 대한 감독, 그리고 일반적 복지나 국가 간 우호를 위한 조정기능 등을 수행하는 데 있다.

UN 정기총회는 1년에 1회 9월 셋째 주 화요일에 개최되며, 이 밖에도 필요에 따라 특별총회를 개최한다. 총회에서 선출되는 총회의 의장단은 의장과 21명의 부의장으로 구성된다. 총회는 1국가 1표를 원칙으로 하기 때문에 수적 우세에 있는 제3세계 국가 또는 저개발 국가들의 영향력이 크다는 특징이 있다. 특히 1960-1970년대 총회는 저개발국의 사회·경제적 문제 해결에 주력하는 모습을 보였으며, 이러한 총회 활동에 대해 미국이 강하게 반발하여 충돌하는 일이 종종 있었다.

다음으로, 안전보장이사회(Security Council)는 미국, 러시아, 영국, 프랑스, 중국 5개 상임이사국과 지리적인 배분을 고려하여 총회가 선출한 임기 2년의 10개 비상임이사국으로 구성되며 매년 5개 비상임이사국이 교체된다. 의장국은 15개 이사국들 중에 매월 교체된다. 안보리는 분쟁해결과 국제평화유지에 있어서 독점적인 책임과 권한을 가지고 있다. 분쟁 발생 시 조사권을 가지고 침략국을 규정하고 집단안보를 위한 군사행동을 결정하며, 분쟁해결의 원칙과 중재를 제안하기도 하고 평화유지 임무를 수행하기도 한다. 또한 경제제재나 군수물자의 금수 등 비군사적 강제조치를 결정할 수도 있다. 더불어, 안보리는 회원국 권리의 정지, 가입과 제명,

그리고 사무총장의 임명을 총회에 권고한다.

안보리의 가장 큰 특징은 5개 상임이사국이 가지고 있는 거부권에 있다. 이들 5개국은 안보리의 모든 결정에 대해서 거부권을 행사할 수 있으며 기권은 거부권의 행사로 간주되지 않는다. 총회와는 달리 안보리의 모든 결의안은 권고가 아닌 법적 구속력을 가진다. 냉전시기에는 잦은 거부권 행사로 인해 실질적인 활동이 이루어지기 힘들었지만, 냉전 종식 이후에는 안보리의 활동이 활발해졌다.

UN의 경제사회이사회(Economic and Social Council)는 54개 이사국으로 구성되며, 총회에서 선출되는 임기 3년의 이사국은 매년 18개국씩 교체된다. 경제사회이사회는 국제연합과 관련한 경제·사회·문화·보건·인도적 활동을 조정하는 역할을 하며 이를 위해 국제비정부기구들과의 네트워크를 구축하고 국제연합과 시민사회와의 연계를 유지한다. 이러한 성격상 경제사회이사회는 국제연합 조직 중 가장 광범위한 영역의 활동을 포괄한다. 경제사회이사회는 산하에 17개 전문기구와 상설위원회, 기능위원회, 지역위원회 등 많은 보조기구를 두고 주요 사항에 대해 연구와 보고 및 제안을 하며, 이를 바탕으로 총회와 회원국 및 관련 기구에 권고할 수 있다. 그러나 경제사회이사회는 국제연합 산하의 여러 관련기구들, 예를 들어 세계보건기구(WHO), 세계노동기구(ILO), 유엔식량농업기구(FAO), 유엔아동기금(UNICEF) 등 여러 기구들에 대한 실질적인 감독과 관리를 할 수 있는 권한이 없어 효과적인 활동에는 제약이 있다.

신탁통치이사회(Trusteeship Council)는 국제연맹에서 승계한 위임통치 지역과 2차 대전 이후 패전국에서 독립한 식민지국 등 11개 신탁통치지역의 행정 감독과 발전적 독립을 돕기 위해 설립되었다. 그러나 1993년 이후 모든 지역이 독립하면서 활동을 중단하였다. 코피 아난(Kofi Annan) 전 UN사무총장은 UN헌장의 개정을 통해 신탁통치이사회를 폐지할 것을 제안하였고, 글로벌거버넌스위원회는 신탁통치이사회에 지구환경과 관련한 권한을 주는 대안을 제시하였다.

UN사무국(Secretariat)은 안보리 상임이사국의 만장일치 추천으로 총회에서 선출되는 임기 5년의 사무총장을 중심으로 국제연합의 행정적인 사무를 집행하는 기구이다. 총회나 안보리가 정부의 대표로 구성되는 것과는 달리 국제연합 사무국 직원은 개별 국가의 영향력으로부터 자율적이고 중립적인 국제공무원 신분이다. 사무국은 평화유지군을 관리하고 다른 기구의 요청에 따라 주요 상황에 대한 조사 및 연구 업무를 진행하며 회의를 조직하는 일을 한다. 사무총장은 UN의 모든 회의에 참석하며 UN의 활동에 대한 평가와 방향 제시 및 당면과제를 중심으로 하는 연례보고서를 총회에 제출한다. 사무국의 주 업무는 행정관리로서 독자적으로 의제를 제안할 권한은 없지만, 사무총장은 국제평화와 안보에 위협이 있을 경우 안보리의 관심을 촉구할 수 있는 권한을 가지고 있으며 분쟁의 중재자 역할을 하기도 한다. 하지만 분쟁 해결은 사실상 안보리 상임이사국의 권한이기 때문에 강대국들과 사무총장의 의견이 다른 경우에는 사무총장이 강대국의 의견을 뛰어넘기는 힘들다. 사무총장의 역할 확대를 시도한 제6대 부트로스 갈리(B. Boutros-Ghali) 사무총장은 안보리 상임이사국들의 반대에 부딪혀 재임에 실패하고 UN을 떠나야 했으며, 제7대 코피 아난 사무총장은 이라크전에 대한 반대로 미국과 크게 마찰을 빚기도 하였다.

마지막으로 국제사법재판소(ICJ: International Court of Justice)는 총회와 안보리가 공동으로 선출하는 15명의 재판관으로 구성되며 재판관은 9년 임기에 중임이 가능하다. ICJ는 국제법에 따라 분쟁을 해결하는 역할을 하는 UN의 주요 기관으로 개별 국가들이 제소한 사건에 대해 법적 판결을 내리거나 UN의 여러 기구들이 의뢰한 법적 문제에 대해 권고적 의견을 제시한다. 분쟁당사국이 일단 ICJ의 재판관할권을 받아들이면 ICJ의 결정이 구속력을 가지며 판결을 이행하지 않을 경우 안보리가 적절한 조치를 취한다. 그러나 현실적으로 ICJ의 역할은 한계를 가진다. 무엇보다도 분쟁 당사국이 ICJ의 재판관할권을 받아들이지 않으면 ICJ는 재판할 권리가 없으며, 이때의 판결 또한 구속력을 가지지 않는다. 더불어, ICJ의 판결이 강대국들의 입김으로부터 자유롭지 못하다는 점 또한 한계로 지적된다.

3) 국제연합과 한국

한국은 UN 가입은 늦었지만 UN과 깊은 관계를 맺어왔다. UN은 1948년 한국을 '한반도 유일의 합법 정부'로 인정하였고, 1950년 6월 25일 발발한 한국전쟁 시에는 소련이 기권한 안보리가 북한을 침략자로 규정하여 16개국으로 이루어진 UN

군을 파견하였다.

　냉전 시기 소련과 중국의 거부권 행사로 가입이 불가능하였던 한국은 냉전 종식 이후인 1991년 제46차 UN 총회에서 북한과 동시에 UN에 가입하였다. 분담금 순위 2010-2012년 11위, 2013년 13위의 핵심 분담국인 한국은 평화유지군 파병 순위에서도 119개국 중 37위에 자리하고 있다. 한국은 1996-1997년과 2013-2014 년 두 차례에 걸쳐 안보리 비상임이사국으로 활동하였으며, 2006년에는 사무총장을 배출하였다. 또한 수많은 UN의 기구들과 사무국에서 주요 역할을 담당하고 있다. UN에서의 한국의 역할이 증대되어 가고 있는 것과 비례하여 한국의 UN 분담금이 커지고 있는데 이 때문에 분담금 체납 또한 늘어 가고 있는 문제점이 있다.

2. 국제연합과 관련한 주요 이슈

1) 국제연합의 역할과 문제점

　UN의 가장 핵심적인 역할은 국제평화와 안보의 유지이다. 냉전 종식 이후에는 전통적인 침략행위 저지뿐 아니라 평화유지, 군비축소, 인도적 원조, 탈식민지화, 지뢰제거, 반테러활동 등 다양한 영역에서 UN의 평화·안보 활동이 이루어지고 있다. 특히 냉전 시기 동안 거부권 행사로 인해 집단안보 기능이 마비되었던 안보리 의 역할이 냉전 종식 이후 회복되면서 국제연합의 안보 유지 기능은 강화되고 있다. 1945년에서 1990년까지 거부권이 행사된 경우는 193회에 이르렀지만, 1990년 과 2007년 사이에는 총 19회에 불과했다(베일리스 외, 2009).

　냉전 종식 이후 국제사회는 국가 간 군사적 충돌이 현저히 줄어든 대신 민족 및 인종 분쟁, 종교분쟁 등 심각한 내전의 형태가 급속히 증가하였다. 이러한 현상 은 UN이 행하는 인도주의적 목적의 평화유지 활동을 더욱 강화시켰다. UN 평화유 지군은 분쟁지역에 주둔하면서 상황을 감시하고 평화강제 활동과 더불어 인도적 지 원, 선거감시, 민간정부 관리 등의 활동을 통해 분쟁재발을 방지한다.

　그러나 UN의 평화유지활동은 몇 가지 차원에서 문제점을 노출하고 있다. 첫 째, UN 평화유지군이 주둔하고 있던 보스니아에서 1995년 자행된 대량학살, 소말리아 개입의 실패, 르완다에서의 경험 등 UN의 평화유지활동이 실패한 여러 사례들은 평화유지군이 효과적으로 평화와 안보의 유지라는 임무를 완수하기가 어렵다는 것을 보여준다. 이러한 실패는 평화유지군이 직면하는 안보적 도전, 지휘체계의 혼란, 주둔에 의한 억지에의 의존, 회원국들의 정치적 의지의 결핍, 안보리와 회원국 간의 의견 차이 등과 연관되어 있는 것으로 평가된다(Heywood, 2013).

두 번째, 평화유지활동과 관련하여 가장 첨예한 논쟁은 인도적 개입과 관련된 것이다. 국가 간 전쟁 및 내전은 필연적으로 인권에 대한 탄압을 동반한다. 이 때문에 많은 경우 분쟁에 대한 UN의 개입은 인도적인 이유로 시작된다. 그러나 이 경우에 국내관할권에 속하는 많은 영역에 대해 UN이 관여해야 하는 문제가 발생한다. UN헌장에 의하면 주권국가에 대한 국내문제 불간섭이 원칙이지만 집단안보 발동 시에는 예외적으로 국내문제에 대한 관여가 허용된다. UN의 인도적 개입에 대한 정당화는 특히 '개입과 국가주권에 관한 국제위원회'의 2001년 보고서인 '보호의 책임'(R2P: Responsibility to Protect)에서 잘 나타나고 있다. R2P는 모든 국가는 자국 시민들에 대한 보호의 책임을 지며, 국가가 그러한 의사나 능력을 결여하고 있는 경우에 그 책임은 국제공동체로 이전된다는 원칙을 명시하고 있다. 이 원칙은 2005년 UN세계정상회의에서 공식적으로 채택되었다. 그러나 UN의 인도주의적 개입이 행해진 많은 경우에 개입의 정당성에 대한 의문이 제기되어 왔다. 무엇보다도 개입을 결정하는 강대국들이 약소국의 내정에 대한 간섭을 정당화하기 위해 인도주의적 규범을 남용할 가능성에 대한 문제가 강하게 제기되었다(Wheeler, 2004). 더불어 개입의 범위 또한 중요한 논쟁의 대상이다. 특히 리비아에서의 카다피 정부 전복을 목표로 한 군사활동은 개입범위에 대한 많은 논쟁을 불러일으켰다.

평화구축과 안보 유지라는 핵심적 역할 이외에도 국제연합은 국제사회의 사회경제적 발전과 개발의 촉진에 중요한 기여를 하여 왔다. 빈곤과 불평등, 인권, 환경, 개발 등의 의제에 있어서 UN은 경제사회이사회를 중심으로 많은 기구들이 활동하고 있으며 특히 국제비정부기구와의 협력과 연계를 통해 다양한 프로그램을 수행하고 있다. 예를 들어, UN의 모든 회원국들은 국내 인권상황에 대해 매 4년마다 UN인권이사회에 정기적으로 보고하여야 한다. 또한 UN은 환경개발회의(리우회의),

기후변화협약 교토의정서 등 환경문제 해결을 위한 다양한 제도적 구축을 도모해 왔다. 더불어, UN은 UN개발10년, UN개발계획 등 선진국과 개도국 간 불균형을 퇴치하기 위한 제도적 노력과 더불어 저개발국의 개발 활동을 활발히 전개하고 있다.

국제사회의 사회경제적 문제 해결을 위한 UN의 이러한 노력은 상당 부분 성공적인 결과를 보이기도 하지만 종종 추진과정이나 결과에서 비판의 대상이 되기도 한다. 인권 이슈와 관련하여 UN은 공정성 및 효과적인 수행능력에 있어 비판에 직면해 있다. 환경문제에 있어서도 선진국들과 개도국 간 입장의 차이로 인한 갈등의 조정을 UN이 효과적으로 해내지 못하고 있다는 비판을 받는다. 교토의정서의 효과가 예상에 못 미치는 가운데 교토의정서를 대체할 레짐에 대한 협상을 2015년까지 마치기로 결정했지만 주요 국가들의 이탈 선언 등 그 실효성 약화가 예상되고 있는 상황이다. 또한 개발협력과 관련해서도 폭발적으로 증가하는 개발계획 요구에 대해 충분한 자원과 프로그램을 UN이 확보하고 있지 못하다는 점에서 문제가 제기된다.

2) 국제연합의 개혁 문제

국제연합 개혁의 필요성은 여러 가지 면에서 논의되고 있지만 무엇보다도 안전보장이사회의 개혁과 UN의 재정위기 타개를 위한 개혁의 필요성이 가장 강하게 제기되고 있다. 먼저, 안보리 개혁은 UN의 대표성 및 민주성 제고라는 측면에서 그 필요성이 빈번히 제기되었다. 2차 대전이 끝난 시점의 국제정치적 환경에서 51개 회원국으로 출발하면서 갖춘 안보리 체제를 국제정세가 크게 변화하고 회원국 수역시 193개로 증가한 현재에도 변화 없이 여전히 유지하고 있어 그 대표성에 문제가 있다는 것이다. 2005년 코피 아난 사무총장은 안보리 이사국의 수를 늘리기 위한 2개의 다른 모델을 제시하였다(A안은 지역별로 거부권이 없는 상임이사국 6개를 신설하고 비상임이사국의 수를 3석 늘려 총 24명으로 구성되는 안보리 모델이고, B안은 4년 임기의 준상임이사국을 8개 신설하고 현재의 비상임이사국을 1개 더 늘리는 안이다. 두 가지 안 모두 현재의 상임이사국이 보유하고 있는 거부권에 대한 변화는 포함하지 않고 있다). 이 두 가지 개혁안을 두고 활발한 논의가 전개되었으나 논의 과정에서 이사국의 선출 문제와 안보리 권한 문제에 이견을 보이면서 합의의 도출에는 실패하였다.

안보리와 관련하여 보다 큰 쟁점은 안보리에 부여한 거부권 문제이다. 강대국들을 포함한 대부분의 국가들은 안보리의 기능과 효율성을 해치지 않는 한도에서 안보리의 확대를 지지하는 편이다. 특히 미국의 경우는 일본의 상임이사국 지위를 적극 지지하는 편이며, 영국과 프랑스는 일본, 독일, 인도, 브라질 등 소위 G4의 상임이사국 지위에 대해 우호적인 태도를 보이고 있다. 중국은 인도의 상임이사국 진출에 지지를 표명하고 있다. 그러나 거부권 구조를 변경하는 것에는 극명한 입장 차이를 보이고 있다. 신규 상임이사국 지위를 노리는 G4 및 아프리카 국가들은 거부권의 지역별 할당제를 통해 신규 상임이사국도 거부권을 가져야 한다고 주장하는 반면, 기존 상임이사국과 G4를 견제하는 한국, 오스트리아, 파키스탄 등 다수 국가들은 신규 상임이사국에 거부권을 부여하는 데 반대하는 입장이다.

다음으로, UN의 재정위기 문제는 UN이 직면한 가장 시급한 문제라고 할 수 있다. UN의 재정은 정규예산과 평화유지활동(PKO: Peace-keeping Operation) 예산으로 편성된다. 정규예산은 각국의 GNP 및 1인당 국민소득 등을 감안하여 산정된 분담금과 자발적 기여금으로 이루어지며, PKO 예산은 회원국을 소득기준에 따라 그룹별로 나누어 차등 부과하는 분담금으로 이루어진다. 미국이 22%로 UN 예산의 가장 많은 부분을 분담하고 있으며, 그 다음으로 일본, 독일, 영국, 프랑스 순이다. 한국의 2014년 분담금은 UN 예산(약 106억 달러)의 2%에 해당하는 20,400만 달러 정도였다(외교부 UN 사무국 자료).

UN의 재정위기를 초래하는 가장 큰 원인은 회원국들의 분담금 체납이다. 193개 회원국 가운데 30여 개 국가를 제외한 대부분의 국가들은 분담금을 미납하고 있다. 특히 가장 큰 분담금을 부담하는 미국은 지속적으로 체납 중인데 2011년의 경우 정규예산 분담금 체납액의 약 79%가 미국의 체납액이다. 한국도 체납액이 꾸준히 누적되어 2010년 누적액이 1.3억 달러에 달했다. UN헌장 19조는 분담금 지불을 2년 이상 연체한 회원국에 대해서는 총회에서의 투표권을 박탈한다고 규정하고 있지만 불가피한 상황인 경우는 예외로 인정하고 있기 때문에 분담금 체납으로 인해 투표권이 박탈되는 경우는 거의 없다. 미국 의회는 UN 재정의 약 2%밖에 부담하지 않는 국가들이 100여 개의 투표권을 행사한다는 데 대해 문제를 제기하면서 분담률에 대한 개혁을 지속적으로 요구하고 있다.

UN 재정위기의 심화는 냉전 종식 이후 UN의 역할이 크게 확대되고 있다는 사실과도 무관하지 않다. 냉전 종식 이후 분쟁의 증가로 평화유지 비용이 기하급수적으로 커지고 있고 이에 더하여 다양한 인간안보 분야 및 사회경제적 개발에 많은 예산이 투입되고 있다. 재정적 어려움을 극복하기 위해 여러 논의가 이루어지고 있는 가운데, 부트로스 갈리 사무총장은 회원국들의 분담금에만 의존하는 현재의 방식에서 벗어나 UN 자체에서 재정을 확충하는 방안으로 UN 평화기금, 무기거래에 대한 과세, 항공여행에 대한 과세, 세계은행으로부터의 차용 등을 제안하였다. 하지만 UN이 자신들의 영향권에서 벗어나는 것을 꺼려하는 강대국들의 반대로 현실화되지는 못하였다. 현재 UN은 분담금 이외 자발적 기부금의 비중을 늘리는 방향으로 프로그램을 전환하는 등 다양한 방식으로 재정 확충 방안을 마련하고자 노력하고 있다.

UN의 재정 부담은 행정조직 개혁에 대한 요구를 동반한다. 1947년에 미국 의회는 이미 UN의 조직 개편과 보수체계의 개혁을 요구하였고 지속적으로 행정개혁을 요구해 오고 있다. 사실상 적은 비용으로 높은 효율을 올려야 하는 재정 상황에도 불구하고 UN은 그간 행정 운용에서 비효율적 모습을 보여 왔다. 2005년 코피 아난 사무총장은 행정개혁을 실시하여 감사국을 강화하고 사무국 내 1,000여 개 직책 폐지 및 대폭적인 기구 통폐합을 실행하였다. 코피 아난 사무총장을 이은 반기문 사무총장 또한 사무국 개혁을 주요 과제로 설정하여 개혁을 추진해 오고 있다.

3. 지구화시대 국제연합의 역할

지구화로 인해 국경을 넘어 연결된 국제사회는 개별 주권국가가 해결할 수 없는 수많은 도전에 직면해 있다. 인종·민족·종교분쟁, 테러, 인권, 빈곤, 질병, 환경, 여성, 아동, 불평등 등 수없이 많은 지구적 문제에 직면하여 UN의 역할 확대가 요구되고 있다. 그러나 UN이 다양하고 복합적인 지구상의 문제에 대해 해결자로서의 역할을 하기에는 일련의 한계를 가지고 있다. 무엇보다도 개별 국가의 양해나 협력이 불가능한 이슈나 강대국들의 정책적 지향점에 대치되는 정책 등 주권국가들의 합의가 쉽지 않은 문제에 있어서 UN의 역할은 소극적이 될 수밖에 없다. 또한 하나의 초국가적 기구가 다루기에는 너무나 많은 도전들에 직면하여 그 활동의 범위가 넓어지면서 효율성의 저하 또한 막을 수 없는 문제이다.

이러한 도전에 직면하여, 국제사회는 다양한 행위자들의 네트워크가 생성되고 있고 이러한 네트워크를 통해 공동의 문제를 해결해 나가고자 하는 움직임이 활발해지고 있다. 지구화시대 UN은 이러한 네트워크의 중심에서 다양한 주체들과 협력관계를 구축하고 관리하며 해결책을 찾는 글로벌 거버넌스의 허브 역할이 요구된다. 실제로 UN은 글로벌 시민사회와의 연계와 협력을 다양한 차원에서 구축하고 있다. 특히 인간안보와 관련된 이슈에서의 국제비정부기구들과의 협력의 효과는 매우 크게 나타나고 있다. UN의 정체성은 더 이상 국가들 간의 협력 공동체에 머무르지 않는다. 세계 시민공동체와의 연계와 협력을 통해 새로운 지구적 공동체의 중심 역할이 UN에게 부과되고 있는 것이다. UN의 활동에 있어서 글로벌 시민사회와 보다 적극적인 협력 관계를 구축하는 것은 지구화시대 인류가 직면한 수없이 많은 도전을 해결할 수 있는 효과적인 방법이 될 것이다. 동시에 개혁을 통해 UN이 직면한 정치적·재정적 압박을 극복하고 강대국들의 영향력으로부터 자율성을 확보할 수 있는 다양한 방안에 대한 논의가 지속되어야 할 것이다.

IV. 지역협력과 국제통합

1. 국제사회의 지역협력과 지역통합

1) 국제사회에서 협력과 통합의 확산 요인

냉전이 종식되고 지구화가 본격적으로 전개되면서 국제사회가 직면한 가시적인 변화 중 하나는 지역협력과 지역통합으로 나타나는 지역블록의 형성이다. 이렇게 국제사회에서 지역협력이 활성화되고 지역통합 논의가 본격화된 것은 무엇보다도 국제사회의 상호의존 심화에서 그 원인을 찾을 수 있을 것이다. 경제적·사회적 상호작용의 증가와 지역 내 안보공동체의 필요성, 기타 다양한 지역 문제에 대한 공동 대응의 필요성 등은 지역협력의 필요성을 증대시킨다. 특히 이념적 정체성에 따라 이해관계가 형성되었던 냉전시기와는 달리 탈냉전기에는 이해관계의 다변화 현상에 따라 이익과 정체성을 어느 정도 공유하는 지역 내 국가 간의 협력 관계가 중요시된다. 또한 지구화와 시장의 단일화는 국제 시장에서의 국가 간 경쟁을 심화시키고 있어, 국가들은 이에 대한 대응 방안으로서 지역 내에서의 협력과 통합을 더욱 빈번하게 시도하게 된다. 더불어 WTO 등 다자주의적 무역관리 능력에 대한 회의적 시각이 커지면서 지역 내 국가끼리 무역과 시장을 관리할 필요성이 커지고 있다. 이러한 요인들은 세계 각 지역에서 경제적 협력을 중심으로 하는 지역주의적 협력과 지역통합에 대한 논의를 활성화시키고 있다.

2) 지역협력과 지역통합을 바라보는 시각

지역협력은 지리적으로 인접한 국가 간에 경제, 에너지, 외교, 안보 등의 영역에서 기능적으로 협력하는 것을 의미한다. 협력 참여국들은 이 협력을 통하여 새로운 국제법상의 지위를 부여받거나 주권의 가시적인 포기를 경험하지는 않는다. 반면, 지역통합은 지리적으로 인접한 국가들이 상호간 정치·경제적 장벽을 제거하고 단일한 정치·경제 공동체를 구축하는 과정으로서 일정 정도 주권의 이양을 포함한다.

자유제도주의의 토대가 된 기능주의적 시각에서 지역협력은 지역통합의 전단계로서 한 분야의 협력이 다른 분야의 협력으로 확산되고 이러한 확산이 궁극적으로 경제적 통합체로 이어진다고 본다. 기능주의를 계승한 신기능주의 역시 통합의 점진적 확산을 강조한다. 그러나 협력 및 통합의 전이를 기능적 확산효과에 따라 자동적으로 이루어지는 것으로 인식한 기능주의와는 달리, 신기능주의는 엘리트의 자기 이익 추구 과정에서 관료와 이익집단의 적극적 노력으로 통합이 진전된다고 본다. 신기능주의 시각에서 볼 때, 초국가적 기구는 이러한 통합을 진전시키는 데 중요한 역할을 한다. 통합의 초기 단계에 초국가적 기구가 형성되면 이 기구는 국가와는 별개의 자신만의 이해를 가지게 되고, 이 기구의 관료들과 이익집단들은 자신의 이익과 권한을 확대하기 위해 다양한 활동을 하게 된다. 그 결과 초국가적 기구의 권한과 능력이 확대될 뿐 아니라 회원국 국민들의 충성심 또한 커지면서 통합이 진전된다는 것이다(최진우, 2008).

그러나 다원주의적 국가들의 협력 및 통합의 확산과 초국가적 기구의 역할을 강조하는 신기능주의적 시각은 개별 국가들이 다원적 사회구조를 갖지 못하고 지역 국가들 간에 문화적 공통점이 적은 유럽 이외 지역에서의 협력과 통합의 확산을 설명하기에는 부족하다. 더구나 개별 국가의 의지와 이익과는 무관하게 초국가적 기구 자체로서 통합이 확산된다는 설명은 개별 국가의 영향력이 중요한 역할을 하는 통합과정을 설명하기가 힘들다.

이러한 점에서 신기능주의적 접근법 또는 자유제도주의적 접근법은 현실주의자들의 비판에 직면한다. 개별 국가의 힘과 이익을 강조하는 현실주의자의 일부는 지역통합이 초국가기구의 독립적 이해에 의해 자연스럽게 이루어지는 것이 아니라 개별 국가들, 특히 강대국들의 정치적 선택이며 정부 간 협상의 결과라고 본다. 따라서 이 시각에서는 통합이 개별 국가들의 주권의 약화나 쇠퇴를 초래하는 것이 아니라 이익을 확대시키는 방향으로 이루어진다. 이 경우 특히 강대국들의 영향력이 크게 작용하므로 통합의 과정에서는 강대국들의 이해관계와 선택이 중요하다. 그러나 이렇게 통합을 개별 국가의 선택으로만 보는 시각은 국가들의 의도와 관계없이 협력과 통합이 확산되고 진전되는 현상에 대한 설명이 부족하다는 한계를 가진다(김학노, 2001). 또한 국가가 초국가수준 및 지방수준과 다층체제를 구성하는 일부라고 보는 다층통치체제론적 관점에서도 통합을 개별 국가들의 협상의 결과물이라고 보는 시각을 비판한다. 초국가기구의 정책결정과정에서 개별 국가들의 이해관계가 다층적 관계 속에서 통제되고 있다는 점을 간과하고 있다는 것이다(강원택, 2000).

1) 아시아·태평양의 지역협력

아시아 지역의 가장 대표적인 지역협력체는 동남아시아국가연합(ASEAN)이다. ASEAN은 1967년 말레이시아, 인도네시아, 필리핀, 싱가포르, 태국 등 5개국으로 출범하여 현재는 베트남, 라오스, 버마, 캄보디아를 포함한 10개국이 참여하고 있다. 출범 당시에는 공산주의의 도전에 대한 공동 대처가 목표였지만 냉전 종식 이후에는 지역 국가들의 경제발전을 바탕으로 역내 경제협력 활성화에 초점을 두고 있다. 1993년에는 ASEAN자유무역지대(AFTA)를 출범시켰고 1998년 아시아 금융위기 이후에는 ASEAN 국가들의 통합에 대한 논의가 본격화되어 유럽연합과 유사한 ASEAN 공동체 창설에 대한 구체적인 로드맵을 작성하고 있다. 또한 역외 주요국들과의 관계 강화를 위해 다양한 창구가 활용되고 있는데 ASEAN과 중국 간의 자유무역지대 체결, 1994년 ASEAN지역포럼(ARF)의 창설, 1997년 중국, 일본, 한국과의 ASEAN+3의 창설, ASEAN 국가들과 중국, 일본, 한국, 인도, 호주, 뉴질랜드가 참여하는 동아시아정상회의(EAS) 등을 통하여 지역협력을 확대하고 있다.

한편, 1989년 호주가 제안하여 창설된 아시아·태평양 경제협력체(APEC)는 아시아·태평양 국가들의 경제적·정치적 협력의 강화를 위해 12개국의 참여로 설립되었다. 이후 가입국이 늘어나 현재는 21개 국가가 참여하고 있다. 매년 각국 정상회담을 열고 있으며, 무역과 투자 자유화를 위한 다양한 노력을 진행하고 있다.

아시아·태평양 지역의 지역협력에 있어서 주목할 만한 일은 중국의 역할이 커지고 있다는 점이다. 중국은 2001년 중국과 중앙아시아 국가 및 러시아가 참여하는 상하이협력기구(SCO)를 창설하여 경제와 문화 분야의 협력을 강화하고 있으며, 2015년에는 미국의 강한 반대에도 불구하고 아시아 인프라 투자은행(AIIB) 창설을 주도하였다. 이에 따라 미국과 일본 중심의 국제금융질서 탈피를 통한 중국 중심의 대규모 경제권 형성이 기대되고 있다. ASEAN+3의 역내자유무역협정이 중국 주도로 빠르게 제도화되면서 위기감을 느낀 미국은 아시아·태평양 국가 간 광역 자유무역협정인 환태평양경제동반자협정(TPP)의 활성화를 추진해 오고 있으며, AIIB의

214
제2부 갈등과 평화의 국제관계

출범으로 아시아 지역에서의 미국과 중국 간 경쟁이 더욱 심화될 전망이다.

2) 아메리카의 지역협력

북미의 대표적인 지역협력은 미국, 캐나다, 멕시코 간 북미자유무역협정(NAFTA)으로 EU를 능가하는 최대 단일시장이다. 다자주의적 자유무역관리 체제의 균열, 유럽의 통합, 일본의 적대적 무역정책 등에 대응하여 지역경제블록의 필요성에 의해 NAFTA가 만들어졌다. NAFTA는 북미 지역에서 농업과 제조품에 대한 관세를 단계적으로 제거하고 금융시장을 개방하는 것을 목표로 하고 있다. NAFTA는 3개국의 경제적 발전 수준이나 경제구조가 다름에도 불구하고 정치·경제적 이해관계에 따라 협정이 순조롭게 추진되었지만, 국가 간 부의 불평등 및 경제구조의 불균형으로 상호이해의 부족을 경험하고 있기도 하다.

한편, 남미에서도 1995년 아르헨티나, 브라질, 파라과이 및 우루과이가 지역경제블록인 남미공동시장(MERCOSUR)을 창설하였다. 현재는 베네수엘라를 포함한 5개 정회원국과 4개 준회원국으로 구성되어 있으며 공동관세제도를 택하고 있어 자유무역지역과 관세동맹의 중간단계의 성격을 지닌다. MERCOSUR는 남미 경제의 회복을 추동하고 더불어 무역량의 급속한 증가를 보이고 있는 지역블록이다.

3) 아프리카의 지역협력

2002년 아프리카경제공동체(AEC)와 아프리카통일기구(OAU)를 통합해 EU를 모델로 하는 아프리카연합(AU)이 설립되었다. AU는 아프리카 최대의 국제기구로 현재 아프리카 54개국 중 모로코를 제외한 53개 국가가 회원국이다. 아프리카 국가들의 정치·사회·경제적 통합 촉진을 목표로 하고 있지만 서구지향적·시장지향적 접근으로 아프리카에서 리더십을 발휘하는 데는 한계를 가지고 있다. 아프리카의 대표적 지역협력기구인 남아프리카개발공동체(SADC)는 남아프리카 국가들의 경제협력을 증진하고 남아공에 대한 의존을 줄이기 위해 남아프리카 9개국을 중심으로 1992년에 설립되어 현재는 15개국의 회원국을 두고 있다. 서아프리카경제공동체(ECOWAS)는 아프리카에 설립된 가장 큰 지역기구로서 16개국이 참여하고 있다. 그러나 정치적 불안정과 부패, 약한 조직 등의 문제로 지역 내 영향력이 거의 없는 실정이다.

2차 대전 이후 유럽의 통합 움직임은 몇 가지 요인들에 의해 촉진되었다. 그 요인들은 유럽의 재건, 프랑스와 독일의 역사적 대립의 해소, 독일의 유럽 편입, 유럽의 정체성 확보와 보호의 필요성 등을 포함한다. 이에 더하여 유럽은 미국에게는 상품시장으로서, 그리고 반공산주의 전략지로서 통일된 시장과 정체성을 가질 필요가 있었다는 점도 유럽통합을 촉진하는 요인으로 작용하였다(Heywood, 2013). 유럽통합은 1952년의 유럽석탄철강공동체(ECSC), 1957년의 유럽경제공동체(EEC), 그리고 유럽원자력에너지공동체(EAEC) 등을 통한 유럽의 지역협력에서부터 시작되었다. ECSC는 프랑스, 독일, 이탈리아, 벨기에, 네덜란드, 룩셈부르크 등 6개국이 석탄과 철강의 공동관리를 통해 유럽경제를 효율적으로 복구하고자 창설하였다. 1957년에는 로마조약을 통해 EEC와 EAEC가 탄생함으로써 자원의 공동관리에서 시작한 유럽공동체가 시장의 통합 및 공동에너지 시장의 창설로 이어지게 되었다. 이러한 움직임은 1960년대 유럽자유무역연합(EFTA)과 공동농업정책의 수립으로 이어졌고 마침내 1967년 ECSC, EEC, EAEC 세 기구를 통합한 유럽공동체(EC)가 탄생하였다. 영국, 아일랜드, 덴마크, 그리스, 스페인, 포르투갈의 가입으로 1986년까지 EC의 회원국은 12개 국가로 늘어났다.

1985년 단일유럽의정서 채택을 통해 단일통화체제 등 유럽경제통합에 합의한 EC는 1992년 2월 마스트리히트조약을 체결하여 유럽연합(EU)으로 명칭이 바뀌게 되었다. 이로써 유럽 각국은 통화 및 시장의 관리, 외교안보, 내무·사법 등의 분야에서 주권의 상당 부분을 연합체에 이양하게 되었다. 이 점 때문에 마스트리히트조약은 각 회원국들의 비준 과정에서 진통을 겪어 1993년 11월이 되어서야 발효될 수 있었다. 조약 발효 후 동유럽 국가들을 포함한 가입국의 지속적인 확대로 현재 회원국 수는 28개국이다. 터키와 발칸반도의 마케도니아, 몬테네그로, 세르비아, 알바니아 등은 가입후보국으로서 EU와 협상을 진행하고 있다.

1999년에는 당시 유럽연합 15개 회원국 중 영국, 덴마크, 스웨덴, 그리스 4개국을 제외한 11개국이 유로(euro)를 단일 통화로 사용하는 유로랜드(Euroland, 유로존 Eurozone)를 출범시켰다. 유로랜드의 통화 정책은 1998년 설립된 유럽중앙은행(ECB)에서 담당한다. 2015년 1월 현재 유로랜드에는 총 18개국이 가입되어 있으며, 덴마크·스웨덴·영국·불가리아·체코·헝가리·라트비아·리투아니아·폴란드·루마니아 등 10개국은 유로존에 가입되어 있지 않은 EU 회원국들이다. 각국의 유로화폐 환율은 국가예산과 물가지수, 이자율 등을 기준으로 정한다.

2) 유럽연합의 구성 및 조직

EU의 전략적 리더십을 제공하는 기구로는 유럽이사회가 있으며, 핵심 운영 기구로는 유럽집행위원회, 각료이사회, 그리고 유럽의회가 있다. 정책결정과정은 집행위원회가 제안한 정책을 유럽의회에서 토의하고 각료이사회에서 결정하는 절차를 거친다.

유럽이사회(European Council)는 유럽정상회의 성격을 가지며, 회원국의 국가 정상 및 각료(일반적으로 외무장관), 유럽이사회 의장, 유럽집행위원회 위원장 그리고 EU의 외교·안보 정책 대표로 구성된다. 의장은 과거에는 순번대로 번갈아 맡았으나 2009년 리스본조약 발효 이후 상임의장제도가 도입되어 유럽이사회에서 선출하고 있다. 입법 권한은 주어지지 않지만 유럽이사회는 EU의 장기적 의제 및 정책 방향을 결정하고 주요 쟁점 사항에 대해 기본적인 정치적 입장을 정한다. 또한 회원국들 간에 발생하는 이견을 조정하는 역할을 한다.

다음으로, 유럽집행위원회(European Commission)는 행정기구이면서 동시에 입법보조기구로서, 정책 및 법안의 제안과 개발, 조례나 규칙의 제정, 유럽연합의 재정 관리, 회원국의 공동정책 이행에 대한 감독 및 감시, 그리고 이사회의 위임에 따른 대외 협상 등의 역할을 수행한다. 정책 개발 과정에는 유럽연합의 다른 기구나 회원국, 이익 단체 등이 적극적으로 개입할 수 있으며, 특히 이사회가 정책 제안을 요구할 경우 집행위원회는 이행할 의무가 있다. 집행위원회는 또 유럽연합의 법안들이 공동체의 모든 영역에서 동일한 방식으로 준수되고 있는지를 유럽사법재판소와 함께 감독함으로써 EU 법률을 수호하는 역할을 한다. 외국과의 협상에 있어서의 대표자 역할은 집행위원회의 부위원장이 맡고 있으며, 유럽이사회에서 지명하고 유럽의회에서 승인하는 위원장과 각국 정부로부터 추천받아 임명된 5년 임기의 집행위원, 그리고 40개 총국 및 9개 지원국에 근무하는 유럽 공무원으로 구성되어 있다. 2009년 리스본조약 발효 이후 1국가 1위원 원칙을 적용하고 있다.

각료이사회(Council of Ministers)는 유럽연합의 의사결정기구로서 회원국 장관들로 구성된다. 집행위원회의 권한인 조례나 규칙을 제외한 모든 법안은 유럽의회의 토의를 거쳐 각료이사회에서 결정된다. 채택된 법안은 유럽 의회의 승인을 거쳐 법령으로서 제정된다. 각료이사회는 일반적 사항을 다룰 때는 보통 각국의 외무장관으로 구성되고, 경제·금융, 농업, 사법, 환경, 통신 등 전문적인 의제에서는 소관업무의 담당 장관들로 구성된다. 외교 등 주요사항에 대한 의사결정은 만장일치를 원칙으로 하고 있으나 사안에 따라 다수결도 사용되고 있다. 입법권 외에도 각료이사회는 집행위원회가 작성한 예산안에 대해 유럽의회와 공동으로 심의하고, 외국이나 국제기구와 조약 및 협정을 체결하며, EU 가입을 최종 결정하는 권한을 가진다.

유럽의회(EP: European Parliament)는 프랑스 스트라스부르에 있으며, 1979년 이래 시민들에 의해 직접 선출되고 있는 초국가적 의회로서 751명의 의원으로 구성되어 있다. 의원은 임기가 5년이며, 각 회원국에서 직접선거로 선출된다. 각국의 인구수에 비례하여 회원국별로 의원수를 할당한다. EU 시민들은 자국이 아닌 곳에서도 유럽의회 선거에 출마할 수 있다. 유럽의회 내에는 유럽 내 다양한 이념적 스펙트럼을 반영한 초국가적 정치그룹들이 정당 역할을 수행한다. 유럽의회는 법안제출권 및 입법의 권한은 없지만, 마스트리히트조약에 의해 15개 정책분야에 대해 공동결정권을 가지며, 그 밖에도 집행위원회의 예산안에 대한 거부권, 제한된 예산 수정권, 집행위원에 대한 불신임권 및 임명동의권, 신입회원국 비준권 등을 가지고 있다. 최근에는 유럽의회의 권한을 강화하기 위한 논의들이 활발히 전개되고 있다. 2005년 프랑스와 네덜란드에서 부결되어 현실화되지 못한 유럽헌법은 공동결정권

확대 및 예산감독권 등 의회의 권한 강화를 명시하고 있다.

이 밖에 유럽사법재판소(ECJ: European Court of Justice)와 유럽중앙은행(ECB: European Central Bank) 또한 중요한 역할을 수행한다. ECJ는 유럽연합의 법률을 해석하고 조약 및 법률 이행에 대한 판정을 통해 EU의 법과 정신의 이행을 보장하는 역할을 하는 사법기구로서 각국에서 1명씩 배출된 임기 6년의 재판관과 8명의 법률자문관으로 구성되어 있다. 형식적으로 회원국의 법보다 EU법이 우위에 있지만, 실질적으로 판결을 집행할 수 있는 강제적 권한을 갖고 있는 기구가 없기 때문에 그 역할은 한계가 있다.

유럽중앙은행은 프랑크푸르트에 있으며, 유로와 관련하여 구매력을 유지하고 유로지역 가격안정을 도모하는 역할을 한다. 독일이 전체 자본금의 약 25%를, 프랑스, 이탈리아, 영국 등이 각각 15% 이상의 지분을 가지고 있다.

이 밖에 유럽연합의 주요 기구로는 회계감시원, 경제사회위원회, 지역위원회, 유럽투자은행, 유럽옴부즈맨 등이 있다.

3) 유럽연합의 주요 이슈

EU가 직면한 주요 도전은 크게 정치적 통합 이슈와 경제적 통합 이슈로 나뉘어 설명될 수 있다. 먼저, EU는 정치적 통합의 심화·확대에 어려움을 겪고 있다. 특히, 각국은 초국가적 기구로서의 EU의 권한이 자국의 주권을 초월하거나 침해함으로써 자국의 영향력이 약화될 가능성에 우려를 나타낸다. 2004년 유럽정상회의에서 통과되고 유럽의회가 비준한 유럽헌법안은 통합을 심화시키기 위한 안으로서 프랑스와 네덜란드 국민투표에서의 부결로 현실화되는 데 실패하였다. 이 헌법안에 의하면, 유럽연합 대통령과 외무장관이 신설되고 대통령이 유럽이사회의 상임의장을 맡는다. 또 의회의 의석수를 제한하는 한편 의회의 권한을 강화하며, 집행위원의 수를 축소하고, 의사결정에 만장일치가 아닌 다수결제도를 도입하여 합의가 원활하도록 하고 있다. 유럽헌법을 대체하여 2009년 발효된 리스본조약은 대통령제 등 일부 회원국들의 반대가 심했던 조항을 제외한 유럽헌법의 많은 조항을 도입하여 유럽연합의 개혁을 도모하였다. 리스본조약은 유럽연합의 정치적 통합의 심화를 의미하는 것이 사실이지만 리스본조약에서도 외교정책 등 주요 정책사항에 대해서는 거부권을 의미하는 만장일치제를 유지하는 등 주권의 약화를 꺼리는 개별 국가들의 입장은 여전히 정치적 통합의 급격한 진전을 어렵게 만드는 요인이 되고 있다.

유럽이 직면한 보다 심각한 도전은 경제적 영역에서 찾을 수 있다. 특히, 2009년 시작된 그리스의 재정위기는 2010년 국가부도 위기로 이어졌고 스페인, 이탈리아, 포르투갈, 아일랜드 등 국가재정이 취약한 다른 유럽 국가들로 확산되었으며 이는 다시 유로화의 위기로 이어졌다. ECB와 IMF는 지속적인 구제금융을 통해 위기를 벗어나기 위해 노력해 왔지만 2015년 6월 그리스 정부는 결국 채무불이행(디폴트) 상황에 돌입하고 은행영업 중단과 자본통제를 시작하였다. ECB와 IMF 및 EU 집행위원회는 긴축을 전제로 추가적인 구제금융을 제안하였지만 이 제안에 대한 수용 여부를 묻는 국민투표에서 그리스 국민들은 '제안수용거부'를 선택하였다. 이에 따라 그렉시트(그리스의 유로존 탈퇴)의 가능성까지 언급되고 있는 가운데 유로존의 위기가 커지고 있다. 이러한 유로화 위기의 근본적인 원인은 최적통화지역 조건을 완전히 충족하지 못한 국가들을 유로존에 포함시키고 있는 유럽경제통합 자체에서 기인한다고 볼 수 있다. 유로존 내 경제상황이 상대적으로 취약한 국가들은 유로화 가입 이후 유로화 강세로 인해 수출경쟁력이 약화되고 글로벌 금융위기에 따른 부실채권의 발생과 정부부채의 급증을 경험하고 있다. 경기침체를 극복하기 위해 최근 유럽은 각국 중앙은행이 유럽중앙은행의 회원국 지분 비율에 따라 자국 국채를 매입하는 방식으로 대규모 양적완화를 실시하고 있다.

유럽의 지속적인 경제 위기로 인해 유럽의 각국에서는 EU 탈퇴 또는 유로랜드 탈퇴를 요구하는 목소리가 높아져 가고 있다. 2014년 유럽의회 선거에서는 EU 또는 유로랜드 탈퇴를 주장하는 극우정당들에 대한 지지가 높아졌고 개별 국가의 선거들에서도 反EU 정책을 내세우는 정당들의 선전이 가시화되고 있다. 특히, 2015년 영국 총선에서는 EU 탈퇴 여부를 결정할 국민투표를 약속한 영국의 보수당이 예상외로 과반수의 의석을 확보하면서 영국의 EU 탈퇴가 유럽 내 중요한 이슈로 부상하였다. 유럽인들의 反EU 정서의 확산은 경제위기 및 EU의 이민정책과 연관된다. 유럽의 경제위기로 인한 일자리의 부족은 反이민 정서를 확산시켰고 이에 따라 유럽 각지에서 EU의 이민통제를 요구하는 목소리가 높아졌다. 특히 EU의 개혁을 꾸준히 요구해 온 영국은 이민에 대한 규제를 개혁의 일차적인 과제로 삼고 있다.

경제위기와 관련하여 EU는 최근 금융위기의 주범이었던 은행들을 단일 규정으로 관리하고자 단일은행감독기구(SSM)를 출범시켰고 부실은행 처리를 위한 단일정리기구(SRM) 및 단일정리기금(SRF)을 설립하였다. 이로써 유로존 회원국 은행들은 자국 정부가 아닌 유럽중앙은행의 관리를 받게 되었다. 이러한 일련의 정책을 통해 EU는 은행에 대한 개별 국가들의 영향력 및 금융위기의 재발가능성을 낮추고 유럽의 경제통합을 강화하고자 한다. 이러한 정책이 통합 이래 꾸준히 논의해 온 은행동맹(Banking Union)의 진전으로 이어질 수 있을지 관심의 대상이 되고 있다.

V. 맺음말

지구화가 진전되면서 공동의 문제들을 해결하기 위한 글로벌 거버넌스에 대한 요구는 다양한 형태의 국제기구의 설립과 활발한 국가 간 통합의 움직임을 가져왔다. 자유주의자들의 기대대로 수많은 국제기구가 등장하고 있고 개별 주권국가들은 국제기구를 통한 범지구적 협력뿐 아니라 지역적 차원에서의 협력 및 조직화의 기제를 발전시켜 오고 있다. 이러한 협력과 통합을 통해 국가들은 의사소통의 채널을 확보하고 국가 간 연계를 증대시켜 개별 국가의 힘으로 해결할 수 없는 수많은 문제들에 대해 공동의 해결책을 찾아내고자 한다.

그러나 일부 자유주의자들의 예상과는 달리 지구화의 진전과 이러한 초국가적 거버넌스가 진행되는 상호의존의 세계에서도 주권국가의 약화는 크게 감지되지 않고 있다. UN이나 기타 국제기구, 그리고 정치공동체인 EU에서까지도 목격했듯이, 주권국가의 이익과 초국가적 이해가 충돌할 때 주권국가들이 자국의 이익을 포기하고 공동의 이익을 추구하기는 쉽지 않다. 따라서 자유제도주의자들이 기대하듯이 개별국가의 이익과는 전혀 다른 이익을 가지는 초국가적 기구나 정체성의 통합을 동반하는 국가들의 완전한 통합은 실현이 매우 어려운 상황이라 할 수 있겠다.

　이러한 점에서 오늘날의 세계는 국가들이 주권을 이양하고 통합적 정체성을 가지는 세계정부보다는 글로벌 시민사회의 다양한 행위자들이 참여하여 인권, 환경, 빈곤, 평화와 같은 초국가적 문제들을 해결할 수 있는 다층적 거버넌스의 필요성이 대두된다. 이 다층적 글로벌 거버넌스는 국가주권의 많은 부분을 초국가적 기구에 이전하는 대신 국가를 포함한 다양한 행위자들이 수평적 네트워크를 형성하여 상호작용하는 다자적이고 다중심주의적인 의사결정과정이다. 이러한 성격의 글로벌 거버넌스는 다양한 가치와 규범의 추구와 유지를 가능하게 하고 특정 국가의 이익에 치우치지 않는 다양한 의제에 대한 해결책을 모색하는 대안적 모델이라 할 수 있다. UN을 비롯한 국제기구들과 지역협력체 및 지역통합체의 의사결정과정에서 강대국의 영향력은 여전히 크지만, 이들 강대국이 국제사회의 공공재를 제공하는 글로벌 패권국으로서의 역할을 수행하기가 점차 힘들어지는 상황에서 강대국들의 리더십은 약화되어 갈 것으로 예상된다. 글로벌 시민사회의 확대와 국제정치 행위자의 다양화는 강대국의 리더십 약화를 유도하고 다중심적인 거버넌스에 대한 요구를 증대시킬 것이다.

질문 및 토론 사항

1. 국제기구는 국가와 어떻게 다르며 어떠한 관계를 가질까?

2. 국제연맹의 경험은 국제연합의 성격에 어떠한 영향을 미쳤는가?

3. UN의 인도적 개입은 어떻게 정당화되는가?

4. 유럽통합을 설명하는 가장 적절한 시각은 무엇인가?

5. 유럽연합이 직면한 핵심적인 정치적·경제적 도전에는 어떠한 것들이 있나?

6. 글로벌 거버넌스 과정에서 국제연합과 유럽연합의 역할은 무엇일까?

글로벌 거버넌스

중앙정부가 없는 국제사회에서 글로벌 정책들에 대해 협력적으로 관리하고 운영하는 것을 의미한다. 국가뿐 아니라 다양한 공적·사적 조직과 개인이 자발적인 협력을 통하여 이해관계를 조정하는 과정이다. 지구화시대 초국가적 국제관계가 형성되고 이슈 또한 다변화하면서 다양한 국제비정부기구들의 활동이 중심이 된 초국가적 시민사회가 등장하였다. 이에 따라 정책결정과정은 국가들뿐 아니라 다양한 행위자들이 참여하는 다자적이고 다층적인 상호작용의 메커니즘을 보이고 있으며 이러한 메커니즘은 지구사회가 무정부상태하에서도 초국가적인 문제들을 협력적으로 잘 해결해 갈 수 있을 것이라는 기대를 갖게 한다.

3

경제적 상호작용과 국제관계

국제무역질서

국가들 사이의 재화와 용역을 교환하는 국제무역은 탈냉전과 더불어 국제정치의 중요 분야로 부각되고 있다. 지난 30여 년 동안 수출을 바탕으로 중국이 고도 경제성장을 이어가고 반대로 미국은 장기간의 무역적자가 경제력 약화의 주요 원인이 되면서 최근에 더 많은 관심이 국제무역에 쏠리고 있다. 특히 세계화의 과정에서 무역이 대부분 국가들의 국내총생산에 차지하는 비중이 증가하면서 국제무역은 국제정치는 물론 국내정치의 주요 사안으로 자리매김했다.

그러나 국제정치에 있어 국제무역의 중요성은 이미 오래전부터 강조되어 왔다. 최근 중국이 일대일로(一帶一路) 정책으로 고대 실크로드를 재구축하려는 시도를 하는 것과 같이 무역은 국가들의 경제활동에서 가장 오래된 부분 중에 하나다. 운송수단의 발전과 더불어 국제무역은 비약적으로 발전되어 왔으며 국가들의 상호작용에 중요한 부분으로서 전쟁과 갈등 그리고 협력의 원인이 되어 왔다. 즉 무역은 국가의 경제력을 좌우하는 중요한 수단으로써 활용되어 왔기 때문에 국가들은 오래전부터 자국에 이익이 되는 무역정책들을 추진해 왔고 그 결과로서 국제분쟁과 협력이 발생했다. 이렇듯 장기간에 걸쳐 발전해 온 국제무역은 최근에는 정보혁명의 발생으로 무역의 용이성이 증대되면서 국제무역의 주체가 개인으로까지 확장되었고 무역대상 상품과 서비스의 범위도 확대되고 있다.

이 장에서는 국제정치에 중요한 영향을 미치는 국제무역질서를 이해하기 위해 우선 국제무역 발생 배경과 국가들이 채택하는 국제무역정책들을 살펴본다. 국가들이 채택하는 국제무역정책이 결과적으로 국가들 간의 갈등과 협력 더 나아가 전쟁발생에 중요한 요인으로 작용한다는 점에서 국제무역 추진 배경과 이에 대한 정책들을 이해하는 것이 필요한 것이다. 그리고 이러한 국제무역질서가 어떻게 전개되어 왔는지 그 과정에 대해 살펴본다. 2차 대전 이전과 그 이후를 구분하여 어떤 요인에 의해서 어떤 성격의 국제무역질서가 형성되었는지를 파악하는 데 설명의 주안점을 둔다. 특히 2차 대전 이후 GATT와 이를 대체하는 WTO의 역할과 한계 그리고 그 영향으로 형성된 국제무역질서의 성격에 대해 설명한다. 이어서 WTO중심의 국제무역체제에도 불구하고 지난 20년간 급속도로 확산되고 있는 양자 및 지역무역협정에 대해 소개한다. 특히 FTA 및 지역자유무역지대의 확산 요인 규명과 지역무역협정 확산 현상이 국제무역질서에 미친 영향에 대해 살펴본다. 마지막으로 이러한 국제무역 현상에 대한 논의를 바탕으로 향후 전개될 국제무역질서를 전망하고 그 국제정치적 의미를 살펴본다.

II. 국제무역정책

1. 국제무역 발생 배경

국제무역은 왜 전개되는 것인가? 국제경제의 핵심 요소인 국제무역이 왜 국제정치의 주요 사안이 되는가? 이 질문들에 대한 답변은 명확하다. 국제무역이 경제적 이익을 창출하며 국가들은 이 경제적 이익을 통해서 국가와 사회를 운영함은 물론 국제정치 영향력도 확보할 수 있기 때문이다.

국제무역은 몇 가지 경제 및 정치적 이유에서 전개되고 있다. 첫째, 국가들의 경제활동에 필요한 상품과 서비스가 자국 내부에서 모두 공급되지 않기 때문이다. 국가들이 경제활동에 필요한 상품 및 서비스가 자국 내에 존재하지 않거나 부족할 경우 다른 국가로부터 수입을 해야 하고 이런 필요 물품에 대한 공급의 필요성이 국제무역을 하는 가장 근원적인 이유 중 하나인 것이다. 예컨대 산업시설을 가동하기 위해서는 에너지와 자원 그리고 기계 등이 필요한데 석유, 철강, 기계, 컴퓨터 등과 같은 필요 자원 및 상품이 없거나 부족할 경우 불가피하게 다른 국가들로부터 수입할 수밖에 없기 때문에 국제무역이 발생하는 것이다.

둘째, 국가들은 상인이 상품을 팔아 수입을 얻는 것과 같은 맥락에서 타국에 자국 상품 및 서비스를 수출 또는 수입해 경제적 이득을 취하기 위해 국제무역을 한다. 모든 국가들은 경제적 번영을 추구하며 그 일환으로 국제무역을 한다. 데이비드 리카르도(David Ricardo)가 비교우위론에서 주장한 바와 같이 국가들은 비교우위를 가진 상품 및 서비스를 특화해 자유무역을 할 경우 경제적 이익을 얻게 되기 때문에 국제무역을 한다. 즉 절대우위의 상품이 아니라 해도 상대적 우위만으로도 국제무역에서 경제적 이익을 얻기 때문에 무역은 지속적으로 전개된다.

셋째, 위와 같은 전통적 이유들과 더불어 지난 20-30년 간 본격적으로 확산된 세계화(Globalization)도 국제무역을 증대시키는 요인으로 작용하고 있다(Kegley and Blanton, 2014). 국가규제 및 장벽 등을 완화시키는 세계화는 생산, 판매, 경영, 소유가 여러 국가에 걸쳐 전개되는 다국적기업의 증가도 불러왔다. 다국적기업에 의한 '생산의 세계화'가 불가피하게 국제무역을 촉진시키게 된 것이다. 최근 국제무역의 상당 부분을 다국적 기업 내부의 무역이 차지하고 있는 사실은 이를 증명하는 것이다.

넷째, 국제무역은 위에 나열한 경제적 이유들과 더불어 정치적 요인들에 의해서도 발생된다. 역사적으로 조공무역이 보여주듯이 국제무역은 정치적 영향력을 확보하는 차원에서 이루어지기도 한다. 하지만 이런 정치적 목적을 위한 무역은 현재도 지속적으로 전개되고 있다. 한국전쟁 당시 미국은 소련을 견제하기 위해 일본의 빠른 경제회복을 추진했고 이를 위해 한국전에 필요한 모든 군수품을 일본에서 구입했다. 이런 정치적 목적에 기인한 무역은 최근 미국과 중국 사이에서도 발생했다. 미중 간 무역불균형에 따른 미국의 압박을 의식한 중국이 2012년 시진핑 중국 부주석의 미국 방문 당시 총 271억달러 규모의 미국상품 구매 계획을 발표한 것은 전형적인 정치적 목적에 따른 국제무역인 것이다.

다섯째, 또 다른 국제무역 발생의 정치적 요인은 패권국의 존재와 매우 밀접한 관련이 있다. 역사적으로 패권국가들이 자유무역을 추구해왔듯이 패권국은 자국의 이익뿐만 아니라 안정적인 경제질서라는 공공재 제공을 위해 자유무역을 추진하는 역할을 수행함으로써 국제무역을 촉진시켜 왔다(Gilpin, 1987). 즉 패권국이 주도적으로 국제무역을 촉진하고 있으며 최근 미국과 중국 등 패권국 및 잠재적 패권국이 세계 최대 무역국인 것은 이러한 현상을 보여주는 것이다. 그러나 반대로 패권국의 쇠퇴는 종종 자유무역을 저해하여 불안정한 국제경제질서를 형성하게 한다. 예컨대 영국패권의 쇠퇴가 국가들로 하여금 폐쇄적 무역정책을 추진하게 함으로써 대공황 발생에 큰 영향을 미쳤던 것은 국제무역에서의 패권국의 중요한 역할을 보여주는 것이다.

여섯째, 국제무역은 국가의 의도적 정책에 의해 촉진되기도 한다. 정부가 경제성장을 추진하는 차원에서 시장에 개입해 수출지향의 정책을 통해 국제무역을 촉진시킨다는 것이다. 수세기 동안 무역관세를 주된 경제 수입원으로 활용했던 국가들은 국제무역을 장려했으며 20세기 후반 한국과 일본 등 일부 국가들은 '수출중심 산업화전략'(Export-Oriented Industralization)을 통해 경제성장을 추진하면서 국제무역을 증대시켰다.

이렇듯 국가경제의 성패에 중요한 영향을 미치는 국제무역은 다양한 정치, 경제적 요인에 의해 발생 및 촉진되고 있다. 하지만 국제무역이 항상 장려되고 자유무역이 추진되지는 않는다. 무역은 결국 국가와 기업 등의 이익을 위해 전개되는 것이기 때문에 국가들은 자국의 이익에 보다 유용한 무역정책을 추진하게 된다.

무역정책은 통상 자유무역정책과 보호무역정책으로 구분된다. 우선 보호무역정책은 관세 및 비관세장벽을 통해 수입을 억제하여 자국의 시장을 보호하려는 일련의 정책들을 의미한다. 보호주의 정책 중 가장 일반적인 것은 관세(tariffs)이다. 관세는 수입되는 상품과 서비스에 세금을 부과하는 것이다. 관세는 추가 비용으로 수입품의 가격 상승을 가져와 결국 외국산 상품과 서비스의 수요를 감소시키는 요인으로 작용하는 것이다. 이렇듯 관세는 외국산 상품과 서비스의 가격상승으로 자국 상품을 보호하는 정책인 것이다. 종종 일반적인 관세 외에도 반덤핑관세, 상계관세 등으로 긴급히 자국 시장을 보호하는 경우도 있다.

하지만 관세 이외에도 다양한 보호무역정책들이 있다. 수입량 자체를 제한하는 쿼터제도, 수입산 농수산물 등에 대한 검역제도 강화, 수입산 기계류 안전점검 강화 등 다양한 비관세장벽(non-tariff barriers)의 방식으로 시장을 보호한다. 예컨대 일본 정부는 1990년대 말까지 안전을 명분으로 외국산 수입자동차에 한해 일 년에 4회 검사(자국산 1회)를 강제함으로써 외국산 자동차에 대한 수요를 저하시키는 방식으로 자국 자동차 시장을 보호했다(김관옥, 2002). 이러한 비관세장벽은 현재와 같이 관세가 축소되는 환경에서 많은 국가들에 의해서 자국 시장을 보호하는 수단으로 다양하게 활용되고 있다.

국가들은 이러한 보호무역정책을 다양한 이유에서 채택한다. 첫째, 국가들은 무역흑자를 확보하기 위해 보호무역정책을 채택한다. 국제무역이 본격적으로 전개되기 시작한 산업혁명의 시기는 국가가 국제무역을 국가의 부를 증대시키는 수단으로 활용했다. 따라서 국가는 국부 증진을 위해 수입보다 수출이 많은 무역흑자에 집중하게 되고 자연스럽게 자국시장에 대해서는 보호주의정책을, 반대로 타국 시장에 대해서는 수출지향의 정책을 추진했던 것이다. 이는 자국 시장을 보호했다는 점에서 보호무역정책이며 동시에 타국 시장에 대한 수출을 강조했다는 점에서 중상주의적 무역정책인 것이다. 즉 타국과의 무역관계에서 흑자를 통해 자국의 부를 증진시킴은 물론 상대적 우월성을 지킬 수 있다고 보는 현실주의적 시각이 보호무역정책의 바탕에 깔려있는 논리인 것이다.

둘째, 타국에 대한 무역흑자와 상대적 우월성 확보 목적 외에도 국가들은 자국의 유치산업(infant industry) 보호 차원에서도 보호무역정책을 채택한다. 보호무역정책을 통해 외국 상품 및 서비스와의 경쟁에 취약한 자국 산업에게 보호된 시장을 제공하여 경쟁력을 확보할 수 있는 시간을 벌게 함으로써 유치산업을 육성한다는 논리다. 따라서 많은 산업에서 국제경쟁력이 약한 저개발국가 또는 개발도상국가들이 유치산업 보호를 명분으로 보호주의정책을 추진하고 있으며 가트(GATT) 및 세계무역기구(WTO) 등에서도 개도국 예외규정을 두어 개도국의 경쟁력 취약 산업 보호를 인정하고 있다. 이런 맥락에서 과거 후발 산업국이었던 독일과 미국 등은 경쟁력이 약한 자국 산업을 위해 장기간에 걸쳐 보호무역을 실시하였으며 전후 한국과 일본도 같은 목적에서 보호무역정책을 유지하여 지금의 경쟁력 강한 재벌들을 육성했다.

셋째, 위와 같이 보호무역정책이 국익차원에서 국가에 의해 주도되는 경우도 있지만 개별 산업과 같은 이익집단들에 의해 집단이익 보호 차원에서 추진되는 경우도 있다. 앞서 언급한 대로 저개발국가의 경쟁력이 취약한 산업들은 자유무역을 할 경우 시장을 상실할 가능성이 높기 때문에 자국 정부에 보호무역정책 채택을 위해 강력한 압박을 행사한다. 즉 수입을 통해서 손실을 예상하는 개발도상국가들의 수입경쟁산업들은 수입상품 및 서비스의 경쟁력을 약화시키는 보호무역정책을 선호하는 것이다(김석우, 2011). 하지만 선진산업국에서도 경쟁력을 상실한 산업은 보호무역정책을 강력히 요구한다. 미국의 자동차산업과 철강산업 그리고 일본의 농업 등이 대표적 사례이며 미국정부와 일본정부는 이 이익집단들의 요구를 수용하여 보호무역정책을 채택하고 있다.

자유무역정책은 국제무역에 있어 정부의 개입과 규제를 최소화하여 기업 및 정부 심지어는 개인까지도 자유롭게 무역을 할 수 있게 하는 일련의 정책들을 말한다. 따라서 기업들이 국제무역의 주도적 행위자들이며 이들의 무역과 경제적 이익이 시장 이외의 요인으로부터 제어되지 않는 상황을 조성하는 것이 자유무역정책의 요체인 것이다. 자유무역정책을 추진하는 논리적 배경에 대해서는 국제무역발생 배경 부분(Ⅱ. 1.)에서 일부 설명이 이루어졌다. 국가들이 자유무역정책을 추진하는 요체는 위에서 설명한 대로 자유무역에 참여하는 기업과 국가들이 상호적 이익을 얻는 포지티브게임의 경향이 크다는 데 있다(김기수, 2000). 특히 관세 및 비관세장벽 등이 제거 또는 축소되었을 때 상품 및 서비스의 가격이 하락하면서 소비가 촉진되고 경기활성화를 조성하게 되어 결국 경제성장을 성취할 수 있다는 점이 국가들이 자유무역정책을 추진하는 배경인 것이다. 따라서 최근 많은 국가들이 FTA정책을 추진하는 것도 관세 및 무역장벽을 축소 또는 제거하여 무역비용을 최소화함으로써 경제성장의 동력으로 활용하려는 의도인 것이다.

둘째, 선진국들의 자유무역정책을 통한 경제성장의 경험이 더 많은 국가들로 하여금 자유무역정책을 채택하게 하는 요인으로 작용하기도 한다. 미국이 주도하는 세계은행이 제시한 워싱턴 컨센서스(Washington Consensus) 모델은 자유무역을 경제성장의 주요 조건으로 제시함으로써 많은 개발도상국들이 자유무역정책을 채택하는 데 기여했다. 셋째, 국제자유무역을 추진하는 패권국의 회유와 위협이 많은 국가들로 하여금 독자적으로 자유무역정책을 채택하거나 GATT 및 WTO와 같은 다자적 자유무역기구에 참여하여 자유무역정책을 수용하게 하였다.

그러나 이런 자유무역정책은 독자적으로 추진하기 어렵다. 즉 자국만 관세와 비관세장벽을 철폐했을 경우 자국의 수입은 늘고 타국에 대한 수출은 증가하지 않음으로 인해 무역역조가 발생하기 때문이다. 이에 자유무역정책은 통상 상호적으로 추진되고 따라서 대표적인 자유무역정책인 관세 및 비관세장벽 완화 또는 철폐는 은 양국 간 자유무역협정 체결, 자유무역지대 참여 그리고 다자간 자유무역협정을 체결하는 방식으로 전개된다.

1. GATT체제의 국제무역질서

1) 2차 대전 이전의 국제무역질서

국제무역질서는 국가들이 어떤 무역정책을 채택하는가에 따라서 시기적으로 자유무역질서 또는 보호무역질서의 특징을 보이며 전개되어 왔다. 2차 대전 이전의 국제무역질서는 자유무역질서를 추동하던 패권국 영국이 쇠퇴하면서 보호무역질서의 특징을 보였다. 국제무역질서는 무역이 본격적으로 전개되기 시작한 이후 주로 중상주의적 보호무역의 성격을 보였다. 그러나 영국과 미국 등 패권국이 역량을 바탕으로 의도적으로 자유무역을 추진하는 시기부터 자유무역질서가 형성되기 시작했다. 1846년 영국의회가 자국의 곡물을 보호하기 위해 제정했던 곡물법(Corn Laws)을 철폐하면서 농산물 수입자유화가 추진되기 시작했고 영국이 자유무역을 전개하는 계기가 되었다. 영국의 자유무역 추진은 산업혁명을 통한 제조상품 수출의 필요성에서 기인된 바 크지만 아일랜드 대기근의 상황에서도 보호주의 곡물정책으로 인해 소비자들이 막대한 피해를 입게 된 것도 보호주의정책 철폐의 계기가 되었다. 영국이 자유무역정책을 추진하자 농산물 수출에 적극적이었던 남미의 신생국가들이 자유무역정책들을 채택하기 시작했으며 특히 영국과 프랑스가 1860년 양국 간 무역관세를 축소하는 콥든-세빌리어조약(Cobden-Chevalier Treaty)을 체결하면서 전 유럽으로 자유무역이 확산되었다.

그러나 영국 주도로 시작되었던 자유무역질서는 영국패권의 쇠퇴와 함께 짧은 기간을 마감했다. 19세기 말부터 영국의 쇠퇴와 함께 흔들리던 자유무역질서는 1차 대전 발발로 인해 대부분의 기존 자유무역조약들이 중단되면서 실질적으로 붕괴되었다. 1차 대전 이후에도 국가들이 전후 경제복구를 위해 관세를 올림에 따라 보호주의 무역질서는 강화되었다. 전후 최대 채권국이며 제1의 경제대국이던 미국의 우드로 윌슨(Woodrow Wilson) 대통령은 1918년에 발표한 14개 조항에서 "가능한 수준에서 모든 무역장벽을 제거할 것을 강조"했지만 통상법 결정권을 갖고 있던 미국의 회는 자유무역을 추진하는 대신 1922년 평균 38%의 고관세법을 채택했다. 1929년 대공황이 시작된 직후에는 스무트-헬리 관세법(Smoot-Hawley Tariff Act)을 제정하여 평균 52.8%의 가장 높은 수입관세를 부과함으로써 미국은 보호무역질서 형성에 결정적 역할을 했다. 영국도 1932년 오타와회의(Ottawa Conference)에서 과거 식민지 국가들과 보호주의적 대영제국특혜관세제도를 채택함에 따라 보호주의적 무역질서는 더욱 강화되었다.

이런 미국의 보호주의적 무역정책들은 재앙적인 결과를 불러왔다. 미국의 보호주의적 무역정책은 다른 국가들로 하여금 보복적인 보호무역정책들을 채택하게 하였다. 그 결과 1929년과 1933년 사이 세계무역규모는 350억 달러 규모에서 120억 달러 규모로 축소되었으며 미국의 무역규모도 같은 기간 동안 4분의 1 수준으로 격감하였다(Cohn, 2003). 결국 극심한 경제적 타격을 경험한 이후 미국의회는 1934년 호혜통상협정법(RTAA: the Reciprocal Trade Agreement Act)을 채택하여 대통령에게 다른 국가와의 양자 간 관세축소협상 권한을 부여했으나 제한적 수준 이상의 효과를 보지 못했고 결과적으로 2차 대전 직후까지 자유무역질서는 형성되지 않았다.

2) GATT체제 등장과 국제무역질서 변화

2차 대전 이후 국제무역질서에 대한 기초는 1944년 브레턴우즈(Bretton Woods) 회의에서 시작되었다. 보호주의정책으로 인한 대공황의 경제 불안정과 2차 대전을 겪은 미국과 서방국가들은 안정적인 국제무역질서를 위해 IMF 및 세계은행과 더불어 브레턴우즈 체제의 하나로서 '관세와 무역에 관한 일반협정'(GATT: the General Agreement on Tariffs and Trade)을 구상했다. 2차 대전 직후 미국과 영국은 유엔(United Nations) 산하의 경제사회위원회에 ITO로 이름 지어진 국제무역기구 창설 제안서를 제출했다. 국가들은 국제무역에 관한 협상을 전개하여 1947년 관세와 무역에 관한 일반협정(GATT)을 체결했다. 하지만 체약국들은 GATT가 ITO헌장의 부분으로 구성될 것을 예상하여 국제기구로서의 내용은 충분히 포함하지 않았다. 그러나 ITO가 미국의회의 비준 실패로 현실화되지 못하면서 잠정적 합의문이었던

GATT가 국제무역기구의 역할을 수행하게 되었다.

GATT는 국제생산과 무역을 증진시키고 무역분쟁을 해결하여 자유무역을 촉진함으로써 체약국들의 소득증대와 완전고용을 장려하는 데 그 목적이 있다. 이러한 목적을 달성하기 위해 GATT는 체약국들이 관세 및 비관세 무역장벽을 낮추고 무역에 있어서의 차별적 대우를 철폐할 것으로 요구했다.

GATT는 세 가지 주요 원칙으로 구성되었다. 비차별의 원칙(non-discrimination principle), 호혜주의 원칙(reciprocity principle) 그리고 투명성의 원칙(transparency principle). 첫째, 비차별의 원칙은 최혜국대우(MFN: most favored nation treatment)원칙과 내국민대우(national treatment)원칙을 포함한다. 최혜국대우원칙은 무역상대국들에 대한 차별금지원칙을 의미한다. 즉 한 국가에게 특별한 혜택을 줄 수 없고 반드시 모든 체약국에게 동일한 대우를 해야 한다는 것으로 무역상대국들 사이의 차별을 금지하는 원칙인 것이다. 반면 내국민대우원칙은 국내산과 외국산 수입 상품 및 서비스와의 차별을 금지하는 원칙이다. 국내산 상품과 서비스에 대한 세금감면 등 특별한 지원을 금지하여 공정한 무역을 보장하려는 취지의 원칙이다. 둘째, 호혜주의 원칙은 국제무역의 상호연계성을 보여주는 것으로서 한 국가만 관세를 낮추고 다른 국가는 그렇지 않을 경우 관세를 낮춘 국가만 일방적으로 손해를 볼 수 있기 때문에 공정한 무역을 보장하기 위해 상호 간 동일한 정책을 채택해야 한다는 원칙이다. 체약국들은 최혜국대우원칙을 기반으로 무역상대국의 시장에 접근할 '권리'를 갖지만 동시에 무역상대국들에 대해 동일한 수준에서 자국시장에 접근을 허용할 '의무'도 지는 것이다. 셋째, 투명성 원칙은 체약국들의 무역정책이 공개되어 무역장벽들을 협상을 통해 축소 또는 철폐할 수 있게 하기 위한 원칙이다. 비관세장벽들은 외부에서 알기 어려운 다양한 형태로 존재하기 때문에 체약국들은 자국의 무역규제와 정책들이 GATT 규칙에 부합되는지 무역상대국들이 연구할 수 있도록 공개해야 한다는 것이다.

이러한 원칙들로 구성되어 1947년에 23개국의 체약국으로 출발한 GATT는 1994년까지 8번의 다자간 통상협상라운드를 통해 제조품과 반제품에 대한 관세를 대폭 축소시키며 자유무역 증진에 기여했다. 즉 GATT는 8개의 라운드협상을 통해 평균관세 수준을 40%에서 5% 미만으로 낮춤으로써 자유무역에 기여했다(WTO, 1995a). 여섯 번째 협상라운드까지는 관세율 인하에 대한 협상이었다면 일곱 번째 라운드인 도쿄라운드부터는 비관세장벽도 협상대상에 포함되기 시작했다. 특히 제5차 협상라운드인 딜론라운드(Dillon Round)까지는 품목별 관세율 인하에만 집중되었으나 1967년 타결된 케네디라운드(Kennedy Round)부터는 모든 관세부과가 가능한 공산품에 대해 관세 3분의 1을 일괄적으로 인하하는 선형관세인하 방식을 도입했다. 따라서 케네디라운드부터 본격적인 관세인하를 통한 자유무역의 진전이 이루어졌다고 평가할 수 있다. 특히 1974년에 시작해 1979년에 타결된 도쿄라운드(Tokyo Round)협상은 케네디라운드에서 인하된 관세에서 다시 30% 관세율 인하 합의를 도출함으로써 자유무역 확대에 기여했으며 보조금 지급에 대한 상계관세 부과권한 부여와 정부구매에 관한 협정 추가 등 비관세장벽 등에 대해서도 일부 성과를 보였다.

우루과이라운드(Uruguay Round)협상은 자유무역 증진에 새로운 계기를 마련했다. 첫째, GATT 체약국들은 우루과이라운드협상에서 GATT를 대체할 세계무역기구(WTO) 창설에 합의했다. 이는 한시적으로 출발해 제도적 미비성이 내재되어 있던 GATT의 한계를 극복할 수 있는 역할과 권한을 가진 영구적인 국제무역기구의 등장을 의미하는 것이다. 둘째, 우루과이라운드는 기존에 GATT 협상대상이 아니었던 농산물, 섬유, 서비스, 그리고 지적재산권 등을 협상의제로 포함시켜 자유무역의 범위를 확대시키는 데 기여했다.

〈그림 1〉이 보여주듯이 GATT는 우루과이라운드협상 등을 통해 세계무역 규모의 급속한 증가에 기여했다. 특히 우루과이라운드 당시 GATT 참여국가 수(數)도 창립 당시 23개국에서 123개국으로 증가함으로써 GATT는 여덟 번의 라운드협상을 통해 양적·질적으로 자유무역의 범위를 확대시킨 역할을 수행했다.

GATT가 여덟 차례에 걸친 라운드협상을 통해 자유무역 확대를 성취하게 된 데에는 미국의 역할이 컸다. 미국은 ITO의 의회비준 실패에도 불구하고 GATT를 중심으로 다자간 자유무역협상을 주도했고 서유럽국가들과 일본 등 주요 서방국가들이 자유무역정책을 수용할 수 있도록 마샬플랜(Marshall Plan)과 같은 경제적 지원을 제공했다. 특히 미국은 서유럽과 일본 등이 1960년대 초까지 지속적으로 환율통

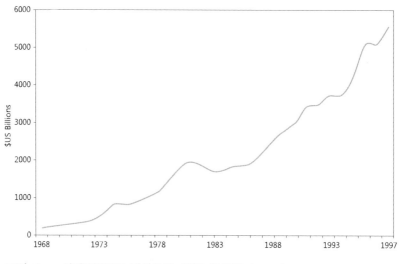

제를 통해 국제무역에서 이득을 취하고 있었음에도 불구하고 이 국가들의 자유경제 정책 수용과 경제회복을 위해 제재를 가하지 않았다(Spero and Hart, 2003). 미국은 패권적 역량을 바탕으로 다양한 보상책을 통해 다른 국가들을 회유함으로써 자유무역 확대를 주도했다.

그러나 창설 당시부터 내재되어 있던 GATT의 구조적 한계와 1980년대 들어 발생한 세계적 경제침체가 맞물리면서 많은 국가들이 보호주의 성향의 정책들을 채택하기 시작했다. 첫째, GATT는 체약국들을 규제하고 분쟁해결을 강제할 수 있는 법적 권위를 부여받지 못했다. 둘째, GATT는 체약국들의 정치적 동기와 경제적 수준의 다양성에 기인하여 무역과 관세 그리고 지불에 관한 통일된 일반적 규칙을 제시하고 실행하는 데 어려움을 겪었다. 셋째, GATT가 관세를 축소시키는 데 크게 기여했지만 양적규제는 GATT의 관할 밖에 여전히 존재했고 따라서 많은 국가들이 수입쿼터, 수출보조, 자율적 수출규제 등의 방식을 통해 자국 시장을 보호했다.

특히 자유무역을 주도하던 미국이 보호무역정책을 추진한 것이 자유무역질서를 보다 직접적으로 위협하는 요인으로 작용했다. 예컨대 미국은 1979년 제2차 오일위기를 경험하며 일본 자동차기업들이 자율적으로 수출을 규제하는 '자율수출 규제'(VER)정책을 채택하도록 압력을 행사했다. 1988년에도 미국 국내법인 '종합무역경쟁법'의 슈퍼 301조를 통해 미국이 불공정하다고 평가한 무역장벽을 무역상대국이 제거하지 않을 경우 해당 국가의 상품에 대해 일방적으로 100%까지 보복관세를 부과함으로써 결과적으로 자국 시장을 보호했다. 더 나아가 1990년대 초중반에도 일본과의 자동차무역협상에서 일본의 외국산 자동차 및 부품 수입증대를 위한 수치목표(numerical targets)를 세워 일본정부로 하여금 책임지게 하는 관리무역을 요구함으로써 자유무역질서를 훼손하는 효과를 보였다. 즉 미국은 GATT 출범초기 자유무역을 주도했지만 자국의 경제위기와 더불어 일부 사안에서 보호무역정책을 추진하기도 함으로써 GATT 말기에는 자유무역질서 기조 속에서 보호무역이 확대되는 경향을 보이기 시작했다.

2. WTO체제의 국제무역질서

1) WTO와 도하개발어젠다 협상

1995년 WTO는 '더욱 자유롭고 보다 공정한 무역'을 통한 세계적인 경제발전 실현이라는 목표 속에서 정식 국제기구로 출범했다. WTO는 비차별원칙, 투명성원칙, 상호주의원칙, 자유무역원칙 등 GATT 원칙들을 대부분 그대로 계승했다. 추가적으로 WTO에서는 환경보호, 공정경쟁, 개도국 발전 지원 등이 강조되어 최혜국대우보다 낮은 과세를 부과하는 '일반특혜관세'(GSP: Generalized System of Preference)제도가 수용되었다. WTO는 국제조약에 근간을 둔 영구적 국제기구로서 2015년 현재 160개국을 회원국으로 두고 있으며 세계무역의 97%가 WTO 회원국 사이에서 발생하고 있다.

이러한 WTO는 GATT와 여러 가지 측면에서 차이를 보이고 있다. 첫째, WTO는 무역정책검토기구(Trade Policy Review Body)를 설치하여 투명성원칙을 제도적으로 실천할 수 있는 체제를 갖추었다. 즉 WTO는 회원국들의 무역정책이 WTO 원칙과 규칙에 부합하는지 감독할 수 있는 제도적 장치를 마련한 것이다. 둘째, WTO 는 GATT에 존재하지 않았던 분쟁해결기구(Dispute Settlement Body)를 설치하여 분쟁해결 절차와 시한을 명확하게 규정했고 법적 구속력을 강화했다. 이에 WTO는 1995년 이래 2015년 현재까지 494건 이상의 분쟁을 조정했다(WTO, 2015b). 셋째, WTO는 GATT에서 다루지 않았던 의제들을 협상대상으로 포함하고 있다. 환경, 노동, 전자상거래, 위생 및 검역 등 국제무역과 관련된 대부분의 사안들을 WTO 협상대상으로 포함시키면서 높은 수준의 무역자유화를 추진하고 있는 것이다.

WTO는 2001년 도하개발어젠다(DDA: Doha Development Agenda) 협상을 시작하여 농업, 비농산물 분야 시장접근, 서비스, 규범(반덤핑, 보조금, 지역협정), 환경, 지적재산권, 분쟁해결, 무역원활화, 개발 등 9가지 주제들을 다루기 시작했다. 출범당시 2005년까지 모든 분야 협상을 일괄타결한다는 계획을 제시했다. 하지만 이런 다양한 사안에 대한 포괄적 타결방식이 협상 타결을 더 어렵게 했다. 농산물, 서비스, 지적재산권 등에서 첨예한 이견이 반복되면서 결국 협상은 타결되지 못했고 DDA 협상은 물론 WTO 자체가 존립의 위기에 직면하게 되었다. 특히 2008년 미국에서 서브프라임 모기지 사건이 발생하고 2009년 유럽금융위기로 세계적 경기침체가 발생하자 DDA협상은 더욱 난항을 거듭했고 결국 이러한 다자적 무역협상체제의 정체에 직면한 국가들은 양자 및 지역무역협정과 같은 새로운 형태의 자유무역 방식을 적극적으로 도입하기 시작했다.

이에 WTO가 2011년 일괄타결 방식에서 선택적 타결방식으로 협상방식을 바꾸면서 난항을 거듭하던 DDA는 2013년 12월 인도네시아 발리에서 개최된 제9차 WTO 각료회의에서 새로운 전기를 마련하는 데 성공했다. '발리 패키지'는 무역원활화, 일부농업, 개도국 우대 등에 대한 협상에 집중했다. 그 결과 DDA는 통관절차 간소화, 무역규정 공표, 세관협력 등을 내용으로 하는 무역원활화에 합의했다. 특히 농업분야에서 선진국의 수입 유제품 및 곡물류에 대한 낮은 관세 부과와 식량안보를 위한 보조금 지급 인정 그리고 최빈국 수출품에 대한 선진국의 관세인하와 쿼터완화 등 농업과 개도국 지원에 대해서도 합의를 도출했다.

발리 패키지협상 타결은 다자적 무역협정을 통한 자유무역 확대의 가능성을 열어 놓았지만 다수의 DDA 의제들이 여전히 협상에 어려움을 겪고 있고 특히 더 많은 국가들이 양자 및 지역무역협정 체결에 적극적이라는 점에서 가까운 시간 내에 다자적 무역협상이 자유무역 확대를 주도하기는 어려워 보인다.

2) 자유무역질서에 대한 도전과 대응

1980년대 미국이 무역적자를 개선하기 위해 자율수출규제정책을 요구하고 슈퍼 301조와 같은 국내법을 통한 자국시장 보호에 나서면서 흔들리기 시작한 자유무역질서는 1990년대 들어 클린턴행정부가 경제회복을 위해 타국의 시장개방에 집중하는 수정주의정책을 추진하면서 무역분쟁으로 비화되었다. 자유무역을 주도하던 패권국 미국의 경제적 쇠퇴가 가장 직접적으로 자유무역질서를 위협하는 요인으로 등장했던 것이다. 즉 미국의 경제적 역량쇠퇴는 타 국가들의 자유무역정책 채택 유도를 위한 미국의 보상역량을 약화시켰고 반대로 미국은 자국의 경제회복을 위해 부분적으로 보호주의정책들을 채택했다. 자동차, 철강 등 미국의 일부산업이 경쟁력을 상실하면서 보호주의정책을 요구하는 목소리가 커진 것도 미국의 정책변화에 영향을 미쳤다. 특히 소련의 붕괴로 타 국가들의 경제적 이익을 배려해야 하는 이유가 제거된 것도 미국이 '공정 무역'을 명분으로 보호무역정책을 추진하게 된 배경이다.

자유무역질서는 2008년 미국발 금융위기와 유럽금융위기의 연쇄적 발생으로 최대의 위협을 받고 있다. 금융위기로 인한 국제경제의 위축으로 대부분의 국가들은 자국 경제보호와 수출신장에 집중하고 있다. 오바마정부는 금융위기 극복을 위한 '경제재건 프로젝트'에서 2조달러 규모의 공적자금을 미국산 상품 및 서비스 구매에 우선권을 줘야한다고 강조함으로써 보호주의정책을 숨기지 않았다. 일본도 장기간의 경제력 쇠퇴를 개선시킬 목적으로 대규모 양적완화를 단행함으로써 엔화의 가치를 떨어뜨려 수출을 촉진하고 있다. 자국화폐 가치 평가절하라는 대외적 조정방식을 통해 인위적으로 수출을 늘리고 수입을 축소시키는 정책들이 시장에 근거한 자유무역질서를 훼손하고 있는 것이다.

세계적 수준의 경제위기에 대응하기 위해 미국은 2008년 G-8회의를 G-20회의로 확대했다. 이미 G-8회의로는 당면한 국제금융위기를 해결하기 어렵다고 판단한 미국이 중국 등 신흥부상국가들을 참여시켜 자유무역질서를 유지하려는 취지에서 G-20회의를 구성한 것이다. 전 세계 GDP의 82%를 차지하는 G-20은 확대경제기조 정책 채택과 자유무역정책 유지를 확인함으로써 국제경제 안정을 꾀하고 있다. 특히 G-20회의는 DDA 조속타결을 강조함으로써 자유무역확대를 통한 세계경제회복을 추진하고 있다. 하지만 G-20회의는 국제경제를 악화시킬 수 있는 보호무역정책 채택을 방지하는 수준에 머물러 있으며 자유무역확대에 대한 구체적 노력은 제시하지 못하고 있다.

IV. 양자자유무역협정과 지역적 자유무역협정의 확대

1. 양자 간 자유무역협정(FTA)의 증가와 경쟁적 자유주의

도하개발어젠다 협상의 정체(停滯)는 WTO의 미래를 어둡게 했다. WTO가 자유무역 확대에 한계를 보이면서 양자 및 지역무역협정 등 대안적 자유무역 방식이 본격적으로 도입되기 시작했다. WTO에 따르면 2015년 4월 7일을 기준으로 자유무역지대협정과 양자자유무역협정을 모두 포함하는 지역무역협정이 612개 체결되었음이 GATT와 WTO에 통보되었고 이 중 406개가 발효되었다(WTO, 2015a). 지역무역협정은 WTO의 원칙에 부합하는 것으로 평가받고 있다. WTO보다는 적은 국가들 사이의 무역협정일지라도 해당 국가들 간에는 WTO보다 높은 수준의 자유무역을 추구하기 때문이다. 특히 EU사례에서 보듯이 지역무역협정은 경제적 이익뿐만 아니라 종종 정치적 유대관계를 강화시켜 다양한 분야에서 국가 간 협력의 토대가 된다.

하지만 WTO와 같은 다자간 무역협상의 경우에도 마찬가지지만 자유무역협정을 통해 피해를 보는 이익집단들은 여전히 지역무역협정에 대해서도 적극적인 반대를 표명하고 있다. 지역 또는 양자 간 무역협정은 특정한 소수의 국가들 사이의 자유무역을 의미하고 이를 통해 발생할 이익과 손해가 다자무역협정보다 보다 구체적으로 나타나기 때문에 손해를 보는 집단들의 반발도 보다 강력하게 전개되는 측면이 있다. 예컨대 한미FTA 체결과정에서 나타났듯이 1차 합의안에서 피해를 예상했던 미국자동차산업집단이 미국정부에 압력을 행사하여 비준과정을 3년 가까이 연기시키고 재협상을 하게 한 것은 양자 또는 지역무역협정 체결에서 손해를 예상하는 집단들의 강한 반발을 보여주는 대목이다. 특히 최근에는 이런 이익집단과 더불어 자유무역협정으로 증대될 수 있는 환경, 노동, 인권문제 등에 대해 우려하는 국내 및 국제 NGO 등의 반발도 커지고 있다.

양자 및 지역무역협정에 대한 국내외 반발에도 불구하고 앞서 언급한 대로 자유무역협정은 수적으로도 증가하고 있으며 내용도 심화되고 있다. 왜 양자 및 지역무역협정이 1990년대 중반 이후 급속히 증가하고 있는 것인가?

양자 간 자유무역협정(FTA: bilateral Free Trade Agreement)은 자유무역지대협정과 더불어 WTO 정체의 상황에서 자유무역 확대에 기여하는 대안적 체제이다. FTA는 특정 국가 간에 배타적인 무역특혜를 제공하는 협정으로서 2000년대부터 전 세계적으로 급속히 확산되고 있다. 2015년 현재 세계적으로 상품무역을 다루는 FTA는 231개가 발효되고 있고 국제무역에 차지하는 비중도 증가하고 있다.

양자간 FTA는 지역무역협정의 전형적 모델로서 두 국가 사이의 무역장벽을 호혜적으로 축소하는 제도이다. 따라서 FTA는 상호주의에 입각해 특정 상품 및 서비스의 무역장벽에 대해 구체적으로 접근함으로써 종종 다자간 무역협상에서 발생할 수 있는 집합재(collective goods)의 문제를 완화시킬 수 있다(Goldstein and Pevehouse, 2009). 즉 FTA는 무역협정 대상국가의 수를 최소화하고 협상대상 상품과 서비스의 내용도 구체화하여 가시성과 호혜성을 강화함으로써 무역협정 타결 가능성을 높이는 장점이 있는 것이다.

그러나 이러한 원칙론적인 설명은 최근 급속히 전개되고 있는 FTA 확산을 설명하는 데 충분하지 않다. WTO의 DDA 협상이 진전을 보이지 않자 미국은 자유무역 확대를 위한 논리로 '경쟁적 자유주의'(competitive liberalization) 개념을 제시했다. 경쟁적 자유주의 개념의 핵심은 배타성과 희소성에 있다. 경제성장의 핵심 요소인 자본 및 투자 그리고 시장의 제한성을 배경으로 이들을 선점하지 않을 경우 이익에서 배제된다는 우려를 확산시켜 경쟁적으로 자유화를 추진하게 하는 전략인 것이다 (Bergsten, 1996). 따라서 국가들은 일종의 승자연합(coalition of the willing)에서 배제될 경우에 발생할 수 있는 상대적 손실을 우려하여 경쟁적으로 FTA에 참여하게 된다는 것이다. 그러나 경쟁적 자유주의가 양자 또는 소수국가 사이의 자유무역협정만을 부추겨 WTO의 기능을 마비시키고 따라서 국제무역의 근본적인 문제들이 방치되는 효과를 보일 수 있다는 비판을 받기도 한다. 특히 미국이 DDA협상에 낮은 정책적 우선순위를 배정하고 넓은 시장과 강력한 자본력을 바탕으로 양자 또는 지역무역협상을 적극 추진하여 자국 중심의 무역규범과 규칙을 확대하는 수단으로 활용한다는 비판도 제기되고 있다.

하지만 한국을 포함한 다수의 국가들이 최근 경쟁적으로 먼저 FTA를 체결하려는 노력을 경주하고 있다. 예컨대 중국이 아세안(ASEAN)과 FTA를 체결하자 중국의 시장선점을 우려한 한국과 일본이 경쟁적으로 아세안과 FTA를 체결한 것은 이러한 경쟁적 자유주의의 효과를 보여주는 것이다. 2002년 한국이 한-칠레FTA를 타결하자 한국의 남미시장 선점을 우려한 일본이 2004년 일-멕시코FTA를 체결한 것도 같은 맥락에서 이해되는 것이다.

2. 지역적 자유무역협정의 확산

자유무역지대협정은 EU를 시작으로 세계 곳곳에서 발생하고 있다. 특히 지역무역협정은 유럽경제공동체(EEC)가 1993년 마스트리히트조약으로 유럽연합(EU)으로 강화되면서 더 확산되는 추세다. 이런 자유무역지대협정의 급속한 확산도 FTA와 마찬가지로 '경쟁적 자유주의' 요인이 작용한 결과이다. 지역협정이 주는 배타적 이익이 지역무역협정의 확산의 배경인 것이다. 즉 지역무역협정에 참여하지 못할 경우 해당 지역시장 접근에 제한을 받게 되어 그만큼 참여국들보다 불리한 상태에서 무역을 하게 되어 '상대적 손실'을 보게 되는 환경이 국가들로 하여금 경쟁적으로 지역무역협정에 참여하게 하는 것이다. 예컨대 1993년 EU가 강화되면서 국제무역의 구심점 역할을 상실할 것을 우려한 미국이 1988년에 이미 체결되어 있던 미-캐나다FTA에 멕시코를 추가하여 1995년 북미자유무역협정(NAFTA)을 형성함으로써 EU와의 균형을 추진한 바 있다.

그러나 지역무역협정의 참여국들에게만 제공하는 배타적 이익은 모든 WTO 회원국들에게 동일하게 최혜국대우를 제공해야 하는 비차별원칙에 위배된다는 점에서 특정지역 보호주의적 성격이 존재한다. 즉 지역 내 자유무역을 확대하는 측면에서는 자유무역을 증진시키는 효과를 보이지만 타 지역국가들에 대해 차별적 대우를 한다는 점에서는 보호주의적 속성이 있는 것이다. 이런 맥락에서 지역무역협정이 자유무역을 증진시키는가에 대한 논란은 계속되고 있다.

최근 미국은 환태평양동반자협정(TPP: Trans-Pacific Partnership) 창설을 그리고 중국은 역내 포괄적 경제동반자협정(RCEP: Regional Comprehensive Economic Partnership) 창설을 각각 주도적으로 추진하고 있다. 12개국이 참여하고 있는 TPP는 전 세계 GDP의 38%를 차지하고 16개국이 참여하는 RCEP도 33%를 점유하는 등 최근 추진되고 있는 지역무역협정은 규모면에서 광역화되는 특징을 보이고 있다. 더 나아가 APEC 전체 회원국을 대상으로 추진되고 있는 아시아태평양자유무역지대(FTAAP: Free Trade Area of Asia-Pacific)가 만약에 창설된다면 이것이 전 세계 GDP의 약 60%를 차지하므로 역내 국가들은 지역무역협정을 통해 자유무역활성화에 부진한 WTO의 기능을 일부 대체하게 될 것이다.

그러나 아시아 태평양지역에서 전개되는 미국과 중국의 지역무역협정 창설 경쟁은 앞서 언급한 '상대적 손실에 대한 우려' 또는 '배타적 이익으로부터 배제 우려'와 더불어 패권경쟁 요인이 작용하고 있다. 미국은 2008년 서브프라임 모기지사건 발생으로 경제적 쇠퇴에 직면하여 경제회복이라는 '절대적 이익'을 위해 더 큰 시장이 필요하지만 동시에 장기간의 고도 경제성장으로 강력한 흡인력을 발휘하는 중국을 견제할 수 있는 더 큰 구심점이 필요한 것이다. 즉 TPP를 통해 미국은 국제무역구조의 중심 역할을 회복하여 부상하는 중국을 견제하려는 목적도 있다. 같은 맥락에서 중국의 RCEP 추진도 중국의 최대 과제인 지속가능한 경제성장 달성을 위해 추진하지만 동시에 미국 중심의 거대한 자유무역지대인 TPP 창설이라는 '상대적 이익'에 대한 견제적 목적도 크다는 것이다.

V. 맺음말

국제무역질서는 국가들이 채택하는 무역정책에 따라 보호무역 또는 자유무역의 성격을 띠며 전개되어 왔다. 주권국가가 무역정책 결정권을 독점하던 시기부터 다국적기업이 국제무역을 선도하는 세계화 시대까지 국제무역은 국제정치에 매우 중요한 영향을 미치고 있으며 그 결과로써 국가 간 갈등과 협력이 전개되고 있다.

보호무역정책에 따른 대공황의 경험은 국제사회에 자유무역질서의 확립에 대한 공감대를 확산시켰지만 패권국의 부재는 자유무역질서의 부재로 이어지게 했다. 이에 2차 대전 이후 패권국인 미국의 주도하에 미국의 경제, 안보적 역량을 바탕으로 형성된 GATT와 WTO를 중심으로 자유무역이 추진되었고 국제무역 규모는 급속한 성장을 보였다. 특히 미국은 패권적 역량을 바탕으로 보상과 압박을 번갈아 활용하며 자유무역질서 형성에 결정적 역할을 수행했다.

그러나 1980년대부터 미국이 경제적 쇠퇴를 경험하며 보호주의정책들을 선택적으로 채택하기 시작하면서 미국이 주도적으로 창설한 국제무역레짐의 기능도 정체되었다. 2001년 시작된 DDA가 아직도 완전한 타결을 이루지 못하고 있는 것은 미국이 다자무역협정보다 양자 및 지역무역협정에 높은 정책적 우선순위를 부여하는 것과 무관치 않다. 미국은 조속한 이익실현을 위해 양자 및 지역무역협정에 집중하고 있어 다자적 차원에서의 자유무역 확대는 정체되고 있는 것이다. 결국 국제무역질서의 성격과 방식은 미국패권의 부침과 연동되어 있음을 보여주고 있다.

따라서 향후 국제무역질서는 미중 패권경쟁에 영향을 받는다. 미국과 중국이 배타적 이익을 강조하는 지역무역협정을 대결적으로 주도하여 다자 간 무역협정의 보편적 원칙을 약화시킨 것도 양국의 패권경쟁의 효과인 것이다. 미국은 중국의 '상대적 이익'을 우려하여 중국을 이익배분에서 배제할 수 있는 양자 또는 지역무역협정을 추진하는 것이며 중국도 유사한 정책을 추진함으로써 보편적 자유무역질서를 약화시키고 있는 것이다. 이는 쇠퇴하는 미국과 부상하는 중국의 상대국에 대한 무역정책이 향후 국제무역질서의 성격을 규정할 가능성이 높음을 보여주는 것이다.

질문 및 토론 사항

1. 자유무역정책과 보호무역정책 그리고 전략적 무역정책의 차이점은 무엇인가?

2. GATT와 WTO의 목적과 원리는 무엇인가?

3. GATT와 WTO의 차이점은 무엇인가?

4. 자유무역질서에 대한 위협요인은 무엇인가?

5. 왜 최근에 FTA와 지역경제공동체가 확대되는가?

경쟁적 자유주의(Competitive Liberalization)

1990년대 중반 이후 WTO의 다자간 자유무역협상이 난항을 거듭하자 미국 무역대표부(USTR) 로버트 졸릭(Robert Zeollick)이 제시한 무역전략이다. 자본 및 투자 그리고 시장의 제한성을 배경으로 이들을 선점하지 않을 경우 이익에서 배제된다는 우려를 확산시켜 경쟁적으로 자유화를 유도하는 전략인 것이다. 따라서 국가들은 일종의 승자연합(coalition of the willing)에서 배제될 경우에 발생할 수 있는 상대적 손실을 우려하여 경쟁적으로 FTA에 참여하게 된다는 것이다. 그러나 경쟁적 자유주의가 양자 또는 소수국가 사이의 자유무역협정만을 부추겨 WTO의 기능을 마비시키고 따라서 국제무역의 근본적인 문제들이 방치되는 효과를 보일 수 있다는 비판을 받기도 한다.

국제금융통화체제

Ⅰ. 머리말

화폐는 우리의 경제적 삶을 효율적으로 영위하게 해주는 매우 중요한 매개이다. 화폐가 없어도 어느 정도의 경제활동은 가능하지만, 물건을 교환하는 행위는 매우 불편하고 비효율적인 행위가 될 것이다. 이러한 화폐도 시간에 따라 많은 변화를 겪었다. 최초의 화폐는 상품화폐로서, 그 자체의 내재적인 가치를 보유하고 있었지만, 현재의 화폐는 그렇지 못하다. 현재의 화폐가치는 사회적으로 공유된 믿음에 기초한다. 국제사회에서 거래되는 화폐들도 바로 이러한 공유된 믿음에 기초하고 있다. 세계정부나 공용화폐가 존재하지 않기 때문에, 국제거래에 있어서는 이러한 믿음이 국내거래에서보다 더욱 중요하다. 이러한 믿음을 가능하게 해준 것이 바로 금본위제이다. 금본위제는 각국 화폐의 가치를 금의 보유량에 일정하게 고정시키는 제도이다. 기축통화는 이러한 국제거래의 중심이 되는 가장 신뢰성 있는 통화를 의미하는데, 제2차 세계대전 이후 브레턴우즈 체제가 성립되면서 미국의 달러화가 금태환성을 가진 유일한 기축통화의 지위를 획득하였다. 그러나 경제의 규모가 커지고 교역량이 증가함에 따라 이러한 금태환성이 포기되었고, 변동환율제가 도입되었다. 변동환율제하에서 통화 간의 교환비율은 각국의 경제능력이나 실물경제의 상황을 반영하게 된다.

브레턴우즈 체제는 양차 세계대전으로 황폐화된 세계경제를 부흥시키기 위해서 미국과 영국에 의해서 주도된 경제레짐이다. 미국의 달러화를 기축통화로 합의하였을 뿐만 아니라, 국제통화기금과 세계은행을 설립하여 국제금융통화체제를 관장하도록 하였다. 한동안 전후 경제부흥에 이바지했던 브레턴우즈 체제는 세계경제 규모가 커져가고 미국의 패권이 약화되면서 붕괴되었다. 그러나 이후 도입된 변동환율체제는 국제자본의 실물경제 가치에 기초하지 않은 투기적 움직임에 노출되면서 지속적으로 금융위기를 반복하고 있다. 이러한 위기를 해소하는 과정에서 선진국의 영향력이 지배적인 국제통화기금은 구제자금을 대출해 주는 긍정적인 역할도 수행하였으나, 그 조건으로 선진국의 입장에서 신흥개발국의 시장을 개방하는 신자유주의의 전도사역할을 하였다는 비판을 받기도 한다. 최근에는 증대된 경제력을 바탕으로 중국이 아시아인프라투자은행(AIIB)을 설립하는 등 기존의 서구중심 경제 질서에 변화의 조짐이 보이고 있다.

II. 국제금융통화질서

1. 화폐의 개념과 기능

우리는 일상생활 속에서 경제적 삶을 영위하기 위하여 화폐를 사용한다. 화폐는 현대인의 삶에서 없어서는 안 될 필수적인 요소로 널리 받아들여지고 있다. 화폐가 없다면 우리는 음식을 사 먹을 수도 없고, 버스나 지하철을 이용할 수도 없고, 옷을 사 입을 수도 없게 될 것이다. 마치 인간이 평상시 공기의 존재를 인식하지 못함에도 불구하고 공기 없이는 한 순간도 살 수 없는 것처럼, 현대인은 화폐의 중요성을 인식하지는 못하지만, 화폐가 없이는 현대의 복잡한 삶을 잠시도 영위할 수 없는 것이다. 그러나 화폐가 공기와 다른 점은, 공기는 인간이 존재하기 전부터 존재했던 것이지만, 화폐는 인간이 필요에 의해서 발명해 낸 것이며, 그 제도를 잘 발전시키지 못하면 언제든 부작용을 가져올 수 있다는 점이다. 그러므로 화폐의 존재와 그 기능에 대해서 깊이 고찰해 볼 필요가 있는 것이다.

화폐는 우리가 한 사회 속에서 공동체 생활을 하면서 상호의존적인 사회적 연결망을 형성하는 데에 있어서 가장 중요한 매개 중의 하나이다. 현대의 도시인들은 농촌의 농산물과 공장에서 생산된 각종 공산품을 소비하며, 다양한 계층의 사람들이 제공하는 서비스를 이용하게 된다. 이때, 이들 간의 사회적 관계를 연결해주는 매개체가 바로 화폐인 것이다. 이처럼 화폐는 단순히 "돈"이 아니라, 한 사회의 체제가 형성되도록 도와주는 중요한 역할을 하는 것이다. 그렇다면, 화폐란 어떤 것인가? 어떻게 만들어지며, 어떠한 사회적 의미를 가지는 것일까?

화폐의 가장 고전적인 의미는 아마도 교환수단(medium of exchange)일 것이다. 인류가 다양한 생산 활동에 참여하기 시작한 후 각각의 물건의 가치를 일정하게 대응시키는 것이 곤란하였기 때문에, 물건의 교환을 원활하게 하기 위해서 화폐의 사용을 시작하였다고 보는 것이 정설일 것이다. 이처럼 교환을 원활히 할 목적으로 탄생한 화폐는 그 가격표시 기능을 바탕으로 화폐소유자의 편의에 따라 소비를 유보함으로써 저장의 수단(store of value)과 회계수단(unit of account)으로 기능하기 시작하였다. 이것이 시장의 기능을 수행하는 화폐의 가장 기본적이고 일차적인 기능이라고 할 수 있다. 사회가 복잡해지고 경제적 규모가 커지면서 이러한 화폐의 기능은 점점 더 복잡해지고 있다. 예를 들면, 화폐를 사회적 상징, 사회적 제도, 커뮤니케이션 수단, 사회구성 수단 등으로 보는 경향들이 있다(한영빈, 2012).

인류 초기의 화폐들은 상품의 형태를 띠고 있었다. 인류생존에 필수적인 상품들 중 가치가 큰 것들이 화폐로 사용되었다. 예를 들면, 쌀, 소금, 가축, 옥수수와 같은 것들이 그것이다. 이러한 상품들은 각각의 사회에서 생존에 필수불가결한 물품이었기 때문에 누구나 그 가치에 신뢰를 부여할 수 있는 물품이었다는 공통점이 있다. 이러한 상품화폐들은 사회구성원 모두로부터 가치(value)를 인정받는다는 면에서 안정적인 화폐였다. 그러나 이러한 상품들은 소비나 교환을 유보하는 데에 한계가 있었다. 즉, 가치를 저장해두었다가 추후에 그 가치를 실현하는 데에 어려움이 있었다는 것이다. 이러한 어려움을 극복하고 장기간 가치를 저장하는 데에 도움을 준 것이 바로 금이나 은과 같은 귀금속이었다.

이러한 귀금속은 가치의 저장이라는 측면에서는 그 어떠한 화폐보다도 우수한 특성을 가지고 있다. 곡식은 썩어버릴 위험이 있었고, 현대적인 종이화폐는 그 유통량에 따라 가치의 변동이 심한 반면에, 귀금속은 일정한 가치를 유지할 수 있기 때문이다. 그러나 이러한 귀금속 화폐는 한 가지 치명적인 약점이 있었는데, 그 특성상 귀하다보니 유통량이 한정이 되어 있어서 시장 규모의 확장을 지원해줄 수 없었다는 점이다. 이와 같은 유통기능의 보완을 위해서 등장한 것이 인위적으로 만들어진 종이화폐이다. 종이화폐는 시장교환을 위한 가치의 측정, 계산, 교환, 저장 등의 기능을 훌륭히 수행하고 있는 현대의 대표적인 화폐라고 할 수 있다. 종이화폐의 한 가지 약점은 바로 상품화폐가 가지고 있는 실질적인 가치의 부재라고 할 수 있다.

이처럼 실질적인 가치가 없는 종이화폐를 비롯해서 모든 종류의 화폐가 통화로서의 기능을 수행하도록 하는 근본적인 힘은 어디에서 나오는 것일까? 그것은 바로 특정화폐에 대한 대중의 신뢰이다. 위에서 언급한 대로, 곡물화폐는 소비에 대한 욕구의 측면에서 대중의 신뢰를 소유하고 있었다. 귀금속 화폐 역시 그 희소성에 기초하여 그 가치에 대한 대중의 신뢰를 소유하고 있다. 종이화폐는 비록 이러한 자체적인 가치의 측면에서는 대중의 신뢰를 받을 수 없는 처지이지만, 그 발행자의 권위에 바탕을 둔 대중의 신뢰를 획득하고 있다. 즉, 현재 유통되고 있는 특별한 종이가 후에 일정한 가치의 교환을 보장해 줄 수 있다는 시장의 믿음이 화폐의 가치를 보장한다는 것이다. 이러한 시장의 믿음은 기본적으로 정치권력에 대한 신뢰에서 출발하게 된다. 종이화폐의 공급자가 안정적인 정치권력을 확보하고 있지 못하거나, 시장의 신뢰를 확보하지 못하게 되면 종이화폐의 가치는 추락하게 된다. 정치체제가 불안정한 국가들의 화폐나 많은 제3세계 국가들의 화폐가 높은 인플레이션을 보이는 것도 이 때문이다.

자체적인 가치를 보유하지 못한 종이화폐의 가치에 대한 신뢰를 제공하기 위해서 때로는 금태환성이 사용되기도 한다. 이것은 해당 화폐를 발행할 때, 그 금액에 해당하는 만큼의 금을 축적함으로써, 종이화폐를 언제든 금으로 교환해줄 수 있는 시스템을 구축하는 것을 말한다. 그러나 금태환성이 종이화폐의 가치를 보장해주는 유일한 제도는 아니다. 정치체제나 금융제도의 발전이 금본위제를 대체하는 신용의 기반이 되기도 한다. 예를 들어, 미국이나 일본, 독일과 같은 나라들의 정치체제나 금융제도에 대한 시장의 신뢰가 해당 국가의 통화에 대한 신뢰로 이어지는 것이다. 달러의 경우, 과거 금태환성을 기본으로 하였으나, 수십 년간 달러의 안정적인 사용을 경험한 시장의 학습을 토대로 현재는 그 가치에 대한 신뢰가 축적되어 금태환성이 없이도 시장에서 받아들여지고 있다.

2. 국제금융통화질서의 구성요소

이러한 체제 형성의 기반으로서의 화폐의 기능은 비단 국내에서만 작용하는 것은 아니다. 국제관계 역시 이러한 화폐의 매개 기능을 바탕으로 유기적으로 연결되어 있다. 국가들 간의 관계뿐만 아니라, 국제사회에서 국가와 기업 또는 사인(私人)들 간의 관계도 이러한 화폐의 가치측정, 가치교환, 가치저장 등의 기능을 매개로 하여 밀접하게 형성되어 있다. 그러므로 현대 국제사회의 특징을 이해하기 위해서는 국제통화제도에 대해서 이해를 하는 것이 매우 중요하다.

국제통화제도의 특징을 설명하는 요인들은 매우 다양하다. 그중에서도 가장 중요한 요소는 기축통화를 정하는 것이다. 기축통화를 정한다는 것은 어느 나라의 통화를 국제사회의 공식 통화로 정할 것인가의 문제이다. 이것은 각 나라가 국제무역에서 발생하는 거래에 사용되는 통화를 어떤 것으로 정할 것인가와 관련이 있다. 다음으로 중요한 것은 환율결정시스템이다. 환율결정시스템이라는 것은 각국의 화폐를 어떠한 방식으로 교환할 것인가의 문제이다. 즉, 각 나라의 화폐를 교환할 때, 어떠한 비율로 교환할 것인가, 그 비율은 경제상황에 따라서 변동될 것인가, 아니면 일정하게 고정시킬 것인가 하는 문제들과 관련된다. 마지막으로, 국제수지에 불균형이 발생할 때에 이를 해소하기 위해서 어떠한 방법을 동원할 것인가 하는 것을 들 수 있다. 여기에서는 기축통화와 환율결정시스템에 대해서만 논의해 보기로 한다.

1) 기축통화

국제사회에서 기축통화가 된다는 것은 매우 다양한 요소들과 관련이 있다. 기축통화는 주로 국제사회의 힘의 분포와 관련이 있는데, 때로는 복수의 통화가 기축통화 자리를 놓고 경쟁하기도 한다. 19세기 영국의 파운드화는 팍스 브리태니카를 바탕으로 오랜 기간에 걸쳐 국제 기축통화의 위상을 확보하였으며, 20세기 미국의 달러화는 2차 대전이라는 다소 급작스러운 정치군사적 사건을 배경으로 미국과 영국의 합의하에 등장하게 되었다. 최근에는 미국의 상대적인 힘의 약화를 배경으로 중국의 위안화나 유럽의 유로화가 기축통화의 위치를 넘보고 있다. 이에 반해서 금과 은 등의 금속화폐는 인류역사의 시공간을 초월해서 기축통화로서의 역할을 수행하고 있다.

국제사회에서 유통되는 화폐는 두 가지 특성을 필요로 한다. 첫째는, 통화가치에 대한 신뢰성의 보장이다. 해당 화폐를 소유했을 때, 시간이 흘러도 일정한 교환가치가 보장이 된다는 신뢰성을 주어야 한다는 것이다. 둘째는, 통화의 안정적 공급이다. 세계경제의 규모가 확대되어감에 따라서 시장의 교환기능을 원활하게 할 수 있을 만큼의 통화가 안정적으로 확대 공급되어야 한다는 점이다. 그러나 이러한 두 가지 특성은 그 본질상 서로 상충된다. 통화의 공급 증가는 통화가치를 하락시킴으로써 시간이 흐름에 따라 화폐의 교환가치를 떨어뜨리게 되기 때문이다. 이를 '트리핀의 딜레마'(Triffin's Dilemma)라고 한다.

기축통화로 대표적인 것이 금과 미국달러이다. 자주 사용되고 있지는 않지만, 국제통화기금(IMF)의 특별인출권(SDR)도 기축통화라고 할 수 있다. 기축통화의 정의에 따라 달라질 수 있지만, 다른 통화들에 비해서 비교적 안정적으로 널리 받아들여지는 유로화나 중국의 위안화, 일본의 엔화 등도 보조적으로 기축통화의 역할을 하고 있다고 볼 수 있다. 금, 은과 같은 금속화폐의 경우 시공간을 초월하여 비교적 화폐가치에 대한 안정성을 담보할 수 있다는 장점이 있지만, 세계경제의 성장 속도에 맞추어 교역을 원활하게 할 수 있을 만큼의 충분한 화폐공급이 어렵다는 점이 단점이라고 할 수 있다. 또한, 휴대하기 불편하여 실제 거래하는 데에 비용이 많이 든다는 불리한 점도 있다. 반면, 특정 국가의 종이화폐는 휴대하기 간편하기 때문에 거래의 비용이 저렴하고 세계경제의 성장에 맞추어 공급을 원활히 할 수 있다는 장점이 있지만, 통화량이 증가함에 따라서 그 가치를 일정하게 보장해 줄 수 없다는 단점이 있다.

이러한 기축통화는 국내에서 각국의 화폐가 수행하는 역할과 동일한 기능을 국제시장에서 수행한다. 국제 거래의 수단으로 기능을 할 뿐만 아니라, 일정한 가치의 측정과 저장 기능을 수행하기도 한다. 한 국가의 통화가 국제적인 교환과 가치저장의 기능을 수행하기 위해서 기축통화는 다양한 조건이 필요하다. 무엇보다 기축통화를 발행하는 국가는 외부의 간섭으로부터 경제적 독립성을 담보할 수 있는 강력한 정치적 힘이 있어야 하며, 이를 수행할 수 있을 정도의 일정한 규모의 경제와 국제무역량, 경제적 안정성과 국제적 위상이 있어야 한다. 아울러서, 국제자본이 자유롭게 교류할 수 있도록 충분한 크기의 자본시장과 유동성을 확보하고 있어야 하며, 정책적으로 외환에 대한 통제를 하지 않아야 한다.

한 국가의 통화가 국제사회의 기축통화가 된다는 것은 해당국가에게는 여러 가지 의미가 있다. 먼저 긍정적인 측면에서, 기축통화를 소유한다는 것은 그만큼 국력이 크다는 것을 의미한다. 또한, 자국 통화 이외의 다른 통화의 영향을 거의 받지 않기 때문에, 거시경제정책에서 자율성을 확보할 수 있다. 부수적으로는, 기축통화를 발행하는 국가를 중심으로 국제자본시장이 형성되기 때문에 국내 금융산업이 발전할 수 있는 여건을 제공해주게 된다. 부정적인 측면에서 본다면, 기축통화를 발행하는 국가는 무엇보다 자국의 화폐가 일정한 신용을 유지하도록 하는 데에 정치경제적 비용을 지불해야만 한다. 예를 들어, 자국통화에 대해서 이자를 지불해야 하며, 자국 화폐를 평가절하하는 것을 자제해야 하기 때문에, 때로는 국제수지 불균형으로 인한 비용과 국내적 불만을 감수해야만 한다.

2) 환율결정 시스템

　　각각 다른 화폐를 사용하는 국가들 간에 물건이나 가치를 교환할 때는 어느 화폐로 결제를 할 것인가의 문제가 생긴다. 이때 주로 기축통화를 중심으로 결제가 발생하게 되는데, 이러한 기축통화와 자국 화폐 간의 교환비율을 어떻게 결정할 것인가의 문제가 다시 발생하게 된다. 이러한 화폐들 간의 교환비율을 환율이라고 하는데, 환율을 결정하는 방식은 매우 다양하다. 시장에서 각각의 화폐 간의 수요와 공급에 따라 결정되는 변동환율제에서부터 국가들 사이의 합의에 따라 환율을 고정시키는 고정환율제, 그리고 그 중간쯤 되는 관리변동환율제 등이 그것이다. 이 밖에도 다양한 방식들이 있으나 널리 채택되지 않는 제도들이므로 여기서는 논외로 한다.

　　고정환율제하에서는 국가들 간에 합의를 통해서 일정 기간 고정된 비율로 화폐를 교환하게 된다. 고정환율제는 경제주체들에게 환율에 대한 예측을 가능하게 하여 안정성을 부여한다. 이러한 안정성은 국가들 간에 교역을 원활하게 하는 장점이 있다. 반면에, 고정환율제하에서는 국가 경제들 간의 국제수지 불균형이 즉각적으로 해소되지 않고 축적되어 금융위기의 발생 가능성을 높이게 된다. 때로는 국가들이 시장에 개입해서 환율을 조정하기도 하지만, 이러한 조정은 불균형이 심하게 축적된 후에야 가능한 경우가 대부분이며, 환율조정으로 교역상의 손해를 보게 되는 국가들의 비협조로 조정 자체가 지연되는 경우가 대부분이다. 또한, '삼위불일체' (Unholy Trinity) 이론이 주장하듯이 고정환율제하에서는 국가의 재정정책의 자율성과 자본의 이동성이라는 두 가지 정책을 동시에 확보할 수 없게 된다.

　　변동환율제도는 국제 통화의 교환 비율이 사적 경제주체들에 의해서 시장에서 실시간으로 결정되는 제도를 말한다. 변동환율제하에서 환율은 시장의 불균형이 축적되기 전에 지속적으로 변화하게 된다. 예를 들어, 우리나라가 수출을 많이 하여 국제수지가 흑자를 나타내면, 우리나라의 원화 가치가 상승하여 환율이 하락하게 된다. 이렇게 환율이 하락하게 되면, 해외에서의 물품 판매로 벌어들이는 달러화를 국내에서 원화로 교환할 때 이전보다 적은 액수로 교환하게 되는데, 이 때문에 국내 기업들은 기존의 원화로 표시되는 소득을 유지하기 위해서 수출 가격을 올릴 수밖에 없게 된다. 수출가격이 상승하게 되면 그만큼 해외 수출이 줄어들게 되어 다시 무역수지가 균형을 이루게 되는 것이다. 이와 같은 환율의 변동에 의해서 경제적 불균형이 해소되지 않는다면, 상대국 정부는 국내 이자율을 변동시킨다든지, 혹은 외환거래를 통제함으로써 이러한 불균형을 해소하려 할 것이다. 그러나 이러한 인위적인 기제들은 경제적 비효율을 초래할 뿐만 아니라 국가들 간의 갈등이나 환율경쟁 등과 같은 부작용을 일으키게 될 것이다.

변동환율제도 역시 많은 결함을 가지고 있다. 첫째는 변동환율제는 그 본질상 불안정을 내포하고 있다. 환율이 수시로 변화한다는 것은 현재의 외환거래가 거래 당사자 중 한쪽에게는 반드시 미래의 손실로 이어질 수밖에 없다는 것을 의미하기 때문이다. 변동환율제의 가장 큰 폐해는 무엇보다도 화폐 간의 거래가 각국의 실물경제 지표를 바탕으로 결정되는 것이 아니라 미래의 가치에 대해서 전망하고 그 차액을 노리는 전문 딜러들의 선투자와 단기 수익을 노리는 헤지펀드들의 투기행위에 의해서 왜곡될 수 있다는 점이다. 1997년 아시아의 외환위기도 상당부분 이러한 투기행위에 의해서 영향을 받았다. 이러한 환율의 불안정성은 경제주체들에게 경제적 이익에 대한 불확실성을 심어줘서 국제교역이 감소하게 만든다고 주장하는 학자들도 있다.

또한, 변동환율제하에서는 각국이 자국 화폐의 가치를 절하함으로써(환율을 올림으로써) 수출을 증대시키려고 하는 경향이 있는데, 이때 환율경쟁이 발생하여 경제위기를 불러올 수도 있다. 미국은 1980년대 달러가치가 고평가되어 무역수지가 급격히 악화된 경험이 있다. 이를 해소하기 위해서 1985년에 당시 세계경제를 이끌던 미국, 일본, 독일이 모여서 달러 대비 엔화와 마르크화의 가치를 올리는(환율을 내리는) 합의를 이끌어 내었는데, 이로 인해서 일본이 잃어버린 20년이라는 장기침체에 빠져들게 되는 계기가 되기도 하였다.

이처럼, 변동환율제와 고정환율제는 여러 가지 장단점을 가지고 있다. 변동환율제가 금융정책의 자율성을 담보해 준다면, 고정환율제는 안정성과 예측성을 제공하는 장점이 있다. 어느 제도가 더 우수하다고 할 수는 없으나, 이러한 양 쪽의 장점을 적절히 취하기 위해서 중국처럼 주요 몇 개국들의 통화가치를 계산해서 적용하는 관리변동환율제를 채택하는 나라들도 있다. 그러나 현재는 '삼위불일체' 중에서 각국의 경제주권에 해당하는 '재정정책의 자율성'과 현대 자본주의의 핵심이라고 할 수 있는 '자본의 이동성'을 포기하는 것이 어렵기 때문에, 고정환율제를 포기하고 변동환율제를 채택하는 것이 주요 경제국들의 공통된 특징이다.

3. 국제금융통화체제의 변화와 발전

위에서 살펴본 것처럼 금본위제란 본질적으로 내재적인 가치가 없는 종이화폐의 가치를 보장해 주기 위해서 종이화폐의 액면가에 해당하는 만큼의 금을 창고에 쌓아두는 것을 말한다. 이론적으로는 종이화폐를 소유한 사람이 각국의 중앙은행에 가서 종이화폐를 금과 교환해 달라고 요구하면 이를 받아준다는 것이다. 그래서 이를 금태환성이라고 한다. 역사적으로 이러한 금태환성은 점점 약화되어가고 있는 추세이다. 종이화폐의 초기에는 이에 대한 대중의 신뢰가 부족했기 때문에, 이를 보완하기 위해서 금태환성이 적극적으로 보장되었다. 그러나 시장이 종이화폐에 익숙해져가면서 이러한 금태환성이 점차 약화되어가고 있는 것이다. 현재는 이러한 금태환성의 빈자리를 신용이 대신하고 있다.

1) 금본위제도(Gold Standard, 1870-1914)

1870년대부터 1914년까지 국제무역은 금본위제를 기반으로 실행되었다. 이 시기는 영국이 패권국으로 존재하던 시기이다. 이전까지 각기 다른 제도를 운영하던 나라들은 패권국 영국이 금본위제를 시행하자 속속 금본위제에 동참하기 시작하였다. 각국의 중앙은행은 자국이 보유하고 있는 금의 양에 따라서 화폐를 발행하는 금태환성에 기반을 두었고, 국제수지의 불균형은 이러한 금의 거래를 통해서 조정되었다. 금본위제하에서 국가들은 근본적으로 금을 최우선적인 기축통화로 사용하고 각 국가들은 자국화폐의 가치를 금의 가치에 일정한 비율로 고정시키게 된다. 문제는 이러한 금태환성을 뒷받침할 수 있을 만큼 충분한 양의 금을 보유하고 있느냐 하는 것이었다. 금을 많이 보유하고 있는 국가들의 통화는 국제적으로 신뢰를 받고 기축통화로 유통될 수 있는 조건을 구비하게 되는 것이다. 여기에 가장 부합하는 것이 영국의 파운드화였다. 영국은 당시 전 세계적인 식민지 개척으로 막대한 양의 금을 벌어들이고 있었다.

이러한 금본위제도하에서 국가들은 매우 안정적인 통화의 가치를 보장받았다. 상품의 가격과 소득의 안정성을 유지해 주었으며, 각 국가들이 금융정책을 조율하는 데에 매우 효과적으로 기능하였다. 환율이 안정되자 국제 교역에 있어서 불확실성이 제거되어 무역이 촉진되었고, 국제 원자재와 상품가격이 고정되어 국가들이 장기적인 경제발전 계획을 수립하고 특성화하는 데에 도움을 주었다.

금본위제가 시행되었던 이 시기에는 국제적인 금융위기가 거의 발생하지 않았을 뿐만 아니라, 국제수지의 불균형이 대체로 자동적으로 해소되었다. 이것은 흄(Hume)의 가격정화플로우메커니즘(price-specie-flow mechanism)에 의해서 잘 설명된다. 한 국가의 국제수지가 흑자를 기록하게 되면, 해외의 금이 해당국가에 유입되게 되고, 금이 많이 유입된 나라의 국민소득은 매우 높아지게 될 것이다. 소득이 높아지게 되면 소비가 늘어나서 수입이 증가하게 되고 수출은 감소한다. 이 과정에서 다량의 금이 해외에 지불되게 된다. 국제수지의 적자를 기록하게 되는 국가는 그 반대의 논리가 적용된다. 물론, 시장의 현실이 이와 같은 이론에 정확히 부합하는 것은 아니지만, 현실에서 이러한 이론이 부합하지 않는 부분들은 각국의 중앙은행들의 개입으로 어느 정도 해소되었다. 이처럼 금본위 고정환율제는 금을 주요 지불수단으로 하면서 통화가치를 안정적으로 유지함으로써, 국제무역의 활성화를 이룩하였다.

금본위제가 제대로 운영된 데에는 몇 가지 이유들이 있다. 첫째는, 영국이라고 하는 패권국가가 중앙은행을 동원해서 국제자본과 금의 거래에 막대한 영향력을 끼쳤다는 점이다. 이러한 영국의 패권국으로서의 지도적 역할이 없었다면, 금본위제는 성공하기 어려웠을 것이다. 둘째는, 식민지 개척의 결과 금 생산이 급증해서 날로 성장하는 세계경제의 규모에 걸맞는 양의 금이 유통될 수 있었다는 점이다. 셋째는, 금태환성이 자체적인 가치를 지닌 금을 기반으로 하고 있었기 때문에, 통화에 대한 신뢰성이 보장되었다는 점이다. 이러한 금의 유통을 바탕으로 국가들 간의 국제수지 불균형이 자동적으로 해소되는 경향을 보였다(김석우, 2011).

그러나 이러한 통화가치 안정을 위한 중앙정부의 노력은 필연적으로 국내 이자율을 인상시켜 통화량을 감소시키게 되는데, 이것은 생산과 투자를 위축시켜 경기침체와 실업률 증가 등의 부작용을 가져오게 된다. 금본위제 초기에는 이러한 문제들이 크게 부각되지 않았지만, 산업화의 진행과 함께 노동자 계급이 커지고 이들을 대변하는 정당까지 등장하는 상황에서, 1차 대전이 발발하게 되자 금본위제는 갑작스럽게 무너지게 되었다. 그리고 이러한 혼란은 양차대전 사이 동안 지속되었다. 2차 대전이 끝나면서 비로소 새로운 국제통화체제가 등장하게 되었다.

2) 브레턴우즈 체제(Bretton Woods System, 1944-1970)

양차대전 사이에 정치적 혼란뿐만 아니라, 경제적 혼란을 경험한 주요 국가들을 중심으로 혼란을 극복하기 위한 대안이 논의되기 시작하였다. 이들 44개국은 전후의 국제금융통화체제를 안정시키기 위해서 1944년 미국의 브레턴우즈(Bretton Woods)에서 회동하였다. 이 제도의 창설에는 정치적인 논리가 많이 개입하였다. 양차대전 이전의 패권국이었던 영국과 양차대전 이후에 새로운 패권국으로 등장한 미국 사이에 국제금융통화질서의 주도권을 둘러싼 힘겨루기 속에서 이 제도가 탄생한 것이다. 미국을 대표하는 화이트(White)와 영국의 케인즈(Keynes)의 논쟁으로 잘 알려진 이 회의에서 양국은 케인즈주의적인 경기부양을 통한 완전고용의 달성과 국제경제의 자유화라는 두 목표를 동시에 추구하기로 합의하였다. 이 밖에 기축통화의 선정을 비롯한 세계중앙은행의 역할 문제, 국제수지 조정대상의 문제 등에서 두 나라가 대립하였으나, 현실적인 힘을 가진 미국의 입장이 대부분 수용되었다.

브레턴우즈 체제는 다음과 같은 몇 가지 특징으로 요약될 수 있다. 첫째, 금이 가장 궁극적인 국제 기축통화이다. 그러나 국제 유동성의 문제를 해결하기 위해서 달러가 기축통화로 활용된다. 미국 달러는 미국 정부가 보유하고 있는 금과 직접적으로 교환이 가능한 금태환성을 유지한다. 둘째, 미국 달러만을 금과 일정한 비율로 고정시키는 고정환율제를 채택한다. 그런데 미국 달러는 금 1온스당 35달러에 고정되었지만, 다른 나라의 화폐는 양차대전 이전의 금본위제와는 달리 금태환성을 유지하지 않아도 되는 체제였다. 이것은 다른 나라의 모든 화폐들을 금에 고정시킬 만큼 충분한 양의 금이 존재하지 않았기 때문이었다. 당시 미국은 전 세계 금의 3/4 정도를 보유하고 있었다.

이처럼 브레턴우즈 체제는 금본위제를 근간으로 하고는 있었지만, 이전의 제도와는 달리, 달러만이 금태환성을 가지고 있었다는 점에서 이전보다는 약화된 금본위제라고 할 수 있다. 아울러, 달러만이 금에 연결되어 있었기 때문에, 달러를 중심으로 위계적인 통화질서가 형성될 수밖에 없었다. 다시 말해서, 브레턴우즈 체제는 달러의 금태환성을 기반으로 유지되는 국제통화체제였다고 할 수 있는 것이다. 이러한 브레턴우즈 체제는 초기 미국의 강력한 힘과 부를 바탕으로 1960년대 초반까지는 잘 운영이 되었고, 세계 경제의 부흥을 이끌었다. 금태환성과 고정환율제로 달러의 안정성을 제공하였으며, 세계적으로 유통되던 달러가 미국의 금보유량을 밑돌고 있었기 때문에 신뢰성이 유지되었다.

이러한 안정적인 상황은 1960년대 들어서면서 급변하기 시작하였다. 브레턴우즈체제가 바로 이러한 달러의 금태환성이 폐지되면서 무너지게 된 것이다. 달러의 금태환성은 브레턴우즈 출범 초기에는 유지될 수 있는 조건이 형성되어 있었지만, 시간이 흐르면서 여러 가지 이유로 유지되기 어려운 상황을 맞이하였다. 첫째로, 트리핀의 딜레마에서 언급하였듯이, 달러 가치의 신뢰성을 유지하면서 세계경제의 확장에 따른 충분한 양의 달러를 시장에 공급해 주어야 했지만, 이것은 미국이 자국의 국내적 경제상황에 따라 달러의 공급을 늘리고 줄여야 하는 상황이 발생했기 때문에 유지될 수 없었다. 둘째로, 달러의 금태환성에 대한 신뢰에 금이 가기 시작했다. 달러만이 금태환성을 유지하고 있었기 때문에, 세계 각국은 달러를 국제준비금으로 축적하기 시작하였다. 이러한 세계시장의 수요를 감당하기 위해서 미국은 충분한 양의 달러를 시장에 공급해야 했지만, 이 역시 미국이 금태환성을 충분히 감당할 수 있을 만큼의 금을 보유했을 때에만 가능한 것이었다. 전후 미국의 원조에 의존했던 유럽 각국들의 경제가 회복되면서 국제수지 흑자를 기록한 반면에 미국은 적자를 기록하게 되었다. 유럽 여러 나라들의 달러보유량이 미국의 금보유량을 초과하게 되면서 달러의 금태환성에 대한 신뢰가 무너지게 된 것이다. 이러한 문제들을 해결하기 위해서는 미국이 자국통화에 대한 환율조정이나 국내수요 억제 등의 고통스러운 정책을 펼쳐야 했지만, 국내정치적인 이유로 이것들은 불가능한 것이었다.

　이러한 상황에서 케네디가 대통령이 되던 1961년 시장의 달러에 대한 신뢰도는 이미 상당히 무너져서 금 1온스가 40달러에 거래되고 있었다. 미국의 만성적인 국제수지 적자는 해외자본의 이탈을 부추겼고, 결정적으로 프랑스의 드골 대통령이 미국에 자국이 보유하고 있던 달러를 금으로 바꿔달라는 요구를 하는 사건이 일어났다. 이것은 이론적으로만 존재하던 달러의 금태환 요구가 실제로 일어날 수 있다는 것을 보여주는 상징적인 사건이 되었다. 이에 불안감을 느낀 여러 나라들이 금태환을 요구하면서 미국의 금은 바닥이 나기 시작하였다. 결국 미국은 1971년 닉슨 대통령이 금태환 중지를 선언하게 되었다. 이것은 브레턴우즈 체제의 실질적인 붕괴를 의미하는 순간이었다.

3) 브레턴우즈 체제 이후

　브레턴우즈 체제의 붕괴는 금태환 중지 선언과 함께 시작되었지만, 이것이 공식적으로 승인된 것은 1976년 자메이카의 킹스턴에서 개최된 국제통화기금 회의에서였다. 이 회의에서 각 국가들은 변동환율제의 도입, 국제준비금으로서 금의 역할 축소, 각 국가의 환율결정 책임 등에 대하여 합의하였다. 변동환율제를 채택한 가장 큰 이유는 시장의 메커니즘을 통한 화폐가치의 변화가 국제수지의 불균형을 조절해줄 수 있을 것이라는 믿음 때문이었다. 특히, 변동환율제하에서는 한 국가의 거시경제정책이 다른 국가의 경제에 직접적인 영향을 미치지 않기 때문에 외부의 영향으로부터 각국의 국내경제정책에 대한 자율권을 온전히 보장할 수 있을 것으로 믿었다.

　그러나 현재의 국제통화체제 역시 이전의 다른 체제처럼 이러한 믿음대로만 되어가고 있는 것은 아니다. 애초의 의도와는 달리 각국의 정부들이 환율의 결정을 시장의 자율에 맡겨두는 것이 아니라, 자국의 국제경쟁력을 극대화시키는 방향으로 인위적으로 개입하는 것이 일상화되었다. 자국 상품의 수출경쟁력을 강화하고 수입을 억제하기 위해 환율을 인상하는가 하면, 수입물가의 상승을 억제하기 위해 환율 인하를 유도하기도 한다. 다른 한편으로는, 환율의 변동성이 커지면서 국제거래의 위험성이 증대되었을 뿐만 아니라, 투기자본의 활동으로 세계 각국이 금융위기에 무방비로 노출되게 되었다. 특히, 국제금융시장이 통합되면서 이러한 부작용은 점점 더 커져가고 있다.

그렇다면, 향후 국제통화체제는 어떻게 운영될 것인가의 질문이 제기된다. 현재의 국제통화체제는 여전히 미국의 달러를 중심으로 운영되고 있다. 비록 미국 달러에 대한 금태환성은 폐지가 되었지만, 미국의 패권적 지위와 달러에 대한 관성적 신뢰를 바탕으로 여전히 달러가 기축통화로서의 역할을 훌륭히 수행해내고 있다. 기축통화로서의 달러의 위치는 앞으로도 상당 기간 유지될 가능성이 높다.

금태환성이 폐지된 현재의 상황에서 통화가치에 대한 척도는 금과 같은 물질적 조건이 아니라 신용이라고 하는 비물질적 요소에 바탕을 두고 있다. 이러한 신용의 원천은 신뢰할 수 있는 제도와 예측가능한 정치체제로부터 비롯된다. 이러한 신뢰할 수 있는 제도와 정치체제는 생각보다 보편적인 것은 아니며, 나름대로 그 희소성을 평가받는다. 이런 면에서, 현재 지구상에서 미국의 정치체제만큼 예측가능하고, 미국의 경제제도만큼 신뢰를 주는 제도는 존재하지 않는다. 이제 미국은 금태환성을 포기함으로써, 통화에 대한 발권력은 더 강화되었다. 그러므로 향후 당분간 국제통화질서는 미국의 달러화를 중심으로 편성될 수밖에 없는 것이다.

물론, 이러한 달러 중심체제에 변화가 전혀 없는 것은 아니다. 비록, 기축통화로서의 달러의 위상은 변함이 없지만, 달러의 상대적인 위치는 과거에 비해서 상당히 위축되었다고 볼 수 있다. 미국의 패권적 지위가 과거처럼 공고하지도 않고, 미국의 경제 역시 과거처럼 압도적이지도 않기 때문에, 시장의 신뢰에 어느 정도 의문이 가는 것도 사실이다. 여기에 더해서, 새로이 경제대국으로 부상하고 있는 중국이 자국의 통화를 세계 기축통화로 유통시키기 위해서 여러 가지 노력을 하고 있고, 일정정도 시장에서 위안화가 보조적이나마 기축통화의 역할을 하고 있는 것도 사실이다. 유럽의 통합으로 탄생한 유로화 역시 달러를 대체할 강력한 라이벌로 등장하고 있다. 특히, 유럽은 국제자본시장의 신뢰를 받고 있는 경제주체로서 유로화를 기축통화로 유통시키기 위해서 노력하고 있다. 시간이 흐르면서 위안화나 유로화가 점점 더 기축통화로서의 면모를 갖춰 갈 것으로 예상된다.

그렇다 하더라도, 그것이 우리가 예측할 수 있는 단기간 내에 이루어질 수 있을지는 미지수다. 현재 중국의 자본시장은 후진적이며, 유럽연합의 중앙은행은 의사결정과정상의 문제점을 안고 있다. 아마도 중국이 가지고 있는 국제자본시장에 대한 통제의 문제나 유로화가 가지고 있는 회원국들 간의 경제정책을 둘러싼 잡음 등의 문제들이 해소되지 않는다면, 온전한 기축통화로서의 신뢰를 획득하는 것은 지난한 과정이 될 것이다.

그러므로 미래의 국제통화체제는 한동안 미국의 달러를 기축통화로 하면서 변동환율제를 유지하는 모습을 띨 것으로 생각된다. 삼위불일치의 예에서 보듯이, 현재의 자본주의 체제하에서 자본의 이동성을 포기할 수도 없고, 주권 국가들이 자국의 거시재정정책을 포기할 것 같지도 않기 때문이다. 다만, 과거와 달리 미국 달러에 도전하는 중국의 위안화나 유로화의 역할은 점점 더 증대될 것이다. 향후 이러한 국제통화체제의 안정적 운영은 이들 국가들 간의 정책적 공조여부에 따라 달라질 것이다.

III. 금융통화의 정치경제

1. 브레턴우즈 체제하의 국제금융 질서

위에서 언급한 것처럼 브레턴우즈 체제는 양차대전으로 인한 국제금융통화질서의 혼란을 극복하기 위한 합의에서 출발하였다. 브레턴우즈 체제하에서는 케인즈의 복지국가론이 지향하는 바처럼, 각국이 국내정치적 욕구를 충족시킬 수 있도록 어느 정도 국가의 개입을 허용하는 자유주의를 추구하였다. 즉, 이것은 제한된 자유주의였던 것이다. 이는 과거의 고전적 자유주의와 구별되는 의미에서 '내재된 자유주의'(embedded liberalism)라고 일컬어진다(Ruggie, 1982).

국가들의 정책적 자율성을 보장하기 위해서 브레턴우즈 체제는 조정이 가능한 고정환율제를 채택하였다. 이는 양차대전 사이에 있었던 국가들 간의 경쟁적 평가 절하로 인한 국제금융질서의 불안을 방지하고자 하는 의지의 표현이었다. 이를 통해 국가들 간에 국제수지의 불균형이 초래될 때, 이를 시정하기 위한 환율조정이 이루어졌다. 국제수지의 불균형이 일시적일 경우에는 1% 내의 조정이 허용되었고, 국제통화기금(IMF)을 통한 긴급자금이 대출되었다. 불균형이 만성적이고 구조적인 경우에는 IMF와의 협의를 전제로 10%까지 환율을 조정할 수 있도록 하였다.

이처럼 제한적인 자유주의 질서를 추구한 브레턴우즈 체제하에서 국제금융질서는 체제의 안정성을 도모하기 위해서 국가 간 자본의 흐름을 통제하는 데에 많은 노력을 기울였다. 1930년대 급속한 투기자본의 공격적 투기행위와 국가 간 자본의 유출입으로 인한 경제위기를 경험한 국제사회는 이러한 급격한 자본 유출입을 통제할 수 있는 권한을 개별 국가들에게 부여하는 데에 동의하였고, 자본 유입국과 유출국이 자본 통제를 위해서 상호협조할 수 있는 제도적 장치를 마련하였다.

이러한 제한된 자유주의에 입각한 국제자본 유출입의 통제는 당시 세계경제를 운영하는 핵심철학이었던 케인즈의 거시경제정책과도 일맥상통하는 것이었다. 케인즈의 경제학은 소득을 적절히 재분배함으로써 지속적인 경제성장을 도모하는 데에 주안점을 두고 있었다. 국제 투기자본에 의한 환차익의 추구나 조세회피, 인플레이션의 회피를 위한 자본의 급격한 유출 등은 국가전체의 통화량의 적절한 조절과 소득의 적절한 분배를 통해서 경제성장의 동력을 찾는 케인즈주의 경제운용에 심각한 위협이 될 수 있었다. 그러므로 이를 막기 위해서는 자본의 이동에 대한 강력한 통제가 필요했던 것이다.

이뿐만 아니라, 국제통화질서의 안정을 기반으로 하는 국제무역질서는 자본이 급격하게 이동하는 환경하에서는 제대로 유지될 수 없는 것이었다. 자본이 국경을 넘어 급격하게 이동하게 되면 환율이 급격하게 변하게 되는데, 위에서 언급했던 것처럼, 환율의 급격한 변동은 각국의 무역수지에 대한 안정적인 예측을 불가능하게 하여 자유무역의 발전에 심대한 타격을 줄 수 있는 것이었다. 결국 이렇게 되면 보호주의적인 무역질서에 대한 압력이 높아지게 된다. 이처럼 브레턴우즈 체제하에서 국제금융질서는 삼위불일체 중에서 국가의 거시경제적 정책의 자율성과 국제통화질서의 안정을 추구하기 위해서 자본의 자유로운 이동성이라는 요소를 포기했던 것이다(Cohen, 1993).

그러나 이러한 브레턴우즈 체제하의 제한적 자유주의는 그 비효율성이 누적되고 트리핀의 딜레마에 의해서 금태환성에 기초한 고정환율제가 무너지면서 그 운명을 다하고 말았다. 이어서 등장한 변동환율제하에서는 환율의 결정이 시장에 전적으로 위임되었기 때문에, 자본의 자유로운 이동을 제한할 수 없게 되었고, 이러한 자본의 자유로운 이동은 금융의 세계화를 촉진하게 되었다. 이런 상황에서 국제금융질서는 국제자본의 이동과 투기자본의 공격에 따라 그 안정성이 심대하게 위협을 받게 되었고 때로는 전 세계적인 금융혼란을 야기하기도 하였다.

2. 금융세계화와 금융위기

브레턴우즈 체제가 무너지고 1973년 유럽공동체(EC) 국가들의 선언에 의해 변동환율제가 도입되면서 제한적 자유주의에 의해서 통제되었던 국제금융시장이 활기를 띠는 결과를 가져왔다. 변동환율제로 인해서 환차익을 노린 외환거래가 급증하였고, 세계경제는 실물경제보다는 자본거래가 중심이 되기 시작하였다. 지속적으로 변화하는 환율의 불안정으로 인해 국제적인 거래와 투자에 있어서 환율과 실질이자율을 이용한 차익을 노리는 국제투기자본의 규모가 급속하게 확대된 것이다. 한편으로는 이에 대한 반작용으로, 투자 위험을 회피하고 자산가치를 안정적으로 유지하며 부채를 효율적으로 관리하기 위한 다양한 금융거래 기법과 이를 이용한 금융산업들이 발전하게 되었다. 이처럼 국제금융시장의 영역과 규모가 성장하게 되면서 이들이 국제금융체제의 주도세력으로 등장하였고, 막강한 자본력을 동원하여 각국의 금융자유화를 촉진하는 압력을 행사하였다.

그러나 이러한 개별 국가들의 자본이동에 대한 통제력의 상실은 여러 가지 부작용을 초래하였고 결국에는 수차례의 금융위기로 이어졌다. 1980년대와 1990년대를 거치면서 국제통화기금의 회원국 중에서 약 77%가 금융위기를 경험하였다. 1973년과 1978년 두 차례에 걸쳐서 발생한 석유파동과 이로 인한 경기의 침체 그리고 인플레이션 등은 국제금융통화체제에 막대한 혼란을 가져왔다. 여기에 더해서 1980년대 개발도상국의 채무위기까지 더해지자 자유주의적인 국제금융체제에 통제를 가해야 한다는 목소리가 비등해지기도 하였다. 심지어는 국제적인 금융체제의 통합과 상호의존의 심화로 한 나라의 금융위기가 주변의 문제가 없는 다른 나라로까지 전염되는 도미노 현상까지 나타나게 되자 이러한 비판의 목소리는 점점 더 높아지게 되었다. 그러나 이러한 금융위기를 통해서 국제자본에 대한 통제가 가해지기 보다는 국제통화기금과 같은 자유주의적인 국제금융시장을 옹호하는 국제적 기제가 더욱 강화되는 현상을 보였다.

국제적인 금융위기는 1990년대에도 계속 이어졌다. 1990년대 들어 동유럽의 여러 국가들과 영국, 멕시코 등이 국제금융위기를 경험하였고, 우리나라도 예외는 아니었다. 1997년 태국에서 시작된 금융위기가 필리핀, 인도네시아, 말레이시아를 거쳐 한국에까지 영향을 미친 것이다. 이것이 바로 동아시아 외환위기이다. 마침내, 2008년에는 세계 최대경제대국인 미국에서조차 부실한 서브프라임 모기지 대출이 원인이 되어 금융기관들이 연쇄부도를 일으키게 되었다. 다른 나라와 달리 미국의 금융위기는 전 세계적인 경기침체와 연쇄 위기를 불러 일으켰다. 미국은 사상 최대의 양적완화정책을 시행해야 했고, 이로 인해 달러가치가 하락하자 다른 나라들이 고통을 겪게 되었다. 아직도 세계는 그 여파로 많은 지역에서 금융재정의 위기를 경험하고 있을 뿐만 아니라, 한 지역의 위기가 주변의 다른 지역으로 쉽게 전염되는 부작용을 목격하고 있다.

이처럼 변동환율체제하에서의 국제자본의 자유로운 이동은 금융위기를 국제사회의 일상적인 현상으로 만들어 버렸다. 이러한 금융위기는 자유로운 자본의 이동과 투자로 인해서 발생하는데, 시장에 긍정적 신호가 생기면 해당 산업이나 국가에 투자가 급증하는 현상을 보이게 된다. 이렇게 투자가 급증하다보면 투자자들은 자기확신에 차게 되고 종종 지나친 낙관에 의해서 과잉대출과 과잉투자를 경험하게 된다. 이어서 선발투자자들을 모방하는 후발투자자들에 의해서 거품이 발생하게 된다. 그러나 이러한 투자는 실물경제의 상품을 기반으로 하는 이익이 아니라, 향후 발생할 것으로 기대되는 가격상승을 통해서 자본이득을 노리는 목적을 가지고 있기 때문에 종종 실물가치를 뛰어넘는 금융거품이 형성되게 되는 것이다.

이러한 거품투자는 특정 상품이나 자산가격이 소비자의 구매력을 넘어서게 되거나 공급이 실수요를 넘어서면서 가격하락을 경험하게 되는데, 이때 자본의 손실을 회피하기 위한 투매가 발생하게 된다. 이러한 투매심리는 자산가격의 급격한 하락을 가져온다. 결국, 이것은 국내적 금융위기를 가져오고 많은 대출을 통해 투자를 한 기업들과 이들 기업들에게 많은 대출을 해준 은행들부터 파산하게 된다. 노동자들은 해고되며 투자와 생산이 위축되게 된다. 이것은 국제금융망에 깊숙이 연결된 다른 국가들과 인접 국가들로 쉽게 확산되어 위기의 세계화가 일어나게 된다.

3. 1997년 아시아 금융위기의 원인과 결과

아시아 금융위기는 1997년 태국에서부터 시작되어 당시 고도의 성장을 구가하고 있던 동아시아의 많은 국가들로 확산된 사건을 말한다. 당시 동아시아의 네 마리의 용이라고 불리던 한국, 홍콩, 대만, 싱가포르뿐만 아니라 말레이시아, 태국, 인도네시아로 대표되는 동아시아 신흥 발전국가들은 1991년부터 1996년까지 평균 국내실질총생산 성장률에 있어서 최하 5.2%(홍콩)에서 최대 8.9%(말레이시아)에까지 이를 정도로 세계 다른 어떤 지역보다 경제적 팽창기에 있었다. 이 시기에 동아시아는 개발도상국으로 유입되는 국제자본의 절반을 차지할 정도로 빠른 경제성장과 개발을 경험하였다(변영학, 2012). 이렇게 급속도로 발전을 구가하던 동아시아는 단 한 번의 금융위기로 수년 간의 경제가 후퇴하는 위기를 맞이하게 되었다.

아시의 금융위기에 대해서는 그 원인이 내부에 있다는 주장과 외부에 그 책임이 있다고 하는 주장이 엇갈린다. 아시아 내부에서 그 원인을 찾는 주장은 아시아 국가들이 전통적으로 금융기관의 회계부정과 도덕적 해이, 그리고 과잉투자를 용인하는 정치경제적 관행을 가지고 있었다고 지적한다. 또한, 이들 국가 내에서 이루어지는 정부와 기업, 그리고 금융기관 간의 정경유착도 부적절한 대출관행과 투기 그리고 정부의 감독 부실을 야기했다고 보고 있다. 특히, 초기 산업발전의 성공을 이끌었던 발전국가의 실패를 그 원인으로 보는 시각에서는 정부의 지속적인 시장개입이 비효율과 부패고리를 축적하는 악영향을 끼쳤다고 주장한다. 마지막으로, 고평가된 환율과 경직된 노동시장을 지적하기도 한다.

물론, 이러한 내부적인 요인들이 외환위기의 원인이 될 수도 있지만, 이러한 위기는 아시아 국가들이 통제할 수 없었던 외부적인 요인에 의해서도 야기되거나, 최소한 그 강도가 심화되었다고 할 수 있다. 1990년대 이후 급속히 진행된 세계화로 인해서 국제금융시장이 아시아 국가들이 통제할 수 있는 수준을 넘어서게 되었고, 막대한 투기자금이 아시아 금융시장에서 초단기적으로 유출입되면서 금융위기의 원인이 되었다는 것이다.

실제로, 1990년대 이전 아시아 국가들의 높은 성장을 바탕으로 국제자본의 투자기회가 양산되었고, 투자자들은 높은 이윤이 보장되는 아시아의 새로운 사업에 뛰어들었다. 특히, 1990년대 금융자유화의 물결과 함께 아시아의 금융시장이 열리자 서구 투기자본이 급속하게 유입되기 시작하였다. 이러한 해외자본의 급속한 유입은 국내 금융기관들의 대출여력을 과다하게 증가시킴으로써, 과다대출과 부실대출의 원인이 되었다. 특히나 자율적인 감독과 통제가 부실한 이들 국가의 금융기관들은 도덕적 해이에 무방비로 노출되었다. 이렇게 과잉대출된 자금들은 과잉투자와 자산가치의 거품을 유발하였고 위기의 원인이 되었다. 결정적인 순간에 이들 정부가 통화, 환율정책에 실패하게 되자 불안을 느낀 해외자본들이 일제히 이탈하게 되었고, 외환부족 사태가 발생하였다. 이로 인해, 기업들과 은행들이 파산하고, 실업자가 양산되었으며, 인플레이션이 치솟았다. 경제는 마이너스 성장률을 기록하였고, 결국 국제통화기금의 구제자금에 손을 벌리지 않을 수 없게 된 것이다.

이러한 위기는 손을 쓸 겨를도 없이 순식간에 덮쳐왔지만, 그 대가는 처절했다. 긴급구호자금을 지원하러 온 국제통화기금은 신자유주의의 전도사답게 위기의 동아시아 국가들에게 매우 고통스러운 구조조정과 시장의 자유화를 요구하였다. 위기상황에 처한 아시아의 국가들은 IMF의 이러한 조건대출정책을 수용하지 않을 수 없었다. 이들 국가들은 즉각 무역시장을 개방하고, 경제정책에 있어서 정부의 개입을 최소화하고, 해외자본들이 안심하고 투자할 수 있도록 정리해고와 같은 노동시장의 유연성을 강화시킬 것을 요구하였다. 이 외에도 국가채무를 축소시키기 위해서 긴축정책을 실시할 것을 요구하였으며, 해외자본을 유치하기 위해서 국내기업들이 감내하기 어려울 정도의 높은 이자율을 적용할 것을 요구하였다.

동아시아의 금융위기는 IMF의 긴급 구제금융의 제공과 고환율정책에 의한 수출의 증가 등으로 점차 안정화되었지만, 그 흔적은 매우 인상 깊었다. 수없이 많은 기업들이 파산하였고, 많은 노동자들이 해고되었으며, 실질임금이 축소되었고, 이자율과 물가가 상승하고, 자산가치가 폭락하는 고통을 겪어야만 하였다. 이러한 구조조정의 여파로 이들 동아시아 국가들은 이전보다 훨씬 더 국제금융자본에 취약한 경제구조를 가지게 되었고 신자유주의와 세계화의 물결에 더욱 깊숙이 편입되게 되었다. 그러나 한편으로는 이러한 고통스러운 과정을 통해서 국가경제의 체질이 개선되고 위기대응능력이 강화되는 등의 긍정적인 측면이 전혀 없었던 것은 아니다.

4. 금융체제의 안정화를 위한 정책과 이론

이처럼 변동환율제의 도입과 국제자본의 활발한 이동으로 야기된 국제금융시장의 혼란을 방지하기 위해서 다양한 이론과 정책들이 제시되었다. 이러한 이론은 대체로, 감독권력론(supervisory power view), 규제포획론(regulatory capture view), 사적감시론(private monitoring view), 그리고 신뢰제도화론(credibility institutionalization view) 등의 4가지로 분류할 수 있다(변영학, 2011, 2012).

첫째로, 감독권력론의 주장은 다음과 같다. 시장의 사적 참가자들은 국제금융자본의 막강한 경제적 권력과 경험적 전문성에 기초한 도덕적 해이나 편법적 일탈행위를 제지하거나 감시할 능력을 구비하고 있지 못하기 때문에, 각국의 중앙정부가 이러한 시장의 불완전성을 시정하기 위하여 시장의 금융거래를 규제하고 감독해야 한다. 정부의 규제가 갖춰지지 않은 시장은 종종 불완전하며, 이러한 불완전성을 이용한 탐욕스러운 투기자본들의 일탈행위에 의해 자주 교란된다. 일반적인 사적투자자들은 이러한 투기자본의 투기적 행위와 선량한 자본의 정상적 투자를 구분하기 어렵기 때문에 종종 금융사기에 노출된다. 그러므로 정부가 금융시장에 대한 규제권을 확보하여 은행을 비롯한 금융기관들을 감독함으로써, 시장의 도덕적 해이를 감소시키고 금융시장이 정상적으로 작동하도록 하여 사회의 공공이익과 복지를 증진시킬 의무를 가진다는 것이다. 이것을 아담스미스가 말한 시장의 '보이지 않는 손'과 대비하여 '보이는 손'이라고 칭한다.

둘째로, 이러한 감독권력론에 대해서 규제포획론은 설령 시장이 불완전하고 실패하더라도 정부가 시장에 간섭하는 것은 부당하다는 정반대의 주장을 펼친다. 이러한 주장은 주로 신자유주의 경제학자들에 의해서 제기되는데, 이들은 정치인과 정부관료들을 공공이익이나 복지를 위해서 종사하는 사람들이 아니라, 막강한 권력을 가지고 자신들의 사적 이익을 추구하는 또 하나의 사적 행위자로 취급한다. 이들의 주장에 따르면, 정부의 감독권력을 소유한 사람들은 이러한 권력을 이용해서 자신들과 관련된 사람들이나 기업, 지역구의 지지세력들에게 혜택을 제공하도록 은행에 부당한 압력을 행사함으로써, 정치적 영향력을 유지하려고 할 것이다. 이러한 환경에서는 금융기관들 역시 감독권력을 가진 관료나 정치인들에게 로비를 통해서 자신들의 이익을 극대화하려고 노력하게 될 것이기 때문에, 금융부문의 비효율성과 도덕적 해이가 만연하게 될 것이다. 이런 관점에서 금융위기의 원인은 정부의 감독 부재가 원인이 아니라, 오히려 감독의 존재 자체가 원인이라는 것이다. 그러므로 금융위기와 같은 시장의 실패가 일어나더라도 국가가 개입을 최소화하고 시장의 자정 메커니즘에 맡겨야 한다고 주장한다.

셋째로, 사적 감시론은 위의 두 가지 주장과는 달리 문제를 해결하는 방식에 초점을 맞춘 논의이다. 이 이론은 정부가 시장에 대해서 감독할 필요는 있지만, 시장에 대한 정부의 직접적인 개입이 시장의 실패를 시정하는 데에 적합한 수단은 아니라고 보고 시장이 자발적으로 문제를 치유할 수 있도록 보조적인 역할을 하는 데에 머물러야 한다고 주장한다. 대부분의 경우에 시장의 사적 행위자들은 영세하기 때문에 정보를 취득하고 거래를 하는 데에 많은 비용을 지불할 충분한 능력을 가지고 있지 못하다. 정부는 이러한 사적 행위자들이 적은 비용으로 정보를 획득할 수 있도록 제도를 제공하는 데에 주안점을 두어야 한다는 것이다. 예를 들면, 금융기관의 영업에 대한 정보를 공개하도록 제도화하여 시장참여자들이 이러한 정보를 쉽게 취득하도록 도와주고, 금융기관에 대한 시정조치는 시장의 자율적 조정에 맡겨둬야 한다는 것이다. 만약 어느 금융기관의 실적이 저조하거나 신용등급이 불안하다면, 예금자들이나 투자자들이 해당 금융기관을 기피함으로써 그들 스스로 효율성과 투명성을 높이는 조치를 취하게 될 것이라는 것이다.

넷째로, 신뢰제도화론의 입장은 시장 행위자들의 사적인 감시 능력에 초점을 맞춘 사적 감시론과 달리, 금융거래가 이루어지는 다양한 제도적 틀을 정비하고 개선함으로써, 시장의 예측가능성을 높이고 이를 통해 신뢰를 구축하자는 것이다. 국가가 직접 금융시장에 개입해서 관리감독하고 시정명령을 내리는 직접적인 방식이 아니라, 투명하고 신뢰성 있는 금융거래가 이루어질 수 있는 제도적 인프라와 사회문화적 환경을 만들어야 한다는 것이다. 예를 들면, 계약 당사자의 자유와 권리, 의무 등을 규정하고, 계약해지나 파기 시 권리와 책임에 대한 문제 등을 제도적으로 명문화하거나 사적 소유권을 보호하며, 투자·파산·회생 등의 절차와 조건 등을 제도화함으로써, 시장에서의 거래행위에 대한 예측가능성과 신뢰성을 제고시킬 수 있다는 것이다.

2008년 미국의 서브프라임 모기지 사태 이후 세계 금융시장의 불안정성을 해소하기 위하여 다양한 국제공조에 대한 논의가 이루어져왔다. 특히, 2008년 워싱턴에서의 주요 20개국 정상회의(G-20) 이후 이러한 논의가 활기를 띠면서 여러 가지 정책들이 제시되었다. 그중 대표적인 것이 금융안정이사회(Financial Stability Board)의 설립이다. 그동안 각 나라별로 개별적으로 이루어지던 금융감독 기능이 서로 유기적인 공조체제를 발휘하는 데에 한계를 노출하였기 때문에, 이를 극복하고자 국제조직인 금융안정이사회를 설립하기로 한 것이다. 아울러서 은행을 비롯한 금융기관에 대해서 이루어져 왔던 시장의 자율적 규제를 공적 규제로 변화시켜 나가기로 합의하였다. 금융기관의 자본 건전성과 유동성의 관리 강화, 파생상품과 헤지펀드에 대한 규제, 사설 신용평가사에 대한 공적 감시의 강화 등이 합의되었다.

그러나 이러한 국제사회의 합의에도 불구하고, 이러한 합의들이 얼마나 잘 이행이 될지, 또 얼마나 실효성이 있을지는 좀 더 지켜봐야 할 것이다. 이러한 합의가 자본주의라고 하는 거대한 구조와 역사적 패턴을 쉽게 바꿀 수 있을지는 의문이다. 또한 과거 미국의 강력한 리더십에 의존했던 시기와 달리 오늘날 국제사회는 이전과 같은 패권적 영향력을 행사할 수 있는 리더십이 부재한 상황이다. G-20의 존재가 대변해 주듯이 현재의 국제사회는 이전에 비해서 상당히 분권화되어 있다고 볼 수 있다. 이처럼, 공적규제 자체의 필요성에 대해서는 합의가 되었지만, 누가 그 과정을 주도할 것인지, 어떻게 실행할 것인지에 대한 합의는 여전히 부재한 상황이다. 심지어 각 나라별로 자국의 실정에 맞는 규제를 시행할 것인지, 국제적인 표준을 제정해서 보편적 규범을 적용할 것인지에 대한 합의조차도 이루어지지 않고 있다. 반복되는 금융위기를 극복하기 위해서는 이러한 모든 부분에 대한 국제적 논의와 합의를 적극적으로 추구해 나아가야 할 것이다.

Ⅳ. 국제금융통화기구

국내정치에서 금융통화질서를 유지하고 감시감독하기 위하여 다양한 기구가 존재하는 것처럼, 국제사회에서도 국가 간 자본과 금융의 이동을 원활하게 하고 관리할 수 있는 국제기구들이 존재한다. 그중에서도 가장 대표적인 기관들이 국제통화기금(IMF: International Monetary Fund)와 국제결제은행(BIS: Bank for International Settlements), 국제부흥개발은행(IBRD: International Bank for Reconstruction and Development) 등이다. 최근에는 아시아지역의 경제적 중요성이 커지면서 이 지역을 중심으로 한 아시아개발은행(ADB: Asian Development Bank)이나 최근 중국을 중심으로 결성이 추진되고 있는 아시아인프라투자은행(AIIB: Asia Infrastructure Investment Bank) 등에 대한 관심이 커지고 있다.

1. 국제통화기금(IMF)

국제통화기금은 현대 국제금융체제를 떠받치고 있는 가장 대표적인 국제기구이다. 1944년 브레턴우즈 협정에 따라 전후 세계경제의 재건과 국제수지의 안정화를 목표로 1945년에 45개국의 참여로 출범하였으며 2015년 현재는 188개의 회원국을 보유하고 있다. 회원국들은 각국에 할당된 쿼터에 따라 출자금을 납입하며 출자한 지분만큼의 발언권을 행사하는 주주체제이다. 2015년 투표권을 기준으로 할 때, 미국이 16.74%로 가장 많은 지분을 가지고 있으며, 일본 6.23%, 독일 5.81%, 영국 4.29%, 프랑스 4.29%, 중국 3.81% 인도 2.34% 등의 순이다. 한국은 1.36%의 지분을 가지고 있다. 회원국의 쿼터와 이에 따른 투표권은 매 5년마다 조정하는데, 최근에는 신흥 경제대국들이 자국의 위상에 걸맞은 지분을 요구하면서 IMF의 지분에 대한 논란이 심화되고 있다.

실제로 이러한 출자금의 쿼터제와 투표권 때문에 IMF의 의사결정과정에서 미국을 비롯한 서구 발전국가들의 영향력이 절대적이다. 국제금융자본의 근거지인 미국과 일본, 서구 강대국들의 지분을 모두 합하면 과반이 넘기 때문에 거의 모든 의사결정이 이들 국제금융자본에 유리하게 이루어지는 경향이 있다. 대부분의 이러한 결정들은 저발전국가들이 대부분인 채무국가들에게 불리하게 작용하는 것이다. 즉, 채무위기를 겪고 있는 저발전국가들에 대한 원조 결정과정에서 발전국가들의 이익을 고려한 정책들이 부과되는 역설적인 상황이 벌어진다는 것이다.

IMF가 오늘날처럼 절대적인 권한을 가지게 된 것은 1980년대 초 발생했던 개발도상국들의 채무위기 때부터이다. 1970-1980년대 개발의 시대를 거치면서 많은 개발도상국들이 국제상업은행들로부터 막대한 양의 개발자금을 대출받았는데, 채무를 상환할 수 없는 상황에 이르게 되자, 이들 상업은행들은 파산의 위기에 몰리게 되었다. 이러한 위기 상황을 탈출하기 위해서 국제상업은행들은 자국 정부를 움직여 IMF로 하여금 개발도상국들에 긴급구호자금을 대출해주도록 요청하였다. IMF가 나서서 구호자금을 대출해주자 이 자금으로 채무위기 상황의 국가들의 금융위기가 해소되었고, 국제상업은행들도 파산을 모면할 수 있었다. 이러한 과정을 통해서 IMF는 국제금융시장에서의 영향력을 확장시켰고, 금융자본이 중심이 되는 현대 경제에서 가장 영향력이 큰 국제기구로 떠오르게 되었다. IMF가 이렇게 영향력을 확대하게 된 가장 큰 이유는 IMF가 구제자금을 대출해줄 때, 위기당사국과의 거시경제정책에 대한 협의를 통해서 실질적이고 광범위한 영향력을 행사할 수 있기 때문이다. 형식적으로는 협의이지만 도산 위기에 처한 위기 당사국으로서는 IMF의 요구사항이 사실상 강제지시사항이나 마찬가지의 위력을 발휘하는 것이다.

이처럼 IMF는 국제금융시장이 위기상황에 처할 때, 구제자금을 융자해 주는 공헌에도 불구하고, 여러 가지 거센 비판에 직면해 있다. 무엇보다, IMF의 대출조건이 각 나라의 차이와 당사국의 국내 정치경제적 상황을 고려하지 않고 지나치게 천편일률적이고 가혹하다는 점이다. IMF의 신자유주의적인 대출조건들은 종종 해당국의 국가채무를 줄이기 위해 재정지출을 감소하고 세금을 더 많이 거둘 것을 요구한다. 해외자본의 투자를 용이하게 하기 위해서 노동시장의 유연성을 제고할 것을 요구하는데, 이것은 결국 실업률을 증가시키고 실질임금의 감소를 가져오게 된다. 또한, 공공부문의 축소를 위해서 공기업이나 정부출연기관들을 민영화할 것을 요구하기도 한다. 이 과정에서 국부가 해외자본에 헐값에 유출되기도 한다. 이러한 정책자율성의 훼손으로 국내정치적 안정성이 위협을 받게 되고 대중의 분노가 선거를 통해서 표출되기도 한다. 최근 유럽의 긴축정책으로 프랑스와 그리스 등 여러 나라에서 정권이 교체되고 극우, 극좌 정당들이 세력을 확산하고 있는 것이 그 예이다.

다음으로, 위에서 언급한 것처럼, IMF의 지배구조가 각 나라에 할당된 쿼터에 따라 차별적이기 때문에 운영에 있어서 대단히 비민주적이라는 점도 지적된다. 특히, 주요 결정에서 85%의 찬성률을 규정하고 있는 IMF의 운영체계 때문에 16.74%의 지분을 소유한 미국이 반대하면 어떤 의사결정도 내릴 수 없는 구조를 가지고 있는 점이 더욱 문제로 지적된다. 명시적인 규정은 없지만, 사실상 미국이 거부권을 소유하고 있는 구조인 것이다. 뿐만 아니라, IMF는 그 운영에 있어서 소수의 엘리트들에 의한 비밀스러운 논의에 의존하고 있기 때문에, 그들이 국제금융자본과 IMF 조직 자체를 대변하고 있다는 비판을 받고 있는 점도 이 때문이다.

세계은행은 세계은행그룹이 바른 표현이며, 산하에 IBRD를 비롯한 5개의 국제기구를 거느리고 있다. 회원국들의 경제개발과 빈곤해결을 위한 자금을 대출해주고 자문을 제공하는 것을 주요임무로 하고 있다. 본부는 미국의 워싱턴D.C.에 있으며 2015년 현재 세계 188개의 회원국을 보유하고 있다. 세계은행의 모태가 된 것은 국제부흥개발은행(IBRD: International Bank for Reconstruction and Development)으로서, 흔히 세계은행(World Bank)으로 알려져 있는 국제금융기구이다. IMF와 함께 브레턴우즈 체제를 떠받치는 두 개의 기둥으로 불리기도 했다. 2차 대전의 와중에 국제금융체제의 혼란을 극복하고 세계경제의 회복을 목표로 논의를 시작하여 1944년 브레턴우즈협정에 따라 설립이 추진되었다. 세계은행그룹은 IBRD 외에도 국제개발협회(IDA: International Development Association), 국제금융공사(IFC: International Finance Corporation), 국제투자보증기구(MIGA: Multilateral Investment Guarantee Agency), 국제투자분쟁해결센터(ICSID: International Centre for Settlement of Investment Disputes) 등으로 구성되어 있다.

국제부흥개발은행(IBRD)은 세계은행의 모태가 되었을 뿐만 아니라, 세계은행에서 가장 중요한 기구이다. IBRD는 총회, 이사회 등으로 구성되는데, 총회는 1년에 한 번 개최되는 최고의사결정기관으로, 각 회원국의 대표들로 구성된다. 총회의 전권사항을 제외하고는 일상적인 의사결정은 이사회에 그 권한을 위임한다. 당초 설립목적은 2차 대전으로 황폐화된 국가들의 경제재건을 도와주는 것이었으나, 현재는 개발도상국들의 경제발전을 지원하는 것을 주된 임무로 삼고 있다. 이 밖에도 국제무역의 확대와 국제수지의 균형을 도모하며 저개발국에 기술원조를 제공하는 것을 목적으로 한다. IBRD의 재원은 회원국들의 지분에 따라 납입된 자기자본, 차입금, 투자이윤, 특별준비금 등으로 이루어진다.

IBRD는 주로 국가와 국가가 보증하는 공기업에 대출을 해주는데, 이러한 대출은 통상 IBRD가 발행하는 세계은행의 채권으로 이루어진다. 이러한 채권은 IBRD의 우수한 신용 덕분에 저금리의 자금대출이 가능하게 한다. 그러나 융자조건이 너무 엄격해서, 설립취지와는 달리 주요 융자대상은 선진국들이나 중진국들이 많으며, 후진국들의 경우에는 IBRD의 대출을 이용할 수 없는 경우가 많다. 융자를 받기 위해서는 차입자가 외화로 상환할 수 있는 능력을 가지고 있어야 하고, 융자를 신청하는 개발계획이 실현가능성이 높아야 하며, 정부 이외의 대출자는 소속 국가의 정부보증을 제시해야만 한다. 바로 이러한 까다로운 융자조건 때문에, 정작 대출이 필요한 개발도상국들에게는 그림의 떡이 되고 말았다는 비판이 제3세계 국가들을 중심으로 제기되었다. 이러한 문제를 보완하기 위하여 국제개발협회(IDA)와 같은 다른 기구들이 설립되게 되었다.

IDA는 IBRD의 대출을 받지 못하는 저개발 국가들의 경제개발을 지원하기 위해서 1960년에 설립된 세계은행 산하의 국제금융기관이다. IBRD의 자매기구로서 대출상환능력이 부족한 국가들에게 경제개발과 생산성 향상을 돕기 위해서 IBRD보다 더 좋은 조건으로 대출을 해주고 있다. IDA의 임원은 IBRD의 임원들이 겸임하고 있으며, 재원은 선진국들의 기부금과 IBRD의 수익금 중 일부를 전환하여 충당하고 있다. 대출금에 대한 상황은 35년 내지 40년의 장기 상환이며 무이자로 약간의 수수료만을 징수할 뿐만 아니라, 차입국의 경제능력을 고려하여 해당국의 통화로도 상환할 수 있도록 하고 있다. 융자대상국은 1인당 국민소득 등의 기준을 적용하여, 저개발 국가들만이 수혜대상이 되도록 제한하고 있다.

이 밖에도 국제금융공사(IFC)는 개발도상국의 민간기업에 대한 투자를 지원하기 위하여 1956년에 설립된 IBRD의 자매기관이다. 정부의 지불보증이 없이도 대출이 가능한 것이 특징이며, 민간기업에 대한 융자뿐만 아니라, 직접투자나 주식에 대한 투자도 하고 있다. 국제투자보증기구(MIGA)는 다자간 투자보증기구라고도 하며, 개발도상국에 대한 투자를 촉진하기 위하여 민간투자를 보장하는 국제기구이다. 개발도상국 내 투자에 대한 전쟁, 내란, 계약위반, 권리박탈 등의 비상업적 위험을 보증하여 투자를 촉진하는 것이 주요 목적이다. 국제투자분쟁해결센터(ICSID)는 세계은행 산하 국제중재기관으로, 회원국 간 투자분쟁을 중재하는 일을 하고 있다. 최근 다자간 무역협정이 증가하면서 이곳에 분쟁해결을 의뢰하는 사건도 꾸준히 증가하고 있다.

3. 아시아지역 국제금융기구

최근 아시아지역의 경제발전과 더불어 이 지역을 중심으로 하는 국제금융기구의 설립과 활동도 매우 활발한 편이다. 그중 대표적인 국제기구가 아시아개발은행(ADB: Asian Development Bank)이다. 이와 더불어 최근 중국을 중심으로 설립이 추진되고 있는 아시아인프라투자은행(AIIB: Asia Infrastructure Investment Bank)도 세계경제에서 중국의 영향력 확대와 더불어서 관심의 대상이 되고 있다.

아시아개발은행은 1966년 아시아 지역 국가들의 경제개발과 경제협력을 통해서 역내 국가들의 경제발전을 촉진하기 위해서 설립되었다. 아시아지역 국가들에 대한 대출과 기술원조, 경제실태 조사 등을 목적으로 하며, 1990년대 후반에는 고유가로 인한 회원국들의 무역수지 악화를 지원하기 위해서 긴급융자를 실시하기도 하였다. 아시아개발은행의 활동에 필요한 재원은 회원국들에게 할당된 지분에 따른 자본금과 차입금 등으로 충당된다. 산하에 다목적 특별기금, 기술원조 특별기금, 아시아개발기금 등 3가지의 특별기금을 운영하고 있다. 참가국은 1966년 31개국으로 시작했으나, 2015년 현재 역내 48개국, 역외 19개국 등 총 67개국으로 확대되었다. 운영은 세계은행의 모델을 따라 회원국의 출자금액에 따른 가중투표권을 부여하고 있다. 2015년 6월 기준으로 일본이 가장 많은 12.84%의 출자금을 가지고 있으며, 다음으로 미국이 12.75%, 중국이 5.48%, 인도가 5.39%, 그리고 우리나라가 4.35%의 출자금을 가지고 있다.

최근에 설립이 가시화된 아시아인프라투자은행(AIIB)은 그 기능이나 규모 등의 경제적 역할보다 미국과 일본을 중심으로 편성되어 있는 세계 금융질서에 중국이 새로운 균열을 가져올 것인가 하는 정치적 이유로 더 많은 관심을 받았다. AIIB는 중국이 그동안의 경제성장과 외환보유고에 대한 자신감을 바탕으로 미국이 주도하고 있는 IMF나 세계은행, 그리고 ADB 중심의 국제금융질서에 도전장을 냈다는 점에서 매우 흥미롭고 민감한 사안이다.

중국의 부상에 자존심이 상한 미국과 일본이 의도적으로 AIIB의 출범에 비협조적으로 나왔고, 그 성공여부에 관심이 집중되기도 했다. 우리나라도 전통적 우방인 미국의 이러한 입장과 현재의 최대 경제교역국인 중국의 입장 사이에서 고민하다가 막판에 참여를 결정할 정도로 민감한 사안이었다. 한때, 미국의 비협조로 AIIB의 출범이 순탄치 않을 것이라는 평가가 지배적이었지만, 정치적 명분보다 경제적 실리를 고려한 영국과 독일을 비롯한 유럽의 여러 나라들이 참여를 결정하면서 AIIB에 급속히 힘이 실리게 되었고, 오히려 여기에 참여하지 않은 미국과 일본이 소외되는 결과를 낳았다. 막판에는 미국 내에서조차 미국의 전략적 실수였다는 자성의 목소리가 제기되기도 했다. 어차피 중국의 경제적 발전은 현실로 수용을 하고, AIIB 내에 미국이 참여를 함으로써, 중국의 독단적 의사결정을 견제했어야 했다는 것이다.

AIIB는 2015년 4월 15일 현재 아시아 역내 37개국과 역외 20개국 등 총 57개국이 창립이사국으로 확정되었다. 중국이 전체 지분의 약 25% 이상을 차지하여 의사결정에 대한 거부권을 확보할 것으로 보이며, 한국은 약 3.5%로 중국, 인도, 러시아, 독일에 이어서 5위의 지분율을 확보할 것으로 보인다. AIIB는 그간 미국 중심의 국제금융기구가 보여 온 부작용들을 보완한다는 의미에서 포용성, 개방성, 투명성, 공정성 등을 바탕으로, 낙후된 지역에 세이프가드, 융자, 지급보증, 지분투자 등을 통해 대규모 인프라투자를 하는 것을 목표로 하고 있다. 향후 AIIB의 성패여부는 회원국들의 협조와 함께, 중국의 부상에 따른 독선의 위험을 걱정하는 국제사회에 대해서 중국이 얼마나 신뢰성 있는 리더십을 보여주느냐에 달려 있다고 할 수 있다. 이와 함께, AIIB에 참여를 거부한 미국과 일본이 어떠한 태도를 보일지도 관심거리라고 할 수 있다.

V. 맺음말

국제금융통화체제는 시대에 따라 많은 변화를 겪어 왔다. 전후 경제를 이끌었던 금태환성의 브레턴우즈 체제는 발전하는 세계경제규모를 감당할 수 없었기 때문에 붕괴되고 국제 신용에 기초한 전혀 다른 통화레짐을 탄생시켰다. 그러나 여전히 미국의 달러화가 패권적 지위를 유지하고 있다. 현재의 국제금융질서를 지배하는 국제기구들도 여전히 미국과 서구 선진국들에 의해서 지배되고 있다. 다만, 이러한 판세에 어느 정도 변화의 조짐이 보이고 있는 것은 사실이다. 유로화나 위안화가 기축통화의 자리를 놓고 도전하고 있으며, 최근에는 중국 중심의 아시아인프라투자은행(AIIB)이 설립되어 기존 국제금융질서에 균열의 조짐이 보이고 있다. 이처럼 최근의 국제금융통화질서는 기존의 미국과 중국 간의 경쟁체제로 재편되고 있다. 이러한 와중에 우리나라는 동맹국인 미국과 최대 경제교역국인 중국 사이에서 딜레마에 빠져 있는 것이 현실이다. 우리 입장에서는 어느 한쪽도 소홀히 할 수 없는 매우 난감한 상황이다. 이런 의미에서 국제금융질서의 재편이 우리에게는 또 다른 의미의 도전이 되고 있는 셈이다. 대한민국의 미래에 대한 확실한 비전을 가지고 이러한 민감한 문제들을 잘 풀어나가야 할 것이다.

질문 및 토론 사항

1. 화폐에는 어떤 것들이 있으며, 그 가치는 어디에서 나오는가?

2. 기축통화의 정치경제적 의미는 무엇인가? 기축통화를 발행하는 국가에게 이익은 무엇이며, 어떠한 비용을 지불해야 하는가?

3. 고정환율제와 변동환율제의 차이는 무엇인가? 장단점은 무엇인가?

4. 브레턴우즈 체제하의 금융통화질서의 특징은 무엇인가?

5. IMF와 같은 국제금융기구들은 개발도상국들에게 협조자인가, 적대자인가? AIIB의 출현이 이러한 국제금융질서에 미치는 영향은 무엇인가?

트리핀의 딜레마

　　트리핀의 딜레마는 기축통화가 국제경제에서 원활하게 쓰이기 위해 많이 풀리면 기축통화 발행국의 적자가 늘어나고, 반대로 기축통화 발행국이 무역흑자를 기록하면 기축통화가 부족해 국제교역이 원활해지지 못하는 역설을 말한다. 특히 1944년 출범한 브레턴우즈 체제하에서 기축통화로서의 달러의 처지를 의미한다. 1950년대 미국의 달러화가 세계로 유출되는 경상수지 적자상황이 이어지자 이러한 상태가 얼마나 지속가능할지, 또 미국이 만약 이러한 상태를 돌려서 경상수지 흑자로 돌아서게 되면 누가 국제유동성을 공급할지에 대해서 많은 논란이 대두됐다. 당시 로버트 트리핀(Robert Triffin) 예일대 교수는 미 의회 증언에서 "미국이 경상수지 적자를 허용하지 않고 국제유동성 공급을 중단하면 세계경제는 크게 위축될 것이고, 반대로 적자상태가 지속되면 미 달러화의 공급이 과잉이 되어 달러화 가치가 하락해 준비자산으로서의 신뢰도가 저하되고 고정환율제도 붕괴될 것"이라고 예언하였다.

특별인출권(Special Drawing Rights)

IMF에서 발급하는 일종의 가상화폐로 어떤 의미에서는 유일한 세계통화이다. 별명은 페이퍼 골드(Paper Gold)이다. IMF 가맹국이 국제수지가 악화되었을 때 담보 없이 필요한 만큼의 외화를 인출할 수 있는 권리로 국제통화의 일종으로 인식된다. 각 회원국의 출자분에 따라서 인출할 수 있는 일반인출권과는 달리, 그 국가의 외환보유액의 산출에 포함된다.

2차 대전 이후 모든 외화자산 결제가 금의 가치에 고정된 미국 달러로 진행되었다. 그러나 고정환율제에도 불구하고 미국 달러의 발행이 늘어나면서 미국 달러의 실질적 가치가 절하되었고, 이에 따라 미국 달러에만 모든 결제를 맡기는 것이 옳은가에 대한 의문이 제기되었다. 이에 새로운 준비자산으로 떠오른 대안이 바로 특별인출권이다. 1976년 자메이카 킹스턴에서 열렸던 IMF 회의 때 도입하기로 결정되어 등장했다.

외환위기에 대비하는 구제금융은 이것을 대량으로 인출해 제공하는 것을 말한다. SDR은 몇 종류의 다양한 통화가치에 따라 환율이 매일 변동된다. SDR은 현찰이 아니므로 시중은행에서는 취급하지 않고, 환율은 있으나 수수료가 별도로 책정되지 않는다. 충분한 통화공급이 이루어지지 않기 때문에 개인들은 사용할 수 없고 국가 간에만 거래된다.

세계화와 신자유주의

1. 머리말

세계화(Globalization)는 세계정세의 변화를 이해하는 데 가장 중요한 현상이자 핵심적인 경향이다. 국가보다 비국가행위자들의 영향력을 증대시키는 정치적 세계화는 국가주권의 약화 및 시민사회의 영향력 증대로 인한 글로벌 거버넌스 문제를 야기하였다. 무역 및 금융부문에서 확산되는 경제적 세계화는 기업활동뿐만 아니라 국가들의 경제활동과 부의 축적에 영향을 미치면서 세계화의 영향에 대한 첨예한 논쟁을 야기하였다. 세계화의 영향에 대해서는 두 가지 서로 상반된 시각이 있다. 먼저, 세계화로 인하여 국제 NGO 및 여론의 영향력이 증대되고 민주주의 규범 및 다원주의가 확산될 것이라고 보는 긍정적인 시각이 있다. 반면에 시장의 효율성과 국가개입을 최소화하는 신자유주의의 확산으로 세계화가 가속화되면서 경제적 불평등과 빈곤의 심화와 같은 문제를 야기할 것이라는 부정적인 시각도 있다.

이 장에서는 이처럼 세계정세의 변화를 이해하는 데 중요한 세계화와 관련하여 역사적 배경과 이론적 쟁점 그리고 국제정치적 의미에 대해 살펴본다. 특히 첨단 기술의 발달과 단일 시장체제로의 통합으로 인하여 더욱 가속화되고 있는 세계화 현상이 경제적·사회적 쟁점을 넘어 어떤 국제정치적 의미를 가지며 어떤 어젠다를 제기하는지 살펴보기로 한다.

II. 세계화의 배경과 신자유주의

1. 세계화의 개념과 배경이론

세계적 변화와 경향을 대표하는 세계화란 과연 무엇을 의미하는 것일까? 여기에서는 세계화의 개념 및 세계화의 촉진을 설명하는 여러 가지 배경이론들을 살펴본다. 세계화에 대한 정의는 학자들마다 다양하며 명확하지 않다. 21세기 들어 가장 널리 회자되는 용어이지만 이 세계화라는 용어만큼 모호하고 정의하기 어려운 개념도 없다. 앤소니 기든스(Anthony Giddens)는 세계화를 "어느 한 지역에서 발생한 일이 다른 지역에 영향을 주고 또 다른 지역에서 발생한 일로 영향을 받는 식으로 멀리 떨어져 있는 지역들 사이의 사회적 관계(Social Relations)가 전 세계적으로 심화되는 과정"이라고 정의한다. 찰스 케글리와 유진 위트코프(Charles Kegly and Eugene Wittkopf)는 "세계화란 전 세계를 중간급의 규모에서 소규모로 작아지게 만드는 시장과 금융, 기술의 통합과정"이라고 정의한다(Kegly and Wittkopf, 2013: 261). 이처럼 세계화에 대한 정의는 학자들이 보는 시각에 따라 다르다. 그럼에도 불구하고 세계화의 개념에 대한 공통적인 요소는 3가지로 정리될 수 있다. 첫째, 세계화는 국가 안의 내부적 변화가 아닌 국가 간의 경계를 넘어선다는 의미가 있다. 둘째, 국가 간의 관계가 통합되면서 사회적 관계를 형성한다는 의미가 있다. 셋째, 이러한 사회관계의 형성이 심화되면서 서로의 삶에 영향을 미친다는 의미가 있다. 즉 이것은 사람, 물건 또는 생각들의 교류가 국경의 의미가 없을 정도로 자유롭게 이루어지면서 형성된 사회적 관계가 서로의 삶에 영향을 미치는 현상이라고 할 수 있다. 그러면 이러한 세계화 현상을 주도하는 핵심 동인(動因)은 무엇이며 그 이론적 배경은 무엇인가?

글로벌 트렌드로서 세계화 현상을 가속화시키는 데 가장 중요한 요인은 무엇보다 현대 과학의 발전 특히 정보통신기술의 획기적인 발전이다. 소위 ICT(Information and Communication Technology)라는 정보통신기술과 컴퓨터 산업의 획기적인 발전이 세계화의 가속화에 가장 결정적인 역할을 한 요인이다. 정보통신분야의 급속한 과학기술 발전이 정보화라는 새로운 글로벌 트렌드를 초래하였지만 이러한 현상은 경제적으로 거래비용을 감소시켜 무역활성화는 물론 자본의 이동과 인적 이동을 촉진시키는 요인으로 작용하였다. 이러한 역사적 배경을 바탕으로 1980년대 이후 세계화는 급진전되었으며 하나의 글로벌 사회로 묶이게 된 국가들과 국제행위자들이 서로에게 영향을 받게 되었다. 그러면 이러한 세계화 현상을 주도하는 핵심 동인(動因)은 무엇인가?

먼저 자유주의는 세계화라는 현상이 어느 한 국가에 의해 좌우되고 규정되는 것이 아니라 개인 또는 다양한 경제주체들이 갖고 있는 부와 효율성에 대한 자연적인 욕구가 집합적으로 실현된 것이라고 본다. 즉 인간의 본성인 부와 효율성에 대한 이익추구가 규제완화, 교역확대, 과학기술의 발전이라는 세계화의 내부 동력을 제공하면서 전 세계를 하나의 거대 시장으로 통합해 나가고 있다는 것이다. 자유주의는 분업과 전문화에 근거하여 여러 경제권이 상호 연결되면서 무역자유화를 통하여 모든 국가들이 더 잘 살게 될 것이라는 무역효용론을 주장한다. 이런 점에서 보면 교역확대와 시장확대를 촉진하는 세계화에 대하여 자유주의는 기본적으로 긍정적인 시각을 갖고 있다. 무역의 자유화를 통한 시장의 확대 및 금융의 자유화를 통한 단일 금융체제로의 통합이 궁극적으로 세계의 번영은 물론 세계평화에도 기여할 것이라고 보는 것이다.

반면에 현실주의는 세계화를 추동시키는 핵심적인 동인으로서 패권국가의 국가이익을 주목한다(박재영, 1996: 269-271). 즉, 세계화의 배경에는 탈냉전이후 국제안보 환경의 변화에 대응하여 패권국인 미국이 추진한 새로운 정책변화가 중요하다는 것이다. 미국은 냉전이 종식되고 소련과 동구 사회체제가 붕괴하자 자국의 경제패권을 회복하기 위하여 신자유주의 이념을 활용하여 세계화의 기틀을 만들었고 그에 따라 IMF와 세계은행과 같은 국제경제기구들이 무역자유화와 금융자유화를 적극적으로 추진하였다. 1990년대 이후 급격하게 진행된 무역자유화와 금융시장의 자유화는 자본 강국인 미국이 자신의 이익을 극대화하기 위하여 전 세계적인 자본주의 시장체제 통합을 추구한 것에 다름이 아니라는 것이다.

급진주의는 오늘날 시장경제체제로의 급속한 통합을 야기하는 세계화의 원인이 기본적으로 중심부에 위치한 선진 자본주의체제가 주변부인 저개발 국가들을 경제적으로 착취하기 위한 통합과정이라고 본다. 즉 서구 자본주의의 시작이 노동에 대한 자본의 축적과정에서 비롯되었듯이, 세계경제가 장기적인 경제불황으로 정체되자 이를 극복하기 위한 방편으로 자유경쟁과 효율성을 강조하는 시장논리를 앞세워 중심부로의 자본 재집중을 도모한 세계 자본주의 체제의 심화과정이라는 것이다. 또한, 이는 냉전종식이후 사회주의 체제였던 러시아와 동구권 국가들을 자본주의 체제로 편입하는 한편 세계 교역과 금융에서의 자유화를 통해 완전한 단일 시장체제로의 통합을 가속화하기 위한 것이다. 이런 측면에서 본다면 급진주의는 세계화 현상에 대하여 근본적으로 부정적인 시각을 갖고 있다. 자본의 국제화나 경쟁적 이념과 정치체제에 의한 장벽의 제거, 정보통신 기술의 획기적인 발전이 새로운 현상을 만들어 낼지는 모르지만 자본주의의 근본적인 문제 이를테면 자본과 노동의 갈등이나 경제적 불평등, 중심부와 주변부의 갈등문제 등은 자본주의체제가 유지되는 한 해소될 수 없다고 보기 때문이다.

2. 세계화와 신자유주의

1) 신자유주의 정책의 역사적 배경

1980년대 이후 세계는 시장의 효율성과 국가개입의 최소화를 강조하는 신자유주의로 인하여 세계화가 급속히 진행되는 토대가 형성되었다. 더구나 갑작스러운 냉전의 종식으로 인해 사회주의 체제가 붕괴되어 세계 자본주의 체제로 통합되면서 신자유주의정책은 긍정적인 측면 못지않게 예기치 않은 문제와 쟁점을 야기하였다.

그러면 이러한 신자유주의 이념을 확산시킨 역사적 배경은 무엇인가? 첫 번째는 미국을 포함한 많은 서방국가들이 심각한 재정적자에 시달리면서 이러한 경제위기의 타개책으로 복지혜택의 삭감, 규제완화와 노동의 유연화라는 신자유주의적 처방을 채택한 것이다. 당시 미국과 서구유럽국가들은 고인플레와 실업률로 인한 경제 불황을 겪으면서도 엄청난 복지비용을 부담해야 했는데 이런 경제난국의 타개책으로서 복지비용 삭감, 자유경쟁과 효율성에 초점을 맞춘 민영화와 규제완화 등의 신자유주의적 정책을 채택하였던 것이다.

두 번째는 2차 대전 이후 오랫동안 적대적으로 대치되었던 동서진영 간의 냉전체제가 와해되고 사회주의체제가 몰락하면서 서구 자본주의체제의 승리가 신자유주의적 세계화를 촉진시킨 것이다. 1980년대 중반부터 중공업위주의 비효율적 생산체계와 소비재 부족으로 인하여 심각한 경제위기를 겪고 있던 소련과 동구유럽 국가들이 1990년대 초에는 더 이상 사회주의 체제를 유지하지 못하고 연쇄적으로 붕괴하였다. 이런 일련의 붕괴과정을 겪으면서 이들 사회주의체제가 시장자본주의 체제로 통합되고 재편되는 과정이 자연스럽게 신자유주의적 세계화를 촉진시킨 것이다.

세 번째는 국제통화기금(IMF), 세계은행(World Bank)과 같은 국제경제기구들이 북반구 또는 남반구에 있는 고객국가들에게 민영화, 규제완화, 자유화라는 신자유주의적 대책을 처방하면서 의도적으로 세계 자본주의체제의 통합을 유도하려고 한 것이다. 이들은 소위 워싱턴 합의(Washington Consensus)라는 신자유주의적 경제이념과 정책을 당시 경제위기를 겪고 있는 신흥 저개발국가들에게 강력하게 권장하였다 (김석우, 2011: 188-189).

마지막으로 신자유주의적 세계화가 가속화되는 데에는 앞에서 언급한 정보통신기술과 컴퓨터 산업의 획기적인 발전이 중요한 역할을 하였다. 인터넷과 휴대폰 등 정보통신의 혁명적인 발전이 거래비용을 감소시켜 무역활성화는 물론 자본의 이동과 인적 교류를 촉진시켰던 것이다. 이러한 역사적 배경을 바탕으로 1980년대 이후 신자유주의는 급속도로 확산되었으며 여러 국가들을 단일 국가사회로 묶는 세계화를 촉진시키는 요인으로 작용하였다.

1980년대 이후 급속도로 확산된 신자유주의의 역사적 배경을 살펴보았다. 그러면 이런 신자유주의 정책의 이론적 배경은 무엇인가? 먼저 이론적으로 신자유주의는 무정부상태하에서도 국가들의 협력이 가능하며 주요 국제정치 행위자로서 국가가 아닌 국제제도나 기구를 강조한다는 점에서 자유주의적 시각을 수용하고 있다. 그러나 신자유주의는 국가를 국제정치의 주요 행위자로 인정하고 무정부상태가 국가행동에 영향을 미친다고 보는 점에서는 현실주의 이론에 동조한다(박재영, 1996: 419-418). 즉 신자유주의의 주장은 무정부상태라도 서로 이기적인 국가들의 협력이 가능한데 그것은 바로 국제레짐과 같은 제도들이 협력을 가능하게 하는 기능적 역할을 하기 때문이라는 것이다. 이런 점에서 신자유주의이론은 현실주의의 불만과 자유주의의 불만을 의식하여 나타난 통합적인 연구행태의 산물이라고 할 수 있다. 즉 현실주의 이론이 현실세계에 존재하는 상호의존의 복잡성을 해석하는 데 한계가 있고 자유주의시각에서는 국제기구에만 겨냥한 연구로는 패권이후에도 지속되는 국가 간의 협력을 설명하기 어렵게 되자 '제도화된 국가간의 행위'(institutionalized international behavior)에 초점을 맞춘 신자유주의이론이 등장한 것이다(박재영, 1996: 417).

반면에 국제사회에서 주요 행위자로 국가에 초점을 맞추며 힘의 역학관점에서 국제질서를 바라보는 패권안정론은 자유주의 국제경제체제의 운영과 유지를 패권국가의 안정된 권력구조와 연계시켜 설명한다. 즉 하나의 강대국에 의해 지배되는 패권적 권력구조가 규칙이 잘 지켜지는 강력한 국제경제제도의 발전에 도움이 되며 패권적 권력구조의 쇠퇴는 자유주의 국제경제의 쇠락을 초래한다는 것이다(Gilpin, 2001: 93-94). 이 패권안정론은 자유무역을 신봉하여 국제자유무역체제의 확립을 주도한 미국의 패권적 지위가 약화되고 국력이 쇠퇴하게 되면 현재의 국제 공공재인 시장체제와 국제 자유무역체제의 유지가 어렵다고 본다. 그러나 신자유주의이론은 패권국가의 존재가 국가들의 협력 산물인 자유주의 국제레짐의 창출에 선행조건이라는 패권안정론의 주장에 동의하지 않는다. 신자유주의는 이익의 극대화를 추구하는 이기적인 국가들일지라도 그 기능적 영향이 국익에 도움이 되거나 필요한 경우에는 패권국가가 없어도 국제레짐(International Regimes)이 확립되고 유지되도록 국제협력을 창출한다는 것이다. 왜냐하면 국제레짐은 국가들이 서로의 행동방식에 대하여 예상하게 해주고 상호행동을 조정할 수 있는 관계를 발전시켜 법적 책임을 수행하게 해주며 거래비용을 감소시켜 협상을 용이하게 해줄 뿐만 아니라 국가들에게 정보를 제공하여 불확실성을 감소시키고 협력을 촉진시키기 때문이다(Keohane, 1984: 85-109).

　신자유주의 정책은 국가와 지역마다 다르게 적용되고 추진되었다. 따라서 신자유주의 정책에 대한 평가는 국가와 지역마다 다를 수 있다. 하지만 그 영향이나 파장에 대해서는 긍정적인 입장과 반대의 입장이 극명하게 갈리고 있다. 여기에서는 세계화라는 역사적 흐름의 배경이 된 신자유주의 정책에 대하여 살펴본다. 1980년대 초반 세계질서는 1970년대 초반에 시작되었던 미·소 데탕트 분위기가 와해되면서 다시 동서냉전이 심화되는 신냉전의 시기에 접어든다. 1979년 아프가니스탄 침공으로 시작된 소련의 공세에 대하여 미국의 반발과 군사적 대응이 강화되면서 두 개의 적대적인 진영사이에 갈등과 대립이 첨예하게 전개되었다. 당시에 공화당후보로서 집권한 미국의 로널드 레이건 대통령은 소련을 '악의 제국'이라고 부르면서 강경한 대외정책을 추진한다. 일명 '별들의 전쟁'(Star Wars)이라고도 불리는 천문학적 예산의 '전략적 방어구상'(SDI: Strategic Defense Initiative)정책을 추진하여 소련을 압박하는 한편 소련과의 군비경쟁을 가속화시켰다. 미국의 이러한 막대한 군사비 지출과 복지비용의 부담으로 인하여 미국은 사상 초유의 재정적자와 경제위기에 직면하게 되었다. 장기적인 경제침체와 실업문제는 물론 복지혜택에 대한 부담과 노동시장의 문제 등으로 새로운 대책이 강구되어야할 시점에 있었다. 당시 미국의 레이건 대통령은 이 경제위기를 타개하기 위하여 항공노조 파업에 대한 강경대응과 함께 민영화, 정부규제 완화, 노조약화를 골자로 하는 강력한 레이거노믹스 정책을 추진하였다. 영국의 대처 수상 또한 석탄 산업의 구조조정에 반발하는 노동자들의 총파업을 무력으로 진압하면서 자유화, 민영화, 규제완화에 초점을 맞춘 강력한 구조조정정책을 추진하였다. 이 당시에 미국과 영국의 경제정책 기조가 바로 이런 신자유주의 이념에 토대를 두고 있었기 때문에 신자유주의적 정책이 세계경제에 큰 영향을 미쳤다고 할 수 있다.

　　신자유주의 정책의 핵심은 기본적으로 국내경제든 국제경제든 국가의 역할을 축소하는 것이다. 시장에 더 많은 자율과 권한을 주기 위하여 국가는 가능한 복지혜택을 줄이고 공공부문 민영화를 통한 구조조정으로 효율성을 강화하며 노동시장을 유연하게 해주는 것이다. 이러한 시장의 자율성 확대와 효율성 향상 그리고 경쟁력 강화는 경제활성화를 통한 경제발전의 효과를 기대하게 하였다. 신자유주의적 정책이 당시의 미국과 서유럽국가들이 겪고 있던 경제침체와 위기상황을 극복하는 데 일정 부분 기여하였으며 세계경제를 활성화시키고 시장의 효율성제고를 촉진시킨 측면이 있다. 그러나 이런 신자유주의 정책이 지나치게 자유경쟁과 시장의 효율성을 강조한 나머지 노동자의 이익을 무시하고 실업대책이나 서민들에 대한 안전망을 고려하지 않은 잔인한 정책이라는 비난을 비껴가기가 어렵다.

　　저개발국가가 아닌 미국의 경우만 하더라도 실업보험금이 1970년대 70%에서 1990년대 33%로 절반으로 감소하였으며 영국의 경우에도 1970년대 말 상위 20% 소득이 최하위 20% 계층에 비해 4배 정도에 그쳤으나 1990년대 이러한 소득격차 지수는 7배까지 증가하였다(유현석, 2010: 86-87). 한국의 경우를 보면 1980년대까지 0.25 이하이던 지니 불평등지수가 2010년 0.289 까지 증가하여 경제적 불평등이 심각해졌다(허태회, 2012: 310-311). 게다가 소득 5분위 배율 지수가(소득 상위 20%의 평균소득을 소득하위 20%의 평균소득으로 나눈 값) 1991년 3.58에서 2010년 4.97까지 상승하여 계층 간의 소득격차가 5배에 가까울 정도로 심각해졌다.

　　이처럼 신자유주의로 인해 얻어진 경제적 이득이나 장점에도 불구하고 그로 인해 피해를 본 노동자나 약자, 서민들의 고충은 매우 심각한 것이었으며 그들의 불만과 저항은 전 세계적으로 나타나게 되었다. 특히 1995년 세계무역기구(WTO)가 출범하고 본격적인 세계자유무역체제의 확립이 기대되는 상황에서 신자유주의적 세계화에 대한 각종 NGO 단체들의 거센 저항과 격렬한 반대는 전 세계 언론과 여론에 심대한 영향을 미쳤다. 그중에서 1999년 미국 시애틀에서 열린 세계무역기구(WTO) 각료회의에 대한 시위는 유명하다. 1993년 우루과이 라운드의 타결 이후

1995년 공식적으로 출범한 WTO가 시애틀에서 새로운 무역협상을 위해 세계무역기구 각료회의를 개최하려고 하였다. 이에 WTO를 신자유주의 세계화의 주범이라고 믿는 수만 명의 시위대들이 이 회의 자체를 무산시키고자 시애틀 도처에서 시위를 하였을 뿐만 아니라 회의장 난입 등 적극적인 투쟁을 벌여 결국 WTO가 개막식을 치르지 못하도록 하였다. 이후 이러한 시애틀의 반세계화 운동은 2000년 미국 워싱턴에서 발생한 세계은행(World Bank)반대 시위, 2001년 제노바에서 시작된 국제빈민구호단체 옥스팜(oxfarm)을 중심으로 한 'G8 회의' 반대시위로 이어지면서 신자유주의적 세계화에 대한 격렬한 저항운동으로 지속되고 있다.

III. 세계화의 모습과 쟁점들

1. 세계화의 모습

세계화는 경제·사회·문화적인 영역에서 어떻게 나타나고 있는가? 여기에서는 세계정세의 변화를 이해하는 데 가장 중요한 역사적 흐름으로서 세계화와 관련하여 무역, 금융, 사회, 문화적인 측면에서 나타난 다양한 세계화의 모습들을 살펴본다. 특히 다국적 기업들의 생산 및 판매활동, 해외투자 및 금융의 세계화 현상, 가치관과 사고에 영향을 미치는 사회문화적 세계화 등에 이르기까지 다양하고 복합적으로 나타나는 세계화의 모습들을 살펴본다.

1) 기업활동의 세계화

경제적인 측면에서 세계화의 모습은 어떻게 나타날까? 최근 한국이나 중국 등에서 나타나고 있는 흥미로운 현상은 국내업체에서 제품을 구매하는 것이 아니라 해외에서의 직접구매를 통한 거래행위가 폭발적으로 증가하고 있는 것이다. 이런 해외 직접 구매현상도 대표적인 경제적 측면의 세계화 현상이다. 세계화가 진행되기 전에는 누구도 해외업체와 직접 거래하여 해외제품을 구입한다는 생각을 하지 못했다. 그러나 이제는 아마존이나 알리바바와 같은 유수한 온라인 업체를 통하여 얼마든지 해외제품을 주문하고 결제하는 것이 가능해졌다.

또한 생산과 판매에 있어서도 세계화된 경제는 다국적 기업들의 활동무대로 발전하고 있다. 다국적 기업들의 기업활동은 국가규모를 넘을 정도가 되기 때문에 그 규모나 영향력은 막강하다. 다국적 기업 전체가 현재 전 세계 생산의 1/4, 세계 수출량의 2/3를 맡고 있으며 세계 교역량의 40% 이상을 다국적 기업들의 계열사 사이의 내부거래로 이루어지고 있다(유현석, 2010: 82). 또한 2007년 세계 국가들의 국내총생산 지수와 다국적 기업들의 매출액을 순위로 표현한 통계를 보면 100위 안에 다국적 기업들이 절반이상을 차지한다(Kegley and Wittkopf, 2013: 276-277). 웬만한 국가들의 국내총생산보다 다국적 기업들의 총 매출액 규모가 더 클 정도로 다국적 기업의 위상은 증대되고 있다.

많은 대기업들이 세계화가 더욱 더 심화될수록 전 세계를 무대로 기업활동을 펼쳐 나가고 있다. 제품의 기획과 개발은 모회사에서 하고 생산이나 판매는 해외 유리한 지역에 위치한 자회사들이 맡아 함으로써 국경을 초월한 기업활동이 이루어지고 있다. 예를 들면 한국의 대표적인 자동차 제조회사인 현대 자동차의 부품 생산을 살펴보면 새시와 운전석, 프론트(FEM) 등은 터키에서, 프레스와 차체는 중국에서 생산하여 최종적으로 울산공장에서 조립한다. 그리고 이 완성된 자동차를 미국을 포함한 전 세계 시장에 판매하고 있다. 이렇게 다양한 국가에서 생산된 부품들로 조립하고 완성하여 해외시장에 내다 팔게 되면 과연 이 자동차가 어느 나라의 제품인가 하는 문제는 중요하지 않게 된다. 세계적으로 유명한 컴퓨터 제조업체인 휴렛팩커드(HP)사의 경우를 살펴보자. 휴렛팩커드는 자사의 노트북을 생산하는 데 있어서 모니터는 인도에서, CPU와 하드디스크는 대만에서 생산하고 최종 완성품은 중국에서 조립하여 세계시장에 내놓는다. 이런 경우에도 휴렛팩커드사의 컴퓨터가 인도제품이라든가 중국제품이라든가 하는 국적의 의미는 더 이상 중요하지 않게 되었다. 이 컴퓨터 제조회사에 종사하는 각 지역의 사람들은 국적은 다르지만 하나의 구성원으로서 기업활동에 전념하기 때문에 국경이나 국적에 대한 의미가 크게 중요하지 않게 된 것이다.

2) 금융의 세계화

금융의 세계화는 세계적인 자본흐름의 통합을 통해 증가하고 있는 금융시장의 초국가화 현상을 말한다. 이런 금융시장의 세계화는 2차 대전 이후 국제무역의 증가율에 비해 국가 간 자본흐름의 규모가 훨씬 더 크게 증가했다는 사실로 입증된다. 2007년 세계자본시장의 규모는 거의 70조 달러에 이르렀는데 이 규모는 세계 국내총생산(GDP)의 두배에 달하는 규모이다(Economist, 2007. 5. 26). 이러한 금융세계화의 성장을 촉진시키는 배경에는 민간통화 투자자들의 투자규모증대가 있다. 차익거래자(변하는 환율을 통해 이득을 보기 위하여 통화를 사고파는 행위)들의 거래규모는 통상 하루에 2조 달러가 넘는다. 또한 세계 경제의 통합은 세계 금융시장을 하나로 연결시켜 놓음으로써 세계 주식거래의 시장규모를 1980년부터 2008년 사이에 5배 이상 증가하게 만들었다. 인터넷과 컴퓨터 기술발전으로 초래된 소위 디지털 경제화의 현상은 온라인 거래비용을 줄이고 국가 간 주식거래의 규모를 급속도로 증대시켰다. 미국 뉴욕의 월가 증시상황이 다음 날 곧바로 한국의 코스닥시장과 일본 주식시장에 영향을 미치며 유럽에서 발생한 그리스 부도위기의 여파가 곧바로 아시아 지역에 파급되고 있다. 문제는 이러한 금융시장의 세계화로 인하여 글로벌 금융시장은 어느 한 국가가 통제할 수 없을 정도로 비대해졌으며 국내시장의 해외 자본에 대한 의존도의 심화에 따라 금융약소국들로 하여금 해외자본의 탈출에 대하여 매우 취약하게 만들어 놓았다는 것이다. 특히 세계적인 금융불평등 현상은 북반구에 위치한 선진 서방국들보다 남반구에 위치한 개발도상국들에게 훨씬 더 취약한 상황을 초래하였다. 강력한 국가경제기관이 금융자본의 흐름을 통제하는 국가경제체제와는 달리 국제통화기구에는 초국가적 환율변동을 통제할 만큼의 강력한 권력이 없기 때문에, 세계 경기변동에 취약한 저개발 국가들은 해외 금융자본의 흐름에 신속하게 대응하지 못하고 심각한 금융위기를 겪게 되는 일이 빈번하게 발생하였다.

3) 사회문화적 세계화

정보통신기술과 과학의 발전은 지구상의 다양한 문화권과 사회를 하나의 공통된 이슈와 취미를 공유할 수 있도록 사회적 변화를 촉진시키고 있다. 온라인을 통하여 서로 다른 사회에서 살고 있는 사람들이 각종 사건을 실시간으로 접하고 공통된 관심을 갖으면서 유사한 취향과 기호, 비슷한 여론이 조성되는 공동문화의 기반을 형성하게 되었다. '빅뱅'이라는 미국의 유명한 시트콤이 유럽은 물론 한국과 일본에서 인기를 끌며 젊은 세대들 간에 공통된 문화적 유대감을 갖게 한다. 이러한 문화적 세계화현상은 공동 프로그램의 소비패턴을 벗어나 제작부문에까지 파급되고 있다.

'어벤져스 2'라는 미국의 공상과학영화에는 한국인 배우가 한국어로 대사를 하며 한국에서 촬영된 서울 시내와 거리가 그대로 나온다. 최근에는 이처럼 많은 영화나 드라마가 배우의 섭외부터 기획, 캐스팅, 촬영, 편집까지 전 분야에 다양한 국적과 문화권의 사람들이 참여하는 경우가 다반사이다. 또한 이렇게 제작된 드라마나 영화들은 세계 각 지역에 방영되고 인기를 끌면서 서로 다른 지역의 사람들끼리 서로의 문화를 이해하고 공감하면서 문화적 소통을 갖게 한다. 전 세계 곳곳에 퍼지고 있는 우리 한류의 확산도 이런 세계화의 조류를 잘 이용하고 활용한 결과라 하겠다. 스포츠 분야 역시 자유경쟁의 시장논리에 따라 하나의 거대한 단일 시장으로 바뀌면서 최고의 경기력과 기술로 팬들을 매료시키고 인종과 국적에 상관없이 거대한 세계적 네트워크를 형성하고 있다. 영국의 프리미어리그 경기, 독일의 분데스리가 경기를 보면서 한국의 축구 선수들이 절정의 기량을 펼치는 것을 실시간으로 보고 즐길 수 있게 되었다. 국내 야구팬들은 미국의 메이저 리그에서 활동하는 한국선수들의 활약을 실시간으로 관전하면서 자신도 모르게 미국 인기 야구구단의 팬이 되기도 한다. 이러한 문화적 세계화는 서로 다른 지역의 사람들로 하여금 유사한 가치관과 소비패턴을 갖게 만들고 서로를 동질화시키는 작용을 한다. 물론 이러한 문화적 세계화가 선진국 중심으로 이루어지고 강대국의 주도로 이루어질 경우 지역 고유문화의 정체성 상실과 문화적 종속현상이라는 부작용도 나타날 수 있다. 특히 문화적으로 강대국인 미국이 자국의 입맛에 맞는 컨텐츠를 할리우드의 대량물량 투입식으로 제작하여 자국문화를 전 세계적으로 확산시키는 경우, 오랫동안 보존해온 저개발 지역의 문화적 정체성이 상실되고 물질적 상업주의에 물들 수 있다.

2차 대전 이후 한동안 할리우드에서 제작된 미국 액션영화들의 주제가 소련과의 첩보전쟁이었다. 그러다가 9 · 11 사태 이후 한동안 이슬람 급진주의 성향의 테러문제로 바뀌었다. 미국의 액션영화를 보다보면 이슬람 급진주의에 대한 혐오감과 아랍문명에 대한 부정적인 인식을 무의식적으로 갖게 될 수 있다. 최근에는 북한의 핵무기 개발과 관련하여 북 · 미간 갈등이 장기화되면서 북한정권의 사악한 행동이나 테러행위를 다루는 미국영화가 계속 제작되고 있어서 한국인으로서는 섬뜩함을 느낄 정도이다.

2. 세계화와 관련된 논쟁

세계화와 관련된 주요 논쟁으로는 3가지가 있다. 여기에서는 이런 세계화와 관련된 논쟁을 소개하고 주요 쟁점들을 살펴본다. 첫째로, 세계화가 바람직한 현상인가 아니면 부정적인 현상인가이다. 세계화에 긍정적인 입장을 갖고 있는 사람들은 세계화가 경제적으로 거래비용을 감소시켜 교역확대와 자본의 이동을 촉진하므로 저개발지역에 더 잘 살 수 있는 기회를 제공한다고 주장한다. 또 세계화는 정치적으로 시민사회와 같은 비국가행위자들의 영향력을 증대시켜 독재권력의 약화와 민주화에 기여하고 문화적으로 다양한 의견과 시각이 창출될 수 있는 기회의 창을 제공한다고 주장한다. 반면에 세계화에 부정적인 사람들은 인터넷 기술의 확산과 통신기술의 발전으로 촉진되는 세계화가 어떤 면에서는 오히려 조직범죄와 국제테러의 행위를 용이하게 해주며 소득격차로 인한 빈부격차의 심화와 경제적 불평등을 심화시키고 노동의 약화 및 정보격차를 초래한다고 반박하기도 한다. 게다가 세계화가 가속화될수록 CNN과 같은 거대 미디어 카르텔이 세계문제에 있어 의제설정을 장악하면서 선진 중심부 지역의 일방적인 정보독점이 가속화되고 주변부 지역의 중심부에 대한 정보종속상황이 초래될 수 있다고 주장한다(유현석, 2010: 85-86).

둘째는 세계화로 인해 국가의 역할이 축소될 것인가 아니면 약화될 것인가에 대한 논쟁이다. 세계화가 국가를 약화시킬 것이라고 주장하는 사람들은 세계화가 기본적으로 국가 간의 경제적 경계를 허물고 시장의 자유화를 추구하는 것이기 때문에 저개발국가일수록 세계경제의 흐름에 좌우되고 경제주권을 행사하는 것이 어려워지므로 주권국가에게는 위협이 될 수 있다는 것이다. 세계화의 작동원리를 토대로 보면 세계경제의 통합은 국가주권의 쇠퇴를 의미한다. 국가들은 더 이상 국가경제와 금융을 통제할 수 없고 국가기구가 아닌 비정부기구와 다국적 기업 그리고 국제기구들의 영향력이 증대되면서 국가의 힘이 약화되고 쇠퇴할 것이라는 것이다(유현석, 2010: 86-89). 반면에 국가권력의 약화나 쇠퇴 현상이란 일시적인 현상으로서 그것이 단지 생생하게 보이는 효과일 뿐이며 실제로 국가의 역할이나 권력은 쇠퇴하지 않고 지속될 것이라고 반박하는 사람들도 많이 있다. 미래에도 국가들은 여전히 영토와 국민의 안전을 확보하는 데 필요하며 국민들에게 사회공동체의 정체성을 확인시켜주기 때문에 지속될 수밖에 없다는 것이다.

셋째로는 세계화 현상이 역사의 반복현상인가 아니면 누구도 거스를 수 없는 새로운 추세인가 하는 것이다. 세계화가 단지 과거에도 있었던 현상으로서 반복적으로 나타난 현상이라고 주장하는 사람들은 19세기 영국의 패권시대에 존재했던 세계경제의 확대와 국제통상의 증대를 주목한다. 18세기에 과학의 발전과 산업혁명을 통하여 세계 최강대국으로 부상한 영국을 중심으로 하여 많은 유럽국가들이 새로운 시장과 원자재를 찾아 국제통상과 금융거래, 해외 투자에 나선 시기도 오늘날의 세계화 양상과 크게 다르지 않다는 것이다. 반면에 오늘날의 미국중심적 패권시대는 과거의 세계화 패턴과는 다르다고 주장하는 사람들도 있다(김석우, 2011: 191-192). 최근에 나타나는 해외투자와 국제금융 그리고 정보통신기술의 발전과 국제통상의 확대는 과거의 양상과는 질적으로나 양적으로 다르다는 것이다. 오늘날 국제무역의 중심은 국가가 아닌 거대 규모의 다국적 기업들이며 국제금융도 더 이상 어느 한 국가가 통제할 수 없을 정도로 초국가적으로 바뀌었다. 오늘날의 기술발전에 의한 세계화의 변화속도나 파장은 과거 어느 때하고 비교하기 어려울 정도라는 것이다. 특히 세계화로 인하여 국가의 권력과 정책이 영향을 받게 되므로 이러한 세계화의 영향에 대한 대책을 강구하고 대비하는 것이 중요하다는 것이다.

지금까지 현대 국제사회에서 가장 쟁점이 되고 있는 세계화와 관련된 쟁점들을 살펴보았다. 여기에서는 단순한 세계적 경제통합을 넘어 사회·문화적 통합으로 가속화되고 있는 세계화 현상이 미래의 세계정세와 국제질서에 어떤 함의를 가지며 어떤 국제정치적 어젠다를 제기할 것인지 세계화의 미래와 과제에 대하여 살펴본다. 정보통신기술의 발전과 신자유주의적 정책으로 인하여 가속화되고 있는 세계화 현상은 세계질서의 변화에 어떤 의미를 가지며 어떤 국제정치적 어젠다를 제기할 것인가?

먼저 세계화로 인하여 국제사회는 서로 갈등요인을 억제하고 국제평화와 협력에 더 적극적이 될 것이라는 희망적인 입장을 피력하는 사람들이 있다. 즉 세계화가 초래한 국가 간의 상호의존이 국가들로 하여금 경제이익의 증대라는 공동이익을 도모하게 하고 갈등이 생길 경우에도 서로가 협력을 통하여 해결을 시도하려고 할 것이므로 국제협력과 평화구축에 더 기여할 것이라는 의견이다. 반면에 세계화로 인한 상호의존이 반드시 국가들에게 협력과 평화를 가져오지는 않으며 오히려 분쟁의 소지를 증대시키고 갈등을 증폭시킬 수 있다고 비관적인 입장을 펴는 사람들도 있다. 주로 현실주의적 입장을 반영하는 이 의견은 밀접한 상호의존 현상이 공평하고 균등하게 발생하는 것이 아니라 불균형적으로 발생하기 때문에 불공평하고 불평등한 상호의존이 오히려 국제분쟁소지를 더 증대시킬 수 있다는 것이다. 문제는 이러한 상반된 의견 중에 어느 것이 옳건 간에 세계화로 초래된 상호의존의 상황이 국제사회가 공동으로 대응해야 할 과제를 많이 양산했다는 것이다.

세계화가 국가의 권력을 약화시키고 권력의 중앙집중을 완화시키며 시민사회의 확대와 민주주의 확산에 기여하는 효과에 대하여 살펴보자. 즉 세계화로 인하여 정치적 영역에서는 시민사회가 더 많은 정보와 정치참여의 기회가 확보되고 국가의 독점적 권력구조 기반이 침식되고 약화된다. 경제적 통합을 가속화시키는 주요 생산요인으로서 과학기술의 발전은 정보의 유통과 자유로운 소통을 통하여 세계의 네트워크화에 기여하는 데 이러한 기능이 시민사회에게 새로운 지식의 획득과 결속력 강화에 기여하며 다른 단체들과의 연계를 통하여 강력한 시민운동을 촉진시킬 수 있다. 이러한 것은 세계 모든 국가가 공통으로 거버넌스 문제에 직면하게 되었다는 것을 의미한다. 즉 국가의 자율성이 약화되고 상대적으로 시민사회의 자율성이 커지면서 겪게 되는 문제이다. 물론 권위주의 사회의 경우 세계화가 독점적 권력구조의 약화를 초래하면서 민주화에 기여하는 측면이 있으나 민주화된 사회에서는 많은 이익집단의 세력화와 NGO의 강화가 국내 어젠다의 설정부터 정책집행에 이르기까지 큰 영향을 미치면서 집단 간의 갈등조정과 거버넌스의 어려움에 직면하게 되었다.

또한 세계화로 초래되는 부정적인 효과에 대하여 살펴보면 세계화가 시장논리에 따라 사회적 약자보다는 강자에게 유리한 정책구조의 확립에 기여하는 측면이 있다. 국가보다 더 막강한 초국가적인 국제자본이나 금융자본이 현지 정부로 하여금 사회적 약자를 배려한 정책을 추진하게 하기보다 강자의 입장에선 정책을 추진하게 할 수 있으며 효율성을 내세워 노동자보다는 자본가에게 유리한 환경을 조성할 수 있기 때문이다. 이러한 세계화의 결과는 결국 해외자본의 구미에 맞는 기업들의 대량 구조조정이나 근로자에 대한 복지혜택의 축소, 노동자들의 권리 제한 등으로 나타날 수 있다. 또한 사회적 약자들의 반발과 저항을 정책결정의 효율적인 집행이라는 명분으로 국가권력이 일방적이며 권위주의적인 행태로 제압하려 할 수 있다.

또한 경제적 측면에서 세계화는 자유경쟁논리와 시장의 효율성을 앞세워 노동자와 서민계층에게 불리하게 작용할 수 있다. 개방경제와 무역활성화는 농수산업에 종사하는 사람들에게는 불리할 수밖에 없으며 금융의 세계화에 따른 외국자본의 유치는 노동자들의 노동권 제한과 복지비용 삭감을 초래할 수 있다. 사회적 약자들에 대한 안전망 대책과 경제적 불평등문제가 심각한 정치문제로 부각되면서 사회적 약자와 서민계층에 대한 정책배려가 마련될 필요가 있는 것이다. 세계화의 진행은 세계 고용시장의 변화를 초래하면서 저출산 고령화를 겪고 있는 선진국들에게 국내 노동력 부족문제로 해외 이주민들의 국내 이주를 더욱 증가시키고 있다. 세계화의 심화로 인해 몇몇 신흥국가들이 세계 자본주의시장에 편입되고 수백만의 새로운 노동력이 세계 고용시장에 유입됨으로써 결국 저출산문제와 노동력 부족을 겪고 있는 서방 선진국들의 노동시장과 중산층에 큰 충격을 미칠 수 있다. 그렇게 되면 세계 노동시장의 변화로 인한 대규모 아웃소싱의 증가와 국내 노동자들의 반발과 저항, 반 세계화의 움직임 등으로 인하여, 서방국가들이 내부압력에 의해 배타적인 반 이민정책이나 민족주의로 치닫게 만들 수 있다. 이러한 반 이민정책과 극단적 민족주의 감정이 일부 지역에서 종교적 극단주의 등과 맞물리게 되면 심각한 내부갈등과 정치적 불안정을 초래할 수 있다. 이러한 세계 고용시장의 변화와 해외이주민 문제는 이민 1세대의 경우에는 현지 사회에 적응하느라 불만을 가질 여유가 없지만 2, 3세대로 넘어갈 경우 현지사회의 적응과 사회융합에 어려움을 겪게 되면서 이들이 잠재적인 자생테러조직의 온상으로 발전할 수 있다. 2005년 런던 지하철 테러, 2012년 보스톤 마라톤 테러, 2015년 프랑스 언론사 테러 등 최근의 인종혐오 테러 양상이 이와 같은 경제사회적 구조 내에서 배태된 것이다. 바야흐로 세계화로 초래된 상호의존의 상황이 국제정치적으로 국제사회가 공동으로 대응해야 할 과제를 많이 양산했다고 말할 수 있다. 즉 세계화의 문제는 그 파장이 긍정적인 측면 못지않게 많은 구조적 어려움과 갈등구조를 배태하면서 국제사회가 상호의존으로 인한 공동대응과 협력의 필요성을 더욱 중대시켜 놓았다.

Ⅴ. 맺음말

지금까지 세계 경제, 금융, 사회, 문화 전체에 걸쳐 나타나는 세계화 현상과 미래의 국제정치 어젠다에 대하여 살펴보았지만 세계화가 어떻게 진행될지 또 어떤 문제를 초래할지 아직 확실하게 결론을 내릴 수 없다. 어떤 사람들에게는 세계화가 긍정적으로 작용할 수 있고 또 어떤 사람에게는 불리하게 작용될 수도 있다. 세계화의 다양한 측면과 복합적 힘의 작용이 세계 전역에 걸쳐 있는 모든 사람들에게 균등하고 공평하게 작용될 것으로 보기는 어렵다. 다만 미래세계를 주도하는 메가트렌드로서 세계화의 진행과정이 불투명하긴 하지만 분명한 것은 앞으로도 심층적인 영향을 미칠 것이므로 이에 대해 함께 협력하여 대비해야 한다는 것이다. 특히 이 세계화로 인한 혜택이 모든 국가에게 공평하지 않고 특정지역, 특정국가에 더 편중될 수 있으며 불평등과 양극화, 착취와 탄압, 저항과 반발이라는 부작용을 수반할 수 있으므로 세계화로 인한 기회의 창출과 위협의 관리가 동시에 추구되어져야 할 것이다. 우리 국제정치학을 배우는 학생들은 먼저 세계화의 영향이 어떻건 간에 당분간 세계화는 지속될 것이기 때문에 이 문제에 대하여 열린 사고와 객관적인 시각으로 접근할 필요가 있다. 세계화의 문제가 이론적 관점이나 보는 시각에 따라 다를 수 있으므로 지나치게 한쪽에 편향된 시각에서만 바라보지 말고 객관적으로 바라보아야겠다. 그리고 세계화에 대하여 세계시민으로서 공통된 국제정치 어젠다를 인식하고 공동으로 해결하려는 국제협력의 필요성을 인식하는 것이 중요하다. 예를 들면, 국내통치의 취약성 증대로 인한 거버넌스 문제와 양극화로 인한 경제적 불평등문제, 국제 이주민의 증대와 고용시장의 변화로 인한 정치적 갈등과 국제 테러문제, 에볼라, HIV, 메르스 등의 전염병으로 인한 보건문제 등 다양한 국제정치 어젠다들은 어느 한 국가가 독자적으로 해결할 수 없는 문제들이다. 전 세계가 하나의 통합된 네트워크로 연결된 상태에서 경제, 보건, 환경, 문화 등의 쟁점영역에서 국제기구는 물론 비정부간 국제기구들의 협력이 필요하게 되었다. 모든 국가와 세계 시민들이 공동으로 대비하고 대응해야 할 공통된 과제가 된 것이다. 세계시민으로서 이런 공동 어젠다의 해결을 위한 기본인식과 국제협력에 대한 책임감을 공유하는 것이 중요하다.

질문 및 토론 사항

1. 신자유주의 이념과 정책을 확산시킨 역사적 배경은 무엇인가?

2. 세계화로 인해 나타난 부정적인 효과에는 어떤 것들이 있는가?

3. 세계화로 인해 발생한 긍정적인 효과에는 어떤 것들이 있는가?

4. 신자유주의적 세계화에 반대하는 반세계화 운동에는 어떤 것들이 있는가?

5. 세계화로 초래된 문제들은 어떤 국제정치적 의미를 가지며 어떤 공동 어젠다를 제기하는가?

신자유주의

세계화의 이념적 토대로 작용한 신자유주의란 "국제제도들이 집단적 개혁 방식을 통하여 범 세계적 변화와 협력 그리고 평화와 번영을 증진하는 양상을 설명하는 이론적 관점"을 일컫는다. 이러한 신자유주의의 대표적인 정책은 정부규제의 완화, 무역자유화, 노동의 유연화, 복지비용의 삭감 등이다(Kegley and Wittkopf, 2013: 586).

현대국제관계의 쟁점

테러리즘과 사이버안보

Ⅰ. 머리말

21세기 지구화(globalization)된 다민족·다문화·다종교 시대에 인류의 보편적 가치인 자유·평등·평화를 파괴하는 테러리즘에 대한 예방과 대처는 국제사회의 최대 안보과제이다. 2001년 9·11테러 이후 전 세계적으로 심각한 비대칭적·비전통적 위협에 직면한 국제사회는 2011년 5월 오사마 빈 라덴 사망 이후에도 알카에다(Al-Qaeda)와 이슬람국가(IS: Islamic State) 등 폭력적 극단주의로 무장한 초국가적 테러조직과 전쟁 중이다. 미국 국무부에서 발표한 2013년 국가별 테러리즘 보고서 통계 부속서에 따르면, 2013년 전 세계적으로 9,707건의 테러리스트 공격이 발생하여 17,800명 이상이 사망했고 32,500명 이상이 부상당했다. 테러공격은 이라크, 파키스탄, 아프가니스탄 등에서 많이 발생했으나 테러가 발생한 전체 국가의 수는 93개국에 달한다.

특히 미국을 중심으로 한 국제사회의 포괄적인 대테러전으로 알카에다 세력이 약해지는 상황에서 시리아 내전과 이라크의 혼란 국면을 거치면서 급부상한 이슬람국가(IS)는 2014년 6월 이라크와 시리아 일부 지역에서 신정주의 칼리프 국가를 선포하고 반인류적이고 반문명적인 테러공격을 자행하고 있다.

알카에다와 이슬람국가(IS)와 같은 테러조직으로부터 초국가적이고 비전통적·비대칭적인 위협에 직면한 미국과 영국 등 주요국들은 테러리즘 관련 법령을 제정하고 대테러리즘 체계를 강화하였고, 새로운 양상의 복합적인 글로벌 테러리즘 위협에 대처하기 위해 대테러리즘 전략을 수립하여 대응하고 있다. 한국도 국민들의 해외 진출이 확대되고 국제사회의 대테러전에 협력하고 있는 상황에서 발생한 2004년 6월 김선일 피살사건과 2007년 7월 아프가니스탄 한국인 피랍사태를 겪으면서 대테러리즘 체계를 정비하여 대처하고 있다.

한편 정보통신기술의 비약적인 발전과 더불어 정보기기와 컴퓨터 그리고 인터넷 등의 네트워크로 연결된 사이버공간에서 증가하는 위협과 공격으로 사이버안보의 중요성이 부각되고 있다. 특히 사이버공간에서 테러리즘 활동은 단순한 정보절취를 넘어 국민생활과 직결되는 사회기반시설의 안전까지 위협하고 있으며, 국가안보와 경제활동을 저해하는 가장 심각한 위협 중의 하나이다.

본문에서는 테러리즘과 사이버안보의 주요내용을 이해하기 위해 첫째, 테러리즘의 정의, 뉴테러리즘의 등장과 특징 및 테러리즘의 발생 원인을 살펴본다. 둘째, 테러리스트 활동과 관련하여 테러조직의 네트워크화, 주요 테러조직 및 테러리즘 유형·전술·수단을 알아본다. 셋째, 테러리즘에 대한 대응측면에서 대테러리즘의 정의와 정책수단을 고찰한다. 마지막으로 사이버안보와 위협의 특징, 사이버 테러리즘의 정의·유형·특징 및 주요국의 대응체계와 전략을 설명한다.

테러리즘에 대한 정의는 테러리즘을 예방하고 대응방안을 수립하기 위해 중요하다. 특히 9·11테러 이후 테러리즘은 국제사회가 직면한 가장 심각한 위협 중의 하나이다. 그러나 테러리즘에 관한 정의는 다양하나 보편적이고 합의된 정의가 없는 실정이다. 많은 학자들과 주요국 관련기관들이 다양한 정의를 사용하고 있다. 그 이유는 정치적 목적과 폭력의 범위에 대한 한계를 구분하기 어렵고, 이념 대립, 종교·민족 간의 갈등 및 집단 간의 이해관계에 따라 상반된 견해가 제기될 수 있기 때문이다. 이념적, 인종적, 종교적 성향의 특성 또는 민족적 입장에 따라 테러리즘은 규탄받을 폭력적 행위로 볼 수 있고, 또는 자유와 민족해방을 위한 투쟁으로 간주되기도 한다. 즉 상황에 따라 "한 사람에게 있어 테러리스트는 다른 사람에게는 자유의 투사"라는 논란에 빠질 수 있다.

일반적으로 테러리즘은 '정치적·이념적 폭력행위'로 규정할 수 있다. 테러리즘을 자행하는 개인이나 조직의 궁극적인 목적은 정치적 목적 달성을 위한 것이다. 이를 위한 테러리스트의 목표는 기존 질서의 변화, 심리적 혼란, 사회적 혼란, 혁명적 환경의 조성이다(마틴, 2008: 252-254). 테러리즘의 폭력적 전술은 인질 납치, 비행기 납치, 폭파, 무차별 공격 등을 포함하는데 많은 경우 무고한 민간인을 대상으로 한다. 통상적으로 테러리즘은 정치적 정당성을 주장한다는 점에서 일반적 범죄행위와 구별된다. 테러리즘 연구에서 저명한 학자인 호프먼(Bruce Hoffman)은 테러리즘을 "정치적 변화를 추구하기 위해 폭력 또는 폭력의 위협을 통해 공포의 의도적 촉발 또는 이용"이라고 정의하고 있다(Hoffman, 2006: 40).

각국 정부는 테러리즘을 서로 다르게 정의하고 있다. 그중에서 미국 국무부의 정의가 가장 널리 수용되고 있다. 2011년 국무부의 국가별 테러리즘 보고서에서는 테러리즘이란 "준국가 그룹들 또는 비밀요원들이 비전투 목표들에 대해 사전에 치밀하게 준비된 정치적 동기를 지닌 폭력"이라고 정의하고 있다. 한편 영국정부는 2000년 테러리즘법에서 테러리즘을 "정치적, 종교적 또는 이념적 목적 달성을 위해 정부에 영향을 미치거나 일반대중을 협박하기 위한 행위의 실행 또는 위협을 가하는 것"이라고 정의하고, "사람에 대한 심각한 폭력, 재산에 대한 심각한 피해, 사람의 생명에 위험 유발, 건강 및 일반대중의 안전에 대한 심각한 위험 야기, 전자통신 시스템에 대한 심각한 장애 및 혼란 초래" 등이 테러리즘 행위에 포함된다고 규정하고 있다.

국가별로 각국은 법령을 통하여 테러리즘에 대한 다양한 개념정의를 하고 있는데, ① 행위의 성격(불법행위), ② 범행 주체(개인·단체·국가), ③ 목적(정치·민족·종교 등), ④ 의도 및 결과(공포심 유발, 개인·정부에 대한 압력행사 등), ⑤ 공격대상(피해자), ⑥ 수단(대량살상무기·사이버·납치) 등의 공통적 요소가 포함된다(외교부, 2008a).

2. 뉴테러리즘의 등장과 특징

테러리즘의 역사와 시대별 특징에 대한 구분과 설명은 매우 다양하다. 대표적인 테러리즘의 시대구분으로 호프먼은 프랑스 혁명시기를 시작으로 19세기 제정 러시아의 무정부주의 운동 및 영국과 아일랜드의 도시 테러리즘, 1차 대전 이전 민족주의자 운동, 1930년대 이탈리아, 독일, 러시아 등의 전체주의 국가의 등장, 2차 대전 이후 아시아, 아프리카, 중동에서의 민족주의·반식민주의 운동, 1960-1970년대 민족주의 및 종족적 분리주의에 기반한 이념적 활동, 1980년대 이란, 이라크, 리비아, 시리아 등의 반서방 국가지원 테러리즘, 1990년대 초 마약 테러리즘(narco-terrorism)과 탈냉전 이후 '회색지대 현상'(gray area phenomenon), 2001년 9·11테러 이후 상황 등으로 구분하고 있다(Hoffman, 2006: 3-20).

특히 탈냉전기에 접어들어 민족적·종교적·문명적 갈등, 미국의 지역패권에 대한 반대 요인증대 및 무차별적 대량 인명살상 등의 특징을 지닌 '뉴테러리즘'(new terrorism)이 태동되기 시작하였고, 2001년 테러리즘의 역사적 전환점으로 기록되는 9·11테러가 발생하였다. 알카에다 소속 테러리스트 19명에게 공중 납치된

4대의 미국 항공기가 세계무역센터 쌍둥이 빌딩 2개와 국방부 청사에 충돌하고 펜실베이니아 생스빌 벌판에 추락하여 사망자만 2,977명에 달하는 재앙적인 테러리즘이 발생하였다.

미국의 2006년 국가대테러리즘전략 보고서와 2007년 의회보고서에 따르면, 국제사회가 당면한 뉴테러리즘의 전개양상과 추세는 다음과 같다. 첫째, 뉴테러리즘은 전 세계에 걸쳐 자행되고 있으며, 테러분자의 조직이 더욱 소규모화·분산화·비집중화 되고 있어 포착과 무력화가 곤란해지고 있다. 둘째, 그들은 첨단화되고 있는 인터넷과 미디어의 사용으로 개인적 접촉의 위험 없이 통신, 충원, 훈련, 지원 획득, 선전 확산 등을 용이하게 수행하고 있다. 셋째, 테러행위와 국제범죄가 점차로 중첩되고 있으며, 나아가 테러분자들은 그들의 적대적 대상에게 재앙적 공격을 가하기 위해 대량살상무기(WMD: Weapons of Mass Destruction)의 확보와 사용 의도를 천명하고 있다(White House, 2006: 4; Perl, 2007: 6). 또한 뉴테러리즘의 특징은 ① 명령과 통제에 있어 최소한의 연결을 가진 느슨한 세포기반 네트워크, ② 고강도 무기와 대량살상무기(WMD)의 습득, ③ 정치적으로 모호한 종교적인 또는 불가사의한 동기, ④ 사상자를 극대화시키는 비대칭적 방식, ⑤ 인터넷의 능숙한 이용과 미디어에 대한 교묘한 조종 등이다(마틴, 2008: 50).

3. 테러리즘의 원인

일반적으로 테러리즘의 발생 원인으로 국가억압, 사회적 불평등, 빈곤, 부패, 종교적 분쟁 및 민족적 분쟁 등이 제시되고 있다. 그러나 정치적 자유, 민족해방, 불평등 극복을 추구하는 과정에서 반드시 테러리즘이 발생되는 것이 아니라, 특정한 정치적 목적 달성을 위해 이념적·사상적·지역적·조직적 등 원인 등에 의해서도 발생하기에 포괄적인 발생 원인을 파악하기 힘든 측면이 있다.

주요 학자들은 테러리즘의 원인을 심리적, 구조적, 문화적, 이념적, 종교적, 정치적, 경제적, 문명적, 국제 체제적 등 다양한 요인을 가지고 설명하고 있다. 화이트(Jonathan R. White)는 테러리즘의 원인을 ① 사회적 과정, ② 심리적 과정, ③ 정치적 과정, ④ 종교적 과정으로 구분하고 있다(White, 2009: 23). 키라스(James D. Kiras)는 테러리즘의 원인을 지구화의 영향과 연관하여 ① 문화적 요인, ② 경제적 요인, ③ 종교적 요인으로 분류하고 있다(키라스, 2012: 460-463).

최근의 뉴테러리즘은 비전투원 살상을 정당화하는 종교적 신념을 활용하고 있다. 테러리즘의 원인을 설명하기 위해 종교적 요인을 지적하는데 다음과 같은 측면을 고려할 필요가 있다. 첫째, 종교가 테러리즘의 직접적 원인이라고 보기는 힘드나, 테러리즘이 종교와 결합될 때 테러리즘 자체가 이데올로기화되며 종교적 신념에 의해 테러리즘이 지속되는 경향이 있다. 종교적 테러리즘이란 "초세속적인 힘이 더 큰 믿음의 영광을 위해 테러리스트들의 폭력을 재가·명령하는 절대적인 믿음에 의해 동기화된 정치적 폭력의 한 형태"이다. 둘째, 특히 급진적이고 극단적인 이데올로기로 무장한 테러단체는 이슬람교를 왜곡하여 분쟁과 공포를 조장하고 있다. 이들은 자신을 희생하고 타인을 해하는 불법 또는 비도덕적 행위를 종교의 이름으로 거룩하게 정당화시킨다. 한편 가족에 대한 금전적 보상 약속, 공동체 내에서 명예 획득, 자신의 존재가치를 증명하기 위한 수단 등 개인적인 원인도 있을 수 있다. 셋째, 종교적 테러리즘의 최종 목적은 세속적 국가의 장악과 이슬람 국가로의 개조이다. 테러리스트 성전 선언문을 보면 배교 정권을 전복하고 정치권력을 장악한다는 내용이 공통적으로 포함되어 있다. 즉 호전적 이슬람 테러리즘의 최종 목적은 이슬람 율법에 따라 정치적·사회적·경제적·종교적 개혁을 시도하기 위한 권력의 장악이다(외교부, 2008a; 마틴, 2008: 141; 키라스, 2012: 463-464).

Ⅲ. 테러리스트 활동

1. 테러리스트 조직의 네트워크화

지구화시대 테러리즘의 범세계화와 테러리스트 조직의 변화는 정보통신기술의 발전과 밀접한 관계를 가진다. 알카에다와 이슬람국가(IS)와 같은 초국가적 테러집단은 네트워크 조직의 이점을 살리기 위해 변신중이다. 이들 집단의 공통적인 특징은 정보화 시대에 맞는 네트워크 형태의 조직·교리·전략·기술을 사용한다는 점이다(아퀼라·론펠트, 2005: 32-33).

9·11테러 이후 알카에다는 네트워크 형태의 테러조직으로 진화했으며, 제마 이슬라미야, 탈레반, 이슬람국가(IS) 등 극단주의 테러조직들도 네트워크 구조로 진화하고 있다. 뉴테러리즘 시대의 테러조직들은 그들의 조직과 통신망 연계에 최대한의 유연성을 도입하고 컴퓨터와 디지털 기술을 이용해 통신을 주고받는다. 준 자율적 세포들은 이러한 첨단 통신기술을 활용하여 9·11테러 당시 납치범들처럼 공격이 감행될 곳으로 이동하거나, 2004년 마드리드 테러리스트들처럼 세계 곳곳에 잠복조로 사전에 배치된다. 뉴테러리즘 환경에서 테러조직들은 네트워크 형태의 조직에 기반하여 수평적 조직 하에 정보시대에 알맞은 기술을 사용한다. 테러조직의 주도자들은 중앙의 지휘가 없어도 인터넷을 통해 연락·조율하고, 분산된 작은 집단들이 네트전을 통한 테러활동을 수행한다(마틴, 2008: 257).

2. 주요 테러조직

주요 테러조직으로는 범세계적으로 활동하고 있는 알카에다(Al-Qaeda)와 연계조직, 중동지역에서 활동하고 있는 하마스(Hamas)와 헤즈볼라(Hezbollah), 아프가니스탄지역의 탈레반(Taliban), 동남아시아 지역의 제마 이슬라미야(Jemaah Islamiya) 및 최근 급부상한 이슬람국가(IS) 등이 있다.

알카에다는 1979년 아프가니스탄을 침공한 소련에 대항하기 위해 참전한 전 세계 무슬림 전사들을 규합하여 1988년 사우디아라비아 출신 오사마 빈 라덴(Usama Bin Laden)이 결성한 테러조직이다. 급진 이슬람 정치단체인 '무슬림 형제단'(Muslim Brotherhood)의 이념적 연원을 바탕으로 세워진 알카에다의 투쟁목표는 전 세계 이슬람 근본주의 확산 및 이슬람 신정국가 건설이다. 이념·성향은 수니파 이슬람 극단주의를 표방하고 활동지역은 중동 전역 및 아프간·파키스탄 등 서남아시아이다. 9·11테러 이후 조직규모는 3,000명의 행동대원과 수만 명의 지원세력이 있었고, 소그룹 단위로 전 세계 57개국에 분산·잠복하고 있었다. 활동수법은 대미·대서방 폭탄테러 및 요인암살 등으로 지도부가 아프간·파키스탄 접경지역에 은신하면서 테러지령을 하달하고, 연계·추종세력들이 테러를 자행하였다(국가정보원 테러정보통합센터). 그러나 2011년 5월 미군 특수부대 네이비 실(Navy Seal)에 의해 빈 라덴이 사살되었고, 현재 이집트 출신 아이만 알자와히리(Ayman al-Zawahiri)가 알카에다의 지도자이다.

2011년 오사마 빈 라덴 사망 이후 알카에다의 세력이 급격히 약화되는 가운데, 2014년 8월부터 미국인과 영국인 참수 및 2015년 2월 요르단 조종사 화형 등으로 전 세계에 충격을 주고 있는 이슬람국가(IS: Islamic State)는 알카에다로부터 파생된 이슬람 과격 수니파 무장단체이다. 이슬람국가(IS)는 2004년 김선일 참수를 자행한 '유일신과 성전'(Al Tawhid al-Jihad)을 모체로 출범하여 2006년 10월에 이라크 이슬람국가(ISI: Islamic State of Iraq), 2013년 4월에 이라크-레반트 이슬람국가(ISIL: Islamic State of Iraq and the Levant), 2014년 6월에 시리아 동북부와 이라크 북서부를 장악하고 현재의 이슬람국가(IS)로 이름을 변경하였다. IS 조직은 지도자인 '아부 바르크 알-바그다디'의 일인 지도체제하에 휘하에 샤리아(이슬람법 통치), 슈라(조언·협의·입법기능), 군사, 치안 등 4개 영역의 위원회를 설치하고 활동 중이다. IS의 목적은 칼리프가 통치하는 신정일치의 이슬람 국가 건설이고 이념적으로 수니파 이슬람 극단주의를 표방하고 있으며, 병력은 1만 5천-3만여 명으로 추산된다(National Counterterrorism Center; BBC; 인남식, 2014: 6-9).

2011년 시리아 내전의 혼란을 틈타 세력을 키운 이슬람국가(IS)는 시리아 북부를 근거지로 삼고 2014년 6월 이라크 제2의 도시 모술을 점령한 이후, 2015년 6월 이라크 바그다드 인근 라마디까지 점령했다. 또한 리비아 중부 해안도시 사르테까지 수중에 넣었다. IS는 점령한 유전지역을 기반으로 막강한 자금력을 보유하고 있고, 인터넷과 소셜 네트워크 서비스(SNS)를 활용하여 외국출신 조직원을 충원하고 선전 및 홍보전략을 강화하여 국제사회의 가장 심각한 테러위협 세력으로 부상하였다. 한편 북아프리카, 예멘, 파키스탄, 이집트 시나이 반도 지역 등에서 IS와 연계된 테러단체가 증가하고 있다. IS를 추종하는 자생적 테러리스트인 '외로운 늑대'(lone wolf) 유형의 테러도 2014년 12월에 호주 시드니와 2015년 1월에 프랑스 파리 등에서 발생했다.

3. 테러리즘의 유형, 전술, 수단

테러리즘의 유형으로는 폭발물 테러리즘, 항공기 테러리즘, 생화학 테러리즘, 핵테러리즘, 사이버 테러리즘, 요인납치 및 인질위협 등이 있다. 테러리스트의 대상별 테러전술은 항공기 테러, 선박 테러, 대중교통 테러, 다중이용시설 테러, 주요 인물 테러 등이다. 첫째, 항공기 및 선박 테러에는 폭파, 납치, 충돌 등이 있다. 둘째, 대중교통 테러에는 열차, 지하철, 버스 폭파 등이 있다. 셋째, 다중이용시설 테러에는 시설물 점거·파괴, 공관대상 테러, 호텔·나이트클럽 대상 테러 등이 있다. 넷째, 주요 인물 테러에는 인질 납치 및 요인 암살 등이 있다(경찰청; 국가정보원 테러정보통합센터, 2005: 3-12).

테러 수단은 무장공격 테러 및 사제폭발물 테러 등이 있다. 첫째, 무장공격 테러에는 총격 테러(만년필형·열쇠고리형·라이타형 위장권총, 볼펜형 독침 등) 및 휴대형 미사일 테러 등이 있다. 둘째, 사제폭발물 테러에는 은닉·위장형 사제폭발물(신발류, 가방류, 소화기, TV 수상기, 비디오 카메라·테이프, 휴대폰, 생필품, 압력솥 폭탄, 우편·소포, 배낭폭탄, 쓰레기통, LPG 용기, 오토바이, 선박, 철도 등 활용), 차량 이용 폭발물(승용차, 트럭, 앰뷸런스 등 특수자동차 활용), 휴대형 자살 폭탄(자살폭탄 조끼) 등이 있다(국가정보원 테러정보통합센터 2005, 13-30).

테러조직의 테러활동이 지속되고 있는 가운데, 최근에는 대량살상무기(WMD)를 사용한 위협과 테러 가능성도 증대되고 있다. 생화학무기를 이용한 테러는 1995년 옴진리교의 사린가스를 이용한 테러사건과 같이 실제 발생한 적이 있으며, 테러의 목적·대상이 불분명해지는 상황에서 대량살상무기(WMD) 사용을 통한 테러 가능성이 상존한다. 특히 2001년 9·11테러 이후 국제사회는 폭력적 극단주의 성격을 지닌 외로운 공격자, 범죄자, 초국가적 테러조직 및 적대국가의 비대칭적 전술, 기술 및 역량추구에 따른 '하이브리드 위협'(hybrid threats) 및 대량살상무기(WMD) 또는 화생방·핵'(CBRN: Chemical, Biological, Radiological and Nuclear) 물질의 확산에 따른 재앙적 테러리즘 위협에도 직면하고 있다(외교부, 2008b; U.S. Department of Homeland Security, 2010: 6).

IV. 대테러리즘 정책

1. 대테러리즘의 정의

테러리즘에 대응하는 활동에는 반테러리즘(anti-terrorism)과 대테러리즘(counter-terrorism)이 있다. 대응 시기적으로 반테러리즘은 사전적 조치이고 대테러리즘은 사후적 조치로 구분된다. 반테러리즘은 테러리즘의 발생을 사전에 예방하기 위한 방어적 조치이다. 사전적 예방 활동으로 ① 테러발생 원인의 환경 요소제거, ② 테러 활동 근거지 추적·섬멸과 무기 및 지원 자금 유입 등의 봉쇄로 조직 무력화, ③ 테러를 스스로 포기하도록 유도, ④ 테러 자행 가능성이 있는 용의자의 공격목표 접근 차단 등이 있다(Nacos, 2006: 165; 최진태, 2011: 375).

대테러리즘은 테러리스트 행위에 대한 공세적 조치로, 테러리스트 추적, 테러 행위 지지자 처벌, 보복공격, 보안조치 및 대비 프로그램 강화 등을 포함한다. 즉 테러행위 발생 시 사후적 제압·대응조치로 테러진압 행동과 테러리스트의 수사·소추·처벌 등을 포함한다. 효과적인 사후적 대테러리즘 활동은 ① 테러에 의한 피해를 최소화하기 위한 현장의 즉각 조치단계, ② 국제적 협력과 국가 위기관리 체계 발동단계, ③ 테러 사후관리의 우선순위 결정단계(피랍자의 안전한 구출, 물리적 강경 진압, 테러분자와 협상 등의 방안 중에서 선택), ④ 테러의 원인과 유형에 따른 요구조건 약화 또는 폭력행위 확대에 따른 대응책 시행단계, ⑤ 테러의 종결단계를 거치게 된다(Nacos, 2006: 165; 조영갑, 2009: 218; 최진태, 2011: 374).

개념적으로 반테러리즘이 사전적·방어적 조치로 정의되나, 실제 테러리즘 위협 또는 사건 발생 시 추가적인 테러리스트의 공격을 예방하기 위해 대테러리즘의 일환으로 광범위한 조치들이 취해진다. 따라서 반테러리즘 조치는 테러리즘에 대응하기 위해 취해지는 예방·대비·대응을 포괄하는 대테러리즘 조치의 일부분으로 볼 수 있다(Nacos, 2006: 165-166).

2. 대테러리즘 정책의 수단

대테러리즘 정책 수행을 위한 수단은 ① 외교, ② 경제제재, ③ 경제적 유인, ④ 비밀공작, ⑤ 송환과 법집행 협력, ⑥ 정보제공에 대한 보상, ⑦ 인질협상과 구출작전, ⑧ 군사력, ⑨ 국제협약 등 9가지로 구분할 수 있다.

첫째, 9·11 테러 사건과 탈레반에 대응해서 범세계적 반테러 연대 창설을 위한 외교력의 사용은 부시행정부의 핵심적 정책수단이었다. 외국정부를 설득하는 것은 테러집단이나 테러 후원국가의 활동을 구속하는 데 그 목적이 있기 때문에 외교적 역량이 필요하다. 외교는 다양한 방법으로 다른 수단들을 지원한다. 예를 들어 테러범의 인도, 테러사건을 조사하기 위한 법적지원 및 전문가 개입문제 등에 대한 형사법 적용 노력 등이다. 그러나 외교력은 확고한 테러리스트나 테러 지원국가 들에게 항상 효과적이지 않을 수 있으나, 대부분의 경우 테러 발생 시 초기 수단으로 사용되었다(Perl, 2007: 11; 필라, 2001: 112-114).

둘째, 경제제재는 주로 국제테러리즘의 적극적인 지원국이나 후원국에 대해 단일 또는 다자적 차원에서 사용되었다. 단일제재의 사례는 미국의 쿠바와 이란에 대한 무역과 투자 금지조치가 있었고, UN의 승인하에 다자적 제재의 사례는 1988년 팬암 103기 폭파에 개입한 리비아에 대한 제재가 있었다. 한편 경제제재는 테러리스트 그룹을 표적으로 하여 사용되기도 한다. 사례로는 9·11테러 직후인 2001년 9월 23일 부시행정부의 대통령 시행령 13224호에 의한 오사마 빈 라덴의 네트워크와 연관된 개인과 조직들의 자산 동결 등이 있다(Perl, 2007: 14).

셋째, 경제적 유인은 특정국가가 유인책의 수혜국일 경우 대테러리즘 협력에 핵심적 역할을 할 수 있다. 즉 경제적 유인을 통해 테러리스트 육성에 기반이 되는 경제적·사회적 조건을 변경할 수 있다. 특정국가의 테러리스트들의 경제적 수준이 낮거나 실업자 또는 불완전 고용자일 경우, 이들에 대한 빈곤 감소와 교육기회 증대 프로그램은 취약국가의 안정성을 가져오고 생활 방식과 태도를 변화시켜서 극단적 테러조직을 약화시킬 수 있다는 견해도 있다(Perl, 2007: 16).

넷째, 대테러 활동을 위한 정보기관의 비밀공작에는 정보수집, 테러리스트 조직에 침투 및 군사작전 등 다양한 활동이 있다. 대부분의 비밀공작은 테러조직의 의도, 능력 및 취약성을 파악하기 위한 소극적인 조치로 취해진다. 적극적인 비밀공작은 인질위기 또는 항공기 납치 발생 시 외국 정부가 비공개적으로 자문, 장비 및 기술적·전술적 지원을 요청을 할 때 수행되기도 한다. 또한 지도자들에 대한 역정보 유포, 이탈 유도, 분파간 분열 촉진, 조직간 분쟁 기획 등을 통해 테러조직에 대한 취약성을 증대하기 위해 사용되기도 한다. 일부국가들은 정기적으로 테러리스트 개인이나 조직을 무력화시키거나 사전 공격계획을 저지하기 위해 그들의 영토 밖에서 비전통적 방법을 사용하기도 한다. 예를 들면 자금과 무기가 테러조직에 전달되는 것을 차단하거나 방해하는 공작, 테러리스트의 초기단계 대량살상무기(WMD) 제조시설의 점거 및 파괴, 암살 또는 살인으로 수배중인 테러리스트를 재판에 회부시키기 위한 검거와 이송 작전 등이다(Perl, 2007: 16).

다섯째, 송환과 법집행에 대한 국제협력은 대테러리즘 활동의 핵심수단이다. 국제 테러리즘에 대처하기 위한 중요한 법집행 수단은 테러 혐의자의 송환이다. 그러나 국제적 송환은 전통적으로 일부 국가의 정치적 또는 치외법권적 범죄 및 국내인 송환 거부 등 많은 제약을 안고 있다(Perl, 2007: 17).

여섯째, 테러리스트 관련 정보제공에 대한 보상은 테러리스트를 색출하는 데 효과적인 수단이 될 수 있다. 보상제도는 이탈리아에서 적군파의 격멸과 콜롬비아에서 마약 카르텔 지도자들의 체포를 위한 수단으로 사용되었다(Perl, 2007: 18). 미국은 국제 테러와의 전쟁에 있어 '정의에 대한 보상'(Rewards for Justice) 프로그램을 중요한 수단 중의 하나로 시행하고 있다. 이 프로그램은 1984년 공법 제98-533호인 '국제 테러리즘 대책법'(Act to Combat International Terrorism) 제정에 따라 국무부 외교안보국(Bureau of Diplomatic Security)에서 시행하고 있다.

일곱째, 무력 사용의 한 방법으로 특수전 부대 또는 경찰특공대가 동원되어 인

질 테러시 인질협상과 구출작전을 실시하기도 한다. '테러리스트와의 협상 불가'라
는 국제사회의 원칙과 '생명 보호'라는 절대적 가치 사이에서 해법을 찾기란 어려운
문제이다. 그러나 각국 정부는 인질을 석방시키기 위해 주요 납치사건 당시 협상
불가 세력과 직간접적인 대화를 통해 사태 해결을 추구한 경험들이 있다. 인질협상
이 난관에 봉착하거나 인질의 생명이 직접적인 위험에 처해지면, 특수전 또는 대테
러 부대를 동원하여 인질 구출작전을 실시하기도 한다.

　　여덟째, 군사력은 테러조직을 무력으로 진압하기 위해 사용하는 가장 강경한
수단이다. 미국과 같은 강대국에 의해 사용되는 군사력은 상당한 영향력을 발휘한
다. 선택적 군사력 사용의 지지자들은 특별한 군사적 전술과 전문화된 장비를 중요
한 요소로 간주한다. 또한 성공적인 선제적 또는 보복적 군사력 사용을 위해서는
테러리스트 또는 테러지원국 파악 및 테러집단의 정확한 위치에 대한 정보가 필수
적이다. 군사력 사용의 사례는 1986년 리비아 폭격, 1993년 이라크 군 정보본부 폭
격, 1998년 8월 아프가니스탄 기지 및 수단 알시파 화학공장에 대한 미사일 공격,
2001-2002년 아프가니스탄 탈레반 정권 타도, 2003년 3월 19일 이라크전, 2001-
2014년 아프가니스탄에서의 군사작전 등이다(Perl, 2007: 18-19).

　　아홉째, 국제사회는 테러리즘에 대응하기 위해 유엔(UN) 등 국제기구를 통해
테러리즘 규제에 관한 개별협약을 분야별로 채택하여 현재 13개(항공기 테러 관련 4개,
외교관 및 인질보호 관련 2개, 핵·폭탄 관련 4개, 해상테러 관련 2개, 테러자금 관련 1개) 협약이
있다. 테러 관련 국제협약에 가입하면 선박 및 항공기 불법납치, 인질억류, 외교관
피해 등에 가담한 범죄자의 기소 또는 인도에 응해야 하는 책임이 따른다.

V. 사이버안보

1. 사이버안보와 위협의 특징

정보통신기술의 발전으로 네트워크로 연결된 사이버공간은 정치·경제·사회·

군사 등의 분야에서 편리를 제공하고 있지만, 사이버공간의 익명성과 초국경적 특성에 기반한 개방성이라는 취약점으로 인하여 사이버수단을 통한 사이버범죄·공격이 발생하고 있다. 컴퓨터와 인터넷 시스템 및 네트워크의 결합은 국경을 초월하여 범지구적으로 정부와 민간부문 및 정치·경제·사회 영역을 밀접히 연계하였고, 사이버공간에서 전통적 영토 수호차원의 안보영역을 넘어서는 새롭고 복합적인 위협 환경을 조성하였다.

사이버안보에 대한 국제적 합의가 없는 가운데, 국제전기통신연합(ITU)은 사이버안보란 "사이버 환경, 조직 및 이용자 자산을 보호하기 위한 도구, 정책, 보호조치, 위험관리 접근, 행동, 훈련, 관행, 기술 등을 포괄하는 것"이라고 정의한다. 미국 국방부 합동참모본부(JCS)는 사이버안보를 "모든 형태의 정보보안 및 정보가 저장·접근·처리·전송되는 시스템과 네트워크에 대한 위험으로부터 자유의 보장하고, 범죄·공격·사보타지·간첩행위·사고·실패에 대한 보호를 위한 예방조치를 포함하는 모든 조직적 행동"으로 정의하고 있다.

사이버위협의 유형은 행위자와 목적에 따라 사이버전, 사이버범죄, 사이버테러, 사이버스파이 활동으로 구분할 수 있다. 첫째, 사이버전은 "사이버 공간이외에서 물리적 폭력을 확장하거나 동등한 파급효과를 초래하는 사이버 행위"이다. 대표적인 사례는 2007년 에스토니아에 대한 디도스(DDoS) 공격, 2008년 조지아에 대한 러시아의 디도스 공격, 2010년 미국과 이스라엘의 스턱스넷(Stuxnet) 웜을 이용한 이란 핵시설 공격 등이 있다. 둘째, 사이버범죄는 사이버 공간의 일부 측면 또는 전산기술을 활용하는 범죄행위로 정의되며, 유형으로는 사이버 침해, 사이버 사기 및 절도, 사이버 음란물, 사이버 폭력 등이 있다. 셋째, 사이버테러는 "정치 또는 사회적 변화를 유도하기 위해 무차별적 대상을 목표로 컴퓨터에 기반을 두는 폭력이나 파괴행위"이다. 넷째, 사이버스파이 활동은 기업·언론·연구소·정부 등 광범위한 영역에서 개인, 집단 또는 국가적인 차원에서 조직적·체계적으로 추진되는 것이다 (장노순·한인택, 2013: 600-602; 윤해성 외, 2012: 40).

사이버안보의 국제안보적 차원에서 시사점은 첫째, 사이버공간에서의 비전통적·비대칭적 위협과 공격은 사이버무기의 파괴력이나 파급효과로 인해 전통적·재래식 안보위협과는 다른 양상을 보이고 있다. 둘째, 사이버위협의 특징은 공격자의 신원 파악 어려움, 공격과 방어 행위의 애매한 구분, 공격 행위자의 다양화, 공격무기 획득의 저비용, 안보수단의 국가 독점 한계, 국제규범의 미비 등이다. 셋째, 미국은 사이버공간에서 우위를 확보하기 위해 사이버작전 전력·능력 구축, 사이버공격에 대한 억지력 강화, 국제연대 구축 등에 주력하고 있다. 넷째, 전 세계적으로 40여 개국 이상이 사이버 군사력을 강화하고 있고, 이 중 미국, 중국, 러시아, 이스라엘, 이란, 북한 등은 사이버 전력이 강한 국가로 평가된다(장노순, 2014: 90; U.S. Department of Defense, 2015: 7-8; 장노순·한인택, 2013: 603-604).

2. 사이버 테러리즘의 정의, 유형, 특징

9·11테러 이후 본격화된 뉴테러리즘 형태는 정보화시대 속에서 네트워크화되고 복합적으로 변화하고 있고, 테러리스트들은 테러행위의 공간을 사이버공간으로 확장하고 있다. 가장 널리 수용되고 있는 대닝(Dorothy E. Denning)의 정의에 따르면, 사이버 테러리즘이란 "비국가 행위자들이 정치적·사회적 목적을 추구하고자 정부나 사회를 협박 또는 강제하기 위하여 정보 시스템을 대상으로 고도의 손상을 야기하는 컴퓨터에 기반을 둔 공격이나 위험"이다. 아울러 그는 "사이버 테러리즘은 사이버공간이 테러행위를 수행하는 수단이 되었기 때문에 사이버공간과 테러리즘의 융합이라 할 수 있다. 사이버 테러리스트들은 사람 또는 물리적 재산을 대상으로 폭력행위를 저지르기보다는, 디지털 재산을 대상으로 파괴 또는 방해 행위를 자행한다"고 설명하고 있다(Denning, 2006: 124; 윤해성 외, 2012: 44).

사이버 테러리즘의 유형에는 기반시설 공격, 정보시스템 공격, 기술적 조장, 홍보·기금마련 등이 있다. 첫째, 기반시설 공격은 하드웨어, 운영 플랫폼, 컴퓨터 관련 프로그래밍 파괴나 와해를 의미한다. 둘째, 정보시스템 공격은 특정 시스템에 저장된 정보를 손상·파괴·변조하는 것을 말한다. 셋째, 기술적 조장은 테러공격을 조정·선동하거나, 테러사건을 지원하기 위해 사이버·디지털 기술을 사용하는 것이다. 넷째, 홍보·기금마련은 테러조직의 명분을 홍보하고 조직원을 모집하며 정보를 얻거나 수익을 목적으로 사이버 커뮤니케이션 기술을 사용하는 것이다. 사이버 테러리즘의 수법으로는 해킹·크래킹, 바이러스·웜 유포, 논리폭탄 전송, 대량정보 전송, 서비스 거부 공격, 고출력전자총 설치 등이 있다(윤해성 외, 2012: 45; 김홍석, 2010: 325).

이상과 같은 유형과 수법을 통한 사이버 테러리즘의 특징은 첫째, 적은 비용으로 큰 효과를 낼 수 있다. 둘째, 침입의 흔적을 발견하기 어렵고, 발견하다라도 침입의 주체를 밝혀내기 어렵다. 셋째, 시간과 공간의 제약을 받지 않는다. 넷째, 사이버테러는 그 자체가 독립된 공격으로 활용될 수도 있지만, 전통적 테러나 전쟁의 예비행위로 수행되기도 한다(김홍석, 2010: 328-329).

3. 사이버안보 대응체계와 전략

2001년 9·11테러 이후 미국과 주요국들은 핵심기반시설의 취약성과 방호의 중요성을 인식하게 되어, 국가기반체계에 대한 다양한 사이버공격으로부터 핵심기 반시설을 보호하기 위해 노력하고 있다. 미국 부시행정부는 2003년 국토안보부 (Department of Homeland Security)를 신설하고 사이버안보를 포함한 국토안보 전반을 담당하게 하였다. 백악관은 대응전략을 위해 2003년 '사이버안보 국가전략 보고서' 를 처음 발표하고 핵심기반시설에 대한 사이버공격 예방, 국가적 취약점을 감소, 피해와 복구시간 최소화를 추진하였다.

2009년 5월 오바마 행정부는 '사이버공간 정책검토 보고서'를 발표하고 백악 관·연방정부 등 최상위 리더십에 따른 정책 추진, 사이버안보 교육시스템 구축 및 전문인력 양성 등 디지털 국가를 위한 역량제고 등의 정책을 추진하였다. 2009월 12월 백악관에 사이버안보국을 신설하고 대통령 특별보좌관인 사이버안보조정관을 임명함으로써 사이버안보 컨트롤타워 기능을 강화하였다. 이후 2011년 5월 '사이버 공간 국제전략 보고서'를 발표하여 사이버공간에 대한 정책목표와 우선순위를 확립 하고 국제공조 체계의 강화를 모색하였다. 2013년 2월 오바마 행정부는 행정명령 (Executive Order 1363)과 정책지침(PPD 21)을 통해 핵심기반시설의 사이버안보 체계와 전략을 재정비하였다(송은지·강원영, 2014: 7-9; White House, 2009: 7-13; White House, 2011: 1).

영국의 사이버안보 대응체계는 내각실을 중심으로 정보보호 정책 총괄, 정부기관의 정보보호 활동 및 업무조정을 담당하고 있으며, 산하기관으로 정보보증중앙기구(CSIA), 사이버안보청(OCSIA), 민간비상대비사무처(CSS) 등이 있다. 사이버안보를 담당하는 정부부처로는 핵심기반시설 보호를 담당하는 내무부(Home Office), 통신정보 수집·제공을 담당하는 정부통신본부(GCHQ), 국가산업의 정보보호 정책을 담당하는 기업혁신기술부 등이 있다. 영국정부의 내각실은 사이버공간에서 증가하고 있는 위협에 대처하기 위해 2009년 '사이버안보 전략보고서'를 처음 발표하고 사이버공간에서의 위험·취약성 감소, 정보수집 강화, 대응능력 제고 등을 목표로 제시하였다. 이후 2011년 11월 새로운 '사이버안보 전략보고서'를 발표하여 사이버범죄 억제와 사이버공격에 대한 복원력 강화 등을 강조하였다(배병환 외, 2014: 9, 12; Cabinet Office, 2009: 16; Cabinet Office, 2011: 8).

한국은 2003년 인터넷 대란, 2004년 국가기관 해킹사건, 2009년 7월과 2013년 3월 북한발 디도스 공격, 2013년 3월 방송국·금융망 마비사태, 2014년 한국수력원자력 해킹 공격 등 연속적인 사이버공격에 직면하고 있다. 국가사이버안전과 관련된 정책에 대해서는 국가정보원장이 관계 중앙행정기관의 장과 협의하여 이를 총괄·조정한다. 국가정보원장 소속하에 '국가사이버안전전략회의'와 '국가사이버안전대책회의'를 설치하여 국가사이버안전체계의 수립, 기관 간 역할 조정 및 중요 정책사항을 심의하고 있다. 사이버공격에 대한 국가차원의 종합적이고 체계적인 대응을 위해서 국가정보원 산하 국가사이버안전센터는 사이버안전 정책의 컨트롤타워 역할을 수행하고 있다. 한편 민간영역은 한국정보보호진흥원이 담당하고 국방영역은 국군사이버사령부가 담당하고 있다(국가사이버안전관리규정, 2013). 또한 증가하는 사이버테러 위협에 대비하고 컨트롤타워 역할을 강화하기 위해 2015년 4월 청와대 국가안보실 산하에 사이버안보비서관을 임명하였다. 대응전략 측면에서는 2011년 '국가사이버안보 마스터플랜'을 마련하여 사이버공격 조기 탐지대응체계 확립, 중요자료·핵심시설 보안관리수준 제고, 사이버안보 강화 기반 조성, 사이버도발 억지력 확보 및 국제공조 강화, 사회전반 사이버안보 마인드 확산 등을 추진하고 있다.

VI. 맺음말

9·11테러 이후 국제사회는 테러리즘 근절을 위해 지속적으로 노력하여 알카에다 핵심세력은 약화되었으나, 알카에다 연계세력의 확산으로 테러공격이 증가하는 추세이다. 특히 최근 칼리프 국가를 선포한 수니파 급진 무장단체인 이슬람국가(IS)의 영향력 확대와 테러공격의 중대로 인해 국제사회의 대테러리즘 활동은 새로운 국면에 접어들고 있다. 극단주의 조직뿐만 아니라 서방지역 경기 악화로 실업률이 증가하는 가운데 '외로운 늑대' 또는 '자생적인 폭력적 극단주의자'에 의한 테러도 늘고 있다. 또한 IS에 동조하는 외국인 용병이 늘어나면서, 이라크·시리아 등으로 유입된 외국인 용병들이 서방국가로 돌아와 테러를 주도할 가능성도 커져가고 있다.

또한 사이버공간에서의 다양하고 복합적인 안보위협이 증가하고 있는데, 테러집단들은 새로운 정보통신기술과 인터넷을 이용하여 테러계획 수립, 인원보충, 상호연락, 자금조달 등을 수행하고 있다. 또한 에너지·통신·교통·금융 등 국가기반체계를 마비시킬 목적으로 사이버수단을 사용하는 사이버테러는 국제사회에 중대한 위협으로 등장하였다.

21세기 뉴테러리즘은 초국가적·무차별적 및 하이브리드화되고 있고, 사이버테러리즘도 더욱 복합적인 공격 양상을 보이고 있어 기존의 대응체계와 전략을 넘어선 새로운 대응방식이 요구되고 있다. 미국과 영국 등 주요국들은 테러관련 법령을 제정하고 대테러리즘 체계를 강화하여 지속적인 대테러전을 실시하고 있다.

테러리즘은 그 자체로는 특정한 종교·국적·문명·인종과는 관련이 없다. 테러리즘은 급진적·폭력적 극단주의를 추종하는 자들이 정치적 목적을 달성하기 위한 수단으로 자행하고 있다. 이에 따라 유엔을 중심으로 한 국제사회는 테러 근절과 대테러 활동을 위해 범세계적·포괄적인 협력기반 마련과 대테러역량 강화, 지역

테러세력 퇴치, 테러자금 동결, 테러지원국 설득, 대량살상무기(WMD) 접근 방지, 사이버 대테러 협력 등을 통한 국제공조를 강화하고 있다.

향후 주요국과 국제사회는 테러리즘의 발생 구조(원인, 국제환경, 특정 국가내 테러 환경, 테러조직 및 지도부)와 사이버공간에서 위협양상을 정확히 파악하고, 대테러리즘 및 사이버안보 대응체계 정비, 체계적·효과적 전략 수립 및 긴밀한 국제협력을 통해 21세기 최대의 안보위협인 테러리즘과 사이버위협에 대응해야 할 것이다.

질문 및 토론 사항

1. 테러리즘은 일반적 폭력 행위와 어떻게 구분이 가능하고 목표와 원인은 무엇인가?

2. 뉴테러리즘의 등장배경과 특징은 무엇인가?

3. 테러조직의 네트워크화 특징은 무엇이고, 알카에다와 이슬람국가(IS)의 테러활동은 어떤 양상으로 전개되고 있는가?

4. 대테러리즘과 반테러리즘 개념은 어떻게 구분되고, 효과적인 대테러리즘 정책수단은 무엇인가?

5. 사이버공간에서의 안보위협과 사이버 테러리즘은 어떤 특징을 가지고 있으며, 이에 대한 대응체계와 전략은 무엇인가?

테러리즘의 발생 구조

첫째, 테러리즘 발생 하부단계의 기본적인 조건들은 빈곤, 부패, 종교적 분쟁, 종족 갈등 등으로 비록 이러한 조건들이 실제적이고 일부는 만들어지나, 테러리스트들은 이러한 조건들을 폭력을 정당화하고 지지를 얻는 데 활용한다. 둘째, 국제환경은 테러리스트의 전략이 구체화되는 경계 또는 공간이다. 최근 보다 개방화되고 있는 국경환경은 테러리스트들이 표적이나 피신처를 찾는 것을 수월하게 하고 있다. 셋째, 전 세계에 걸쳐 있는 국가 중에서 일부는 테러리스트들이 그들의 테러행위를 계획 및 조직화하고 활동하는 데 필요한 안전가옥, 훈련 공간, 통신 및 재정적 네트워크를 제공하고 있다. 넷째, 이렇게 안전한 활동 환경하에서 테러조직은 그들의 조직을 강화하고 확장시키기 시작한다. 다섯째, 테러리즘 발생의 최상위 단계인 지도부는 전반적인 지침과 전략을 제공하고 모든 테러활동의 요소를 연계시켜 테러행위를 자행한다.

무슬림 종파: 수니파, 시아파

수니(Sunni)파와 시아(Shi'a)파 무슬림들은 이슬람의 양대 전통을 대표하고 있다. 인구비율로 볼 때 수니파는 85-90%, 시아파는 10-15%이다. 그들은 신앙의 해석보다는 종교적 권위에 대한 역사적 원천에 있어서 차이가 나고 예배 방식에서도 차이가 난다. 수니파는 이슬람의 가장 큰 종파이자 전 세계 무슬림 10억 인구의 90%를 차지해 '정통'을 자처한다. 신의 말씀인 코란과 함께 예언자 마호메트의 언행과 관행을 의미하는 수나(Sunnah)를 따른다. 공동체의 관습을 허용하는 등 세속적으로 교세를 확장한 까닭에 인도네시아와 아프리카 등 새롭게 이슬람교를 받아들인 국가 대부분이 수니파에 속한다. 시아 파는 무슬림 전체의 10%를 차지하며 주로 이란·이라크에 분포한다. 예언자 마호메트의 적통 계승이 사촌이자 사위인 알리(제4대 칼리프)에게 있다고 보고 알리의 혈통을 이어받은 후계자들만 이맘(종교지도자)으로 받든다.

외로운 늑대(lone wolf)

인터넷 웹사이트나 소셜 미디어를 통해 알카에다와 이슬람국가(IS)와 같 은 이슬람 과격단체의 사상적·정치적 동기에 영향을 받는 자생적 테러리스트 인 '외로운 늑대'(lone wolf)가 국제사회의 새로운 위협이 되고 있다. '외로운 늑대'라는 용어는 1990년대 중반 미국 FBI와 경찰이 백인 우월주의자인 알렉 산더 커디스(Alexander Curtis) 등을 수사하는 과정에서 나타난 것으로, 외부 극단주의 세력으로부터 명령이나 지원 없이 테러행위를 자행하는 사람을 뜻한 다. 반면 이슬람 극단주의 테러의 배후에는 늘 지시하는 자가 있고, 단독 범행 이나 소규모 지역조직에 속했더라도 극단주의 세력의 신념에 은연중에라도 포 섭돼 있는 경우가 상당하다는 견해도 있다. 외로운 늑대에 의한 테러는 테러 감행 시점과 방식에 대한 정보 수집이 어려워 예방이 거의 불가능하고, 사건이 발생하기 전까지는 추적하기 어려운 점이 특징이다. 2009년 미국 텍사스 군부 대 총기난사 사건, 2011년 노르웨이 정부청사 폭탄테러, 2013년 보스턴 마라 톤 테러사건 등 개인이 주체가 된 테러행위가 늘어나면서 '외로운 늑대'는 반 사회적 성향, 이민자로서의 고립감, 극단적 이슬람교 추종 등의 성향을 띤 자 생적 테러리스트를 일컫게 되었다.

에너지, 환경 및 바이오의 국제정치

Ⅰ. 머리말

오늘날 에너지, 환경, 바이오 안보 문제는 국제사회에서 가장 주목받는 관심사로 부각되고 있다. 20세기에는 생존을 위한 국가안보가 초미의 관심사였다면, 21세기에는 에너지의 안정적 확보, 대체에너지 개발, 환경 보전, 식량 확보, 수자원 확보, 질병관리 및 신약개발 등 삶의 질과 관련된 인간안보가 주목받고 있다. 특히 제한된 매장량을 갖고 있는 에너지 자원은 한 국가의 경제발전뿐만 아니라 주권 수호를 위한 군사력 확충에 이르기까지 국가의 운명을 결정할 수 있을 정도로 인간의 삶에 결정적인 요소가 되었다. 또한 에너지 자원의 소비에 따른 초국가적 환경위협의 증가는 점차적으로 국가 간 분쟁의 씨앗이 되고 있고 나아가 인류의 삶에 위협을 주고 있다. 따라서 에너지 안보, 환경 안보, 바이오 안보의 확보를 중심으로 하는 지속가능성 분쟁(Sustainability Conflict)은 21세기 국제사회의 중요한 화두가 되었다.

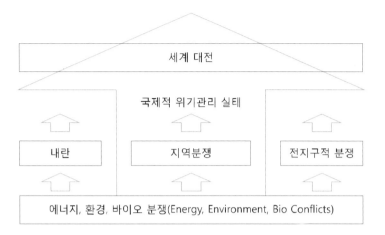

```
                     세계 대전

              국제적 위기관리 실태
       ⬆            ⬆              ⬆
    내란          지역분쟁        전지구적 분쟁
       ⬆            ⬆              ⬆
   에너지, 환경, 바이오 분쟁(Energy, Environment, Bio Conflicts)
```

■ 그림 1 ■　지속가능성 분쟁과 글로벌 위기관리의 중요성 (이상환, 2011)

　　문제는 21세기 들어 에너지, 환경, 식량, 수자원 이슈들이 인간과 사회에 주는
영향이 중요해진 만큼 그와 같은 쟁점을 둘러싼 갈등이나 분쟁이 점증하고 있고 향
후 더욱 증대될 수 있음에 주목할 필요가 있다는 것이다. 탈냉전 이후 냉전적 이념
갈등을 원인으로 하는 분쟁은 확연히 줄었다. 그러나 아프리카, 중남미, 아시아 지
역에서 에너지, 환경, 바이오 등을 둘러싼 분쟁이 감소하고 있지 않고 오히려 지속
적으로 증가하고 있다. 이처럼 제한된 자원에 대한 중요성과 그에 따라 증가하는
분쟁은 지속가능한 글로벌 사회(Sustainable Global Society)를 위해 해결해야 할 중요
한 과제이다.

　　에너지 분쟁의 경우 석유와 천연가스 같은 에너지 자원뿐 아니라 금속류의 비
에너지 자원을 확보하고 관리하기 위한 국내적, 지역적, 국제적 분쟁은 이미 분쟁으
로 귀결되었거나 물리적 충돌의 위험 수위에 이르고 있다. 또한 에너지를 둘러싼
국제적 경쟁과 분쟁 지형에는 기존의 전통적 선진국(미국, 유럽, 일본)과 더불어 중국,
러시아, 인도, 브라질, 한국 등과 같은 신흥 경제권 국가들도 가세하고 있다. 환경
분쟁의 경우 기후변화협약의 진행과정에서 보듯이 선진국과 개도국 간, 감축의무를

지는 국가와 지지 않는 국가 간 갈등이 심화되고 있다. 바이오 분쟁의 경우도 최근 메르스, 에볼라바이러스, 신종플루, 사스 등 전염병의 발병국과 인접국가 간 갈등, 그리고 아프리카에서의 식량 및 수자원 부족에 따른 내전은 시간이 지날수록 그 분쟁상황이 악화되고 있다.

키신저(Henry A. Kissinger) 전 미국 국무장관은 "향후 지구촌에서 가장 발생 가능성이 큰 분쟁은 화석연료를 둘러싼 분쟁"이라고 지적했다(Daniel, 2005). 이를 증명이라도 하듯이 현재 지구촌에는 자원의 생산과 분배를 두고 총성 없는 전쟁이 끊임없이 진행되고 있다. 석유, 가스, 금, 텅스텐 등 중요 자원을 소유한 많은 국가들 내부에서는 서로 자원을 차지하기 위해 정치 세력 간 혹은 인종, 종족, 부족 간 피비린내 나는 내전이 진행되고 있다.

자원분쟁은 비단 일국내의 갈등만을 야기하는 것은 아니다. 거대 자원 소비국들은 자원 확보를 위해 자원보유 국가들에게 압력을 행사하거나 경우에 따라 침략행위를 감행하고 있다. 미군이 이라크와 아프가니스탄에서 피를 흘린 것도, 러시아가 카스피해 근처에서 새로운 국가의 탄생을 가로막는 조치도, 중국이 에너지 자원의 보고인 카스피해에 진출하기 위해 신장-위구르와 티베트의 독립 움직임을 무력을 통해 탄압하고 있는 것도 모두 자원의 안정적인 확보를 위한 강대국들의 에너지 안보 정책의 일환이다. 동북아시아에 큰 피해를 주고 있는 중국으로부터의 황사는 향후 환경 분쟁과 바이오 분쟁으로 증폭될 수 있는 여지가 있다. 더욱 큰 문제는 강대국들의 에너지, 환경, 바이오 정책이 자국의 이익을 위하여 동맹관계를 재편하면서 글로벌 차원에서 충돌하고 있다는 사실이다. 지속가능성 분쟁이 '또 다른 냉전'을 만들고 있다. 따라서 현재 에너지, 환경, 바이오 분쟁은 인류평화를 위협하고 지속가능한 글로벌사회 건설에 큰 장애물이다.

제3차 세계대전은 발발 가능한 것인가? 만약 가능하다면, 그 분쟁의 성격은 지속가능성 분쟁일 것이다. 따라서 '지속가능한 글로벌 사회'의 구축에 가장 큰 영향력을 미치는 에너지, 환경, 바이오 분쟁에 대한 이해를 통해 그 해결 방안을 모색하는 것이 중요하다. 즉 에너지, 환경, 바이오 분쟁으로 비롯될지 모를 글로벌 위기를 잘 관리함으로써 지속가능한 글로벌 사회를 유지하고, 에너지 · 환경 · 바이오 자원을 효율적으로 공동 사용하는 방안을 강구해야 한다. 이는 전 세계적 수준에서 지속가능한 발전을 가능하게 하고, 인간안보를 확보하여 세계평화를 정착시킬 수 있을 것이다.

II. 인간안보와 지속가능성 문제

우리는 그동안 국가안보라는 개념에 매몰되어 다른 유형의 안보 개념에 크게 귀 기울이지 않았다. 하지만 인권이 주권에 우선한다는 '신국제주의' 원칙하에 안보 논의가 이뤄지면서 인간안보라는 개념이 대두하게 된 것이다. 국가안보란 영토와 주권을 보존함으로써 그 구성원인 국민의 안전과 존엄성 및 정치·경제·문화적 권리를 보장하고 이에 대한 침해를 일으키거나 영속화시키는 대내외적 조건을 제거하는 것을 의미한다. 이런 측면에서 볼 때, 국가안보는 외부적인 위협에 대항하여 국민을 위한 안보를 달성하는 것을 의미하지만, 내전, 박해, 기근 등 한 국가 내에서 초래되는 제반 문제들로 인해 국민들의 생존과 복지가 위협받는 경우가 비일비재하다. 이러한 국내외적 요소들을 감안하여 인간안보를 개념화하려는 여러 학술적 혹은 정책적 시도들이 지난 10여 년간 지속되어 왔다(이신화, 2006; 박한규, 2007).

이와 같은 이론적 논의의 가장 대표적인 시발점은 1994년의 UNDP 연례보고서인데, 이 보고서는 인간안보를 '공포로부터의 자유 및 궁핍으로부터의 자유'라고 정의함으로써 이 분야의 길잡이가 되었다. 또한 이 보고서는 경제(economic security), 식량(food security), 보건(health security), 환경(environmental security), 개인(personal security), 공동체(community security), 정치(political security)의 일곱 가지 영역에서 야기되는 위협을 막는 것이 인간안보를 가장 확실하게 보장하는 것이라고 제시한다(이신화, 2006; 박한규, 2007).

하지만 인간안보 개념의 주창에도 불구하고 이 개념은 지나치게 광범위하고 포괄적이어서 실행가능성에 대한 비판을 초래하고 있다. 이러한 인간생명에 대한 모든 위협요인들을 포함하는 광범위한 정의는 포괄성을 얻는 대신 정밀성이 떨어지기 마련이다. 광의와 협의의 인간안보 개념을 둘러싼 현재까지의 논쟁은 공포로부터의 자유만 포함시킬 것이냐 공포와 궁핍으로부터의 자유 모두를 고려할 것인가에 관한 내용이 주를 이루어 왔다. 최소한의 인간안보가 인간의 생존 자체를 보장하는 것이라면, 최대의 인간안보는 모든 개인이 자원의 자유로운 확보와 정치적·사회적 영역의 자격 확대로 삶을 최대한 즐길 수 있는 권리를 보장받아야 비로소 가능하게 되는 것이다(이신화, 2006).

인간안보의 개념화에 있어 하나의 중요한 의제는 포괄적 안보와 인간안보를 어떻게 구별할 것인가의 문제이다. 이 두 가지 개념이 종종 같은 의미로 오용되기도 하는데, 포괄적 안보는 그 분석 수준이 국가라는 점에서 개인을 분석기준으로 삼는 인간안보와 확연히 구별된다. 즉 포괄적 안보가 인간의 필요를 강조하는 반면, 인간안보는 인권을 강조한다. 또한 포괄적 안보는 국가 수준에서 질서와 안정에 중점을 두지만 인간안보는 개인 수준에서 정의와 해방에 치중한다(이신화, 2006). 예를 들어, 전염병 문제는 협의의 인간안보 혹은 최소한의 인간안보 개념에 포함될 수 있는 중요한 국제사회의 의제라고 할 수 있다. 성격상 인간안보의 범주에 있는 전염병 문제가 국가 간의 갈등을 유발하고 이로 인해 국가 간 분쟁 나아가 전쟁으로 이어진다면 이는 국가안보 차원에서의 문제가 되는 것이다.

세계 13위의 경제 대국이며 에너지 자원의 거의 전량을 수입에 의존하고 있는 한국도 이미 에너지 자원 확보전에 뛰어들었다. 한국의 에너지 해외의존도는 현재 97% 수준에 이르고 있다. 에너지를 제외한 광물자원의 경우는 경제성장이 지속됨에 따라 그 필요품목의 수가 증가하지만 한국은 이 분야에서도 부존자원이 거의 없다. 이에 따라 전략자원의 수급을 대부분 해외에 의존해야만 한다는 사실은 한국경제의 결정적 취약점이다. 에너지 안보의 시각이 제기되는 이유가 바로 여기에 있다. 이들 에너지의 수급 안정성이 경제발전을 좌우할 뿐 아니라 국민의 생존권이 달려 있고, 군사력을 유지하고 운용하는 데에도 절박한 요건이기 때문이다. 그중에서도 핵심적인 전략자원이 석유라는 사실은 두말할 나위가 없다.

아울러 지난 반세기간 산업화에 박차를 가해 온 한국은 에너지 다소비형 산업구조로 인한 환경 문제에 직면해있다. 향후 적절한 대책 없이 온실가스 배출 감축의무를 질 경우 국가경제에 심한 타격을 받을 가능성이 있다. 특히 1997년 교토의 정서의 서명국인 한국은 에너지 소비의 증가, 경제발전과 연계된 환경문제의 해소가 새로운 국가사업의 핵심 과제로 등장하고 있다. 이런 문제 해결을 위한 高부가가치 지식산업 중심의 산업구조로의 개편이 어렵게 되면 한국 경제의 추락은 자명할 것이다. 나아가 식량 문제 해결을 위한 유전공학, 질병 문제 해결을 위한 의약학 및 생명공학의 발전이 병행되지 않을 경우 한국의 위상과 한국인의 삶은 악화될 가능성이 크다.

'지속가능한 세계'의 형성에 가장 큰 영향력을 미치는 에너지, 환경, 바이오 분쟁에 대한 이해를 통해 그 해결 방안을 모색하는 것이 오늘날 국제사회의 과제이다. 지속가능성 분쟁과 관련한 요소는 분쟁 관련국, 분쟁 지역, 그리고 자원(에너지, 환경, 바이오)으로 세분될 수 있다. 동일한 자원에 대한 분쟁 관련국의 입장이 지역적 특성에 의해 달라질 수 있음을 보여 주는 것이다. 이제 국제사회는 에너지, 환경, 바이오 분쟁의 해결을 통해 지속가능한 사회를 유지하며, 에너지·환경·바이오 자원을 효율적으로 공동 사용하는 방안을 마련해야 한다. 이럴 경우 전 세계적 수준에서 지속가능한 경제발전을 가능하게 하고, 평화를 정착시켜 분쟁 속에서 희생되는 인간 자원을 보호할 수 있는 인간안보를 확보할 수 있을 것이다.

III. 에너지 문제와 국제적 갈등

1. 에너지 문제에 대한 이해

지구촌에는 지금 자원의 생산과 분배를 둘러싼 자원 쟁탈전이 벌어지고 있다. 즉 누가 자원을 더 많이 차지하느냐에 따라 승자가 결정된다고 보고 자원을 빼앗고 지키기 위한 전쟁에 참여하고 있다. 석유, 가스, 금, 텅스텐 등 중요 자원을 소유한 많은 국가들 내부에서는 서로 자원을 차지하기 위한 정치 세력 간 혹은 인종, 종족, 부족 간 피비린내 나는 내전(civil war)이 진행되고 있다. 자원은 또한 인접 국가 간

전쟁을 야기할 뿐만 아니라 거대 자원 소비국들은 자원 확보를 위해 자원 보유 국가들에 압력을 행사하거나 침략하고 있다.

향후 패권은 에너지 자원을 장악한 국가가 손에 쥘 것이라는 전망하에 결국 에너지 패권이 될 것이다. 결국 에너지 자원을 지배하는 국가가 패권국이라는 등식이 성립하게 된다. 중동의 석유 자원을 지배하기 위한 미국을 중심으로 한 서구강대국들의 협력, 아시아·아프리카 지역의 자원을 확보하기 위한 중국의 지배전략, 자국의 에너지 자원을 최대한 패권쟁취에 활용하기 위한 러시아의 대외전략 등 에너지 자원은 오늘날 단지 자원이 아닌 패권 유지 및 쟁취를 위한 도구가 된 것이다.

미국과 캐나다를 중심으로 한 북미지역에서는 최근 셰일가스로 대표되는 비전통 화석연료의 상업화가 성공함에 따라, 가스와 오일 생산량이 급격하게 증가하는 '셰일가스혁명'이 진행되고 있다. 미국은 2009년 러시아를 제치고 세계 최대 가스 생산국으로 부상하였으며, 셰일가스의 생산에 따라 미국의 에너지 순 수입량이 급격히 감소되고, 2020년경에는 에너지 순 수출국으로 전환될 것으로 전망되고 있다. 그동안 국제 에너지 시장에서 순 수입국의 지위에 머물던 미국이 셰일가스의 대규모 생산에 힘입어 본격적인 에너지 수출국으로 전환하게 되면서 국제 에너지 수급의 근본적 구조 변화가 불가피할 가능성이 높으며, 에너지 순 수입국인 우리의 에너지 안보에도 중대한 영향을 미칠 것으로 전망된다. 셰일가스의 대량 생산에 따라 미국이 중동산 에너지에 대한 의존에서 벗어나 에너지 자립도를 향상시키고 국제 에너지 시장에서 주요 천연가스 공급국으로 부상할 것으로 예상됨에 따라, 국제 에너지 안보 환경은 새로운 변화에 직면할 가능성이 높은 것이다(최원기, 2014).

셰일가스의 부상으로 인해 그동안 북미, 유럽 및 아시아 등 3대 지역으로 분절화되어 작동해왔던 세계 천연가스 시장은 향후 이전에 비해 지역별 가격 편차가 상대적으로 감소하고 상호연계성과 통합성이 증가하면서 장기적으로는 단일시장으로서의 성격이 강화될 것으로 전망되고 있다. 미국이 셰일가스 개발의 선두주자로서 단기간 내 국제 천연가스 시장의 새로운 공급국으로 진입하면서 향후 유럽 및 아시아 시장에 대한 새로운 천연가스 수출국으로 부상할 것이다. 전통가스가 러시아, 이란, 카타르 등 특정 지역에 집중된 반면, 셰일가스는 전 세계에 고르게 분포되어 있어 장기적으로 셰일가스 개발이 전 세계적으로 진행될 경우, 기존 공급자 중심의 국제 에너지 시장이 수요자 중심의 시장으로 변화될 가능성도 존재한다(최원기, 2014).

셰일가스의 개발은 국제사회 내 석유를 중심으로 한 에너지 확보 관련 경쟁과 갈등을 완화할 것이며, 에너지 공급국의 다변화와 미국의 영향력 확대를 초래하면서 국제관계의 변화를 유발할 것이다. 특히 이는 미국의 에너지 패권의 강화로 이어져 국제사회에서 미국의 영향력을 더욱 공고화할 가능성이 크다.

2. 에너지의 국제관계

미국의 에너지 자립도가 제고되고 국제 에너지 시장에서 주요 에너지 공급국으로서의 지위를 획득하게 됨에 따라 미국의 대외 에너지 의존도 감소는 대외정책 변화에 영향을 미칠 것으로 전망된다. 특히, 미국의 대외정책에서 전통적으로 우선순위를 차지해 온 대중동 정책이 변화할 것인가가 중요한 관심사로 대두되고 있다. 미국의 대중동 정책의 변화 및 이에 따른 중동지역의 역학구도가 재편될 가능성이 높다는 시각이 존재한다. 중동의 전략적 중요성 감소에 따라 미국은 중동 주둔 미군을 대폭 감축하는 등 중동문제에 대한 개입 비용을 최소화하려고 할 것이다(최원기, 2014).

미국은 이미 이라크에서 철군을 단행한 바 있으며, 리비아, 이집트, 시리아 사태 등 최근 일련의 중동문제에 대해 과거와 같은 직접적 개입을 자제하고 있다. 이러한 가운데 중동산 에너지에 대한 의존도 감소는 향후 미국의 대외정책적 우선순위에서 중동의 전략적 중요성을 더욱 약화시킬 수 있다. 미국과 달리 중동산 에너지 수요가 폭발적으로 증가해 온 중국은 이 지역에 대한 상대적 영향력 확대를 도모하고 개입을 강화할 것이며, 이에 따라 중동지역에 대한 강대국의 역학구도가 재편될 가능성이 있다. 하지만 미국의 대중동 정책은 단순히 에너지 변수에 의해서만 좌우된다고 볼 수 없으며, 향후에도 세계 질서를 주도하는 패권국으로서 미국의 외교·안보정책이 근본적으로 변화될 가능성은 그리 크지 않다는 상반된 시각도 존재한다(최원기, 2014).

　현재로서는 셰일가스의 부상에 따른 국제 에너지 시장의 판도 변화가 향후 미국의 대외정책에 어떠한 영향을 줄 것인지 정확히 전망하기 어려운 것이 사실이나, 미국의 에너지 자립도 강화가 향후 미국의 대외정책에 영향을 미치는 중요한 변수로 작용할 가능성은 매우 높다고 할 수 있다. 미국이 국제 에너지 시장에서 새로운 주요 공급국으로 부상함에 따라 기존 에너지 공급국의 정치·경제적 영향력이 약화될 가능성이 커진다. 특히 그동안 가스 공급을 외교적 무기로 활용해온 러시아의 대유럽 영향력이 상대적으로 약화될 가능성이 높다(최원기, 2014).

　최근 발생한 우크라이나 사태는 러시아산 천연가스에 대한 우크라이나의 의존도 감소와 러시아의 외교적 영향력 약화를 배경으로 하고 있으며, 향후 미국의 유럽에 대한 가스 공급 확대와 영향력 강화로 작용할 것으로 보인다. 미국의 에너지 자립도 강화는 미국이 보다 능동적인 외교적 자세를 취할 수 있는 새로운 도구로 활용될 수 있을 것이다. 미국이 셰일가스를 바탕으로 새로운 가스 수출국으로 부상함에 따라 기존의 중동에서 북미로의 에너지 공급 흐름이 약화되고, 북미에서 동아시아 및 유럽으로의 에너지 공급량이 증가할 것으로 전망된다. 이에 따라 국제 에너지 시장에서 천연가스 공급량이 대폭 확대될 것이며 에너지 수출국 간 경쟁이 강화되어 기존의 공급자 중심의 시장 구조가 약화되고 에너지 수입국의 목소리가 보다 강화될 것으로 전망된다.

IV. 환경 문제와 국제적 갈등

1. 환경 문제에 대한 이해

　전세계적인 자유무역의 실현을 위한 우루과이라운드(UR)가 타결된 후, 1995년 1월 세계무역기구(WTO)체제의 출범과 함께, '그린라운드'(GR: Green Round)라는 다자간 환경협상이 대두되었다. 앞으로 환경문제의 국제화는 더욱 빠른 속도로 진행될 것이며, 우리의 경제에도 많은 영향을 미치게 될 것이다. 즉, 환경오염의 국제적 광역화로 인하여 환경오염을 둘러싼 인접국과의 분쟁이 예상되며, 아울러 범세계적 차원의 환경보전을 위한 압력이 더욱 거세어질 것으로 전망된다.

지구환경보전에 대한 인식을 새로이 하게 한 국제적 노력은 1972년 스톡홀름에서 소집된 '유엔인간환경회의'이며, 이 회의에서 채택된 '스톡홀름선언'은 지구환경회의의 기본헌장으로 원용되고 있고, 이에 따라 창설된 '유엔환경계획'(UNEP)은 케냐의 나이로비에 본부를 두고 있는 환경보전을 위한 가장 중심적인 국제기구이다. 이 기구의 목적은 환경분야에서의 국제협력 촉진, 환경오염에 관한 지식 함양, 그리고 세계의 환경상태 파악을 위한 지구감시(Earthwatch)에 있다. 지구환경문제에 대한 국제적 인식이 국제사회에 재 부각된 것은 스톡홀름선언이 채택된 지 10년째인 1982년 UN이 '세계자연헌장'(World Charter for Nature)을 채택하였을 때이다. 환경문제에 대한 전 세계적인 인식과 대응자세도 그 이전에는 경제개발과 환경보전의 양자 간에 어디에 더 우선 가치를 두어야 할 것인가에 관한 '개발·보전의 양자택일론'이 지배적이다가, 1980년대로 들어오면서부터는 환경의 질을 손상시키지 않고 지속적인 성장을 해 나가야 한다는 '개발·보전의 균형조화론'으로 전환되었다고 할 수 있다.

환경문제에 내한 전세계적인 관심은 1992년 6월 브라질의 리우데자네이루에서 열린 '유엔환경개발회의'에 세계 60개국의 정상, 170개국의 정부 대표, 2만 여명의 환경전문가, 그리고 민간환경단체 대표들이 참가하여 환경보전의 기본원칙을 규정하는 '리우선언'(Rio Declaration on Environment and Development)과 21세기를 향한 환경보전의 구체적 행동지침인 '의제 21'(Agenda 21)을 채택한 데에 잘 나타나 있다. 리우선언이 환경과 개발의 조화를 추구하기 위한 기본원칙이라 한다면, 의제 21은 환경문제의 발생원인과 해결방안을 규정하고 이의 실효적인 이행상황을 평가 감시하는 장치를 포함하고 있는 21세기를 향한 종합실천계획이라 할 수 있다.

1997년 6월 유엔본부에서 개최된 '유엔환경특별총회'에는 60여 개국의 국가정상이 참석하여 1992년 브라질 리우에서 열렸던 '지구정상회의'(Earth Summit)에서 합의한 공약의 이행상황을 평가하고, 보다 효과적인 지구환경보전에 필요한 정치적인 의지를 결집하였다. 그 결과 채택된 '의제 21의 추가이행 프로그램'은 '의제 21'의 효과적인 이행을 위한 중점 추진분야를 선정하고 각 분야별 구체적 추진방향을 제시하였다. 2002년 남아공의 요하네스버그에서 개최된 세계환경회의에서 합의된 사항은 향후 지구환경논의의 지침역할을 담당할 것으로 예상된다. 이는 지속가능한 발전(sustainable development)의 3대 축인 환경보호 및 경제·사회발전의 상호 의존성과 보완성을 강화하고 전진시키기 위한 공동의 책임을 강조하고 있다.

2012년 6월 브라질 리우데자네이루에서는 '제3차 UN 지속가능발전 정상회의', 이른바 'Rio＋20'가 개최되었다. 1992년 리우 정상회의 이후 20년만에 열린 이번 회의의 주요 의제는 '녹색경제'와 '지속가능발전을 위한 관리체계 강화'였다. Rio＋20 회의는 향후 최대 10년간의 환경과 개발에 관한 이정표를 제시한다는 점에서 의의가 있는바, 이 회의를 통해 지속가능발전을 달성하는 데 그 한계와 도전과제를 인식하고, 이를 해결하기 위한 국제공조 및 협력의 필요성을 재확인하였다. 그러나 현재 국제사회가 처한 글로벌 경기침체와 유로존 위기 상황으로 인해 20년 전 '리우 선언문'과 '의제(Agenda) 21'과 같은 역사적 선언문을 도출하는 데는 실패하였다(정지원·박수경, 2012). 2015년 말 파리 당사국총회에서 신기후체제에 대한 합의 채택을 앞두고, 2014년 말 리마 당사국총회가 협약의 기본 원칙 반영, 기여(INDC)의 범위와 제출 시기 및 정보, Pre-2020 공약 이행 등에 대한 선진국과 개도국 간 입장 차이가 해소되지 않은 채, 막을 내림에 따라 향후 협상 과정에서 난항을 겪을 것으로 전망된다(정지원·문진영, 2015).

유엔기후변화협약 협상회의가 2015년 6월 독일 본에서 개최되어 유엔기후변화협약의 효과적 이행 기반을 마련하는 한편, 2020년 이후 새로이 적용될 新기후체제를 마련하기 위한 협상이 진행되었다. 新기후체제는 선진국만이 온실가스 감축의무를 부담하는 기존 교토의정서(2020년에 효력 만료 예정)의 후속 체제로서, 선진-개도국이 모두 공동의 의무를 부담하는 체제이다. 新기후체제 수립을 위한 협상은 2015년 12월 파리에서 개최되는 제21차 유엔기후변화협약 당사국총회(COP21)에서 타결하는 것을 목표로 하고 있다. 한편, 국제사회는 2020년 이전까지의 기후변화 대응 노력을 증진하는 방안 중 하나로, 2012년에 효력 만료 예정이던 교토의정서 체제를

2020년까지 연장하는 '도하개정안'(Doha amendment)에 대한 비준을 독려하고 있으며, 우리나라는 Post-2020 신기후체제 형성에 건설적으로 기여해 나갈 예정이다.

2. 환경의 국제관계

환경문제와 관련한 국가들 사이의 갈등은 크게 두 가지 유형을 띠고 있다. 하나는 인접국가 간의 갈등이며 다른 하나는 선진국 대 개도국 간의 갈등이다(이상환, 2004).

첫 번째 유형인 인접국가 간의 갈등은 특정지역의 환경문제를 야기시킨 원인제공국가의 규명과 그 책임 정도를 결정하는 문제와 관련된 지역적 혹은 양자 간 환경갈등을 의미한다. 그러나 그 원인제공국가에 의한 피해가 정확히 어느 정도인지에 대한 평가가 결코 간단한 일이 아니며, 그 국가가 얼마를 책임져야 할지를 결정하는 문제가 쉽지 않기 때문에 이들 피해에 대한 지역적 혹은 양자 간 물질적 배상의 합의는 더더욱 쉽지 않은 것이다.

두 번째 유형은 환경문제에 대한 선진국과 개발도상국 간의 갈등으로 그 근본적인 시각 차가 현격하고, 대립양상도 첨예하여 인접국가 간의 갈등보다 더욱 대결적인 양상을 띠고 있다. 이는 선진국·개도국 모두 지구환경 보전의 중요성에 대한 인식은 같이하고 있지만, 그 실행을 위한 구체적 방법에서는 커다란 의견차이를 보이고 있음에 기인한다. 먼저, 선진국의 경우 기득권 고수를 위한 환경보호의 관점에서 지구환경파괴는 개도국들의 재생불가능한 천연자원 또는 생태계 파괴적인 자원의 수출에 의존하는 환경 파괴적인 '지속불가능한 개발방식'(unsustainable development)에 있다고 규정하고 있는 데 반하여 개도국의 경우 생산과 소비의 차원에서 선진국들이 과도하게 방만하고 자원 낭비적인 '지속불가능한 생활양식'(unsustainable life style)을 누림으로써 심각한 환경문제를 유발하고 있다고 주장한다.

그들 간의 또 다른 의견대립은 책임에 따른 지원의 관점에서 찾아 볼 수 있다. 지금까지의 환경파괴에 대한 책임문제는 재정적·기술적 지원수준에서의 대립이다. 첫째로 자금지원 문제의 경우, 개도국들은 역사적 환경파괴 책임에 대한 오염자부

담원칙을 적용하여 지금까지의 선진국의 대 개도국 원조자금인 '공적개발원조자금'(ODA)과는 별도로 새롭고 충분한 환경관련 기금의 제공을 요구하는 데 반하여, 선진국들은 ODA에의 추가지원을 내세우고 있다. 둘째로 기술이전 문제의 경우, 특히 한국과 같은 선발 개도국들의 관심분야인데, 개도국들은 비상업적(non-commercial)이고 특혜적인(preferential) 기술이전을 요구하고 있으나, 선진국들은 대부분의 기술이 민간기업 소유이며 지적소유권에 의해 보호되고 있음을 지적하여 개도국이 요구하는 비상업적 특혜적 기술이전을 거부하며 민간기업간의 기술협력을 강조하고 있다. 요컨대, 환경문제를 둘러싼 남북갈등은 환경보전을 앞세워 후진국의 개발을 규제하고 자국의 환경기술을 수출하며 자국에 적용되는 환경규제제도를 이용하여 무역에서의 국제경쟁력을 강화시키고자 하는 선진국의 입장과, 가능한 한 개발권을 침해받지 않으면서 환경보전을 위한 선진기술 및 재정지원을 좀 더 많이 확보하고 환경·무역 규제로부터 벗어나려는 후진국의 입장이 첨예하게 대립되는 데서 그 본질을 찾을 수 있다(이상환, 2004).

환경·통상 갈등의 발단은 여러 국가들이 국내적 환경규제를 자국산업의 보호를 위한 비관세장벽으로 활용하려는 데 있다. 환경기준은 그 국가가 처한 사회적·경제적·기술적 여건에 따라 다를 수밖에 없음에도 불구하고 많은 국가들이 자국의 국내 환경기준을 수입품 등 모든 상품에 일방적으로 적용하려 하고 있다. 특히 국가간 환경통제기술의 차이가 심각한 경우 이러한 움직임은 기술수준이 낮은 국가에게는 치명적인 문제가 될 수 있다.

환경관련 통상규제는 향후 더욱 강화될 전망인데, 그 이유 중의 하나는 국제경제관계에서 무역의 비중이 점차 높아져가면서 국제수출경쟁이 치열해지는 속에서 기업들은 그 생존을 위해 불공정 요인을 찾게 되고 이에 국가 간의 환경기준의 차이를 그러한 불공정 요인에 포함시키게 된다는 것이다. 다른 하나는 국제환경문제의 해결에 있어 국가 간의 협력은 불가결한데 환경문제의 중요성에 대한 인식이 제고됨에 따라 비협조국에 대한 제재수단으로서 통상규제가 강화될 것이라는 점이다. 따라서 환경관련 통상규제조치인 환경기준강화(기술장벽), 생산과정 관련규제(경쟁력), 그리고 국제환경협약하에서 비당사국에 대한 통상규제 등이 강화될 것이며, 이에 따른 국제적 분쟁의 심화가 있을 것이다. 아울러 신기후변화체제의 출범을 앞두고 그 감축의무의 향배에 따라 새로운 국제환경 논의가 전개될 것이다.

V. 바이오 문제와 국제적 갈등

1. 바이오 문제에 대한 이해

오늘날 국제사회 내 바이오 문제의 대표적인 의제는 식량, 전염병, 물 부족 등이라고 할 수 있다. 특히 전통적인 바이오 의제인 식량과 최근 대두되는 바이오 의제인 전염병은 관심을 갖고 그 해결방안을 강구해야 할 사항이다. 식량 및 전염병 문제가 향후 세계대전을 야기할 주요한 의제가 될지도 모른다는 주장이 나오는 것도 그럴듯해 보인다.

2009년 식량농업기구(FAO)는 인류역사상 최초로 10억 만 명의 사람들이 공식적으로 굶주림에 살고 있다고 발표했다. 2010년 식량가격의 상승으로 전 세계적으로 기아인구 9억2,500만 명 중 4,400만 명이 극한의 기아 상태에 빠지게 되었다. 아시아태평양 지역이 기아 인구의 62.5%를 차지하고 있고, 사하라 사막 남쪽 아프리카가 그중 25.8%를 차지한다. 미국의 민간단체인 세계식량정책연구소(IFPRI)는 2008년 북한의 경우 전체 인구의 35%가 기아상태에 있다고 분석했다(파이낸셜뉴스, 2011). 최근의 식량위기는 FAO, G20 그리고 World Bank 등의 회의에서도 뜨거운 논쟁거리가 되고 있다.

곡물에만 국한에서 볼 때, 미국은 식량수출국, 러시아·중국은 자급자족국, 한국·일본·대만은 식량수입국, 북한은 곡물자급률이 높긴 하지만 체제의 특수성 때문에 식량원조 수혜국 등으로 구분된다. 한국은 북한을 제외하고 동북아지역 국가 중 가장 취약한 곡물자급률을 보여주고 있다. 이들 국가는 식량상황과 정책에서 큰 차이가 있을 뿐 아니라, 국제사회에서 논의되는 식량위기 논쟁에서도 각기 다른 입장을 보여주고 있다.

2005-2008년 동안 세계 식량 가격이 83% 증가했는데, 특히 2008년에는 거의 45%나 급증하는 상황이 벌어졌다. 이는 1845년 경제학자들이 비교할 만한 지수를 사용한 이후 가장 높은 수준의 상승폭이었다. 밀은 130%, 콩은 87%, 쌀은 74%, 그리고 옥수수는 31%의 가격 상승이 있었다(Holt-Giménez and Peabody, 2008). 무엇보다 중요한 것은 만일 식량부족으로 곡물가격이 계속 상승하게 된다면, 굶주린 사람들이 정부에 저항하는 폭동을 일으켜 사회가 불안정해질 수 있다는 것이다. 1980년대 이후 식량 부족 국가들에서는 꾸준히 국제기관의 구조적 조정의 실패에 대해 항의 시위가 이어지고 있다. 2010년 12월 튀니지에서 시작된 아랍지역의 반정부 시위와 혁명의 물결이 발생한 원인들 중 하나도 곡물가격 급상승과 극심한 기근 때문이었다는 사실을 간과할 수 없다.

최근의 식량위기는 기후 변화로 인한 자연 환경의 취약성, 에너지자원 고갈에 대처하기 위한 대체에너지 개발, 인구 증가, 농업에 대한 투자 감소, 세계 식량비축량 감소, 식량의 수요 증가, 부자국가들과 국제시장에서의 기업형 식량레짐의 경제적 활황 등 너무 많은 요인들이 복합적으로 작용해서 발생한 현상이다. 이런 원인들 중에는 그 중요성이나 심각성에서 차이가 있기 때문에 해결의 우선순위 결정이 쉽지 않다. 한편 최근 급격하게 심각해진 식량위기에 대한 논의가 활발하게 이루어지는 가운데 식량안보(food security), 식량정의(food justice), 그리고 식량주권(food sovereignty)이라는 세 가지의 목표 지향적 개념이 공존하기 시작했다. 이 때문에 식량위기에 대한 문제해결에서 설정될 목표는 시기, 국가, 지역 그리고 국제적 수준에서 달라진다.

한편, 최근 곡물가격의 급등으로 식량위기가 심각해짐에 따라 바이오 기술(생명공학기술)을 이용하여 유전자 변형 농산물 및 식품(GMO) 개발이 활발하게 진행되고 있다. 유전자 조작 콩이나 옥수수 개발로 탁월한 수확량 증대 효과가 실제로 나타나고 있고, 병충해에 대한 내성이 강하거나 혹은 가뭄에 강하고 적은 양의 물로도 같은 수확량을 얻을 수 있는 유전자변형 작물도 개발해내고 있다. 이런 GMO 등의 바이오 농산물이 현재의 식량공급의 위기를 완화할 수 있다는 점에서 효율적 대안이 되는 것은 사실이나, 이런 변화는 또 다른 의미에서 식량위기를 가져올 수도 있다. GMO 농산물은 식량 수급의 측면에서는 효율성이 뛰어나지만, 식량의 안정성 및 윤리성 측면에서 건강의 문제를 일으키고 환경에 악영향을 미칠 수 있으며, 세계의 일부 거대 식품자본에 식량주권이 넘어갈 수 있는 위험성이 높기 때문이다. 이렇듯 바이오테크 작물에 대한 찬반 논란이 일고 있다.

현재의 식량체제는 더 이상 사람들에게 충분한 식량을 제공하거나, 영양 있는 식량을 제공하는 데 적합하지 않을뿐더러 환경을 고려한 지속가능한 생산을 가능하게 하지도 않는다. 오히려 식량생산을 통해 이윤을 최대화하고, 노동비용과 노동착취를 최적화하는 것을 추구하는 전형적인 자본주의 논리에 의해 운영되고 있다. 과연 식량위기는 식량을 공공재로 간주해서 해결될 수 있을까? 전통적으로 물, 종자, 경작지 등 공동체에 속해 있던 공공재들이 이제는 초국가적 기업들에 의해 소유되고 운영되는 생산자 중심적이고, 사적소유의 식량체제로 전환된 성향을 보이고 있다.

식량위기에 대한 기본 원인을 논할 때 주로 자연의 변화와 자원의 한정성에 초점이 맞춰지고 있는데, 식량위기가 인간이 만들어 낸 정치적 문제라는 점은 다소 경시되는 경향이 있다. 과학자나 농업경제학자는 식량증산을 위해 전 세계에 공급할 수 있는 종자개발과 생산방법을 논의하지만, 기술을 넘어 국제식량체제를 형성해온 '권력의 정치', 식량체제 내의 행위자들을 살펴보는 것이 더욱 중요하다. 특히 신자유주의하에서 보다 심각해지는 식량을 둘러싼 문제는 정치경제적 메커니즘 속에서 해결되어질 필요가 있다. 따라서 시장의 신자유주의화와 기업형 식량레짐의 미미한 개혁이 지속되는 한 이런 위기는 보다 더 악화될 뿐 개선되기 어렵다. 식량체제 개혁은 식량지원의 지역화, 남반부 농업에 대한 지원 확대, 유기농을 위한 연구 기금 제공 등을 통해 장기적으로 이루어질 수 있지만, 이를 통해 식량체제 내 권력집중을 치유할 수는 없다. 오히려 불공정성이 더 악화될 수도 있기 때문이다.

21세기 들어 최초의 국제적 전염병인 사스(SARS)는 현대의학의 한계를 드러내게 하였고 국제사회에 전염병의 공포를 알리는 신호탄이 되었다. 이어 3년도 채 지나지 않아 발생한 조류독감(AI)은 전염병 문제를 국제사회 내 최대 관심사의 하나로 부각시켰다. 최근 신종플루(Influenza A)의 대유행, 에볼라바이러스(Ebola Virus), 메르스(MERS) 등의 전염병을 퇴치하기 위해 국제사회가 무엇을 해야 하는가라는 과제가 제기되고 있다. 이러한 사스, 조류독감, 신종플루, 에볼라바이러스, 메르스가 전염병 시대의 서막이 될 것이라는 주장과 앞으로 더 심한 전염병이 등장하게 될 것이라는 예측으로 인류는 불확실한 미래를 걱정하고 있는 것이다.

사스는 2003년 3월 세계보건기구(WHO)에 의해 처음 인지된 특이한 이례적인 폐렴에 부여된 용어이다. 그 첫 번째 발병은 2002년 11월 중국 광동성에서 있었던 것으로 추정되었다. 이후 감염된 사람들과 접촉한 여행자들에 의해 다른 국가로 확산되어졌다. 사스는 29개국에 전파되었는데, 주요한 발병 국가들로는 싱가포르, 캐나다, 베트남 등이 있다. 중국과는 달리 이들 국가는 전염병 발생률이 가장 높고 사스로 인한 사망률 역시 높은 것으로 드러났다(Gallaher, 2005). 이렇게 2003년 2월말로부터 그 해 6월말까지 사스는 다수의 국가에서 위기를 야기하였다. 그것이 퇴치되기까지 사스는 약 8,300명을 감염시켰고, 그중 28개국에서 783명이 사망하였으며, 세계적인 피해 규모는 500억 달러에 달하는 것으로 보고되었다(Caballero Anthony, 2005: 475-476).

조류독감은 에비앙 인플루엔자(Avian Influenza) 바이러스에 의한 감염이다. 이 인플루엔자 바이러스는 조류들 사이에서 자연스럽게 발생한다. 야생조류가 그들의 내장에 있는 바이러스를 전 세계적으로 운반하나 그로 인해 흔히 병을 얻지는 않는다. 하지만 조류독감은 조류들 사이에서는 매우 전염성이 강하고 닭, 오리, 칠면조를 포함하는 가금류들을 심하게 병들게 하고 죽음에 이르게 한다. 조류독감 바이러스는 인간에게 쉽게 옮겨지는 것은 아니나 1997년 이래 조류독감 바이러스가 인간에게 전염된 여러 사례들이 발생되어 왔다. 가금류 사이에서 조류독감이 발생하는 동안, 감염된 조류와 조류 배설물로 오염되어진 장소에 접촉해온 사람들은 조류독감의 위험성에 노출된 것이다. 2005년 동남아시아를 중심으로 발생한 AI는 2년간 70여 명의 사상자를 냈지만 매년 '연례행사'처럼 각국을 뒤흔들고 있다. 아시아개발은행(ADB)에 의하면, AI가 대유행한다면 일본을 제외한 아시아 전체에 최대 3,000억 달러 규모의 경제적 손실이 있을 것으로 예상하고 있다.

신종 인플루엔자 A(H1N1)는 돼지에서 생기는 호흡기 질환으로 A형 인플루엔자 바이러스에 의한 감염이다. 대개 사람에게 질병을 유발하지 않지만, 감염된 돼지와 직접적으로 접촉한 사람에게 질환이 감염될 수 있다고 한다. 초기에는 '돼지인플루엔자'(SI; Swine Influenza)로 불리었으나, 2009년 4월 30일 WHO는 돼지인플루엔자(SI)는 더 이상 쓰지 않고 '인플루엔자A(H1N1)'로 부르기로 공식 발표한 바있다. 발생 이후 전 세계적으로 감염자와 사망자가 계속 증가하여 2009년 6월 12일 세계보건기구는 신종 인플루엔자A의 전염병 경보를 5단계에서 최고 단계인 6단계(대륙 간 감염으로 인한 '대유행' 단계)로 격상하였다. 2009년 11월 3일 발표를 기준으로 129여 개국에서 26만여 명을 넘는 감염자가 발생하였으며, 20여 개국에서 사망자가 발생하였다. 한국의 경우 11월 3일을 기준으로 하루에 약 9천명 이상이 감염되었으며, 48명이 신종플루 감염에 따른 합병증으로 인하여 사망한 것으로 알려졌다.

2014년 8월 8일 세계보건기구(WHO)는 에볼라바이러스 확산에 대해 '국제적 공중보건 비상사태'(PHEIC: Public Health Emergency of International Concern)를 선포했다. WHO는 "바이러스의 위험성과 급속한 확산 속도, 에볼라가 발생한 아프리카 지역의 부실한 보건 체계 탓에 국제적 확산 우려가 특별히 심각하다"면서 "에볼라 확산을 막기 위해 '특단의 대응'(extraordinary response)이 필요하다"고 밝혔다. PHEIC가 선포된 것은 2009년 신종플루, 지난 5월 소아마비에 이어 세 번째다. WHO는 에볼라 발생국 4국(기니·라이베리아·시에라리온·나이지리아)에 대해서는 국가 비상사태를 선포하고, 공항·항만과 접경지역에서의 검역을 강화해 에볼라(의심) 환자나 환자 접촉자의 출국을 금지하도록 했다. 또 (의심)환자가 있거나 발생국과 인접한 국가들(사우디아라비아·스페인·미국·세네갈 등)은 에볼라 진단실험실을 확보하는 등 긴급 대응반을 구성하도록 했다.

최근 한국에서 메르스(MERS) 즉 중동호흡기증후군이 사회적 문제가 되고 있다. 이 낯선 바이러스는 한국 사회에 큰 충격을 주고 있을 뿐만 아니라 전염병의 역사도 새로 쓰고 있다. 2015년 5월 20일 첫 환자가 발생한 이래, 6월 21일 기준 한국은 사우디아라비아에 이어 세계 2위 발병국이다. 메르스 확진자는 180여 명이고, 한 의료기관에서 나온 최대 감염자 수 83명(삼성서울병원)은 사우디아라비아의 23명 보다도 많다. 4차 감염 사례도 한국에서 세계 최초로 나왔다. 정부의 부실한 초기

대응이 메르스를 키웠고, 의료기관의 취약한 감염 통제가 이를 전국으로 퍼뜨렸다. 최근 확진자 발생 후 70여일 만에 사실상 사태가 종료되기는 했으나 메르스로 인한 한국 내 사회경제적 손실은 심각해지고 있는 상황이다.

위에 언급한 바와 같이, 전염병 문제가 21세기 국제사회의 갈등의 원인으로서 대두하고 있다. 전염병 발생국 국민에 대한 출입국 규제, 여행 제한, 통상 규제 및 비발생국 국민의 발생국에 대한 관광 규제 등 갈등의 소지가 되는 다양한 조처가 취해지고, 국내 문제의 국제화와 국제 문제의 국내화라는 현상을 초래하며 분쟁을 확산시킬 수 있는 것이다.

2. 바이오의 국제관계

위에 언급한 식량위기를 벗어나기 위해서 식량위기의 다양한 원인들의 개선 또는 제거를 위해 고려해야 할 몇 가지 사항들이 있다. 첫째, 식량위기를 야기시킨 모든 원인들은 특정 국가 혼자서는 해결할 수 없는, 국제사회 내 협력과 합의 없이는 불가능한 지구촌 공동의 문제라는 점이다. 둘째, 식량위기 해소를 위해 어떤 목표를 지향해야 할 것인가가 가장 우선적으로 고려되어야 한다. 셋째, 문제해결 시 전략적 차원에서 단기적 혹은 장기적 차원으로 구분되어질 필요가 있다.

오늘날 식량 위기의 양상은 두 가지로 요약된다. 하나는 생산의 위기이고 다른 하나는 분배의 위기이다. 인구 증가를 따라가지 못하는 식량생산 증진을 위해 유전공학·생명공학의 기술혁신이 요구되며 배분상의 문제를 해결하기 위해 국제사회의 협력이 그 어느 때보다도 필요하다. 기아선상에서 식량을 필요로 하는 지역의 사람들이 식량 배급을 받을 수 있는 사회·경제적인 인프라 구축이 요구되는 것이다. 이를 위해 국제비정부기구 등을 포함한 비국가 행위자들의 역할이 중요하게 부각된다.

에너지 패권과 더불어 언급될 수 있는 것이 식량 패권이다. 예를 들어, 냉전기의 미국과 소련 간의 관계를 다룬 연구 중 양국 관계를 소련의 곡물 작황을 가지고 설명한 것이 있다. 그 연구 결과는 소련의 대미정책을 소련의 풍흉(豊凶)에 따라 설명할 수 있다고 주장한다. 즉 소련에서 곡물 생산이 풍족할 시 대미정책은 상대적으로 강경해지고 미·소관계가 경직되는 경우가 많았고, 곡물 생산이 부족할 시 대미정책은 상대적으로 온건해지고 미·소관계가 유연해지는 경우가 많았다는 것이다. 냉전기에 동구권 국가를 에너지와 식량으로 통제해 온 소련이 미국을 비롯한 서구국가들로부터 식량을 공급받기 위해서 그들과의 관계를 고려하지 않을 수 없음이 현실이 되는 것이다. 이처럼 식량 특히 주곡의 경우 식량 안보 차원의 의미가 있음을 우리는 알 수 있다.

2002년 말 새롭게 등장한 폐렴성 질병인 사스가 급속도로 확산되면서 국제사회는 보건안보의 중요성을 인식하게 되었다. 2002년 11월에 중국 광동의 남쪽지방에서부터 발생한 것으로 추측되는 사스 바이러스로 인해 2003년 7월까지의 통계에 따르면 약 8,500명이 감염되었고, 이 중 900명 이상이 사망하였다. 2003년 7월 5일에 WHO는 세계적 발병을 선언하였다. 2003년 3월에서 5월 사이 절정에 이르렀던 전체 8,422건의 사스 발병 중 약 90%, 그리고 전체 916명의 사망자 중 95%가 동아시아 지역에서 발생했다는 사실은 사스가 '동아시아의 질병'이라고 불리도록 만들었다(이신화, 2006; Zhuge, 2005; Caballero-Anthony, 2005).

이러한 사스 위기는 세계화의 악영향을 보여주는 좋은 에가 된다. 재화, 정보, 사람들이 더욱 밀집하게 세계경제와 통신 네트워크로 통합되면서 전염성 질병도 개별국가에 거주하는 국민들의 건강을 해칠 수 있을 뿐만 아니라 무역과 정보의 흐름을 방해하여 지역과 세계경제에 타격을 줄 수 있는 것이다. 사스는 동아시아 지역에는 전염병에 대처하기 위한 공동의 노력이 취약하고 부족하다는 것을 보여주었고, 인간안보에 있어 중심적이고 절대적인 부분으로서 일반 국민의 건강안보를 강조하는 계기가 되었다. 사스가 재발할 수 있다는 가능성이 제기되면서 동아시아의 각 국가들은 국내적 대처방안을 마련하고 지역적 협력을 증진하는 등 경계를 강화하고 있다(이신화, 2006).

사스 발병 초기단계에서 중국은 전염병을 은폐함으로써 국내문제를 다루는 그들의 전통적인 방식을 취했다. 그러나 중국의 태도는 전염병을 잘못 다룬 두 명의 장관급 관리를 해고하고 WHO에 사스에 관한 일일통계를 보고하기 시작한 그해 4

월 20일에 와서 극적으로 바뀌게 되었다. 사스 사례에서 나타난 중국의 변화는 지난 20여 년간 형성된 중국과 세계 사이의 국제적 연계가 중국의 국내정책 선택에 영향을 끼치기 시작했음을 보여주고 있다(Kim, 2003).

이러한 중국의 뒤늦은 응답을 설명하려는 두 가지 해석이 있다. 하나는 만약 사스에 관한 정보가 누설된다면 경제적 파급효과가 크리라는 중국당국의 우려였다. 그 질병에 관한 말이 중국 전역에 퍼져가기 시작했을 때 북경관리들은 그것이 지나가기를 바라면서 그 문제를 무시했다는 보도가 있었다. 다른 하나는 전염병에 대한 관행적인 중국의 태도로부터 파생되었다는 것이다. 대부분의 다른 나라와 마찬가지로 중국은 전염병을 의료적 조처를 요하는 의료문제로 취급한다. 이는 첫 번째 발병 후 중국당국이 WHO에 알리기 전에 왜 그것이 네 달 반이 걸렸는가를 설명한다(Caballero-Anthony, 2005: 480).

고통 받는 국가들이 사스를 방역하는 법을 논의함에 따라 위기는 아세안 및 한국, 중국, 일본 3개국 간에 전례 없는 협력을 낳았다. 2003년 4월 26일 개막된 아세안＋3개국 보건장관 회의에 이어, 4월 29일 방콕에서 아세안 및 중국 지도자 특별회의가 열렸다. 사스와 관련된 다양한 의제가 이 회의에서 다뤄졌고, 정보교류와 관련된 긴급 조처들이 합의되었다. 또 다른 주요한 관심사는 사스를 옮기는 것으로 의심되는 외국인들을 확인하는 것이었다. 단기 내지 중기 조처들은 아세안과 WHO 사이에 협력을 심화 시킬 뿐만 아니라 전염병의 발생에 대한 급속한 대응을 위한 지역적 협력 틀을 발전시킬 것이다(Caballero-Anthony, 2005: 486-488).

전염병을 안보 이슈화하는 주요한 목적은 일국 내외에 있는 관련 행위자들로 하여금 그것으로 인해 야기될 수 있는 위협과 위험에 대해 경계심을 갖도록 하는 데 있다. 우선 세계화와 함께 사람과 상품의 움직임의 규모, 속도 및 범위가 유사하지 않다. 불확실성 속에서 전염병이 확산되며 예측이 불가능한 것이다(WHO Epidemic Alert & Response, 2004; Posid, Bruce, Guarnizo, Taylor and Garza, 2005). 둘째, 세계화 이외에 인위적인 질병 촉진 사안들이 있다. 도시화와 지구온난화를 가져오는 기후변화는 전염병 발생을 가속화시키고 있다. 셋째, 전염병원체로 인한 위협은 과거보다 오늘날 더 크다. 사스가 명백히 보여준 바와 같이 전염병이 개인의 건강을 위협할

뿐만 아니라 그 확산은 경제적 마비를 초래하고 사회질서를 약화시키며 정부에 대한 대중 신뢰를 해친다. 결과적으로 전염병의 발생 혹은 재발은 사실상 그 영토 내에서 일어나고 또한 지역 안정을 위협할는지 모르므로 안보 이슈로 다루어져야 한다는 것이다(Caballero-Anthony, 2005: 489-490).

1851년에 국제사회는 국제방역조치에 대한 첫 번째 국제회의를 개최하였으며, 이를 계기로 국제공중보건에 대한 레짐이 형성되었다. 1902년 범미주위생국, 1907년 국제공공위생국, 1923년 국제연맹의 보건기구 등이 설치됨으로써 국제공중보건레짐은 형태를 갖추어 나가기 시작하였다. 1948년 세계보건기구(WHO)의 창설로 국제공중보건레짐은 가시적인 완성단계에 이르게 되었다. 1951년 WHO 총회는 국제공중보건에 관한 단일의 국제협약(국제보건규정; IHR: International Health Regulation)을 체결하였는데, 이는 기존의 국제공중보건레짐에서 개별적으로 다루던 사안을 총괄하는 것이었다. IHR은 관련 국가에 월경(국경을 넘는)질병의 발발에 의하여 관련 국가에 대한 통지의무를 부여하며, 월경질병의 발발 시 이를 통제할 수 있는 적절한 수준의 공중보건 메카니즘을 확보할 의무를 부과하고 있다. 국제공중보건레짐은 2005년 새로운 IHR을 채택함으로써 그야말로 글로벌공중보건레짐을 갖추게 되었다(김성원, 2007).

국제법상 공중보선에 관한 쟁점은 월경질병의 확산 방지 및 국제적 차원에서 공중보건의 수준향상에 초점을 맞추어 왔다. 19세기 이전까지, 월경질병의 확산방지에 관하여 국가들은 국제적 협력의 필요성을 인식하지 못하였다. 즉, 질병확산의 방지는 국내적 방역정책으로 충분하다고 생각하였다. 그러나 이러한 제한적인 방역조치는 국제교역의 증가로 인해 한계점에 도달하게 되었다. 제한적인 방역조치에 의한 국제무역의 제한은 국가 차원의 경제적 이해에 많은 영향을 주었으며 국가 간 통상갈등을 초래하였다. 따라서 국제교역의 감소를 유발하지 않는 적절한 수준의 월경질병 확산의 방지에 대한 협의가 필요하게 되었다(김성원, 2007). 오늘날 전염병 즉 보건 문제가 국제사회의 갈등 요인이 되고 이를 해결하기 위한 협력이 요구되고 있는 것이다.

국제적 전염병 발생 시 국제사회의 대처방식의 변화는 전염병에 대한 인식의 변화에 토대를 두고 있다. 즉 세계화의 심화로 국내 방역만으로 전염병을 퇴치할 수 없다는 점과 현대 의학으로 해결하지 못하는 변종 바이러스가 있다는 점이 현실적 한계로 부각되면서 국가 간 협력 없이 선진국과 개도국 모두 이러한 전염병으로부터 자유로울 수 없다는 인식에 기초하여 협력의 틀을 다져가는 것이다. 예를 들어, 선진국의 경우 앞선 의학과 적절한 대처로 자국 내 전염병의 발원을 퇴치할 수 있을는지 모르나 개도국은 외국으로부터 들어오는 전염병의 공격을 막아내는 것은 현실적으로 불가능한 것이다. 한편 개도국의 경우 선진국의 의료 지원 없이 전염병 문제를 해결하기가 막막한 것이다. 결국 전염병을 둘러싼 국제사회의 협력 틀은 새로운 전염병 레짐(epidemic regime)의 출현을 촉진하는 것이다.

VI. 맺음말

21세기에 진행되고 있는 인간안보의 강화는 단순히 군사적·물리적 위협으로부터의 안보를 보장하는 것과 구별되어야 한다. 동아시아는 외환위기를 통해 극심한 빈곤과 불법이민 등으로 인해 많은 사람들의 삶이 위태로운 상황에 빠지게 되는 것을 경험하면서 인간안보의 필요성을 절실하게 인식하게 되었다. 아직 국제사회에서 인간안보라는 개념이 상대적으로 익숙지 않은 것이 사실이지만, 새로운 접근법이 요구됨에 따라 역내 국가들은 안보위협이 되는 많은 요소들을 보다 구체적으로 평가하고 인간안보를 포함하여 넓은 의미의 안보를 추구하도록 요구받고 있다(이신화, 2006). 예를 들어, 전염병, 광의로 보건 안보는 그러므로 새로운 안보 의제에 포함되어야 한다. 오늘날 다수의 지역적 및 전세계적 현안 문제들이 있다. 상호적이고 산발적이지 않은 협력이 가장 신중한 정책이고, 깨끗한 공기와 물 확보, 그리고 전염병 척결과 같은 보건목표를 달성함에 있어 가장 효과적인 수단이 되는 것이다 (Kuismin, 1998).

사스의 예는 다수의 국가들로 하여금 잠재적으로 초국적인 전염병과 싸워야 하는 새로운 현실에 적응하도록 하였다. 알려진 치료방법 없이 그 전투는 아직 끝나지 않았다. 그 사례는 보건이슈 및 국가안보에 대한 새로운 인식을 관련국들에게 심어주었다. 다른 말로 하여, 그 위기는 안보를 다시 생각하게끔 한 것이다. 포괄적이고 비전통적인 안보의 틀 속에서 좋은 건강이 개인과 국가의 안보에 중요한 요소가 된다는 주장을 할 수 있다. 문제는 사스와 조류독감과 같은 전염병이 단순히 공중보건 관심사가 아니라 국가 혹은 국제 안보 문제로 고려되어야 하는 지이다. 한편에서는 전염병을 보건문제로서 보고, 다른 한편에서는 그것을 국가안보문제로 보고 있다(Caballero-Anthony, 2005: 488-489).

사스로부터 배운 주요한 교훈의 하나는 보건과 안보 사이의 밀접한 연관성을 파악할 필요가 있다는 것이다. 동아시아 포괄적 안보 인식은 군사적인 것 이외에 정치적, 경제적, 환경적 및 사회문화적 안보 측면 즉 비전통적 안보를 안보 개념에 확장시킨 것이다. 중국과 같은 국가에서 조차도 아직 구체화되지는 않았지만 보건 문제는 이제 안보이슈가 되었다. 전염병의 위험은 단지 더 이상 국내적 관심사가 아니다(Caballero-Anthony, 2005: 490-495; Sell, 2004).

2008년 한미 정상회담에서 합의된 '21세기 한미 전략동맹' 개념을 살펴보면, 그동안 군사 및 경제 분야에 치중해 왔던 한미 동맹을 이제는 핵확산 방지, 환경 보호, 에너지 확보, 전염병 퇴치, 인권 등 범세계적 관심사까지 포괄하는 동맹으로 발전시키겠다는 두 정상의 의지가 담겨져 있다. 여기서 주목할 것은 에너지, 환경, 전염병 문제가 거론되었다는 것이다.

대부분의 국가에서 보건 예산비율이 군사 예산비율을 초과함을 보여준다. 그러나 동북아 국가들 중에서 중국과 남북한의 보건 예산비율은 개도국 평균치를 밑돌고 있다. 관련 자료에 의하면 세계경제 자원의 10%가 보건 문제에 쓰이며, 일국의 민주화 정도가 보건 예산비율과 상당히 연관성이 있다고 한다. 인종적으로 다양한 국가들과 소득불균형이 심각한 국가들이 공중보건에 낮은 수준의 예산을 할당한다. 또한 지속적인 국제적 경쟁 관계 속에 있는 국가들이 보건 문제에 낮은 수준의 예산을 사용한다(Ghobarah, Huth and Russett, 2004; Okunade and Suraratdecha, 2000).

일본은 인간안보 문제를 중요한 외교정책 목표 중 하나로 강조해 왔고, 중국은 인간안보라는 개념을 공식적으로 사용하지 않고 대신 '인민의 안전'이란 용어를 사용하고 있다. 동아시아에서 각 국가는 인간안보를 증진하는 데 있어서 각자의 방법과 틀을 추구하는 경향을 보이는데, 동아시아 국가들의 문화와 가치에 부합하는 인간안보를 어떻게 정의할 것인가에 대한 통상적인 이해와 합의가 형성되어야만 할 것이다(이신화, 2006).

중국 정부가 인간안보를 공식적으로 받아들이는 데 주저하는 이유는 다음과 같다. 짧게 말하여, 영토, 불간섭 및 주권과 같은 전통적 안보 이슈에 대한 지속적인 강조는 안보가 개인의 이슈가 아니라 국가의 이슈임을 의미하는 것이다. 결국 그 논리는 만약 일국이 국가 주권을 수호할 수 없다면 그 국민들은 인권을 보장받을 수 없다는 것이다. 이러한 견해는 19세기 및 20세기에 외국군에 의해 중국이 침략을 당한 아픈 과거에 역사적인 뿌리를 두고 있다. 아울러 이는 대만, 티벳, 신장 등 감추고 싶은 국내적 인권 문제와 연관되어지는 것이다. 인권 의제 및 인도주의적 개입 문제와의 인간안보 개념의 연루는 중국정부가 인간안보 용어를 채택하지 않은 또 다른 이유인 것이다(Curley, 2004: 14-16).

국제사회에서 에너지, 환경, 바이오 문제는 단순한 관심사가 아니라 인간 생존을 위협하는 안보적 이슈로 받아들여져야 하며 인간안보 개념 속에서 받아들여져야 하는 것이다. 하지만 이들 문제는 단지 인간안보 차원에 머무는 것만은 아니라고 할 수 있다. 21세기 국제 분쟁의 주요한 원인으로 부각되고 있는 에너지, 환경, 바이오 자원 등은 지속가능성과 연관된 것이다. 이들을 확보하기 위해 세계 각국은 무한경쟁 시대에 돌입하였고 전쟁을 불사할 가능성이 있다. 특히 패권 유지 혹은 쟁취를 모색하는 강대국의 경우 이들 자원을 둘러싼 경쟁이 그 성패를 좌우하게 될 것이다. 예를 들어, 일국의 전염병 발생이 타국의 통상규제 혹은 발병국 국민에 대한 입국규제로 이어진다면 국가 간 분쟁 가능성이 높아지며 결국 인간안보의 문제가 국가안보의 문제로 확대되는 것이다. 에너지, 환경, 전염병 문제를 안보의 측면에서 이해하는 것이 요구되는 시점에 우리는 놓여 있는 것이다.

질문 및 토론 사항

1. 지속가능성 분쟁이란 무엇인가?

2. 에너지 문제가 국가 간 관계와 국제질서에 미치는 영향은 어떠한가?

3. 환경 문제가 국가 간 관계와 국제질서에 미치는 영향은 어떠한가?

4. 바이오 문제가 국가 간 관계와 국제질서에 미치는 영향은 어떠한가?

5. 미래전을 방지하기 위해 지속불가능한 상황 요인의 관리를 어떻게 해야 하는가?

인간안보와 지속가능성 분쟁에 대하여

오늘날 에너지, 환경, 바이오 안보 문제는 국제사회에서 가장 주목받는 관심사로 부각되고 있다. 20세기에는 생존을 위한 국가안보가 초미의 관심사였다면, 21세기에는 에너지의 안정적 확보, 대체에너지 개발, 환경 보전, 식량 확보, 수자원 확보, 질병관리 및 신약개발 등 삶의 질과 관련된 인간안보가 주목받고 있다. 특히 제한된 매장량을 갖고 있는 에너지 자원은 한 국가의 경제발전뿐만 아니라 주권 수호를 위한 군사력 확충에 이르기까지 국가의 운명을 결정할 수 있을 정도로 인간의 삶에 결정적인 요소가 되었다. 또한 에너지 자원의 소비에 따른 초국가적 환경위협의 증가는 점차적으로 국가 간 분쟁의 씨앗이 되고 있고 나아가 인류의 삶에 위협을 주고 있다. 나아가 일국의 전염병 발생이 타국의 통상 규제 혹은 발병국 국민에 대한 입국 규제로 이어진다면 국가 간 분쟁 가능성이 높아지며 결국 인간안보의 문제가 국가안보의 문제로 확대되는 것이다. 21세기 국제 분쟁의 주요한 원인으로 부각되고 있는 것은 에너지, 환경, 바이오 등 지속가능성과 연관된 것이다. 이들을 확보하기 위해 세계 각국은 무한경쟁 시대에 돌입하였고 전쟁을 불사할 가능성이 있다. 따라서 에너지 안보, 환경 안보, 바이오 안보의 확보를 중심으로 하는 지속가능성 분쟁은 21세기 국제사회의 중요한 화두가 되었다.

식량안보, 식량정의, 식량주권

　　식량안보는 빈곤인구를 대상으로 하는 식량공급의 차원을 강조하며, 식량정의는 영양부족 인구를 대상으로 영양가 있는 식량을 공급하거나, 식량의 안정성을 중시하는 건강에 좋은 식량의 접근성을 강조한다. 한편 식량주권은 식량기업 레짐 구조로 인해 먹을거리에 대한 접근과 분배에서 불평등하게 이루어지는 문제점은 물론 지역과 자국시장의 중요성을 강조한다.

국제질서와 한국의 외교안보전략

　　본 저서의 앞장에서 논의한 국제정치 관련 다양한 연구들을 바탕으로, 마지막 장에서는 '국제질서와 한국의 외교안보전략'이라는 주제에 대해서 논해 보고자 한다. 한국이 취할 수 있는 다양한 외교안보전략을 구체적으로 분석하고 제시하기에는 현실적인 어려움이 있으므로, 이 글에서는 한국의 핵심 외교안보목표를 제시하고 이를 실천하기 위해서 어떠한 전략적 방향성을 수립해야 할 것인가에 대해서만 언급해 보기로 하겠다. 이 논문을 통해 대체로 아래와 같은 네 가지 문제에 대해서 고민하고 또한 설명하고자 한다.

　　첫째, 한국은 어떠한 국가이익을 가지고 있는가의 문제이다. 2015년 7월 현재 UN 사이트에는 195개의 국가가 회원국으로 등록되어 있다. 이들 국가는 모두 저마다의 고유한 사회문화적 배경을 가지고 있고, 또한 서로 다른 외교안보환경 아래에서 서로 다른 국가자원을 보유하고 있다. 대한민국의 경우 편의상, 한반도적 국가이익, 동북아 지역적 국가이익 그리고 글로벌 차원의 국가이익을 고려해 볼 수 있다.[1] 핵심적으로 한반도적 이익은 북핵 및 북한문제의 해결을 통해 민주주의와 시장경제에 기반한 평화통일국가를 건설하는 일이고, 동북아적 이익은 역내 국가들간 반목과 갈등을 슬기롭게 극복하고, 나아가 동북아 공동운명체라는 초국가적 문제 의식 하에 국가들간 상호의존적인 관계가 제도화될 수 있도록, 동북아협력안보제도를 주도하고 창설하는 일이다. 우리의 글로벌 이익과 관련해서는 한국의 국가이익이 동북아에만 함몰되지 않도록, 미국 및 유럽과 같은 세계 최고 경제권과의 항시적인 외교안보 통로를 확보하여, 우리의 동북아적 이익과 글로벌 이익이 조화를 이루도록 노력해야 한다.

둘째, 이상과 같은 국가이익이 실현되기 위해서는, 우리가 처한 외교안보환경이 구체적으로 어떠한 특징을 가지고 있는지를 정확하게 파악해야 한다. 우선 동북아적 외교안보환경은 경제사회 영역에서는 보이지 않는 통합이 상당히 진척되었음에도 불구하고, 정치 안보적으로는 갈등과 반목이 지속되고 있는 '부조화'의 역내질서를 보이고 있다. 특히 이러한 부조화는 서로 상반되고 또(삭제) 때로는 왜곡된 역사인식이 자리 잡고 있기 때문인 것으로 판단된다. 한편 글로벌 차원의 외교안보환경은 과거 근대국제질서하에서 수백년 동안 지속되던 강대국정치(power politics)의 전통이 사라지면서, 소위 네트워크적 특징의 외교환경이 자리잡고 있다. 네트워크적 특징은 한마디로 외교의 다양한 '허브와 연결망'이 생겨나고 있다는 것으로, 과거 특정 강대국이 모든 영역에서 국제정치질서의 중심이 되었던 현상은 더 이상 발견하기 어려운 대신에, 이슈의 성격과 영역에 따라 다양한 국가가 글로벌 정치의 중심이 되는 것을 의미한다.

셋째, 가장 본질적인 문제로서, 이상에서 살펴본 한국의 국가이익 내용 및 외교안보적 환경을 토대로, 과연 우리에게 주어진 핵심 외교안보적 목표와 과제는 무엇

---

[1] 한국의 국가이익을 이렇게 세 개 지역적 층위의 구분을 통해 접근하는 데에는 장단점이 모두 있을 수 있다. 외교안보정책의 경우 북한문제, 동북아지역문제, 글로벌 외교 등과 같은 이슈들로 인해, 이처럼 3개 지역범주를 구분해서 설명하는 것이 효율적일 것으로 판단된다.

인지, 그리고 그러한 목표들을 실천하기 위한 전략적 입장은 무엇인지에 대해서 설명해 보겠다. 핵심적인 목표들로서, 우리에게는 북한문제 해결을 통한 한반도평화통일이라는 궁극적인 목표가 주어져 있고, 동북아 지역에서 외교 매개자 역할을 창출하여 역내에 지역협력제도를 정착시켜야 할 것이며, 이 과정에서 미국과 중국이라는 두 개의 강대국 외교가 균형을 이루면서 한국의 국가이익을 실천할 수 있도록 전제가 되어야 할 것이다. 또한 글로벌 수준에서 강대국 혹은 약소국이 하지 못하는 소위 강소국의 입장에서 중견국 위상을 더욱 굳건히 다지는 목표를 실천해야만 한다.

마지막으로, 한국의 관점에서 우리에게 주어진 외교안보 영역의 핵심 국가 목표를 실천해 나가는 과정에서, 반드시 고려해야 할 점을 몇 가지 지적하고자 한다. 대표적으로, 다른 나라가 겪지 못한 우리만의 현대사적 경험을 외교안보자산으로 적극 활용하는 지혜가 필요하다. 또한, 북한문제 접근에 대한 역발상을 통해, 북한문제를 오히려 외교자산으로 전환시키려는 시도가 필요하다. 예를 들어 북한문제 해결과 관련한 국제적 협의를 우리가 보다 적극적으로 주도하여, 세계평화에 기여하는 한국의 '평화 이미지'를 지속적으로 재생산할 수 있어야 한다. 이러한 일련의 목표를 위해서는 리더십, 제도적 완결성, 시민사회의 적극 참여 등과 같은 외교안보 실천 역량을 제고하기 위한 국가 차원의 총체적인 점검이 이뤄져야 한다고 본다.

II. 한국의 국가이익

개별 국가의 국가이익을 설명하는 방식에는 여러 가지 접근이 가능하겠지만, 본 글에서는 한국이 가지는 한반도, 동북아 및 글로벌 차원의 복합적인 국가정체성을 고려하여, 국가이익을 이러한 세 개 지역범주로 구분하여 살펴보도록 하겠다.

　　대한민국이 가지는 한반도 차원의 국가이익은 두 가지 차원으로 구분해서 살펴볼 수 있는데, 우선 우리 사회 내부의 대내적 차원에서 실현해야 하는 국가이익이 있고, 한편 북한을 포함한 한반도 전체 수준에서 실현해야 할 국가이익이 있다. 우선 대내적 차원의 경우 향후 우리 사회의 민주주의를 더욱 공고화해야 하는 과제에 직면해 있다. 한국은 동아시아에서 산업화와 민주화라는 두 가지 국가 과제를 성공적으로 수행한 대표적인 사례로 꼽히고 있다. 특히 민주화의 경우 사회적으로 급진적인 충격을 초래할 수 있는 아래로부터의 혁명을 거치지 않으면서도, 동시에 지배세력으로부터의 반발이라는 역 쿠데타의 가능성도 함께 제거한, 소위 전형적인 타협에 의한 민주화를 달성한 경우에 해당한다(최장집, 2002; 임혁백, 1999).

　　따라서 우리 사회 내부 차원에서의 국가이익은 우선 차제에 이룩한 민주화 수준을 더욱 향상시키고, 그러한 민주주의 발달이 궁극적으로 우리 사회의 공동체적 가치를 견고하게 보장해 주는 사회적 다원주의로 연결시켜야 할 것이다. 이 과정에서 북한은 물론이고 아시아 어느 국가도 이룩하지 못한 최고 수준의 인권보장을 달성하는 국가로 거듭나야 한다. 또한 이와 동시에 최근 들어 한국 사회의 핵심 과제인 복지문제에 대한 국가적 지혜를 모아 소위 '한국형 복지국가 모델'의 정립에도 성공해야 할 것으로 판단된다. 뒤에 다시 언급하겠지만, 이러한 가치 지향적인 이익의 확보가 통일, 경제성장, 외교적 위상 등과 같은 핵심 외교안보적 목표들을 수행하는 데에 토대가 되어야 함은 불문가지이다.

　　다음으로 국내적 차원의 국가이익을 한반도 전체 수준으로 확장시켜 보면, 북한을 상대로 적극적인 관여정책과 비핵화정책을 전개하여 남북관계의 발전을 도모하고, 궁극적으로 한반도에 평화통일이라는 숙명적 과제를 달성해야 한다. 이 과정에서, 한반도 분단은 우리 내부의 문제에서 비롯되기도 하였지만, 명백히 국제적 차원에서의 원인도 작용했기 때문에, 통일이라는 최대의 국가이익을 위해서는, 한반도 통일 지지를 위한 국제적 공감대가 형성되어야만 한다(박영호, 2011; 윤영관, 2011).

　　특히 우리는 북한을 상대로 안정적이고 평화로운 통일을 달성해야 하는데, 이와 관련한 우리 정부의 통일 비전은 '민족공동체통일방안'에 소개되어 있다. 비록, 동 방안이 마련된 지 20년이 넘었기 때문에 시대적으로 뒤처져 있고, 현실성에 문제가 있다는 지적도 있지만, 우리의 궁극적인 목표가 '대결종식과 평화정착', '남북한 경제통합', '정치적 통일'로 이어지는 일련의 3단계 과정을 성공적으로 추진하는 데에는 국민적 공감대가 형성되어 있는 것으로 판단된다. 따라서 예를 들어, 지금부터 대략 10년 후인 2025년을 목표로 '대결종식과 평화정착'은 물론 '경제통합'에 관한 남북한 사이에 상당한 수준의 경제공동체가 진행되어야 할 것이다.

2. 동북아 차원의 국가이익

모든 인간이 한 인간으로서의 정체성을 가지듯이, 국가 역시 하나의 국제정치적 단위로서 고유한 정체성을 가지게 된다. 국가정체성을 구성하는 요소는 매우 다양하므로, 어느 한 요소만으로 설명하기에는 어려움이 있지만, 한국의 특징을 가장 잘 설명하는 국가정체성이 있다면 그것은 '동북아 국가'로서의 정체성이다(박인휘, 2005). 미국, 중국, 일본을 포함하여 세계 어느 국가도 동북아적 이해관계는 가지지만, 동북아 국가로 정체성을 규정하지는 않는다. 따라서 이러한 특징은 세계 어느 국가보다도 동북아 지역의 안정성이 한국의 국가이익에 절대적인 전제조건으로 작용하고 있음을 의미한다.

동북아 차원에서의 국가이익은, 향후 가까운 미래에는 동북아 역내 국가들간 외교관계의 본질에 큰 변화가 없을 것이라는 전망하에, 즉 경제사회적인 협력이 있지만 그렇다고 그것이 정치군사적인 신뢰로 전환되지 않는다는 예측을 전제로 한다. 이러한 배경에서 동북아 공동안보대화창구 혹은 지역안보레짐의 형성은 우리의 국가이익과 맞닿아 있다.[3] 미일동맹은 우리가 생각하는 것보다 훨씬 공고한 수준에

---

2 1989년 국가 차원에서 합의 작성된 "한민족공동체통일방안"은 1994년 한 차례의 수정을 거쳐 "민족공동체통일방안"으로 자리 잡은 다음 오늘에 이르고 있다. 시대적 상황에 맞지 않는다는 다양한 문제가 제기되고 있고, 특히 3단계 통일론이 각 단계에서 어떻게 다음 단계로 넘어갈 것인지 프로세스에 대한 입장을 밝히지 않고 있다는 비판이 제기되고 있지만, 현실적으로 아직까지 어떠한 방향성을 가지고 어떻게 수정되어야 할 것인가에 대한 국민적 합의가 모아지지 못하고 있다.

3 지역레짐과 같은 제도화가 어떤 경로를 통해 어떻게 구체화되어야 하는가에 대한 이론적 설명으로는 참

서 진행되고 있으며, 또한 우리보다 외교안보에 투입할 수 있는 자원이 풍부한 중국과 일본의 경우 언제 어느 상황에서 외교적 대타협을 이룰지 짐작키 어려운 측면이 있다. 따라서 안보는 물론 다양한 정책 영역에 걸쳐 지역안보레짐이 생겨나도록 우리 정부가 주도적인 역할을 담당해야 한다. 특히 중국, 일본, 혹은 러시아가 선뜻 나서기 어려운 어젠다를 설정하여 우리의 중간자적 외교 공간을 적극 활성화해야 한다. 대표적으로 교육, 환경, 인권, 자연재해 등의 어젠다에 관심을 가질 필요가 있다고 본다.

3. 글로벌 차원의 국가이익

글로벌 차원에서 우리가 실현해야 할 국가이익은 역설적이게도 우리나라가 가지고 있는 동북아국가로서의 고유한 정체성에서 비롯된다. 동북아 지역에서 우리를 둘러싸고 있는 국가들의 경우 우리와 비교가 되지 않을 만큼 강력한 국력을 보유하고 있다. 이러한 현실은 우리가 동북아국가로서의 정체성을 가지면 가질수록, 우리의 외교안보적 관계의 범위가 동북아에 함몰되어서는 안 된다는 사실을 잘 보여주고 있다.

한국의 전통적인 핵심 외교사산인 한미동맹을 더욱 발전시킴은 물론, EU 및 아세안(ASEAN)과 같은 새로운 지역협력이 작동하고 있는 지역을 대상으로 외교적 통로를 항시적으로 확보하고 있어야 한다. 특히 한반도 문제 해결이라는 차원에서, 미국과 중국과 비교하여 정치적 민감성이 떨어지는 EU 국가들을 적극 활용하는 방안은 매우 중요한 함의를 가진다고 생각한다. 이 과정에서 지리적 관점에서의 탈동북아적 연결성 확보와 병행해서 다양한 정책 이슈와 결합하여, 한국의 글로벌 역할을 창출하는 노력이 중요하다고 본다. 이명박 정부에서 전개되었던 녹색성장, 오바마 행정부의 지원하에 이뤄졌던 핵안보정상회의, 지금은 동력을 다소 상실하였지만 강대국 중심의 결정구조를 탈피하고자 하였던 G20 외교무대 등을 적극 활용하여, 한

고, Alexander Wendt, "Collective Identity Formation and International State," American Political Science Review, Vol. 88, No. 2(1994).

국의 국가이익의 글로벌 확장력을 보장하기 위한 노력이 필요한 것이다.

III. 한국의 외교안보환경

한반도를 둘러싸고 있는 외교안보환경의 경우 핵심적으로 세 가지 특징을 제시할 수 있다. 우선 중국의 부상과 G2(미중간 새로운 세력관계)로 상징되는 동북아 지역의 안보환경을 고려해야 하고, 이러한 특징과 연동되어 동북아에서 작동하고 있는 기존의 미국 주도의 지역동맹구조와 동시에 동북아에서 흥미롭게 공존하고 있는 경제사회적 상호의존적 현상 사이의 관계에 대해서 살펴보고자 한다. 다음으로 동북아보다는 상위의 차원인 글로벌 수준에서 전개되고 있는 소위 네트워크적 외교환경에 대해서도 함께 설명해 보겠다.

1. 동북아 외교안보환경: G2와 동북아

냉전 종식 이후 20여 년의 시간이 지나면서 동북아를 둘러싼 외교안보환경에는 많은 변화가 있었다. 이 가운데서도 중국의 부상으로 통칭되는 정치 경제적 차원에서의 중국 국가 역량 증대는 한반도와 동북아는 물론 글로벌 차원에서 매우 다양한 영향을 미치고 있다(Shambaugh, 2013; Foot and Walter, 2010; Ross and Feng, 2008). 근대국제질서의 태동 이후 특정 강대국의 등장, 그리고 강대국간 세력관계의 변화는 국제관계 전반을 설명하고 이해하는 데에 중요한 독립변수가 되어 왔다. 19세기 유럽에서 영국을 중심으로 한 세력균형질서, 20세기 미소간 냉전대결을 중심으로 한 양극체제, 그리고 냉전 종식 이후 약 20여년에 걸친 미국 중심의 단극질서는 특정 혹은 복수의 강대국을 중심으로 전개된 국제질서의 특징을 압축적으로 표현하는 상징적인 경험으로 볼 수 있다. 이와 동일한 논리의 맥락에서 중국의 부상을 글로벌 질서 전반에 걸친 의미 있는 세력의 변화로 받아들인다면, G2로 통칭되는 미중간 새로운 세력관계는 향후 상당 기간 동안 국제정치경제질서를 규준(規準)하는 중요한 작동원리로 작용하게 될 것이다(Steinberg and O'Hanlon, 2014; Sutter, 2010).

그런데 근대 국제관계 역사에서 경험했던 세력관계의 주요 변화들을 살펴보면 한 가지 흥미로운 사실을 발견하게 되는데, 그것은 바로 '구조적 환경과 특정 이슈 사이의 결합'이라는 점이다. 다시 말해 국제정치는 일정한 단계를 주기로 개별 국면이 맞이하는 국제정치의 구조적 속성과 특정 시점에서 발생하는 이슈의 특성이 어떻게 결합하느냐가 중요하다. 예를 들어, 과거 냉전기 미소 양극체제라는 독특한 국제정치적 경험은 유럽의 전쟁, 신생국가의 급속한 출현, 외교관계의 양적 팽창, 과학의 발달이라는 국제사회의 '구조적 환경'이 미국과 소련의 지정학적 특징, 이념적 차이, 국내정치적 배경 등과 같은 '이슈의 특성'과 결합한 결과였던 셈이다.

현재의 관점에서 G2 그리고 한반도적 의미라는 차원에서 설명하자면, 새로운 미중관계 속에서 예상되는 가장 특징적인 구조적 환경은 글로벌 패권과(미국) 지역적 패권의(중국으로 가정) 구분이 무의미하다는 점을 지적할 수 있다. 지난 20년 동안의 탈냉전기 역사에서 알 수 있듯이, 미국이 주요 지역의 강대국들과 다양한 차원의 협력체제를 구축한 것은 사실이지만, 그것이 글로벌 패권과 지역 패권의 공존을 의미하는 것은 아니다. 정보화, 세계화, 민주화로 압축되는 21세기 외교환경에서 글로벌 패권과 지역 패권의 역할 구분은 기본적으로 큰 의미를 지니지 않는다. 이러한 구조적 특징을 G2와 한반도석 차원에서 설명하자면, 글로벌 이슈를 중심으로 미중 간에 다양하게 전개되는 상호의존성 및 세력대결은 역시 매우 다양한 차원과 연결고리를 통해 한반도 문제에 영향을 미치게 될 것이다.

지금까지 미중 간 세력관계의 유형과 관련하여 학문영역에서 혹은 정책영역에서 다양한 논의가 전개된 바 있는데, 대체로 기존 논의들을 종합해 보면 '적대적 경쟁관계' 혹은 '전략적 협력관계' 중 어느 한 유형을 전망하는 경향을 보이고 있다(Levy and Thompson, 2012: Ross, 2004). 전자의 경우 양 국가의 국가이익의 편차가 크다는 것을 전제로 하기 때문에 결과적으로 기존 패권국가인 미국의 대중국 세력균형이 성공하느냐 아니면 두 국가 사이에 세력전이가 발생하느냐의 문제로 볼 수 있다. 후자의 경우 기본적으로 핵심 이슈들에 대한 양 국가의 편차가 크지 않거나, 혹은 국가 이익 간 차이가 있더라도 중국은 미국이 제도화한 국제질서를 인정하는 것을 전제로 외교전략을 추구하는 세력관계라는 설명이다. 따라서 이 경우 미국과 중국은 글로벌 이슈는 물론 지역적 차원의 이슈와 관련하여서도 양국의 공동이익이 증대되는 '이익균형'의 논리에 따르게 됨을 의미한다. 따라서 미중 전략적 협력관계는 지역적, 세계적 차원에서 기본적으로 경쟁과 협력이 공존하는 형태이지만 어느 일방이 과다한 이익을 향유하거나 혹은 과다한 손해를 떠안지 않는 공동체적 노력을 전제로 한다.

2. 동맹구조와 안보공동체의 공존

한반도를 둘러싼 외교안보환경의 또 다른 특징으로 '미국 주도의 동북아 동맹구조'와 '한중일을 중심으로 전개되는 일종의 경제사회적 통합현상'을 들 수 있다. 과거 한국전쟁을 전후로 동북아에 매우 정교한 '복층적' 양자동맹구조가 자리 잡게 되었고, 그러한 질서는 냉전기를 통해 심화 및 발전하였다(Calder and Ye, 2010; Kim, 2003). 동북아 동맹구조의 기원과 관련하여서는 다양한 이론이 서로 경쟁적으로 존재하고 있으나 본 글에서는 소상히 밝히지 않겠다.[4] 동북아 이외의 다른 지역의 경우 지역안보환경이 지난 20년 동안 크게 바뀐 것과 비교하여, 동북아 지역은 냉전기에 작동한 미국 중심의 양자동맹구조가 매우 견고하게 유지되고 있다.

그런데 문제는 현재 동북아의 경우 역내 구성원들 간 군사안보적 영역 이외에서 특히 경제적 및 사회문화적 차원에서의 상호의존성 역시 매우 역동적으로 심화되어 왔다는 점이다. 동맹관계라는 군사안보적 장치의 존재와는 별도로, 소위 '하위정치'(low politics)의 영역에서 역내 국가들 사이에 경제관계를 중심으로 상호 이익 증대를 위한 상호의존성이 심화되어 온 것이다. 즉, '동맹적 제도'가 '동북아 공동체'적 현실과 결합하는 매우 흥미로운 특징이 발견되는 것이다(박인휘, 2010). 대표적으로 탈냉전기에 들어 20년만에 한중일 삼국간 교역량은 약 20배가 늘어나 2012년

---

4 대표적으로 세 가지 방식의 설명 방식이 경쟁적으로 존재하는데, 미국의 영향력 극대화를 위한 전략적 선택, 동북아 역내 지도자들의 전략, 당시 유럽지역안보환경과의 차이 등의 설명이 있다. 참고 Park Ihn-hwi, 2013.

기준 한중일 삼국 전체 교역량의 약 20%를 차지하고 있다. 또한 사회문화적 교류의 네트워크도 매우 활발하게 형성되었는데, 대표적으로 한중관계의 경우 국교정상화 20여년 만에 한 해에 한국과 중국을 오가는 방문자가 1천만명에 다다르고 있다.

동맹은 '어떤 상황과 정치사회 환경을 안전하다고 정의하느냐'의 문제와 관련한, 다양한 사회구성원들을 대상으로 한 '포함'(inclusiveness)과 '배제'(exclusiveness)를 제도적으로 구현하는 약속이며 또한 과정이다(Booth and Wheeler 2010; Booth 2007). 한편 이와는 전혀 다른 인식론적 근거를 토대로 하고 있는 '지역공동체'는, 역내 구성원들이 정치적, 경제적, 사회적 차원에서 이해하고 정의한 공간을 보호하며, 또한 평화적인 방법의 인식과 세계관의 공유를 통해 지역 전체를 하나의 '결사방식'(forms of association)으로 이해하는 안보 실천과정이다.[5] 이들 두 가지 상이한 안보를 이해하는 방식은 현실적으로 많은 차이를 보이지만, 가장 대표적으로 '안보 실천 주체'의 문제와 '안보위협 요인의 내용과 유래'의 문제를 놓고서 첨예한 대립을 보이게 된다.

따라서 세계적으로 다른 어느 곳에서도 유사한 예를 찾기 어려운, 동북아에서 발견되는 안보구조의 특징은 바로 '동맹제도'와 '공동체적 현실'의 공존인 것이다. 우리 정부가 반복적으로 한미동맹의 미래지향적 발전과 한중관계의 심화를 동시에 강조하고 있는 배경에는 이처럼 동북아 안보구조에서 발견되는 특수성이 작용하고 있는 것으로 판단된다. 물론 역내 국가들 간 경제관계를 포함한 상호의존의 증대가 전쟁의 방지로 이어지지 않는다는 인과관계는 과학적 엄밀성이 떨어진다. 그럼에도 불구하고, 역내 행위자들 간 상호의존의 심화가 정치 및 군사적 신뢰의 증대로 이어진다는 주장은 특히 1980년대 말 이후 의미 있는 설득력을 확보하고 있다. 동북아에서 발견되고 있는 동맹과 공동체의 공존이 앞으로도 계속해서 역내 안정성을 지탱할 수 있을지는 쉽게 판단하기 어려운 문제이다.

[5] 세계 개별 주요 지역이 보이는 안보공동체적 특징을 비교 분석하면서 지역공동체적 인식이 어떻게 형성 및 변화하는지에 대한 연구는, Barry Buzan and Ole Weaver, *Regions and Power: The Structure of International Security* (Cambridge: Cambridge University Press, 2004), pp. 40–60; Emanuel Alder and Michael Barnett, *Security Communities* (Cambridge: Cambridge University Press, 1998), pp. 30–37 참고.

이상과 같은 배경에서 현 시점에서 우리나라가 직면한 가장 중요한 외교안보환경의 하나로 동북아 안보구조에서 발견되는 모순적 현상을 어떻게 극복하느냐의 문제로 볼 수 있다. 군사 및 정치적 이슈가 아닌 사안들을 통해 역내 국가들의 상호의존이 심화됨에도 불구하고, 그러한 현상이 왜 상위 정치 영역의 신뢰형성으로 이어지지 않는가에 대한 문제는 향후 더욱 근본적인 차원에서 논의될 것으로 예상된다. 이와 관련하여 근대국제체제의 등장 이후 유럽이 경험한 오랜 공동체적 경험까지는 아니더라도 동아시아 나름의 '사회화' 과정을 거쳐야 한다는 설명이 있을 수 있고, 한편 경제교류 등과 같은 현상적 차원의 진행이 인식적 노력 및 제도적 차원의 노력과 병행되어야만 '안보 공동체'적 결과로 이어질 수 있다는 상대적으로 서구 관찰자의 설명이 있을 수 있다(전재성, 2006).

3. 글로벌 외교안보환경: 네트워크적 환경

이어서 동북아 차원의 외교안보환경을 넘어서는 글로벌 차원의 새로운 현상을 짚어보기로 하겠다. '네트워크'는 학문 영역에 따라 다소 상이한 강조점을 가지고 설명될 수 있으나, 본 논문에서는 '21세기 국제관계에는 매우 다양한 권력관계의 허브가 존재하며 이들 허브를 연결시켜주는 조정자의 역할이 중요하다'는 차원에서 이해하고자 한다(김상배, 2008a; Nye, 2005). 과거 냉전기처럼 글로벌 차원의 힘의 중심이 군사력을 바탕으로 한 양극(bipolarity)으로 설명되지 않음은 물론, 탈냉전기 이후 미국이 단극적 패권(unipolar momnet)을 행사하고 있지만 실제 권력관계에서는 매우 다양한 수준과 성격의 '권력의 중심'들이 존재하며, 이들 권력들 간에는 복잡한 방식의 인적교류, 지식공유, 정보교환, 영향력 등이 작용하고 있음을 발견하게 된다. 한마디로 국제사회가 '개체 중심'의 외교적 실천에서 '관계 중심'의 외교적 실천으로 변모하고 있는 것이다(김상배, 2008b; 민병원, 2006).

이러한 국제관계의 네트워크화는 외교의 수단과 형태, 외교의 내용, 그리고 외교의 주체에 이르기까지 포괄적인 영역에 걸쳐 중요한 변화를 야기하고 있다(Nye, 2008; Nye, 2005). 대표적인 예로서 국경을 초월한 조직력을 가지는 국제비정부기구

(INGO)는 통상 19세기 초 영국에서 시작되었다고 알려져 있는데 현재 1만여 개를 훨씬 상회하는 것으로 알려져 있다. 또한 초국가적 차원에서 경제활동을 전개하는 기업의 수가 전 세계적으로 70만 개가 넘으며, 다수의 국가에서 접근할 수 있는 인터넷 사이트의 수는 1억 개를 넘어섰다고 한다. 글로벌 사회 내부에서 진행되고 있는 관계의 양태와 내용의 혁명적인 변화는 이제 더 이상 국제(inter-national)관계라는 표현으로는 설명할 수 없는 경지에 이르렀다.

이러한 외교환경의 변화에 적극적으로 대응하기 위해서는 두 가지 관점에서의 현실적인 고민이 필요하다고 본다. 우선 '개체중심'에서 '관계중심'으로의 외교력의 전환은 다양한 외교자원의 등장과 개발이라는 특징을 보이고 있으며, 또한 이의 결과로서 새로운 외교자원을 개발하고 조정하는 전문가 중심의 다양한 외교정책 참여자를 필연적으로 요구하고 있다. 글로벌 사회의 시민들은 무수히 다양한 이익을 추구하며 또한 다양한 이해관계에 놓이게 된다. 앞서 소개한 우리 외교정책에서 발견되는 비효율적인 국가 에너지의 소모와 국론 분열적 현상도 결국 이와 같은 시민들의 다양한 이해관계에서 비롯되었다고 볼 수 있다. 따라서 국가의 전통적인 역할인 '책임성'(accountability)의 차원에서 국가는 더 이상 자국 시민들의 이익과 요구를 충실히 만족시키는 '유일한' 행위자가 될 수 없다. 대신 행정부와 함께 국민들의 요구와 이익을 지속적으로 충족시켜 줄 수 있는 다양한 외교전문가 및 외교자원 개발의 필요성이 더욱 증대되고 있는 실정이다.

이러한 필요성을 '네트워크적' 외교관계로 설명하자면 국민들의 다양한 요구를 해소할 수 있도록 글로벌사회 도처에 존재하는 힘의 중심(허브)을 찾아내거나, 혹은 국제사회가 필요로 하는 새로운 유형의 힘을 개발하여 스스로 국제정치의 '허브'로서 등장하여야 함을 의미한다. 또한 이들 허브를 자국으로 연결시킬 수 있는 '연결망'(connectness)을 구축하여야 하는 것이다. 즉, 네트워크적 특징의 외교관계에서 국가 행위자를 포함하여 다양한 외교관계 참여자를 적극적으로 활용하여 효율적이고 유연한 '연결망'을 확보해야 할 것이다.

그렇다면 외교안보 분야에서 우리에게 주어진 핵심 목표는 무엇이고, 그러한 목표들을 해결하기 위한 실천전략은 무엇일까? 분석 가능한 모든 목표를 제시하기보다는 가장 핵심적인 사안 몇 가지를 중심으로 살펴보고자 한다.

1. 북한문제 해결과 한반도 통일

북한문제의 해결은 현실적으로 우리가 안고 있는 최대의 외교안보 현안이자 동시에 민족적 과제가 아닐 수 없다. 무엇보다도 북한문제의 해결 없이 대한민국의 주권과 안보는 확보될 수 없다. 탈냉전기 이후 줄곧 북핵문제가 북한문제의 한 가운데에 자리 잡고 있으며 수많은 외교적 노력과 시행착오에도 불구하고 북한의 핵 외교를 포기시킬 방안이 쉽게 보이지 않는 현실이다. 하지만 지금의 시점에 이르러 우리는 '북핵문제'라는 사안은 궁극적으로 '북한문제'라는 보다 포괄이고 상위의 접근을 통해서만 해결될 수 있다는 깨달음에 이르게 된다. 결과적으로 북한문제의 해결을 위해서는 두 가지 내용의 국가 차원의 균형 감각이 필요하다고 판단된다. 첫 번째 내용의 균형감각은 북한문제가 안고 있는 '한반도적 속성'과 '탈한반도적 속성' 사이의 균형이다. 우리의 국가안보가 안고 있는 복합적인 성격으로 인해 우리의 외교안보적 목표를 위한 다양한 차원의 노력이 요구되듯이, 북한문제를 해결함에 있어서도 '남북한 관계'의 수준에서 달성되어야 할 이슈와 '국제적 관계'의 수준에서 달성되어야 할 이슈 사이의 균형감각이 요구되는 것이다. 북한문제에는 북핵문제만이 있는 것이 아니라 구조화된 경제침체 해결, 인권문제에 대한 관심, 동북아 공동체 및 국제사회에서의 소속감 부여, 정상적인 국가-인민 간의 관계 등 수많은 난제들을 안고 있다. 따라서 남북한 차원에서 해결가능한 문제와 국제적 차원에서 해결 가능한 문제를 효과적으로 분리하고 이들 이슈들에 전략적으로 접근하는 지혜가 필요한 것이다.

두 번째 내용의 균형감각은 북한과 미국 사이에서의 이분법적 사고로부터 벗어나는 것을 의미한다. 의도하든 의도하지 않든 북한과 미국은 우리의 외교안보적 실천과 관련하여 이분법적 접근을 전제로 한 채 존재하고 있다. 부분적으로는 냉전적 경험의 산물로 이해되고 동시에 민주화 이후 집권세력의 이념적 정체성에 따른 대북정치의 가변성이 심하였기 때문인 것으로 이해된다. 대표적으로 대다수의 국민들에게 과거 '국민의 정부'와 '참여정부' 시절 대북유화정책을 통한 남북한관계의 활성화는 한미동맹의 불가피한 후퇴를 의미하는 것으로 받아들여졌고, 동일한 논리에서 과거 이명박 정부를 포함한 보수 정권의 경우 한미동맹 강화는 남북한관계의 불가피한 후퇴로 인식되는 경향이다. 남북미 사이의 상호의존적 관계의 정착 없이 북한문제의 해결은 물론 북핵문제를 포함하여 궁극적으로 한반도 평화통일이라는 숙명적 과제는 결코 해결될 수 있다는 점을 명심하여야 한다.

이 과정에서 앞서 소개한 미중관계 및 동북아안보구조 변화는 북한문제와 관련하여 과거와는 다른 새로운 국면에 진입하게 되었다는 점을 잘 보여주고 있다. 북한문제가 안고 있는 두 가지 근본적인 이슈를 '비핵화'의 문제와 '북한 정상화'의 문제라고 가정할 때, 특히 2012년 및 2013년을 기점으로 해서 북핵문제는 매우 중요한 단계로의 변화로 진입하였다.

사실 북핵문제가 불거진 때마다 우리 사회는 물론 국제 사회는 두 가지 방식의 접근법을 둘러싼 논쟁을 경험하곤 하였다. 하나는 북한의 핵개발은 외부 세계로부터 더 많은 지원과 관심을 받기 위한 전략수단이라는 시각이 있다. 이 경우 북한의 핵개발은 기본적으로 외교수단으로서의 정체성 안에 머무르게 된다. 또 다른 시각은 북한의 핵개발은 궁극적으로 북한이 핵보유국가의 지위를 확보하기 위한 매우 정교하게 준비된 오랜 시간에 걸친 일련의 과정이라고 설명한다. 이 경우 북한의 핵개발은 그 정체성에 있어서 외교수단의 하나가 될 수 없다. 이와 같은 북한 핵개발의 동기와 관련한 상이한 접근법은 한국 및 미국으로 대표되는 국제사회의 대북정책을 규정하는 매우 중요한 차이로 이어지게 된다.

다시 말해 전자의 경우 한반도 비핵화의 실천은 우리의 노력과 정책에 달려 있다는 주장으로 연결되고, 후자의 경우 북한의 핵포기 및 한반도 비핵화는 결국 우리의 노력과는 무관한 북한의 의지와 선택의 문제라는 주장으로 연결된다.[6] 사실 이 두 가지 서로 다른 관점과 정치적 주장이 북한 문제를 바라보는 우리 사회의 핵심 논쟁이었다고 해도 과언은 아닐 것이다. 왜냐하면 기본적으로 전자의 시각은 상대적으로 진보적 관점이고, 후자의 시각은 상대적으로 보수주의적 관점의 시각이기 때문이다. 그런데 공교롭게도 2013년 박근혜 정부 출범과 함께 지난 20년간 지속되던 이러한 이분법적 시각과 논쟁이 매우 근본적인 성격 변화를 경험하게 된 것이다. 결정적으로 박근혜 정부가 공식적으로 출범하기 직전인 지난 2월 12일 북한이 감행한 3차 핵실험 이후 우리 사회에서는 두 번째 관점의 방식으로 북한 핵을 이해하고자 하는 사람들이 늘어나는 경향을 보이고 있다. 동북아 지역안보질서의 변화 시점을 맞이하여 북한은 북한의 관점에서 자국의 국가이익에 가장 유리한 대외전략을 구사하고 있는 것으로 풀이된다. 한마디로, 북한은 한반도 및 동북아 지역에서 일정한 위기의 상시 유지가 자국의 안보와 생존에 더 도움이 된다고 판단하고 있는 것으로 보인다.[7]

이와 같은 북핵문제의 새로운 국면은 앞서 설명한 동북아 지역안보구조와 매우 밀접한 상호연관성을 가진다. 미중 간 새로운 권력관계인 G2가 '협력과 갈등'의 공존을 의미한다면, 현실적으로 중국의 부상이 구체화되면 될수록 미국과 중국의 대한반도 영향력은 더욱 커지게 될 것이다. 따라서 북한문제에 관하여 한국, 미국, 중국의 이해관계가 서로 크게 충돌하지 않으면서 한반도 및 동북아 지역안정 방안을 놓고서 각국의 입장이 수렴할 수 있도록 어떻게 관리하느냐가 중요한 문제가 아닐 수 없다.

한편 박근혜 정부 출범 이후 통일에 대한 국민적 관심이 급속히 확산되는 듯한 현상이 발생하고 있다. 실질적인 성과로 이어질지는 미지수이나, 통일에 대한 젊은 세대의 관심이 늘어나고 특히 국제사회를 상대로 한반도 통일에 대한 국제적 공감

---

[6] 북한 스스로 혹은 우리 및 국제사회의 정책 관여자가 이렇게 규정하고 있다기 보다는 사회과학적 인과관계에서 '분석–정책적 대응' 사이의 논리적 일관성에서 보자면 이와 같은 설명이 성립된다는 의미이다.

[7] 물론 북한 정권의 생존이라는 관점에서 동북아의 일정한 상시위기 유지가 어느 정도의 수준이어야 하는가와 관련해서는 북한 스스로 정확히 판단하기 어려운 측면이 있다. 이러한 이유에서 핵개발, 북중관계 강화, 대화 제의 등 외견상 혼돈스럽지만 북한 내부적으로는 일정한 세력균형을 유지하고 있는 대외정책이 구사되는 것으로 판단된다.

대를 확산시키는 노력은 중요한 의미를 가진다(박명규·김병연, 2013). 하지만 남북한 평화통일이라는 궁극적인 목표를 이룩하기 위해서 우리가 넘어야 할 과제는 너무도 어려워 보인다. 무엇보다도 북한이 핵보유를 북한사회 전체의 생존과 동일한 의미로 받아들이는 한 통일을 위한 프로세스의 진척은 지난한 과제가 아닐 수 없고, 또한 현재 우리 정부의 유일한 통일비전인 '민족통일공동체방안' 역시 20여 년이 훨씬 넘은 현실 적응력이 떨어지는 내용이 상당부분 있어서 이와 관련한 국가 차원의 검토가 절실한 상황이다.

2. 한미동맹과 '한미중 관계'

국제정치학 분야의 개념 중에서 일상적인 상황에서는 특별한 의미를 가지지 않지만, 특정 외교 관계하에서는 매우 중요한 함의를 가지는 표현이 있다. 가장 대표적인 사례로 '동맹'(alliance)을 들 수 있다. 동맹은 동맹을 맺은 국가들끼리 동일한 '적' 혹은 '위협의식'을 공유하는 것이고, 이러한 전제 조건하에서 안보와 관련한 위기가 발생할 경우 동맹 국가들은 안보자원을 공유하게 된다(Morrow, 1991; Snyder, 1994). 이미 오래 전에 냉전이 종식되고, 동맹관계의 실질적인 내용이 많이 바뀌었다고 하더라도 이러한 기본 정의는 크게 변화하지 않고 있다.[8] 우리나라는 미국을 유일한 동맹 파트너 국가로 삼고 있으며, 반면 미국의 경우 세계 주요 전략지역에 걸쳐 수십 개 국가들과 동맹적 관계를 맺고 있다. 이 중에서도 한미동맹은 강대국과 약소국 간 체결된 동맹 중에서 매우 모범적인 성공 사례로 알려져 있고, 한국전쟁 이후 한국사회의 신속하고 효율적인 정치경제적 성장에는 한미동맹이 중요한 근간이 되었음은 주지의 사실이다.[9]

---

[8] 과거 1990년대를 전후로 냉전이 종식된 이후 동맹이론은 변화된 국제정치질서를 어떻게 설명해야 하는가에 대한 많은 고민이 있었다. 이러한 고민에 비교하여, 동맹이론 내용 자체의 변화는 그다지 크게 축적되지 않았다. 관련하여 동맹관계의 변화를 주장한 대표적인 연구로는 참고, Rajan Menon, The End of Alliance(Oxford: Oxford University Press, 2008).

[9] 2차 대전 직후 미국의 소위 원조외교는 전 세계 광범위한 지역에 걸쳐 다양한 목적과 내용을 가지고 전개되었다. 하지만 미국과의 외교관계가 모든 국가의 성공적인 발전과 성장을 견인한 것은 아니어서, 한미동맹의 경우 매우 성공적인 사례로 평가된다. 여기에는 다양한 설명변수가 자리 잡고 있는데, 이와 관련한

이러한 상황에서 탈냉전기 이후 한국과 미국은 한미동맹의 성격과 목적이 군사 분야에만 머물지 않고, 비군사 분야에도 동맹관계적 차원의 상호존중과 협력이 이뤄지도록 많은 노력을 하고 있다. 하지만 여전히 북한이 핵개발을 포기하지 않고 있고, 동북아의 지역불안정이 끊이지 않는 현실에서, 한국의 국가이익상 한미동맹은 우리가 절대 포기할 수 있는 일종의 최후의 안전핀과 같은 역할을 담당하는 외교안보적 조건이라고 해도 과언은 아닐 것이다. 뿐만 아니라, 동맹은 기본적으로 군사적 상호지원을 핵심 내용으로 하지만, 한국은 국가성장전략 차원에서 미국을 통해 세계 최고 경제권과의 교역채널을 확보하고 있으며, 국제사회의 다양한 이슈들의 해결 과정에서 우리의 글로벌 발언권을 점차 높여가고 있으며, 또한 언젠가는 이뤄질 한반도 통일과정에서 한국의 가장 든든한 글로벌 후원국으로서의 역할을 기대하고 있는 실정이다. 향후에도 한미동맹의 이러한 가치와 정신은 지속적으로 존중되어야 할 것으로 판단된다.

그런데 최근에 들어 우리 사회에서는 외교안보적 국가이익과 관련하여 매우 어려운 문제가 제기되고 있다. 그것은 바로 '미국과 중국 중 향후 한국은 누구를 선택해야 하는가?'라는 질문이다. 물론 이러한 이분법적 구분이 우리의 국가이익에 아무런 도움이 되지 않는다는 사실을 잘 알고 있지만, 외교안보 정책 영역에서 불가피한 일련의 사건들이 발생할 때마다, 반복적으로 제기되고 있는 국민적 관심사이다.[10] 현 시점에서 세계 어느 나라이건 미국과 중국 모두와 좋은 외교관계를 맺고 싶지 않은 나라는 없을 것이다. 하지만 한국의 경우, 매우 특수한 지정학적 요인, 한미동맹의 견고한 정체성, 북한문제의 해결 등이 서로 복잡하게 맞물리면서 전략적 고민의 깊이가 더욱 깊어지고 있다.

결론적으로 얘기해서, 미국과 중국이라는 양강을 상대로 외교안보적 이익의 조화를 이루면서 '균형외교'의 전범(典範)을 보이는 단 하나의 국가의 존재한다면, 그

대표적인 연구로는 참고, Gregg Brizinsky, Nation Building in South Korea: Koreans, Americans, and the Making of a Democracy(Chapel Hill, NC: University of North Carolina Press, 2009).

[10] 사실 미중 사이에서 우리의 외교적 스탠스와 관련해서는 이미 오래전부터 제기되던 관심 사안인데, 예를 들어 과거 노무현 정부(2002–2007)시절의 경우에는 상대적으로 특정한 사건들과 연루되기 보다는 이념적 정향성에 바탕한 접근방식이었다면, 최근에는 AIIB 창설, 미국 사드 배치 문제 등 우리의 국가이익에 매우 구체적이고 직접적인 영향을 미치는 사건들을 중심으로 문제의식이 제기되고 있다.

건 바로 대한민국이어야 할 것이다. 다시 말해 우리의 전략적 고민과 노력을 통해 소위 '대미 대중 양강(兩强) 외교'의 모델을 제시하여야 한다고 믿는다. 돌이켜보면, 우리는 지금까지 미국과 중국을 상대로 매우 성공적인 외교관계를 구축해 왔다. 한미관계의 경우 한국전쟁을 계기로 성립된 한미동맹을 중심으로 정부 차원에서 먼저 양국관계를 발전시키고 곧이어 사적영역과 민간부분에서 발전시켜 나가는 소위 '정부 주도적 외교'(state-driven) 관계였다고 볼 수 있다. 반면 한중관계는 1992년 국교정상화 이후 불과 20여 년만에 한국의 최대 교역관계로 되었으며, 한중 양국간 경제사회적 상호의존은 가히 혁명적이라고 해도 과언은 아니다. 이러한 한중관계는 한미관계와는 달리 사적 영역에서의 외교관계발전이 먼저 선행하고, 정부가 뒤이어서 외교관계의 구체성을 채워나가는 과정인데, 즉 '시장 주도적 외교'(market-driven) 관계라고 볼 수 있다. 이러한 대미 및 대중 관계의 역할구분은 의도하지 않은 매우 자연스러운 현상으로서, 결과적으로 우리의 국가이익에 양대 핵심축으로 자리 잡게 된 것이다. 향후에도 이러한 경험과 외교전략을 발전시키면서 그 교훈을 계승해 나가야 한다고 본다.

이상과 같은 외교안보전략적 고민과 함께 다음과 같은 점도 함께 중요하게 다뤄져야 한다. 즉, 한국의 경우 국가정체성, 안보이익의 복합성, 북한문제, 지정학적 특수성 등으로 인해 외세를 활용해야 하는 외교안보전략이 불가피한 입장이다. 기본적으로 향후 일정한 시기까지는 한미동맹의 중요성이 인정되어야 한다고 본다. 중국의 부상이 엄연한 안보적 현실로 존재하고 이로 인해 동북아의 세력관계가 급변하고 있다 하더라도 상대적으로 약소국인 우리가 대중 외교에서 독자적인 노선을 채택하는 데에는 엄연한 한계가 있다. 세계질서가 G2로 재편된다고 하더라도, 중국이 현재 미국이 담당하고 있는 국제정치 조정자로서의 역할을 완벽하게 대체할 것이라고 생각하는 사람은 극히 드물다. 따라서 적어도 2030년경까지는 지금의 국제정치 구도가 기본적으로 유지된다는 전제에서 어차피 우리가 세계정치의 차기 패권국가로서의 준비를 하고 있는 것이 아니라면, 미국 이후의 세계질서에 대한 전략적 대안은 보다 치밀하고 섬세하게 준비하여도 무방하리라 본다.

다만, 북한 문제의 해결과 한반도 통일 과정에서 중국의 협조는 절대적으로 필요하다는 점은 반드시 명심해야 할 것이다. 예를 들어, 북핵문제가 최악을 상황을 맞아서, 북한이 핵관련 물질과 기술을 한반도 밖으로 유출을 시도한다든지, 한국과 국제사회의 예상을 뛰어넘는 국지전 도발을 계획한다든지 할 때, 그 효과에 대해서는 이론의 여지가 있지만 북한의 일탈적 행태를 제어할 주체는 중국뿐이라는 점을 이해할 필요가 있다. 또한 만에 하나 준비되지 않은 갑작스런 변수에 의한 한반도 통일과정에서, 중국이 북한 내 중국인의 생명 및 재산 보호를 명분으로 삼아 한반도 영토 내부로 자국의 군사를 파견하고자 한다면, 이는 자칫 잘못 또 다른 분단과정으로 이어질 수도 있는 매우 위험한 상황이라는 점을 사전에 명심해야 할 것이다.

3. 지역안보다자주의와 한국의 전략적 주도

우리나라의 국가이익과 외교안보환경적 특수성을 고려할 때, 대한민국은 동북아 국가들 간의 네트워크화된 외교관계를 제도화할 필요가 있다. 기본적으로 한국은 지리적으로 근접한 특정 국가와 양자 군사동맹관계를 맺는 것은 바람직하지 못한 것으로 알려져 있다(김우상, 2007). 대신 동북아 지역의 안정을 위해 다자간 안보협의체의 출범이 바람직한 것으로 이해되고 있는데, 역내 국가들 간 다자협의체는 여러 가지 방식이 있을 수 있다. 기본적으로 국가들 간 현대적인 국제관계의 역사가 유럽과 비교하여 일천하고, 미국이 동아시아 지역주의 출현에 대해서 불분명한 입장을 견지하고 있으며, 중국 혹은 일본이 지역주의 출범의 주도권을 행사하는 것도 현실적으로 가능성이 커 보이지 않는다. 또한 동남아에서 발견되는 느슨한 형태의 지역주의(ASEAN)는 제도화의 수준이 낮아서 구속력 있는 안보협의체로 이해되는데에는 한계가 있다.

동북아에서 유럽과 같이 지역안보공동체 신념이 생겨나기까지 수세기를 기다릴 수도 없는 것이므로, 결국 문제의 핵심은 어떻게 하면 동북아 지역정체성을 개발하고 이를 토대로 지역공동체에 대한 가치관을 정립하며 또한 제도화의 길로 연결할 수 있는가이다(최종건, 2012; 박인휘, 2006). 여러 가지 대안을 생각해 볼 수 있겠으나, 많은 사람들의 부정적인 평가에도 불구하고 '6자회담'이 과거 일정한 제도화 수준을 확보한 바 있으므로, 이를 보편적인 의미의 안보협의체로 발전시키자는 의견이 있는가 하면, 현재 미국이 준비하고 있는 '미·중·일 3자협의체'의 출현이 불가피하다면 여기서 안보다자주의 기능을 특화시켜서 한국이 합류하는 방안 등을 적극적으로 고려해 볼 수 있을 것이다.

현실적으로 1990년대를 전후로 동아시아 지역에는 많은 지역주의가 출현한 것이 사실이다. 어떤 사례는 미국의 주도로 출범한 것도 있고, 또 중국의 주도로 출범한 사례로 있으며, 한편으로는 역내 국가들간 합의에 의한 자연스런 출범도 다수 있다. 하지만 안타깝게도 이들 대다수 지역주의의 출범이 동북아 혹은 동아시아 역내 국가들간 상호존중의 공동체 정신을 이끌어내면서, 결과적으로 동아시아를 하나의 거대한 통합지역으로 묶어내는 역할을 하는 데에는 명백한 한계가 있는 것으로 알려져 있다. 따라서 너무 광범위한 지역을 설정하기보다는, 동북아 지역을 중심으로 어떤 형태로든 안보 논의가 상시화되는 대화창구가 생겨나야 할 필요가 있고, 이 과정에서 한국 정부가 주도적인 역할과 이니셔티브가 요구된다. 이와 관련하여 과거 상당한 기간 동안 미국은 동아시아에 생겨나는 여하한 지역주의 혹은 지역기구에 대해서 자국의 동아시아적 영향력이 감소한다는 이유로 반대하는 입장이었다고 알려져 있다(Krauss and Pempel, 2003). 하지만 최근에 와서는 동아시아 국가들의 역내 외교관계가 제도화되고 그 결과 상호의존적인 관계가 증대된다면, 이는 미국이 존중하는 자유주의, 자유무역, 국제레짐 등의 가치들이 확산되는 효과로 이어져 동아시아 지역주의가 결과적으로 미국의 국가이익에 도움이 된다는 생각이 생겨나고 있다(Twining, 2007).

한편, 한국은 지역안보다자주의에 병행하여 동아시아 지역 국가들 간의 유대강화를 통한 '동아시아 지역네트워크' 출현에도 적극적으로 나서야한다. 과거 냉전기처럼 글로벌 차원의 힘의 중심이 군사력을 바탕으로 한 양극(bipolarity)으로 설명되지 않음은 물론, 탈냉전기 이후 미국이 단극적 패권을 행사하고 있지만 실제 권력관계에서는 매우 다양한 수준과 성격의 '권력의 중심(허브)'이 존재하며, 이들 허브 간에는 매우 복잡한 방식의 인적교류, 지식공유, 정보교환, 영향력 등이 작용하고 있음을 발견하게 된다. 한마디로 국제사회가 '개체 중심'의 외교적 실천에서 '관계

중심'의 외교적 실천으로 변모하고 있는 것이다. 네트워크는 '저위정치'(low politics)의 중요성을 강조하는 신자유주의적 제도주의의 전통을 이어받아 사회 각 영역의 외교관계 강화를 전제로 하고 있으며, 결과적으로 역내 어느 특정 세력이 외교관계의 주도권을 행사하기 보다는 복층적 상호의존적 이해관계에 놓이게 되는 것을 의미한다.

앞서 설명한 것처럼 글로벌 외교안보환경이 네트워크화의 경향을 보이므로, 우리는 대한민국이 세계에서 가장 역동적이고 전문적인 시민사회를 가졌다는 점과 대한민국의 민주화 수준은 동아시아에서 가장 모범적인 것으로 평가되고 있다는 점을 국가이익의 차원으로 전환시키는 전략이 필요하다. 동아시아 민주주의 발전의 전범(典範)이 되어버린 우리의 사회적 역량을 발판삼아 다양한 수준과 영역의 동아시아 네트워크 출범을 가시화해야 할 것이다.

4. 글로벌 중견국 위상의 확보

마지막으로 한국의 외교안보정책에서 핵심 목표 중 하나로 국제사회에서 중견국 위상의 확보를 제시하고자 한다. 한반도에서의 북한문제 해결과 평화통일, 한미동맹과 한중관계의 조화롭고 안정적인 발전, 그리고 동북아 지역에서의 안정적인 다자주의 출현 등이 지역적으로 한반도와 동북아 역내를 목표로 설정하고 있다면, 중견국 외교의 경우 보편적으로 포괄적인 글로벌 외교를 지향하고 있다. 물론 '중견국'이라는 표현이 개념적으로 정착하기 어렵고, 또 국제사회의 다른 국가들에게 쉽게 수용될 수 있을 만큼 보편적인 사례도 많지 않다는 한계가 있지만, 그럼에도 불구하고 한국의 현대사적 특수성, 정치경제적 발전 경험, 대외관계 발전 양상, 국가능력 및 가용자원 등을 고려할 때 바람직한 목표의 하나로 판단된다.

한국의 중견국적 정체성은 한국이 경제성장을 거듭, 국가규모가 커지고 문화적으로도 세계에 주목받는 행위자가 되면서 대두되었다. 약소국 멘탈리티에서 벗어나 국력 향상에 걸맞는 외교를 펼쳐야 한다는 요구가 점증하였고 이와 함께 외교문화의 변화 역시 수반되었다. 남북관계 개선, 한반도 평화 등 자국의 직접적인 이익을 넘어서 지역 및 글로벌 차원에서 국가이익을 정의해야 한다는 인식지평의 확대, 공생과 공영의 보편적 가치 추구 등에 관심 등이 그것이다(배영자·김상배·이승주, 2013; 하영선 외, 2012). 국제정치에서 다양한 행위자들이 부상하여 다양한 이슈영역에서 복합적인 변화의 양태를 보이고 있다. 특히 기후변화, 빈곤, 이민, 자원고갈 등 강대국의 능력만으로 해결하기 어려운 글로벌 이슈에서 비강대국의 역할에 대한 기대가 점증하고 있는 현실이다. 이렇게 변환하는 국제정치 무대에서 행위자의 능력은 군사력이나 경제력 같은 하드파워뿐만 아니라 소프트파워와 네트워크 파워 등에 좌우되므로, 물리력의 한계를 갖고 있는 중견국들에게 기회가 도래한다고 볼 수 있다.

그렇다면 개념적으로 중견국 외교를 어떻게 정의할 것인가? 중견국은 강대국도 아니고 약소국도 아닌 그 중간의 국가군을 지칭한다. 강대국은 위계의 상층부에서 자국의 목표를 실현하기 위해 물리적 강제를 행사할 수 있는 자원을 타국에 비해 우월적으로 보유하고 있는 국가라 한다면 그 수는 제한되어 있고 또 비교적 동질성을 가진 국가군이라 할 수 있다. 한편, 약소국은 빈국이거나 실패한 국가군들이며 힘을 투사할 능력이 없어 안보를 스스로 책임질 수 없는 국가들이다. 따라서 수는 대단히 많더라도 이 역시 상당한 동질적 정체성을 갖는 국가군이라 하겠다. 중견국은 그 중간에 걸쳐있는 다양한 국가들이다. 강대국도 약소국도 아닌 잔여범주(residual category)적 성격을 띠고 있어서 이들을 관류하는 속성을 찾기는 쉽지 않다. 강대국의 반열에 있다가 하향 이동한 독일·러시아 등 국가군, 캐나다·호주 등 전통적인 중간국가군, 한국·인도네시아 등 후진국에서 상향 이동한 국가군, 브라질·남아공·인도 등 신흥국들을 물리적 기준에 따라 모두 하나의 범주로 놓기는 무리일 수 있다. 그럼에도 불구하고 이들 국가군이 강대국과 약소국 사이에서 국제정치질서에서 일정한 공간을 확보할 수 있을 것이라는 판단은 현실적으로 점차 가시화되고 있다.

그런데 한국이 지금까지와의 국가 정체성과는 달리 중견국 위상의 외교정책을 실현한다고 할 때, 현실적으로 부딪치게 되는 가장 중요한 문제는 미국과의 관계 설정에 있다고 할 수 있다. 왜냐하면 반드시 그럴 필요는 없다고 하더라도, 넓은 의미에서 '중견국 외교'라는 관례상 기존의 강대국과 맺고 있던 외교관계를 조정하려는 시도로 해석되는 경우가 있기 때문이다. 물론 한국, 호주 등 동아시아의 중견국들은 미국이 제공하는 안정적인 동맹구조를 통해 평화유지의 역할을 지속해 주기를 희망하면서, 이와 동시에 글로벌 무대에서 본인만의 고유한 역할과 공간을 확보하기를 희망하고 있다. 그럼에도 불구하고 일부 국내정치집단은 특정 강대국 중심적인 외교관계를 변경하고자 하는 의도에서, 중견국이라는 목표의 외교담론을 활용하는 경우가 종종 있기도 하였다.[11]

우리가 추구해야 할 중견국 위상은, 글로벌 외교안보환경 자체에서 중견국의 위상을 갖춘 나라에게 독특한 역할을 요구하는 요인도 있지만, 동시에 우리 사회 내부에서 중견국 외교를 희망하는 내부적인 동력도 작동하고 있다. 구체적으로 '4강에 둘러싸여 있는 환경에서 미국에 압도적으로 안보를 의존하고 있는 현실', '국제질서가 국가 등 전통적 위계조직과 다양한 행위자 간 네트워크들이 상호작용하는 복합 거버넌스의 특징을 띠고 있어서 지식과 문화 등 소프트파워가 중요해진 현실', 그리고 '다양한 행위자와의 연결능력(네트워크파워)이 중요하게 된 현실' 등의 요인들을 꼽을 수 있겠다.

지금까지 살펴본 바와 같이 중견국 외교는 하드파워에 기초한 강대국정치가 지배적인 국제정치공간보다는 보다 많은 행위자들간 네트워크가 작동하는 소프트파워나 네트워크 파워가 상대적으로 중요한 공간에서 보다 유효하게 전개될 수 있다. 즉, 전통적 안보 영역보다는 경제, 신흥 무대에서, 4강이 충돌하는 동북아보다는 동아시아 혹은 글로벌 전체 공간에서, 그리고 혼자보다는 복수의 행위자가 연합하여 움직이기 용이한 공간에서 중견국 외교는 보다 효과적이라 할 수 있다. 그렇다면 개발협력, 기후변화, 사이버안보 등 비안보 영역 의제에서 즉, 한국외교의 중점과제 중 후순위의 의제영역에서 중견국 정체성이 보다 강하게 구성될 것으로 예상된다.

그리고 무엇보다도 중견국 외교에는 우리가 속한 동아시아라는 공간과 글로벌 전체 공간을 구분해서 전략을 수립하는 노력이 수반되어야 한다. 중견국 외교가 지

---

[11] 예를 들어 김영삼정부의 '동북아안보협력체', 김대중정부가 제시했던 '동아시아비전그룹' 활동, 노무현정부 당시의 '동북아 균형자론', 최근의 이명박정부의 '신아시아 외교' 담론에 이르기까지, 구체적인 내용과 정책적 방향성은 각기 달랐지만, 어떤 형태로든 외교안보정책에서 우리의 자율성을 확보하고자 한 노력들이었던 것으로 판단된다.

식, 문화 등 소프트파워, 네트워크 파워에 기반하여 추진되는 것이라면 지구적 공간보다는 지역적 공간이 오히려 유리할 수 있다. 지역 공간이 지구공간에 비해 강대국간 하드파워 정치에 보다 깊게 영향 받는 측면이 있지만, 다른 한편으로 한국의 소프트파워는 동아시아에 더 잘 통용되고 관계구조의 네트워크를 파악하는 것도 더욱 용이하며 동반자 그룹을 형성할 기회도 상대적으로 크다고 볼 수 있다. 좀 더 구체적으로 설명하자면, 미중 및 중일간 경합하는 규범과 제도들을 품는 동시에 이들이 기능적으로 분화하고 조화를 이룰 수 있도록 중견국의 적극적 역할공간을 만들어 가는 제도 틀을 설계해가야 할 필요가 있다.

V. 주요 고려사항

이상에서와 같이 본 논문은 우리나라의 국가이익의 내용을 점검해 보았고, 한국이 처한 외교안보환경을 동북아 지역과 글로벌 차원에서 구분하여 살펴보았으며, 이러한 조건 하에서 우리가 최우선 과제로 실천해야 할 외교안보 목표 및 실천전략에 대해서도 생각해 보았다. 마지막으로 향후 이러한 목표를 추진하는 과정에서 정부는 물론 우리 사회 전체가 반드시 염두에 누어야 할 핵심 고려사항 세 가지를 제시해 보고자 한다.

첫째, 한국만이 가진 고유한 외교분야의 '자산 특수성'을 강화시킬 필요가 있다. 쉽게 설명해서, 다른 분야의 정책도 그러하듯이, 외교안보목표를 실천하기 위해서는 이러한 실천을 가능케 하는 관련분야의 풍부한 외교안보 자산을 확보하고 있어야 한다. 안타깝게도 우리의 일상적인 외교관계 상대국들인 주요 4강과 비교하여, 외교자산의 발굴 및 보유에 있어서 우리는 절대적인 열세에 놓여 있다. 기본적으로 미국, 중국, 러시아, 일본 등과 같은 주요 상대국들과 비교하여, 외교자산 확보의 차원에서 절대적으로 불리하다면, 외교안보 관련 '자산특수성'이라는 차원에서 창의적으로 접근해 볼 필요가 있다. 인적 자산, 지식, 네트워크파워, 정보화 등이 우리가 지속적으로 극대화시켜야 할 대표적인 외교자산이라고 생각한다. 이러한 외교자산을 우리의 국가이익 극대화를 위해 어떤 고민을 하고 전략을 수립할 것인가의 문제는 고스란히 외교 전략가들의 몫이다.

예를 들어, 한국은 국제사회에서 대표적인 정보화강국으로 인식되고 있으며, 실제로 정보행정 분야 등에서 세계 최고 수준의 노하우로 세계 각국 정부를 상대로 경험을 전파하고 있다. 이러한 전략적 우위 분야를 더욱 확장시켜, 아직 글로벌 표준이 정립되지 않은 사이버안보 등과 같은 분야에서 우리의 외교안보적 위상을 강화하는 노력이 필요하다. 또한 앞서 언급한 바와 같이 한국은 아시아에서 가장 대표적으로 산업화와 민주화를 성공적으로 이룩한 국가이다. 이러한 경험을 더욱 구체적으로 접목시키는 방안에 대해서도 고민할 필요가 있다. 대개의 경우, 우리의 발전경험을 반영한 '한국형 ODA'를 언급하곤 하지만, 안타깝게도 한국형 ODA의 내용은 대단히 초보적인 수준에 그치고 있다. 세계에서 유래가 없을 만큼 급속히 성장한 매우 역동적이면서도 전문성이 뛰어난 한국의 NGO를 외교안보정책의 동반자로 설정하는 노력도 시도되어야 할 것이다.

가장 중요한 외교자산 특수성은 북한 문제에 있다. 물론 지금까지 특히 북핵 문제가 가지는 국제안보 현안으로서의 초한반도적인 특징 때문에, 북한 문제 해결을 위한 우리 정부의 주도적인 노력은 매우 제한적이었다. 하지만 최근 수년 동안 북한문제의 해결과 한반도 평화를 위해 미국과 중국은 물론 세계 어느 나라도 주도적인 이니셔티브를 쥐고자 시도하지 않았다. 한편으로 국제사회는 이제 한국 정부가 북한 문제를 위해 보다 많은 자율성을 발휘해 주기를 기대하고 있기도 하다. 이러한 기회를 활용하여, 다양하고 포괄적인 대북한 관여정책의 개발이 필요하고, 이 과정에서 한국의 외교적 위상과 국제평화에 기여하는 노력이 부각되도록 해야 할 것이다.

둘째, 외교안보 영역에서 국제사회에서 그리고 국내적으로도 동시에 자기 실천적 모습을 보여주고자 하는 노력은 매우 중요하다. 간단하게 설명해서, 남북한 사이에 평화로운 통일이 이뤄지기를 간절히 소망한다면, 대외적으로 국제사회에서 글로벌 평화의 증진을 위해 다양한 방법을 통해 적극 기여하는 모습을 보여줘야 할 것이다. 이러한 자기 실천적 모습은 대외적으로는 물론, 국내적으로도 폭력과 인권유

린을 배제하고 대화와 타협 그리고 평화롭고 민주주의적인 정치사회적 안정성을 구현하기 위한 노력을 경주해야 한다. 중국의 부상이 동아시아라는 지역 안에서 역내 국가 모두의 안정 번영과 결합하기를 희망한다면, 우리 스스로 국제사회가 수긍할 수 있는 모습을 보여줘야 함을 의미한다.

기본적으로 세계화 시대의 국가는 경제성장, 지속적인 민주화, 사회적 나양성 증진 등과 같은 가치의 실현을 통해 다양한 국가이익 실현의 기본적인 토대를 확보하게 된다. 특히 우리 국민들이 바라는 '안보적 삶'(secured condition)의 비군사적인 내용인 인권 신장, 경제적 풍요, 질병으로부터의 자유, 안전하고 깨끗한 환경, 사회 안전망 확보 등을 적극적으로 실천하고, 나아가 '민주주의 증진,' '경제성장,' '사회적 성숙'을 대내적으로 실천한다면, 대외적으로 우리의 평화지향적 가치와 의지는 더욱 확고하게 인정받게 될 것이다.

셋째, 외교안보분야 정책 수행을 위한 관련 국가역량을 더욱 강화할 필요가 있다. 물론 '우리가 어떠한 목적성과 구체성을 가지고 국가역량을 강화한다면 통일이 하루라도 빨리 이뤄질 것인가'라고 물어본다면, 이러한 질문에 선뜻 답하기 어렵다. 하지만 한반도가 안고 있는 예측불가한 변수들로 인해, 통일 준비의 상시화와 전문화가 필요하다는 데에는 국민적 공감대가 형성되어 있으므로, 이러한 관점에서 남북관계 발전 및 한반도 평화징착을 위한 과정에서 다양한 행위자가 존재함에도 불구하고, 매우 제한적인 행위자의 역할에만 관심을 가지는 데에는 큰 문제가 있다고 생각한다.

예를 들어, 분단된 국가의 상황의 특수성으로 인해 국가 운영상 외교안보정책은 대통령 고유의 정책 어젠다로 간주되는 경향이 강하다. 따라서 한반도 긴장과 남북한 간 대결을 종식시킬 수 있는 가장 중요한 변수는 국가리더십의 비전과 역량에 있다고 해도 과언은 아니다. 또한 지금까지 남북관계의 제도화가 이뤄지지 못했다는 우려가 많은데, 이 경우 대북정책의 제도적 지원에서 핵심적인 역할을 담당하는 국회의 역할이 더욱 기대된다. 따라서 입법부 차원에서 남북관계의 제도화 및 한반도평화의 지속적인 항상성을 보장하기 위한 노력이 필요하다고 본다.

마지막으로 북한은 우리가 가지고 있지 못한 비대칭 무기인 핵무기 보유를 통해 한반도 안보를 위협하려고 한다. 그렇다면 북한이 가지지 못한 우리만이 보유한 비대칭적 무기를 대북정책에 적극 활용해야 하는데, 그것은 바로 역동적이고 창의적인 시민사회 및 다양한 NGO라고 생각한다. 이러한 사적 및 민간 행위자들을 외교안보정책 추진 과정에서 동반자로 활용하여 결과적으로 외교안보정책 분야에서의 국가역량을 강화해야 할 것이다.

VI. 맺음말

한국은 여러 가지 관점에 비춰 국제정치질서에서 독특한 위치를 차지하고 있다. 2차 대전 직후의 시점에서 약소국의 지위였다가 오늘에 이르러 세계의 중심권으로 진입한 사례는 두 경우만 존재한다고 알려져 있다. 한국과 아일랜드가 여기에 해당한다. 그런데 아일랜드가 최근 수년에 걸친 극심한 경제난으로 심각한 국가 지위의 하락을 경험한 반면, 한국은 여전히 정치경제적으로 선진국의 지위에 다가와 있는 유력한 국가로서의 평판을 이어가고 있다. 또한 2차 대전을 계기로 분단국가로 된 사례로 통상 5개 국가를 지목하곤 한다. 독일, 중국, 베트남, 예멘, 그리고 한국이 여기에 해당한다. 이 중에서 독일, 베트남, 예멘은 통일을 이룩하였고, 중국역시 중국과 대만이 분단되어 있다고 인식하는 사람들이 거의 존재하지 않는 점을고려할 때, 현실적으로 오늘날에까지 분단 상태로 남아 있는 사례는 한반도가 유일하다고 해도 과언은 아니다. 그리고 앞서 언급한 바와 같이, 한국은 아시아에서 가장 대표적으로 핵심 양대 국가과제인 산업화와 민주화를 성공적으로 수행한 모범사례로 알려져 있다.

미국과 대부분의 유럽 국가들을 포함한 서구 문명의 선진국들이 걸어온 과거의 경험을 살펴보면, 이들 국가들은 대부분 산업화에 성공하고, 이러한 국가부의 축적을 통해 민주주의 발전이라는 정치적 성장을 하였으며, 나아가 이 두 가지 국가자산을 바탕으로 마지막으로는 외교무대의 강국으로 자리매김하게 되는 일련의 역사적 단계를 걸어왔음을 발견하게 된다. 한국의 국가운명이 바로 이러한 시점에 다다

랐다고 생각한다. 물론 여전히 우리 경제의 질적 및 양적 발전을 위해 많은 과제가 남아 있고, 보다 성숙한 민주주의의 발전을 위한 노력들이 요구되지만, 한편으로는 외교 강국으로서의 국가역량을 확보하기 위해 적합한 시기라는 목소리가 높아지고 있다.

이러한 상황에서 우리에게는 한반도 평화통일이라는 다른 어느 국가에게도 주어지 있시 않은 숙명적 민족의 과제가 남아 있다. 강대국으로 둘러싸인 지정학적 굴레가 역설적으로 우리에게 신속하고 효율적인 산업화를 달성하게 만드는 자극제가 되었고 또한 정치사회적으로도 역동적이고 선진적인 체제를 갖추게 만들었듯이, 통일을 달성하고자 하는 부단한 노력과 역량강화가 외교안보 분야의 핵심 과제들을 성공적으로 실천하게 만드는 계기가 되어야 할 것이다.

참고문헌

● 제1장

김달중 · 박상섭 · 황병무. 1995. 『국제정치학의 새로운 영역과 쟁점』. 서울: 나남.

김영재. 2003. "분단체제의 극복 과정과 새로운 평화체제의 모색." 『국제정치논총』 43권 4호.

김영재. 2012. "갈등 분석틀을 통해본 독도 및 조어도 영토갈등." 『정치 · 정보연구』 15권 2호.

김영재. 2013. "핵 확산의 국제정치: 북핵 문제에 대한 함의." 『아태연구』 20권 2호.

멜리센, 얀 저. 박종일 외 역. 2008. 『신공공외교: 국제관계와 소프트 파워』. 파주: 인간사랑.

박경서. 2006. 『지구촌 정치학』. 서울: 법문사.

박재영. 1996. 『국제정치 패러다임』. 서울: 법문사

유현석. 2010. 『국제정세의 이해』 제3개정판. 서울: 한울.

이삼성. 1993. 『현대미국외교와 국제정치』. 서울: 한길사.

이삼성. 1997. "전후 국제정치이론의 전개와 국제환경 : 현실주의—자유주의 균형의 맥락적 민감성." 『국제정치논총』 36권 3호.

이상우. 2002. 『럼멜의 자유주의 평화이론』. 서울: 오름.

이상우 · 하영선 공편. 2004. 『현대국제정치학』. 서울: 나남.

이상우. 2005. 『국제정치학 강의』. 서울: 박영사.

조슈아 골드스타인 저. 김연각 역. 2002. 『국제관계의 이해』. 파주: 인간사랑.

홍양표. 1993. 『전쟁원인과 평화문제』. 대구: 경북대학교 출판부.

Easton David. 1965. *A Framework for Political Analysis*. Englewood Cliffs: Prentice-Hall.

Bull, Hedley. 1977. *The anarchical society: a study of order in world politics*. London: Macmillan, 1977.

Bull, Hedley. 1965. *The control of the arms race: disarmament and arms control in the nu-clear age*, 2nd edn. New York: Praeger.

Bull, Hedley. 1969. "'International theory: the case for a classical approach'." in Klaus Knorr and James N. Rosenau, eds., *Contending approaches to internationalpolitics*. Princeton, NJ: Princeton University Press.

Bull, Hedley. 1975. "New directions in the theory of international relations." *International Studies* Vol. 14, No. 2, April.

Dougherty, James E. and Pfaltzgraff,. Jr., Robert L. 1981. *Contending Theories of International Relations*. New York: Harper and Row.

Easton, David. 1965. *A Systems Analysis of Political Life*. New York: Wiley.

Gilpin, Robert. 2001. *Global Political Economy: Understanding the international Economic Order*. Princeton: Princeton University Press.

Huntington, Samuel. 1993. "The Clash of Civilization." *Foreign Affairs*. 1993 Summer.

Keohane, Robert O. 1984. *After Hegemony: Cooperation and Discord in the World Political Economy*. Princeton: Princeton University Press.

Kegley, Charles and Eugene R. Wittkopf. 2013. *World Politics: Trends and Transformations*, 10th edition. St. Martins: New York.

Krieger, Joel et al. 2001. *The Oxford companion to politics of the world*. New York: Oxford University Press.

Rummel, Rudolph J. 1981. *Understanding Conflict and War*, Beverly Hills. Calif.: Sage Publications.

Singer, J. David. 1998. *Nation at War: A Scientific Study International Conflict*. New York: Cambridge University Press.

Vasques, John A. et al. 1999. *The Scientific Study: Peace and War*. Lanham, MD: University Press of America.

Waltz, Kennetz. 1964. *Man the state and War: A Theoretical Analysis*. New York: Columbia University Press.

● 제2장

김용구. 2014. 『세계외교사』. 서울: 서울대 출판부.
오기평. 2006. 『세계외교사: 비엔나에서 진주만까지』. 서울: 박영사.

이삼성. 2009. 『동아시아의 전쟁과 평화 1, 2』. 서울: 한길사.

조제프 나이 저. 양준희·이종삼 역. 2009. 『국제분쟁의 이해: 이론과 역사』. 서울: 한울 아카데미.

주경철. 2010. 『대항해시대』. 서울: 서울대 출판부.

Diamond, Jared 저, 김진준 역. 2006. 『총,균,쇠: 무기, 병균, 금속은 인류의 운명을 어떻게 바꿨는가?』. 서울: 문학사상사.

Fukuyama, Francis. 2011. *The Origins of Political Order*. NY: Farrar, Straus & Giroux.

Fukuyama, Francis. 2014. *Political Order and Political Decay*. NY: Farrar, Straus & Giroux.

Keylor, Willaim. 2006. *The Twentieth-Century World and Beyond: An International History Since 1900*. NY: Oxford University Press.

Kissinger, Henry. 1994. *Diplomacy*. NY: Simon & Schuster.

Kissinger, Henry. 2014. *World Order*. NY, Penguin Press.

Mearsheimer, John. 2001. *The Tragedy of Great Power Politics*. NY: W. W. Norton.

제3장

김세균 외. 2003. 『현대 정치의 이해』. 파주: 인간사랑, 2003.

조슈아 골드스타인 저. 김연각 역. 2002. 『국제관계의 이해』. 파주: 인간사랑.

박경서. 2006. 『지구촌 정치학』. 서울: 법문사.

박재영. 2002. 『국제정치 패러다임』. 서울: 법문사.

이삼성. 1997. "전후 국제정치이론의 전개와 국제환경 : 현실주의─자유주의 균형의 맥락적 민감성." 『국제정치논총』 36권 3호.

유호근 외. 2008. 『갈등과 통합의 국제정치』. 서울: 높이깊이.

유호근 외 역. 1999. 『국제화와 국내정치』. 서울: 한울.

이상우·하영선 공편. 2004. 『현대국제정치학』. 서울: 나남.

이정희 외. 2005. 『정치학이란?』. 파주: 인간사랑.

Gilpin, Robert. 1981. *War and Change in World Politics*. Cambridge: Cambridge University Press.

Gilpin, Robert. 2001. *Global Political Economy: Understanding the international Economic Order*. Princeton: Princeton University Press.

Grieco, Joseph M. 1988. "Anarchy and the Limits of Cooperation: A Realist Critique of the Newest Liberal Institutionalism." *International Organization* Vol. 42, No. 3.

Keohane, Robert O. 1984. *After Hegemony: Cooperation and Discord in the World Political Economy*. Princeton: Princeton University Press.

Kegley, Charles and Eugene R. Wittkopf. 2013. *World Politics: Trends and Transformations*, 10th edition. St. Martins: New York.

Kindleberger, Charles A. 1973. *The World in Depression 1929-39*. Berkeley: University of California Press.

Cline, Ray S. 1994. *The Power of Nations in the 1990s: A Strategic Assessment*. Lanham: University Press of America.

Mearsheimer, John J. 2001. *The Tragedy of Great Politics*. New York: W. W. Norton.

Nye, Joseph S. 2008. *The powers to lead*. New York: Oxford: Oxford University Press.

Nye, Joseph S. 2004. "Soft Power and American Foreign Policy." *Political Science Quarterly*, 119, 2.

Organski, A.F.K. 1958. *World Politics*. New York: Alfred. A. Knopf.

Huntington, Samuel, 1993. "The Clash of Civilization." *Foreign Affairs*, 1993 Summer.

Wallerstein, Immanuel. 1974. *The Modern World-System*. New York: Academic Press, Inc.

Viotti, Paul R. and Kauppi, Mark V. 1987. International Relations Theory. New York: Macmillan Publishing Company.

Young, Oran R. 1989. *International Cooperation: Building Regimes for Natural Resources and the Environment*. Ithaca and London: Cornell University Press.

Waltz, Kenneth N. 1959. *Man, the State and War*. Reading, Mass,: Addison Wesley.

Waltz, Kenneth N. 1979. *Theory of International Politics*. Reading, Mass,: Addison Wesley.

● 제1장

박재영. 2014. 『국제정치 패러다임』. 서울: 법문사.

박현모. 1998. 『국제정치이해』. 서울: 법문사.

비오티·카우피 저. 이기택 역. 1996. 『국제관계이론』. 서울: 일신사.

이상우·히영선 공편. 1992. 『현대국제정치학』. 서울: 나남출판.

골드슈타인, 조슈아 저. 김연각 외 역. 2002. 『국제관계의 이해』. 서울: 인간사랑.

Bull, Hedley. 1977. *The Anarchic Society: A Study of Order in World Politics*, New York: Columbia University Press.

Burton, John. 1972. *World Society*, London: Cambridge University Press.

Deutsch, K., et. al. 1966. "Political Community and North Atlantic Community." in *International Communities*. New York: Doubleday.

Dougherty, James E. and Pfaltzgraff, Robert L. 1971. *Contending Theories of International Relations*, New York: J. B. Lippincott Company.

Eberstein, William. 1969. *Great Political Thinkers: Plato to the Present*, New York: Holt, Rinehart & Winston.

Galtung, J. 1968. "The Structural Theory of Integration." in *Journal of Peace Research* Vol. 5, No. 4.

Haas, Ernst B. 1963. *The Uniting of Europe: Political, Social and Economic Integration*. London: Oxford University Press.

Keohane, R. & Nye, J. 1977. *Power and Interdependence: World Politics in Transition*. Boston: Little Brown.

McGrew, Anthony G. 1992. "Conceptualizing Global Politics." in Anthony G. McGrew, Paul G. Lewis, et. al., eds., *Global Politics: Globalization and the Nation State*. Cambridge, MA: Polity Press.

Mitchell, C. R. 1984. "World Society a Cobweb, Actors and System Processes." in M. Banks, ed., *Conflict in World Society*. Brighton, Sussex: Harvester.

Mitrany, D. 1966. *A Working Peace System*. Chicago: Quadrangle Books.

Nye, Joseph S. Jr. 1971. *Peace in Parts: Intergration and Conflict in Regional Organization*. Boston: Little Brown.

Nye, Joseph S. Jr. 1988. "Review Article: Neorealism and Liberalism." *World Politics* Vol. XL, No. 2.

• 제5장

박경서. 2006. 『지구촌 정치학: 새로운 국제관계학 개론』 제2판. 서울: 법문사.

Dunn, David J. 1978. "Peace Research." in Trevor Taylor, ed., *Approaches and Theory in International Relations*. London: Longman.

Galtung, Johan. 1996. *Peace by Peaceful Means: Peace and Conflict, Development and Civilization*. New York: Sage.

George, Jim. 1994. *Discourses of Global Politics. A Critical (Re)Introduction to International Relations*. Boulder, CO: Lynne Rienner.

Goldstein, Joshua S. 1999. *International Relations*, 3rd ed. New York: Longman.

Goldstein, Joshua S. and Jon C. Pevehouse. 2010. *International Relations*, 9th ed. New York: Longman.

Jervis, Robert. 2005. *American Foreign Policy in a New Era*. New York: NY: Routledge.

Katzenstein, Peter J.(ed). 1996. *The Culture of National Security: Norms and Identity in World Politics*. New York, NY: Columbia University Press.

Kegley, Jr., Charles W. 2009. *World Politics: Trend and Transformation*. 12th edn. Belmont, CA: Cengage Learning.

Keohane, Robert O. 1989. "International Relations Theory: Contributions of a Feminst Standpoint." *Millennium* Vol. 19, No. 2.

Marx, Karl and Frederick Engles. 1948. *The Communist Manifesto*. New York, NY: International Publishers.

Peterson, V. Spike, ed. 1994. *Gendered States: Feminist (Re)visions of International on International Relations.* Boulder, CO: Lynne Rienner.

Putnam, Robert, Summer. 1988. "Diplomacy and Domestic Politics: The Logic of Two-Level Games." *International Organization* Vol. 42, No. 3.

Shapiro, Michael J. 1989. "Textualizing Global Politics." in Der Derian James and Michael Shapiro, eds., *International/Intertextual Relations: Postmodern Readings of World Politics.* New York: Lexington Books.

Sjolander, Claire T. and Wayne S. Cox, eds. 1994. *Beyond Positivism: Critical Reflections on International Relations.* Boulder, CO: Lynne Rienner.

Snyder, Jack, November-December. 2004. "One World, Rival Theories." *Foreign Policy.*

Sylvester, Christine. 1994. *Feminist Theory and International Relations in a Postmodern Era.* New York: Cambridge University Press.

Wendt, Alexander. Spring 1992. "Anarchy Is What States Make of It: The Social Construction of Power Politics." *International Organization* Vol. 46, No. 2.

Whitworth, Sandra. 1994. *Feminism and International Relations.* New York: St. Martin's Press,

● 제6장

김석우. 2008. "패권안정이론과 한국적 수용." 이정희·우승지 편. 『현대국제정치이론과 한국적 수용』. 서울: 법문사.

김우상. 2006. "세력전이이론." 우철구·박건영 편. 『현대 국제관계이론과 한국』. 서울: 사회평론.

김재천. 2008. "민주평화론의 한국적 수용." 이정희·우승지 편. 『현대국제정치이론과 한국적 수용』. 서울: 법문사.

김재천. 2009. "민주평화론: 논의의 현 주소와 동북아에서의 민주평화 담론." 『21세기정치학회보』 19집 2호.

김태현. 2006. "세력균형이론." 우철구·박건영 편. 『현대 국제관계이론과 한국』. 서울: 사회평론.

김형민. 2012. "경제적·군사적 협력이 군사분쟁에 미치는 영향: 네트워크 관점을 활용하여." 『국제정치논총』 52집 3호.

김형민. 2014a. "군사분쟁과 세력균형의 상관관계에 관한 연구." 『분쟁해결연구』 12집 1호.

김형민. 2014b. "군사분쟁(Militarized Conflicts)의 원인에 관한 고찰: 동북아 지역에 주는 정책적 함의." 『신아세아』 21집 2호.

민병원. 2009. "인간안보." John Baylis, Steve Smith, and Patricia Owens 저·하영선 외 역. 『세계정치론』 제4개정판. 서울: 을유문화사.

박인휘. 2008. "세력균형이론과 한국의 국제정치학." 이정희·우승지 편. 『현대국제정치이론과 한국적 수용』. 서울: 법문사.

백창재. 2006. "패권안정론." 우철구·박건영 편. 『현대 국제관계이론과 한국』. 서울: 사회평론.

안문석. 2014. 『글로벌 정치의의 이해』. 서울: 한울 아카데미.

유현석. 2013. 『국제정세의 이해: G2 시대 지구촌의 어젠다와 국제관계』. 제4개정판. 서울: 한울 아카데미.

이상현. 2009. "국제안보와 지구안보." John Baylis, Steve Smith, and Patricia Owens 저·하영선 외 역. 『세계정치론』 제4개정판. 서울: 을유문화사.

이승근. 2010. "국제안보." 이무성 외 편. 『국제정치의 이해』. 서울: 높이깊이.

이호철. 2006. "민주평화론." 우철구·박건영 편. 『현대 국제관계이론과 한국』. 서울: 사회평론.

최아진. 2008. "안보." 한국정치학회 편. 『정치학이해의 길잡이: 국제정치와 안보』. 서울: 법문사.

Butterfield, Herbert. 1952. *History and Human Relations*. New York: MacMilllan.

Claude, Inis L. 1962. *Power and International Relations*. New York: Random House.

Ferris, Wayne H. 1973. *The Power Capabilities of Nation-States: International Conflict and War*. Lexington, Mass.: Lexington Books.

Herz, John H. 1950. "Idealist Internationalism and the Security Dilemma." *World Politics* Vol. 2, No. 2.

Jervis, Robert. 1976. *Perception and Misperception in International Politics*. Princeton: Princeton University Press.

Jones, Daniel M., Stuart A. Bremer and J. David Singer. 1996. "Militarized Interstate Disputes, 1816-1992: Rational, Coding Rules, and Empirical Patterns." *Conflict Management and Peace Science* Vol. 15, No. 2.

Keohane, Robert. 1984. *After Hegemony: Cooperation and Discord in the World Political Economy*. Princeton: Princeton University Press.

Keohane, Robert. 1986. *Neoliberalism and Its Critics*. New York: Columbia University Press.

Kim, Woosang. 1991. "Alliance Transitions and Great Power War." *American Journal of Political Science* Vol. 35, No. 3.

Kim, Woosang. 1992. "Power Transitions and Great Power War from Westphalia to Waterloo." *World Politics* Vol. 45, No. 1.

Kindleberger, Charles. 1973. *The World in Depression, 1929-1939*. Berkeley: University of California Press.

Kissinger, Henry. 1964. *Diplomacy*. New York: Simon & Schuster.

Krasner, Stephen. 1976. "State Power and the Structure of International Trade." *World Politics* Vol. 28, No. 3.

Kugler, Jacek and Douglas Lemke. 1996. *Parity and War: Evaluations and Extensions of the War Ledger*. Ann Arbor, MI: University of Michigan Press.

Lemke, Douglas. 2002. *Regions of War and Peace*. New York: Cambridge University Press.

Mansfield, Edward and Brian Pollins. 2003. *Economic Interdependence and International*

Conflict: New Perspectives on an Enduring Debate. Ann Arbor, MI: University of Michigan Press.

Maoz, Zeev and Bruce Russett. 1993. "Normative and Structural Causes of Democratic Peace, 1946-1986." *American Political Science Review* Vol. 87, No. 3.

McKeown, Timothy J. 1983. "Hegemonic Stability Theory and the 19th Century Tariff Levels in Europe." *International Organization* Vol. 37, No. 1.

Morgenthau, Hans Joachim. 1948. *Politics among Nations: the Struggle for Power and Peace*. New York: A. A. Knopf.

Nye, Joseph. 1990. *Bound to Lead: The Changing Nature of American Power*. New York: Basic Books.

Oneal, John and Bruce Russett. 1997. "The Classical Liberals Were Right: Democracy, Interdependence, and Conflict, 1950-1985." *International Studies Quarterly* Vol. 41, No. 2.

Organski, A. F. K. 1958. *World Politics*. New York: Knopf.

Organski, A. F. K. and Jacek Kugler. 1980. *The War Ledger*. Chicago: University of Chicago Press.

Richardson, Lewis Fry. 1960. *Statistics of Deadly Quarrels*. Pittsburgh: Boxwood Press.

Rousseau, David L. 2005. *Democracy and War: Institutions, Norms, and the Evolution of International Conflict*. Stanford, CA: Stanford University Press.

Russett, Bruce. 1993. *Grasping the Democratic Peace*, Princeton: Princeton University Press.

Russett, Bruce and John Oneal. 2001. *Triangulating Peace: Democracy, Interdependence, and International Organizations*. New York, NY: Norton.

Schneider, Gerald, Katherine Barbieri and Nils Petter Gleditsch. 2003. *Globalization and Armed Conflict*. Lanham, MD: Rowman & Littlefield.

Small, Melvin and J. David Singer. 1982. *Resort to Arms: International and Civil Wars, 1816-1980*. Beverly Hill: Sage Publications.

UN Commission on Human Security. 2003. *Human Security Now: Protecting and Empowering People*. New York: United Nations.

UNDP. 1994. *United Nations Human Development Report*. New York: Oxford University Press.

Waltz, Kenneth Neal. 1979. *Theory of International Politics*. New York: Random House.

Wendt, Alexander. 1999. *Social Theory of International Politics*. Cambridge: Cambridge University Press.

Wolfers, Arnold. 1952. "'National Security' as an Ambiguous Symbol." *Political Science Quarterly* Vol. 67, No. 4.

Wright, Quincy. 1965. *A Study of War*. 2nd Edition. Chicago: University of Chicago Press.

제7장

강신창. 1998. 『북한학 원론』. 서울: 을유문화사.

공군본부. 2013. 『군사용어사전』. 공군본부.

국방기술품질원. 2011. 『국방과학기술용어사전』.

김계동. 2013. "북한의 외교정책." 김계동 외. 2013. 『현대외교정책론』. 서울: 명인문화사.

김계동 외. 2013. 『현대외교정책론』. 서울: 명인문화사.

김영호. 2009. "오바마 행정부의 핵군축정책과 한미동맹." 한국정치학회·충청정치학회 국방안보특별학술회의. 『북핵위기와 미래지향적 한미공동비전의 실천방안』. 2009. 11. 청주: 공군사관학교.

로이드 젠슨 저. 김기정 역. 2010. 『외교정책의 이해』. 평민사.

마상윤. 2013. "미국의 외교정책." 김계동 외. 2013. 『현대외교정책론』. 서울: 명인문화사.

미치시타 나루시게. 2014. 『북한의 벼랑 끝 외교사』. 한울아카데미.

민병원. 2009. "인간안보." John Baylis, Steve Smith, and Patricia Owens 저. 하영선 외 역. 『세계정치론』 제4개정판. 서울: 을유문화사.

박봉규. 2014. "박근혜 정부의 대북정책." 『안보학 저널』 2권 1호.

박순성 편저. 2015. 『통일논쟁: 12가지 쟁점, 새로운 모색』. 서울: 한울.

박홍순. 2009. "북핵 사태와 유엔(UN) 제재: 대북한 유엔제재 1718호(2006.10.9.) 및 1874호(2009.6.12)의 효율적 이행 방안." 한국정치학회·충청정치학회 국방안보특별학술회의. 『북핵위기와 미래지향적 한미공동비전의 실천방안』. 2009. 11. 청주: 공군사관학교.

손한별·웨즈롱. 2014. "중국 핵전력의 발전과 핵전략의 변화." 『신아세아』 21권 1호.

송대성. 2013. "북한의 핵보유와 한반도 평화확보." 『신아세아』 20권 2호.

양병기. 2014. 『현대 남북한정치론』. 서울: 법문사.

이성훈. 2012. 『한국 안보외교정책의 이론과 현실: 위협, 동맹, 한국의 군사력 건설 방향』. 서울: 도서출판 오름.

임현진·정영철. 2008. 『21세기 통일한국을 향한 모색』. 서울대학교출판부.

전봉근. 2009. "2010년 NPT 평가회의와 한국의 입장." 한국정치학회·충청정치학회 국방안보특별학술회의. 『북핵위기와 미래지향적 한미공동비전의 실천방안』. 2009. 11. 청주: 공군사관학교.

전성훈. 2009. "국제 핵비확산 및 핵 군축레짐의 현황과 전망." 한국정치학회·충청정치학회 국방안보특별학술회의. 『북핵위기와 미래지향적 한미공동비전의 실천방안』. 2009. 11. 청주: 공군사관학교.

조성복. 2011. 『탈냉전기 미국의 외교·안보정책과 북한의 핵정책』. 서울: 오름.

조영주 편저. 2015. 『북한연구의 새로운 패러다임: 관점·방법론·연구방법』. 서울: 한울.

최창훈. 2014. 『테러리즘 트렌드』. 서울: 좋은땅.

한국원자력산업회의. 2011. 『원자력용어사전』.

한석희. 2013. "북한의 3차 핵 실험 이후 중·북관계 변화의 의미." 『신아세아』 20권 2호.

Hook, Steven W. 저. 이상현 옮김. 2014. 『강대국의 패러독스 미국외교정책』. 서울: 명인문화사.

Aydinli, Ersel and James N. Rosenau eds. 2005. *Globalization, Security, and the Nation State: Paradigms in Transition*. New York: State University of New York Press.

Brawley, Mark R. 2005. "The Rise of the Trading State Revisited." in *Globalization, Security, and the Nation State: Paradigms in Transition*. editied by Ersel Aydinli and James N. Rosenau. New York: State University of New York Press.

Clausewitz, Carl von. 1976. *On War*. trans. M. Howard and P. Paret. Princeton: Princeton University Press.

Combs, Cindy C. 2003. *Terrorism in the 21st Century*, 3rd ed. Upper Saddle River, N.J.: Prentice Hall.

Daalder, Ivo H., and Jan Lodal. 2008, "The Logic of Zero: Toward a World Without Nuclear Weapons." *Foreign Affairs* 87 November-December.

Donald M. Snow. 2012. *Cases in International Relations*. Pearson.

Drezner, Daniel W. 2011. "Does Obama Have a Grand Strategy?" *Foreign Affairs* 90 July-August.

Goldfischer, David. 2005. "Prospects for a New World Order." in *Globalization, Security, and the Nation State: Paradigms in Transition*. edited by Ersel Aydinli and James N. Rosenau. New York: State University of New York Press.

Gregory S. Mahler. 2013. *Principles of Comparative Politics*. Pearson.

Hillary Clinton. 2014. *Hard Choices*. Simon & Schuster.

Hobbes, Thomas. 1981. *Leviathan*. ed. C. B. MacPherson. London: Penguin.

Karen A. Mingst. 2014. *Essentials of International Relations*. W. W. Norton & Company.

Katzenstein, Peter J. and Robert O. Keohane eds. 2007. *Anti-Americanism in World Politics*. Ithaca, NY: Cornell University Press.

Keohane, Robert. 1984. *After Hegemony: Cooperation and Discord in the World Political Economy*. Princeton: Princeton University Press.

Kissinger, Henry. 1964. *Diplomacy*. New York: Simon & Schuster.

Lee, Min Yong. 2014. "Coercive Diplomacy Really Worked in the Crisis of North Korea's Third Nuclear Test?" 『안보학 저널』 2권 1호.

Morgenthau, Hans J. 1967. *Politics among Nations: the Struggle for Power and Peace*. 4th ed. New York: A. A. Knopf.

Nye, Joseph S. Jr. and David A. Welch. 2013. *Understanding Global Conflict and Cooperation: an Introduction to Theory and History*. Pearson.

Orvis, Stephen and Carol Ann Drogus. 2015. *Introducing Comparative Politics: Concepts and Cases in Context*, 3rd edition. Washington DC: Sage.

Park, Geun-hye. 2011. "A New Kind of Korea: Building Trust Between Seoul and Pyongyang,"

Foreign Affairs September－October.

Waltz, Kenneth Neal. 1979. *Theory of International Politics.* New York: Random House.

Welch, David A. 2005. Painful Choices: A Theory of Foreign Policy Change. Princeton: Princeton University Press.

Wendt, Alexander. 1999. *Social Theory of International Politics.* Cambridge: Cambridge University Press.

Whang, Balbina Y. 2003. "Curtailing North Korea's Illicit Acitivities." Heritage Foundation. *Backgrounder*, No. 1679 August 25. Yuval Levin. 2014. *The Great Debate.* Basic Books.

White House. 2002. "The National Security Strategy of the United States of America." September. 〈http://www.state.gov/documents/organization/63562.pdf〉.

Wohlstetter, Albert. 1959. "The Delicate Balance of Terror." *Foreign Affairs* 37 January.

● 제8장

김계동 편. 2007. 『현대외교정책론』. 서울: 명인문화사.

김달중 편저. 1998. 『외교정책의 이론과 이해』. 서울: 오름.

김상배. 2012. "소셜 미디어와 공공외교: 행위자─네트워크 이론으로 보는 미국의 전략." 『국제정치논총』 52집 2호.

김일수. 2014. 『미국의 대한반도 정책』. 청주: 충북대학교 출판부.

김태현. 2011. "게임과 억지이론." 우철구·박건영 편. 『현대 국제관계이론과 한국』. 서울: 사회평론.

박경서. 2004. 『지구촌정치학』. 서울: 법문사.

박재영. 1996. 『국제정치 패러다임』. 서울: 법문사.

베일리스, 존·스미스, 스티브 편. 하영선 외 역. 2004. 『세계정치론』. 서울: 을유문화사.

젠슨·로이드저. 김기정 역. 2006. 『외교정책의 이해』. 서울: 평민사.

허드슨, 밸러리 저. 신욱희 외 역. 2009. 『외교정책론』. 서울: 을유문화사.

Allison, Graham. 1969. "Conceptual Models and the Cuban Missile Crisis." *American Political Science Review* Vol. 63, No. 3.

Allison, Graham, and Philip Zelikow. 1999. *Essence of Decision: Explaining the Cuban Missile Crisis.* New York: Longman.

Aron, Raymond. 1966. *Peace and War: A Theory of International Relations,* Garden City. NY: Doubleday.

Bull, Hedley. 1977. *The Anarchical Society: A Study of Order in World Politics,* London and Basingstoke. UK: Macmillan.

Dougherty, James E. and Pfaltzgraff, Jr, Robert L. 2001. *Contending Theories of International Relations,* 5th ed. Addison Wesley Longman.

Jervis, Robert. 1976. *Perception and Misperception in International Politics*. Princeton: Princeton University Press.

Modelsky, George. 1962. *A theory of Foreign Policy*. New York: Praeger.

Morgenthau, Hans. 1948. *Politics among Nations: The Struggle for Power and Peace*. New York: Knopf.

Neack, Laura, ed. 1995. *Foreign Policy Analysis*. New Jersey: Prentice Hall.

Nicolson, H. 1963. *Diplomacy*, 3rd edition, London: Oxford University Press.

Rosenau, James N. 1970. "Foreign Policy as Adaptive Behavior." *Comparative Politics* Vol. 2, No. 3.

Rosenau, James. 1966. "Pre-theories and Theories of Foreign Policy." *In Approaches to Comparative and International Politics*, Edited by R. Barry Farrell. Evanston, IL: Northwestern University Press.

Smith, Steve, ed. 2008. *Foreign Policy: theories · actors · cases*. New York: Oxford University Press.

Snyder, Richard C., H. W. Bruck, and Burton Sapin, eds. 2002. *Foreign Policy Decision-Making(Revisited)*, With additional chapters by Valerie M. Hudson, Derek H. Chollet, and James M. Goldgeier. New York: Palgrave Macmillan.

Waltz, Kenneth H. 1959. *Man, the State, and War: A Theoretical Analysis*. New York: Columbia University Press.

● 제9장

강원택. 2000. "유럽통합과 다층 통치체제: 지역의 유럽 혹은 국가의 유럽?" 『국제정치논총』 40집 1호.

김학노. 2001. "마스트리히트 사회정책협정 형성과정: 구성주의적 신기능주의 설명." 『한국정치학회보』 35집 3호.

박흥순. 2013. "유엔의 기원, 발전, 역할과 국제사회." 박흥순 · 조한승 · 정우탁 편. 『유엔과 세계평화』. 서울: 오름.

베일리스, 존, 스티브 스미스, 프트리샤 오언스 편저. 하영선 외 역. 2009. 『세계정치론』 제4개정판. 서울: 을유문화사.

야마모토 요시노부 저. 김영근 역. 2014. 『국제적 상호의존』. 서울: 논형.

오영달. "인권, 환경, 개발과 유엔의 역할." 박흥순 · 조한승 · 정우탁 편. 2013. 『유엔과 세계평화』. 서울: 오름.

유현석. 2013. 『국제정세의 이해』 제4개정판. 서울: 한울.

정구연. 2013. "국제기구의 정의와 상충하는 시각." 최동주 · 조동준 · 정우탁 편. 『국제기구의 과거 · 현재 · 미래』. 서울: 오름.

조동준. 2013. "국제기구의 필요성." 최동주·조동준·정우탁 편. 『국제기구의 과거·현재·미래』. 서울: 오름.

최진우. 2008. "유럽통합." 한국정치학회 편. 『정치학이해의 길잡이: 국제정치경제와 새로운 영역』. 서울: 법문사.

Heywood, Andrew 저. 김계동 역. 2013. 『국제관계와 세계정치』. 서울: 명인문화사.

Keohane, R. 1986. *Neoliberalism and Its Critics*. New York: Columbia University Press.

Keohane, R. and J. Nye. 1977. *Power and Interdependence: World Politics in Transition*. Boston: Little Brown.

Mearsheimer, John J. 1994. "The False Promise of International Institution." *International Security* 19.

Wheeler, N. J. 2004. "Humanitarian Intervention after September 11." in Lang ed. *Just Intervention*. Georgetown: Georgetown University Press.

● 제10장

김관옥. 2002. "미국 무역정책의 변화 연구." 『한국정치학회보』. 36집 3호.

김기식. 2000. "무역이론과 국제정치경제." 여정동·이종찬 공편. 『현대국제정치경제』. 서울: 법문사.

김석우. 2011. 『국제정치경제의 이해』. 파주: 도서출판 한울.

Bergsten, Fred. 1996. "Competitive Liberalization and Global Free Trade: A Vision for the Early 21st Century." Working Paper 96-15, *Institute of International Economics*.

Cohn, Theodore. 2003. *Global Political Economy: Theory and Practice*. NY: Longman.

Gilpin, Robert. 1987. *The Political Economy of International Relations*, Princeton: Princeton University Press.

Goldstein, Joshua and Jon Pevehouse. 2009. *Principles of International Relations*. NY: Pearson Longman.

Kegley, Charles and Shannon Blanton. 조한승·황기식·오영달 역. 2014. 『세계정치론: 경향과 변환』. 서울: 한티미디어.

Spero, Joan and Jeffrey Hart. 2003. *The Politics of International Economic Relations*. Belmont CA: Wadsworth/Thomson Learning.

WTO. 2015a. "Chronological List of Disputes Cases." WTO.
⟨https://www.wto.org/english/tratop_e/dispu_e/dispu_status_e.htm⟩(2015.5.25. 검색)

WTO. 2015b. "Regional Trade Agreements." WTO
⟨https://www.wto.org/english/tratop_e/region_e/region_e.htm⟩(2015.5.25. 검색)

제11장

김석우. 2011. 『국제정치경제의 이해』. 파주: 도서출판 한울.

골드스틴, 죠수아 저. 김연각·김진국·백창재 역. 『국제관계의 이해』. 고양: 인간사랑.

백창재. 2012. "미국 패권과 제한적 자유주의 질서." 백창재 편. 『20세기의 유산, 21세기의 진로』. 서울: 사회평론.

변영학. 2011. "규제권력의 다양성과 신자유주의적 금융발전?: 세계 143개국 금융체제의 통계분석." 『대한정치학회보』 19(?).

변영학. 2012. "금융세계화: 위기의 지속적 반복성과 금융규제." 백창재 편. 『20세기의 유산, 21세기의 진로』. 서울: 사회평론.

조영철. 2007. 『금융세계화와 한국경제의 진로: 민주적 시장경제의 길』. 후마니타스.

한영빈. 2012. "국제통화질서: 태환성의 정치에서 불태환성의 정치로." 백창재 편. 『20세기의 유산, 21세기의 진로』. 서울: 사회평론.

Becker, G., and G. Stigler. 1974. "Law Enforcement, Malfeasance, and the Compensation of Enforcers." *Journal of Legal Studies* 3.

Cohen, Benjamin J. 1983. "Balance-of-payments Financing: Evolution of a Regime." in Stephen D. Krasner(ed.), *International Regimes*, Ithaca: Cornell University Press.

Goodhart, Charles, Philipp Hartmann, David Llewellyn, Liliana Rojas-Suarez, Steven Weisbrod. 1998. *Financial Regulation: Why, How and Where Now?*. New York: Routledge.

Harber, S. H., A. Razo, and N. Mauer. 2003. *The Politics of Property Rights: Political Instability, Credible Commitments, and Economic Growth in Mexico*. Cambridge: Cambridge University Press.

Helleiner, Eric. 1994. *States and the Reemergence of Global Finance*. Ithaca: Cornell University Press.

Eichengreen Barry. 1996. *Globalizing Capital. A History of the International Monetary System*. Princeton University Press.

Eichengreen Barry. 2010. *Global Imbalance and the Lessons of Bretton Woods*. Cambridge: The MIT Press.

IMF. 2015. ⟨www.imf.org⟩(2015.6.4. 검색).

Kindleberger, Charles. 1978. *Mania, Panics, and Crashes: A History of Financial Crises*. New York: Wiley Publisher.

Ruggie, John Gerard. 1982. "International Regimes, Transactions, and Change: Embedded Liberalism in the Postwar Economic Order." *International Organization* Vol. 36, No. 2.

Stigler, George J.. 1971. "The Theory of Economic Regulation." *The Bell Journal of Economics and Management Science* Vol. 2, No. 1.

Stiglitz, Joseph. 2002. *Globalization and its Discontents*. New York: WW Norton & Company.

Williamson, Oliver E. 1985. *The Economic Institutions of Capitalism*. New York: The Free Press.

World Bank. 2015. 〈www.worldbank.org〉(2015.6.4. 검색).

● 제12장

김석우. 2011. 『국제정치경제의 이해』. 파주: 도서출판 한울.

박재영. 1996. 『국제정치 패러다임』. 서울: 법문사.

손호철. 2000. "한국의 신자유주의와 민주주의." 안병영·임혁백 공편. 『세계화와 신자유주의』. 서울: 나남.

유현석. 2010. 『국제정세의 이해』 제3개정판. 서울: 한울 아카데미.

정진영. 1995. "세계화: 개념적·이론적 분석." 정진영 편. 『세계화시대의 국가발전전략』. 서울: 세종연구소.

조셉 스티글리츠. 2002. 『세계화와 그 불만(Globalization and Its Discontents)』. 성남: 세종연구원.

찰스 케글리, Jr. 저. 오영달·조한승·황기식 역. 2010. 『세계정치론: 경향과 변환』. 서울: 한티미디어.

허태회. 1997. "동아시아의 무역팽창과 국제분쟁: 벡터자기회귀 분석." 『한국정치학회보』 31집 1호.

허태회. 2012. "공정성 지표와 정책적 함의." 『한국에서 공정이란 무엇인가』. 서울: 동아일보사.

Frieden, Jeffrey and David Lake. 1991. *International Political Economy: Perspectives on Global Power and Wealth*, 2nd Ed. New York: St. Martin's Press.

Friedman, Thomas L. and Ignacio Ramonet. 1999. "Dueling Globalization." *Foreign Policy*.

Giddens, Anthony. 1990. *The Consequences of Modernity: Self and Society in the late Age*. Cambridge: Polity Press.

Gilpin, Robert. 2001. *Global Political Economy: Understanding the international Economic Order*. Princeton: Princeton University Press.

Keohane, Robert O. 1984. *After Hegemony: Cooperation and Discord in the World Political Economy*. Princeton: Princeton University Press.

Kegley, Charles and Eugene R. Wittkopf. 2013. *World Politics: Trends and Transformations*, 10th ed. St. Martins: New York.

Huntington, Samuel. 1993. "The Clash of Civilization." *Foreign Affairs*. 1993 Summer.

Wallerstein, Immanuel. 1974. *The Modern World-System*. New York: Academic Press, Inc.

● 제13장

경찰청 테러예방교실. "테러의 유형."
　　　〈http://cta.police.go.kr:8080/know/know/type/index.jsp〉(2015.5.10. 검색).

국가사이버안전관리규정. [시행 2013.5.24.] [대통령훈령 제310호, 2013.5.24., 일부개정].

국가정보원 국가사이버안전센터. 2011. "국가 사이버안보 마스터플랜."(8월 2일).

국가정보원 테러정보통합센터. 2005. "최근 테러의 대상·수법·수단 분석."(9월).

국가정보원 테러정보통합센터. 국제테러단체, "알카에다." 〈http://www.tiic.go.kr/service/data/party.do?method=view&seq=68&manage_cd=002003001〉(2015.5.10. 검색).

마틴, 거스(Gus Martin) 지음. 김계동·김석우·이상현·장노순·전봉근 옮김. 2008. 『테러리즘: 개념과 쟁점』. 서울: 명인문화사.

배병환·강원영·김정희. 2014. "영국의 사이버보안 추진체계 및 전략분석." KISA Report. 『Internet & Security Focus』. 2014 August.

송은지·강원영. 2014. "미국 오바마 정부 2기의 사이버보안 강화 정책." KISA Report, 『Internet & Security Focus』 2014 September.

아퀼라, 존·데이비드 론펠트. 한세희 옮김. 2005. 『네트워크 전쟁: 테러·범죄·사회적 갈등의 미래』. 서울: 한울 아카데미.

외교부. 2008a. "테러리즘의 발생원인."(3월 13일).

외교부. 2008b. "테러수단의 변화."(4월 24일).

윤태영. 2014. 『테러리즘과 대테러리즘』. 창원: 경남대학교출판부.

인남식. 2014. "이라크 이슬람 국가(IS, Islamic State) 등장의 함의와 전망." 『주요국제문제분석』 No. 2014-30(9월 15일).

조영갑. 2009. 『현대전쟁과 테러』. 서울: 선학사.

최진태. 2011. 『대테러학원론』. 서울: 대영문화사.

키라스, 제임스 D. 2012. "테러리즘과 지구화." 존 베일리스·스티브 스미스·퍼트리샤 오언스 편저. 하영선 외 옮김. 『세계정치론』 제5판. 서울: 을유문화사.

필라, 폴(Paul R. Pillar). 김열수 역. 2001. 『테러와 미국의 외교정책』. 서울: 국방대학교 안보문제연구소.

BBC. 2014. "What is Islamic State?." (26 September), 〈http://www.bbc.com/news/world-middle-east-29052144〉(2015.5.20. 검색).

Denning, Dorothy E. 2006. "A View of Cyberterrorism Five Years Later." In *Internet Security: Hacking, Counterhacking, and Society*, edited by K. Himma. Sudbury. MA: Jones and Bartlett Publishers.

Hoffman, Bruce. 2006. *Inside Terrorism*. New York: Columbia University Press.

International Telecommunication Union. 2008. "Overview of cybersecurity." Recommendation ITU-T, X.1205. April.

Nacos, Brigitte L. 2006. *Terrorism and Counterterrorism: Understanding Threats and Responses in the Post-9/11 World*. New York: Pearson Education, Inc.

National Counterterrorism Center, Terrorist Groups, "Islamic State of Iraq and the Levant(ISIL)." 〈http://www.nctc.gov/site/groups/aqi_isil.html〉(2015.5.20. 검색).

Perl, Raphael F. 2007. "International Terrorism: Threat, Policy and Response." *CRS Report for Congress*(Updated January 3).

The Stationery Office. "Terrorism Act 2000."

The Vice Chairman of the Joint Chiefs of Staff. 2010. "Joint Terminology for Cyberspace Operations."(November).

UK Cabinet Office. 2009. "Cyber Security Strategy of the United Kingdom: safety, security and resilience in cyber space."(June).

UK Cabinet Office. 2011. "The UK Cyber Security Strategy: Protecting and promoting the UK in a digital world."(November).

U.S. Department of Defense. 2015. "The Department of Defense Cyber Strategy."(April).

U.S. Department of Homeland Security. 2010. "Quadrennial Homeland Security Review Report." (February).

U.S. Department of State. 2012. "Country Reports on Terrorism 2011."(July).

White House. 2003. "The National Strategy to Secure Cyberspace."(February).

White House. 2006. "National Strategy for Combating Terrorism."(September).

White House. 2009. "Cyberspace Policy Review: Assuring a Trusted and Resilient Information and Communications Infrastructure."(May).

White House. 2011. "International Strategy for Cyberspace: Prosperity, Security, and Openness in a Networked World."(May).

White, Jonathan R. 2009. *Terrorism and Homeland Security*. Sixth Edition. Belmont: Wadsworth Cengage Learning.

Wilkinson, Paul. 1986. *Terrorism and Liberal States*. New York: New York University Press.

● 제14장

김성원. 2007. "국제법상 인간안보개념의 전개에 관한 일고찰."『법학논총』. 한양대학교 법학연구소 24집 4호.

박한규. 2007. "지구화 시대에 있어서 안보 개념의 다차원적 분석: 인간안보를 중심으로."『국제지역연구』. 국제지역학회 11집 3호.

심은용. 2013. "국제보건레짐과 전염병 협력 변화연구."『한국외국어대학교 일반대학원 정치외교학과 석사학위논문』.

이상환. 2004. "국제정치경제 바로 알기." 이정희 외. 『정치학이란』. 인간사랑.

이상환. 2008. "전염병과 인간안보, 그리고 국가안보."『국제지역연구』. 한국외국어대학교 국제지역연구센터 12집 3호.

이상환. 2009. "갈등과 협력의 국제 보건 관계: 최근 전염병 사례에 대한 국제사회의 초기 대응을 중심으로."『정치정보연구』. 12집 2호.

이상환. 2011. "지속가능성 분쟁과 글로벌 위기관리: 에너지, 환경, 바이오 안보를 중심으로."『JPI

PeaceNet』. 2011-26(November).

이상환. 2012. "지속가능성 분쟁과 인간안보: 보건안보를 중심으로."『정치정보연구』. 15집 2호.

이신화. 2006. "동아시아 인간안보와 글로벌 거버넌스."『세계정치』. 서울대학교 국제문제연구소 27집 1호.

전웅. 2004. "국가안보와 인간안보."『국제정치논총』. 44집 1호.

정지원·문진영. 2014. "리마유엔기후변화협약 당사국총회 주요 결과 및 시사점."『오늘의 세계경제(15-2)』. 대외경제정책연구원(2015. 1. 13.).

정지원·박수경. 2012. "Rio＋20의 주요 결과와 성책적 시사점."『오늘의 세계경제(12-13)』. 대외경제정책연구원(2012. 7. 6.).

질병관리본부. 〈http://www.cdc.go.kr/kcdchome.portal〉.

최기련·박원훈. 2002.『지속가능한 미래를 여는 에너지와 환경』. 김영사.

최원기. 2014.『주요국제문제분석』. 국립외교원 외교안보연구소(2014.1.10.).

파이낸셜뉴스. 2011. "840만 명 영양부족 상태." 10월 13일.

Buzan, Berry. 1991. *People, State and Fear: an Agenda for International Security Studies in the post-Cold War*. CO: Lynne Reinner Pub.

Caballero-Anthony, Mely. 2005. "SARS in Asia: Crisis, Vulnerabilities, and Regional Responses." *Asian Survey* Vol. 45, No. 3.

Curley, Melissa G. 2004. "Security and Illegal Migration in Northeast Asia." *The 45th International Studies Association Annual Convention Proceedings*. Montreal, Canada.

Daniel, Caroline. 2005. "Kissinger warns of energy conflict." *Financial Times*(2005. 6. 2.).

Gallaher, Stephanie. 2005. "SARS: What We Have Learned So Far…" *Dimensions of Critical Care Nursing* Vol. 24, No. 2.

Ghobarah, Hazem Adam, Paul Huth, and Bruce Russett. 2004. "Comparative Public Health: The Political Economy of Human Misery and Well-Being." *International Studies Quarterly*. 48.

Holt-Giménez, Eric, and Peabody, Loren. 2008. "Solving the Food Crisis: The Causes and the Solutions." *The Epoch Times*. June 6.

Katona, Peter, et al. 2010. *Global Biosecurity: Threats and Responses*. NY: Routledge.

Kim, Jaechul. 2003. "Politics of SARS: International Pressure and China's Policy Change." *Journal of Chinese Studies* 31.

Kuismin, Heikki O. 1998. "Environmental Issue Area and Game Theory." *The Environmentalist*. 18.

Lee, Sang-Hwan. 2005. "Environmental and Epidemic Cooperation in Northeast Asia: Focusing on the Cases of Yellow Sand, SARS, and Bird Flu." *2005 Korean Association of International Studies Annual Convention Proceedings*.

Okunade, Albert A. and Chutima Suraratdecha. 1999. "Health Care Expenditure Inertia in the OECD Countries: A Heterogeneous Analysis." *Health Care Management Science* 3.

국제관계학: 인간과 세계 그리고 정치

Posid, Joseph M., Sherrie M. Bruce, Julie T. Guarnizo, Melissa L. Taylor, and Brenda W. Garza. 2005. "SARS: Mobilizing and Maintaining a Public Health Emergency Response." *Journal of Public Health Management and Practice* Vol. 11, No. 3.

Sell, Susan K. 2004. "The Quest for Global Governance in Intellectual Property and Public Health: Structural, Discursive and Institutional Dimensions." *The 45th International Studies Association Annual Convention Proceedings*(Montreal, Canada).

Takahashi, Wakana and Jusen Asuka. 2001. "The Politics of Regional Cooperation on Acid Rain Control in East Asia." *Water Air, and Soil Pollution* 130.

UNDP. 1994. "The Human Development Reports."

Youde, Jeremy. 2004. "Enter the Fourth Horseman: Health Security and International Relations Theory." *The 45th International Studies Association Annual Convention Proceedings* (Montreal, Canada).

Young, Oran R. 1989. *International Cooperation: Building Regimes for Natural Resources and the Environment.* Cornell University Press.

Zhuge, Hai. 2005. "Exploring an Epidemic in an E-Science Environment." *Communications of the ACM* Vol. 48, No. 9.

China View. 〈http://news.xinhuanet.com/english/2004-04/24/ content_1438498.htm〉.

FAO. 〈http://www.fao.org/home/en/〉.

OECD Health Statistics. 〈http://www.oecd.org/els/health-systems/ health-data.htm〉.

SIPRI Yearbook. 〈http://www.sipri.org/yearbook〉.

WHO Epidemic Alert & Response. 〈http://www.who.int/ihr/ alert_and_response/outbreak-network/en/〉.

WHO Report. 〈http://www.who.int/csr/sars/country/table2004_04_21/en〉.

World Bank Data. 〈http://data.worldbank.org/〉.

• 제15장

구영록. 1994. "대외정치의 핵심개념으로서의 국가이익." 『한국과 국제정치』 통권 19호.

김상배. 2008a. "네트워크 권력의 세계정치: 전통적인 국제정치 권력이론을 넘어서." 『한국정치학회보』 42권 4호.

김상배. 2008b. "지식네트워크의 세계정치." 『세계정치』 29권 1호.

김우상. 2007. 『신한국책략2: 동아시아 국제관계』. 서울: 나남.

민병원. 2006. "세계화시대의 국가변환: 네트워크국가의 등장에 대한 이론적 고찰." 『국가전략』 12권 3호.

박명규·김병연. 2013. 『남북통합지수: 2008-2013 변화와 함의』. 서울: 서울대출판문화원.

박영호. 2011. 평화통일을 위한 통일외교 전략. 서울: 통일연구원.

박인휘. 2013. "북핵 20년과 한미동맹: 주어진 동맹 vs. 선택적 동맹." 『국제정치논총』 53권 3호.

박인휘. 2010. "안보와 지역: 안보개념의 정립과 동북아안보공동체의 가능성." 『국가전략』 16권 4호.

박인휘. 2006. "동아시아 국제관계의 안정과 제도화: 유럽공동체의 교훈과 지역정체성 창출." 『한국정치외교사논총』 27권 2호.

박인휘. 2005. "동북아 국제관계와 한국의 국가이익: 미중일 세력관계를 중심으로." 『국가전략』 11권 3호.

배영자, 김상배, 이승주. 2013. 『중견국의 공공외교』. 서울: 사회평론.

신성호. 2008. "한국의 국가안보전략에 대한 소고: 참여정부의 평화번영정책." 『국가전략』 14권 1호.

우승지. 2008. "남북한관계 60년 분석, 1948~2008." 『국제지역연구』 17권 2호.

윤영관. 2011. "통일외교, 어떻게 할 것인가?" 『외교』 99호.

임혁백. 1999. 『시장, 국가, 민주주의』. 서울: 나남.

전재성. 2006. "동아시아 지역주의와 안보협력의 미래: 유럽과의 비교." 손열 외 편. 『동아시아 지역주의: 지역의 인식, 구상, 전략』. 서울: 지식마당.

전재성. 2004. "동맹이론과 한국의 동맹정책." 『국방연구』 47권 2호.

최장집. 2002. 민주화 이후의 민주주의. 서울: 후마니타스.

최종건. 2012. "유럽안보질서의 기원: 유럽안보협력회의(CSCE)의 성립과 동아시아 다자협력질서에 대한 함의." 『동서연구』 24권 2호.

하영선 외. 2012. 『복합세계정치론: 전략과 원리 그리고 새로운 질서』 서울: 한울아카데미.

Alder, Emanneul and Michael Barnett. 1999. *Security Communities*(Cambridge Studies in International Relations). Cambridge University Press.

Armstrong, K. Charles. 2002. *Korean Society: Civil Society, Democracy and the State*. London: Routledge.

Booth, Ken. 2007. *Theory of World Security*. Cambridge: Cambridge University Press.

Booth, Ken and Nicholas J. Wheeler. 2010. *The Security Dilemma: Fear, Cooperation, and Trust in World Politics*. Houndmills: Palgrave Mcmillan.

Brizinsky, Gregg. 2009. *Nation Building in South Korea: Koreans, Americans, and the Making of a Democracy*. Chapel Hill, NC: University of North Carolina Press.

Buzan, Barry and Gerald Segal. 1994. "Rethinking East Asian Security." *Survival* Vol. 36, No. 2.

Christensen, Thomas. 1999. "China, the US-Japan Alliance, and the Security Dilemma in East Asia." *International Security* Vol. 23, No. 4.

Calder, Kent and Min Ye. 2010. *The Making of Northeast Asia*. Stanford: Stanford University Press.

Foot, Rosemary and Andrew Walter. 2010. *China, the United States, and Global Order*. Cambridge: Cambridge University Press.

Gaddis, John Lewis. 1982. *Strategies of Containment: A Critical Appraisal of Postwar American*

National Security Policy. Oxford: Oxford University Press.

Kim, Samuel and Thomas Berger. 2003. *The International Relations of Northeast Asia.* Durham, NC: Rowman and Littlefield Publishers.

Krauss, Ellis, Ellis S. Krauss and T. J. Pempel. 2003. *Beyond Bilateralism: US-Japan Relations in the New East Asia.* Stanford, CA: Stanford University Press.

Levy, Jack S and William R. Thompson. 2011. "Sea Powers, Continental Powers and Balancing Theory." *International Security* Vol. 36, No. 2.

Menon, Rajan. 2008. *The End of Alliance.* Oxford: Oxford University Press.

Morrow, J. D. 1991. "Alliances and Asymmetry: An Alternative to the Capability Aggregation Model of Alliances." *American Journal of Political Science* Vol. 35, No. 3.

Nye, Joseph S. 2008. *The Powers to Lead.* Oxford: Oxford University.

Nye, Joseph S. 2005. *Soft Power: The Means to Success in World Politics.* New York: Publicaffairs.

Park, Ihn-hwi. 2013. "Alliance Theory and Northeast Asia." *Korean Journal of Defence Analysis* Vol. 25, No. 3.

Ross, Robert and Zhu Feng. 2008 *China's Ascent: Power, Security, and the Future of International Politics.* Ithaca: Cornell University Press.

Ross, Robert. 2004. "Bipolarity and Balancing in East Asia." in T. V. Paul, et al. *Balance of Power.* Stanford: Stanford University Press.

Samore, Gary. 2003. "The Korean Nuclear Crisis." *Survival* Vol. 45, No. 1.

Shambaugh, David. 2013. *China Goes Global: The Partial Power.* Oxford: Oxford University Press.

Snyder, Glenn H. 2002. "Mearsheimer's World Offensive Realism and the Struggle for Security: A Review Essay." *International Security* Vol. 27, No. 1.

Snyder, Glenn H. 1994. "Alliance Theory: A Neorealist First Cut." *Journal of International Affairs* Vol. 44.

Steinberg, James and Michael O'Hanlon. 2014. *Strategic Reassurance and Resolve: US-China Relations in the Twenty-first Century.* Princeton: Princeton University Press.

Sutter, Robert. 2010. *US-China Relations: Perilous Past, Pragmatic Present.* Durham, NC: Rowman and Littlefield Publishers.

Twining, Daniel. 2007. "America's Grand Design in Asia." *The Washington Quarterly* Vol. 30, No. 3.

Wendt, Alexander. 1994. "Collective Identity Formation and International State." *American Political Science Review* Vol. 88, No. 2.

찾아보기

저자 약력 (장별 저자순)

김영재
성균관대학교 정치외교학과, University of South Carolina 정치학 박사
국제정치·북한정치 전공
청주대학교 교수, 청주대학교 국제교류처장, 2014 한국정치학회 회장

김태형
고려대학교 철학과, University of Kentucky 정치학 박사
국제정치 전공
숭실대학교 교수, 아메리카학회 편집이사, 한국국제정치학회 총무이사

유호근
한국외대 정치외교학과, 한국외대 정치학 박사
동아시아 국제관계·지역정치 전공
청주대학교 교수, 충북선관위 선거방송토론위원, 한국정치학회 연구이사

남정휴
성균관대학교 중국어문학과, The University of Connecticut 정치학 박사
국제정치, 중국정치 전공
경기대학교 국제관계학과 교수, 국제교류처장, 국제대학장

김태완
중앙대학교 정치외교학과, University of Colorado at Boulder 정치학 박사
국제관계·미중관계 전공
동의대학교 교수, 동의대 아시아개발연구소 소장, 동아시아국제정치학회 회장

김형민
서강대 정치외교학과, University of North Carolina at Chapel Hill 정치학 박사
국제정치 전공
명지대학교 교수

박봉규
고려대학교 정치외교학과, 고려대학교 정치학 박사
비교정치 국가안보 전공
공군사관학교 교수, 공군사관학교 교수부장, 한국국제정치학회 부회장

김일수
Eastern Kentucky대학교 정치학과, Miami University 정치학 박사
국제정치, 외교정책 전공
충북대학교 교수, 사회과학대학 학장, 한국평화연구학회 부회장

이소영

연세대학교 정치외교학과, University of Texas at Austin 정치학 박사

비교정치 · 미국정치 전공,

대구대학교 교수, 한국정치학회 이사, 대통령직속 정책기획위원회 위원

김관옥

인하대학교 정치외교학과, University of Utah 정치학 박사

국제정치, 국제정치경제 전공

계명대학교 교수, 계명대학교 사회과학대 부학장, 동아시아 국제정치학회 회장

정한범

고려대학교 사회학과, University of Kentucky 정치학 박사

국제정치, 정치경제 전공

국방대학교 교학처장, 한국국제정치학회 총무이사, 북방경제협력위원회 분과위원

허태회

건국대학교 정치외교학과, University of Denver 국제정치학 박사

미국외교정책, 국제분쟁 전공

선문대학교 교수, 선문대 대외협력처장/학장, 대통령직속 사회통합위원회 위원

윤태영

한국외국어대학교 정치외교학과, Manchester Metropolitan University 정치학 박사

국제정치 · 위기관리 전공

경남대학교 교수, 대통령직인수위원회 자문위원, 대통령실 국가위기관리실 정책자문위원

이상환

한국외국어대학교 정치외교학과, Michigan State University 정치학 박사

국제정치경제 · 국제정치이론 전공,

한국외국어대학교 교수, 한국외대 학생처장/연구처장, 한국정치학회 부회장

박인휘

성균관대 경제학과, Northwestern University 정치학박사

국제안보, 미국외교정책 전공

이화여대 국제학부 교수, 통일부/외교부 정책자문위원, 한국정치학회 이사

정치학 시리즈 2
국제관계학: 인간과 세계 그리고 정치

초판발행   2015년 8월 15일
중판발행   2024년 3월 25일

지은이   한국정치학회 김영재 외
펴낸이   안종만·안상준

편 집   문선미
기획/마케팅   임재무·우인도
표지디자인   홍실비아
제 작   고철민·조영환

펴낸곳   (주) **박영사**
                서울특별시 금천구 가산디지털2로 53, 210호(가산동, 한라시그마밸리)
                등록 1959. 3. 11. 제300-1959-1호(倫)

전 화   02)733-6771
f a x   02)736-4818
e-mail   pys@pybook.co.kr
homepage   www.pybook.co.kr
ISBN   979-11-303-0233-1   93340

정 가   20,000원